CHEMIE 2000+

Qualifikationsphase

Lehrerhandbuch

C.C.BUCHNER

CHEMIE 2000+

Qualifikationsphase

Bearbeitet von Claudia Bohrmann-Linde, Simone Krees, Patrick Krollmann, Michael Tausch, Magdalene von Wachtendonk, Judith Wambach-Laicher

1. Auflage, 2. Druck 2018
Alle Drucke dieser Auflage sind, weil untereinander unverändert, nebeneinander benutzbar.

Dieses Werk folgt der reformierten Rechtschreibung und Zeichensetzung. Ausnahmen bilden Texte, bei denen künstlerische, philologische und oder lizenzrechtliche Gründe einer Änderung entgegenstehen.

Druck und Bindung: Friedrich Pustet, Regensburg

www.ccbuchner.de

ISBN 978-3-7661-**3378**-6

Chemie 2000+ wurde in enger Kooperation zwischen Schulpraktikern und Chemiedidaktikern entwickelt und setzt die Forderungen des Kernlehrplans in ein Lehrbuch um. Dabei werden die aktuellen Forschungsergebnisse der Fachdidaktik – beispielsweise die Arbeit mit Basiskonzepten – ebenso berücksichtigt wie die Ergebnisse empirischer Lehr- und Lernforschung – beispielsweise die Gestaltung von Lernprozessen und Lernumgebungen.

Im Rahmen der breiten öffentlichen Diskussion über die Leistungen deutscher Schülerinnen und Schüler auf naturwissenschaftlichem Gebiet ist festzuhalten, dass PISA (Program for International Student Assessment) die naturwissenschaftliche Grundbildung (scientific literacy) wie folgt definiert:

> *„Naturwissenschaftliche Grundbildung ist die Fähigkeit, naturwissenschaftliches Wissen anzuwenden, naturwissenschaftliche Fragen zu erkennen und aus Belegen Schlussfolgerungen zu ziehen, um Entscheidungen zu verstehen und zu treffen, welche die natürliche Welt und die durch menschliches Handeln an ihr vorgenommenen Änderungen betreffen."* (OECD, 1999)

Die Entwicklung der als naturwissenschaftliche Grundbildung bezeichneten Fähigkeiten ist das besondere Anliegen von Chemie 2000+. Dabei wird dieses Lehrwerk den Forderungen nach einem **kontextorientierten** und **kompetenzorientierten** Unterricht gerecht.

Der Erwerb der **konzeptbezogenen Kompetenzen** im Bereich **Fachwissen** wird durch eine in sich stimmige Strukturierung der Inhaltsfelder gewährleistet. Alle Inhalte des Buches sind in Übereinstimmung mit dem Kernlehrplan in **Inhaltsfelder** geordnet, die größeren **Kontexten** zugeordnet werden. Die fachlichen Inhalte werden dabei in geeigneten Zusammenhängen erworben. Damit wird der Erkenntnis der Lernforschung Rechnung getragen, dass sich derart erworbenes Wissen nachhaltig aktivieren und in neuen Zusammenhängen anwenden lässt.

Bei der Konzeption der einzelnen Kapitel in Chemie 2000+ wird eine Strukturierung der Unterrichtsinhalte anhand der **Basiskonzepte** *Struktur-Eigenschaft*, *chemisches Gleichgewicht*, *Donator-Akzeptor-Konzept* und *Energie* verfolgt, indem die **chemische Fachsystematik** mit Begriffen, Modellen, Ordnungskriterien etc. und **Kontexte** aus Alltag, Technik und Umwelt nach dem Prinzip der **didaktischen Integration** miteinander vernetzt werden. Die Kapitel des Buches werden in Facetten zerlegt, um dann anhand konkreter Fragestellungen die Fachinhalte in überschaubaren Unterrichtsbausteinen zu erschließen. Diese werden zu Beginn eines Kapitels durch den Facettenball mit den zugeordneten Fragen programmatisch angedeutet und sind auf jeder Buchseite durch die zutreffende Nummer gekennzeichnet. Die gewählte Reihenfolge gewährleistet eine kumulative Erarbeitung der im Kernlehrplan vorgesehenen **verbindlichen Kompetenzen**.

Jede Buchdoppelseite enthält Aufgaben zum Anwenden und Vertiefen des Gelernten. Auf den Sonderseiten **Kompetenzen erwerben** wird beispielhaft gezeigt, wie die mit Kompetenzoperatoren ausgestatteten Aufgaben zu lösen sind, um die Kompetenzerwartungen laut Kernlehrplan zu erfüllen. Am Ende eines jeden Buchkapitels gibt es Seiten zum **Kompetenztraining** und eine **Grundwissen-Seite**. Ein Glossar mit den wichtigsten Fachbegriffen finden sich am Ende des Werks.

Die grafisch gekennzeichneten **EVA**-Seiten (**E**rweiterung-**V**ertiefung-**A**nwendung) enthalten über das Fachwissen des Kernlehrplans hinausgehende, **fakultative Angebote** zu innovativen, interdisziplinären und theoretischen Themen, die situationsbedingt im Unterricht einsetzbar sind oder für Referate, Unterrichtsprojekte und Facharbeiten verwendet werden können. Chemie 2000+ ermöglicht dadurch dem Lehrenden auch, seinen Unterricht individuell zu gestalten, den besonderen Bedürfnissen der jeweiligen Lerngruppe anzupassen und individuelle Schwerpunkte zu setzen.

Über das **Internet-Portal *Chemie 2000+ Online*** werden elektronische Materialien wie **Modelle in Animationen**, **Videos** und **Links zu weiteren Informationen** angeboten.

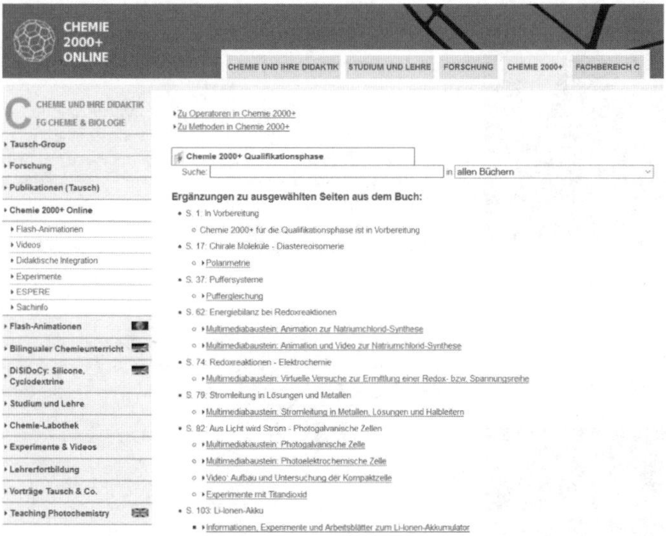

Als Ergänzungen zum Schülerband und zum Lehrerband dieses Werks stehen **Gefährdungsbeurteilungen** für alle Versuche zur Verfügung.

Auf den Seiten 6 bis 9 wird beispielhaft aufgezeigt, wie die Forderungen des Kernlehrplans nach einem kompetenzorientierten Unterricht auf einer Buchdoppelseite erfüllt werden können.
Die mit ⬠ markierten Textstellen der Buchseite verweisen auf die entsprechend Kompetenzen, die in dem jeweiligen Zusammenhang erworben werden können.

Spinnbares aus der Retorte

B1 *Strumpfhose aus Polyamid – ein Hauch von Textil auf der Haut. A: Nennen Sie Eigenschaften, die Makromoleküle für solche Textilien haben müssen.*

Versuche **(Schutzbrille!)**

LV1 Man löst 2,17 g Hexandiamin* (1,6-Diaminohexan) und 0,8 g Natriumhydroxid* in 50 mL Wasser, gibt zwei Tropfen Phenolphthalein-Lösung dazu und überschichtet diese Lösung mit einer Lösung aus 2 mL Sebacinsäuredichlorid* (Decansäuredichlorid) in 50 mL Heptan*. Die dünne Haut, die sich an der Phasengrenze bildet, wird mit einer Pi[illegible]te herausgezogen und an einem Glasstab befestigt. Durch Drehen [illegible] [illegible]es Nylonseil auf den Glasstab gewickelt werden (B2).

E4

V2 Erhitzen Sie in einem R[illegible] [illegible]salz* (Adipinsäure (Hexandisäure)/ Hexandiamin-Gemisch) langsam [illegible] einer Brennerflamme bis zur Schmelze. Gießen Sie die Schmelze nach 1–2 min auf ein Stück Pappe und ziehen Sie mit einem Holzstäbchen Fäden aus der Schmelze. Prüfen Sie die Fäden auf Biege- und Reißfestigkeit, wenn sie abgekühlt und erstarrt sind.

V3 Erhitzen, entzünden und verbrennen Sie vorsichtig kleine Textilstücke aus Wolle, Seide, Polyamid, Baumwolle, Polyacryl und Polyester und stellen Sie die Gemeinsamkeiten und Unterschiede fest.

B2 *Der Nylonseiltrick (LV1). A: Erläutern Sie, woran man erkennt, dass die wässrige Phase unten ist.*

Auswertung

a) Bei LV1 läuft die in B4 formulierte Reaktion ab. Begründen Sie, warum es sich dabei um eine Polykondensation und nicht um eine Polymerisation handelt.

b) Begründen [illegible] [illegible]um die Polykondensation in LV1 an der Phasengrenze abläuft.

c) Erläutern [illegible] [illegible]en Sie, welchen Einfluss eine Polykondensation an der Phaseng[illegible] [illegible]n Umsatz der Edukte hat.

E5

d) Erklären Sie auch mithilfe einer Reaktionsgleichung, warum es günstig ist, bei LV1 eine alkalische wässrige Lösung und nicht eine neutrale Lösung einzusetzen.

e) Formulieren Sie das Edukt aus V2. (Vgl. Reaktionsschema von S. 147.)

f) Erläutern Sie, welche Technik der Reaktionsführung bei LV1 und V2 angewandt wird, um eine höhere Ausbeute an Produkten zu erhalten.

g) Wolle und Seide bestehen aus hochmolekularen Polype[illegible] [illegible]inen). Vergleichen Sie die Moleküle von Wolle und Seide mit den Po[illegible] [illegible]len aus LV1 und V2.

UF3

Element	Massenprozent
Kohlenstoff	50 – 52
Wasserstoff	6,7 – 7,5
Sauerstoff	22 – 25
Stickstoff	16 – 17
Schwefel	3 – 4
Asche (anorg. Salze)	0,5

B3

B3 *Elementarzusammensetzung von trockener Schafwolle. A: Nennen Sie zwei offensichtliche Unterschiede zu Polyamid (B4).*

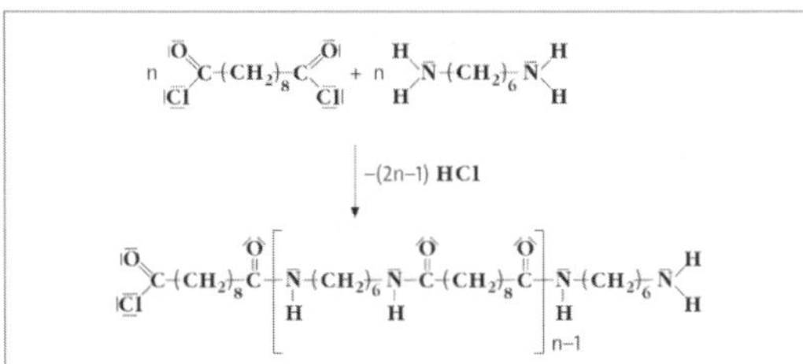

B4 *Reaktionsschema zur Bildung des Nylonseils in (LV1; B2). A: Begründen Sie, warum für die beiden Edukte der Polykondensationsreaktion verschiedene Lösemittel verwendet werden.*

Kompetenzerwartungen in der Qualifikationsphase

Schülerinnen und Schüler können ...

Umgang mit Fachwissen

UF1 - Wiedergabe	Phänomene und Sachverhalte im Zusammenhang mit Theorien, übergeordneten Prinzipien und Gesetzen der Chemie beschreiben und erläutern.
UF2 - Auswahl	zur Lösung chemischer Probleme zielführende Definitionen, Konzepte sowie funktionale Beziehungen zwischen chemischen Größen angemessen und begründet auswählen.
UF3 - Systematisierung	chemische Sachverhalte und Erkenntnisse nach fachlichen Kriterien ordnen und strukturieren.
UF4 - Vernetzung	Zusammenhänge zwischen unterschiedlichen natürlichen bzw. technischen Vorgängen auf der Grundlage eines gut vernetzten chemischen Wissens erschließen und aufzeigen.

Erkenntnisgewinnung

E1 - Probleme und Fragestellungen	selbstständig in unterschiedlichen Kontexten chemische Probleme identifizieren, analysieren und in Form chemischer Fragestellungen präzisieren.
E2 - Wahrnehmung und Messung	komplexe Apparaturen für Beobachtungen und Messungen erläutern und sachgerecht verwenden.
E3 - Hypothesen	mit Bezug auf Theorien, Konzepte, Modelle und Gesetzmäßigkeiten auf deduktive Weise Hypothesen generieren sowie Verfahren zu ihrer Überprüfung ableiten.
E4 - Untersuchungen und Experimente	Experimente mit Bezug auf ihre Zielsetzungen erläutern und diese zielbezogen unter Beachtung fachlicher Qualitätskriterien durchführen oder deren Durchführung beschreiben.
E5 - Auswertung	Daten/Messwerte qualitativ und quantitativ im Hinblick auf Zusammenhänge, Regeln oder auch mathematisch zu formulierende Gesetzmäßigkeiten analysieren und Ergebnisse verallgemeinern.
E6 - Modelle	Modelle entwickeln sowie mithilfe von theoretischen Modellen, mathematischen Modellierungen, Gedankenexperimenten und Simulationen chemische Prozesse erklären oder vorhersagen.

E7 - Arbeits- und Denkweisen	bedeutende naturwissenschaftliche Prinzipien reflektieren sowie Veränderungen in Denk- und Arbeitsweisen in ihrer historischen und kulturellen Entwicklung darstellen.

Kommunikation

K1 - Dokumentation	bei der Dokumentation von Untersuchungen, Experimenten, theoretischen Überlegungen und Problemlösungen eine korrekte Fachsprache und fachübliche Darstellungsweisen verwenden.
K2 - Recherche	zu chemischen und anwendungsbezogenen Fragestellungen relevante Informationen und Daten in verschiedenen Quellen, auch in ausgewählten wissenschaftlichen Publikationen, recherchieren, auswerten und vergleichend beurteilen.
K3 - Präsentation	chemische Sachverhalte und Arbeitsergebnisse unter Verwendung situationsangemessener Medien und Darstellungsformen adressatengerecht präsentieren.
K4 - Argumentation	sich mit anderen über chemische Sachverhalte und Erkenntnisse kritisch-konstruktiv austauschen und dabei Behauptungen oder Beurteilungen durch Argumente belegen bzw. widerlegen.

Bewertung

B1 - Kriterien	fachliche, wirtschaftlich-politische und ethische Maßstäbe bei Bewertungen von naturwissenschaftlich-technischen Sachverhalten unterscheiden und angeben.
B2 - Entscheidungen	Auseinandersetzungen und Kontroversen zu chemischen und anwendungsbezogenen Problemen differenziert aus verschiedenen Perspektiven darstellen und eigene Standpunkte auf der Basis von Sachargumenten vertreten.
B3 - Werte und Normen	an Beispielen von Konfliktsituationen mit chemischen Hintergründen kontroverse Ziele und Interessen sowie die Folgen wissenschaftlicher Forschung aufzeigen und ethisch bewerten.
B4 - Möglichkeiten und Grenzen	begründet die Möglichkeiten und Grenzen chemischer und anwendungsbezogener Problemlösungen und Sichtweisen bei innerfachlichen, naturwissenschaftlichen und gesellschaftlichen Fragestellungen bewerten.

Polyamide durch Polykondensation

Wenn ein Textil zart und transparent aussehen, zugleich aber elastisch und reißfest sein soll, sind Naturseide (vgl. S. 231, Proteine) und **Polyamide** die Materialien der Wahl. Polyamide wie Nylon, aus dem hauchdünne Strümpfe gefertigt werden können, ähneln der Naturseide. Sie enthalten als gemeinsames Strukturmerkmal die Amid-Gruppe **–NH–CO–**, die auch als **Peptid-Gruppe** bezeichnet wird. Wä[illegible]rend Naturseide ein sogenanntes **Polypeptid** aus ca. 20 verschie[illegible]osäure-Bausteinen ist, wird ein synthetisches Polyamid in der [illegible] zwei oder sogar einem Monomeren erzeugt. Natürliche Po[illegible]rden genau wie synthetische Polyamide durch **Polykondensati**[illegible]det. Bei diesem Reaktionstyp verknüpfen sich Monomer-Einheiten zu Makromolekülen, indem formal kleine Moleküle aus den Monomeren abgespalten werden. Bei LV1 sind das Chlorwasserstoff-Moleküle, die jedoch durch die Natronlauge in der wässrigen Phase sofort neutralisiert werden (LV1, B4). Bei V2 werden Wasser-Moleküle aus dem eingesetzten AH-Salz abgespalten, dem äquimolaren Gemisch aus der Dicarbonsäure Hexandisäure (Adipinsäure) $C_6H_{10}O_4$ und dem Diamin 1,6-Diaminohexan (Hexandiamin) $C_6H_{16}N_2$. Dabei entsteht **Nylon 6.6**:

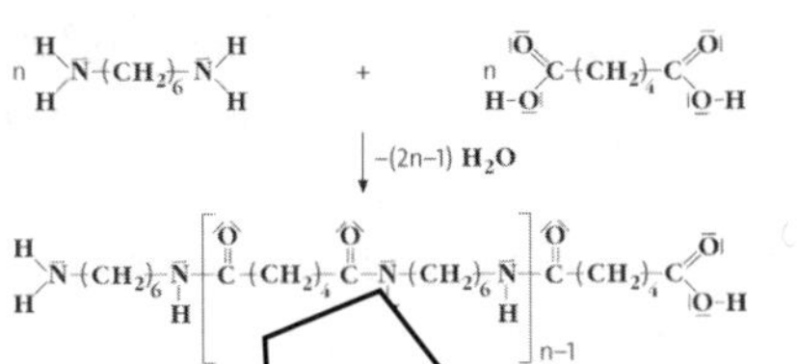

Zwischen den Peptid-Gruppe[illegible]rter Makromoleküle bilden sich Wasserstoffbrückenbindungen [illegible]er sind Fäden aus Polypeptiden und Polyamiden reißfest.

Einen möglichst hohen Umsatz der Edukte und möglichst [illegible]ngkettige Makromoleküle erreicht man bei Polykondensationen, w[illegible]s niedrigmolekulare Produkt wie z. B. Wasser oder Chlorwasse[illegible]rend aus dem Reaktionsgemisch entfernt. Industriell erfolgt [illegible]wie in LV1 durch Neutralisation oder ähnlich wie bei V2 durch [illegible]pfen des abgespaltenen Produkts.

Aufgaben

A1 Vergleichen Sie die beiden Polyamide Nylon 6.6 (Textspalte) und Nylon 6 (B7) unter folgenden Gesi[illegible]kten: a) Anzahl der Monomere bei der Synthese, b) Struktur de[illegible]olenden Einheit in den Makromolekülen, c) Bedeutung der Za[illegible]. „6“ in der Namensgebung.

A2 Skizzieren Sie die W[illegible]ückenbindungen zwischen Nylon 6.6-Molekülen an Strukturausschn[illegible]en (Gerüstformeln).

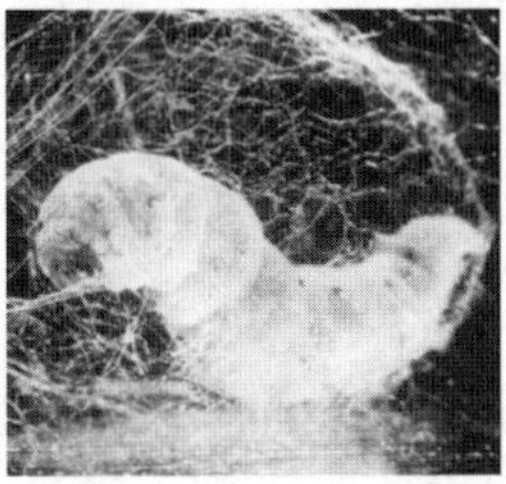

B5 *Seidenraupe beim Spinnen der Seide. A: Recherchieren Si[illegible]rnet die Struktur von Naturseid[illegible]*

B6 *Fasern aus Polyamiden prägen Textilien für Sport und Freizeit. A: Recherchieren Sie im Internet, welche Sporttextilien aus Polyamiden hergestellt werden.*

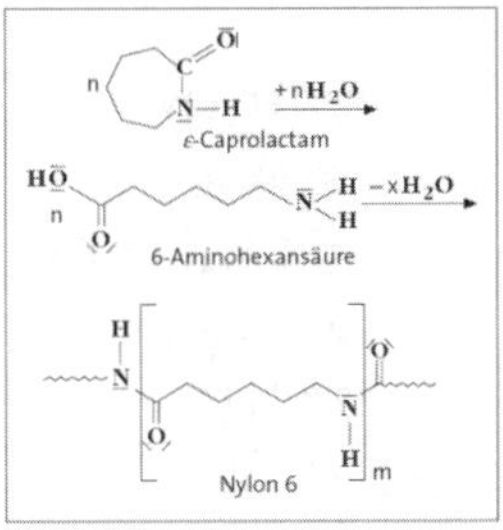

B7 *Schema für die Bildung von Nylon 6 (Perlon). A: Übertragen Sie die Gerüstformeln aus diesem Schema in vereinfachte Valenzstrichformeln.*

Fachbegriffe

Polyamide, Polypeptide, Peptid-Gruppe, Polykondensation, Nylon 6.6, Nylon 6 (Perlon)

Kapitel 1: Protolysegleichgewichte – Konzentrationsbestimmungen

Seite 20 und 21

B1:

Hinweis: Der Begriff „Essigsäuregehalt" ist offen gewählt. Je nach Kenntnisstand der Schülerinnen und Schüler kann die Aufgabe mit Bezug auf die Masse oder aber auf die auf dieser Seite eingeführte Stoffmengenkonzentration gelöst werden.

Ermittlung der Masse der jeweils enthaltenen Essigsäure in beiden Essigsorten:
Die Angaben 6 % für den Balsamico-Essig und 25 % für die Essigessenz beziehen sich auf die Masse an Essigsäure in 100 g der jeweiligen Lösung. Entsprechend enthalten 100 g Balsamico-Essig 6 g Essigsäure und 100 g Essigessenz 25 g Essigsäure.
Man geht von der vereinfachenden Annahme aus, dass die Dichten von Essigsäure, Wasser und Speiseessig jeweils $\rho = 1{,}0 \text{ g/cm}^3$ betragen.

Berechnung der jeweiligen Stoffmengenkonzentration:
Für Balsamico-Essig:
Gegeben: $m(CH_3COOH) = 6$ g
V(Essig-Lösung) = 0,1 L
$M(CH_3COOH) = 60$ g/L
Stoffmenge:
$n(CH_3COOH) = m(CH_3COOH) : M(CH_3COOH) = 0{,}1$ mol
Stoffmengenkonzentration bezogen auf einen Liter Essig-Lösung:
$c(CH_3COOH) = n(CH_3COOH) : V$(Essig-Lösung) = 1,0 mol/L
Für Essigessenz:
Gegeben: $m(CH_3COOH) = 25$ g
V(Essig-Lösung) = 0,1L
$M(CH_3COOH) = 60$g/L
Stoffmenge:
$n(CH_3COOH) = m(CH_3COOH) : M(CH_3COOH) = 0{,}42$ mol
Stoffmengenkonzentration bezogen auf einen Liter Essigessenz:
$c(CH_3COOH) = n(CH_3COOH) : V$(Essig-Lösung) = 4,2 mol/L

B3:

Essigsäure, $c(CH_3COOH)$ = 0,1 mol/L, enthält 0,1 mol CH_3COOH (6,0 g) in 1 L Lösung.

Kalkwasser, $c(Ca(OH)_2)$ = 0,005 mol/L, enthält 0,005 mol $Ca(OH)_2$ (0,37 g) in 1 L Lösung.

B4:

Berechnung der Masse des gelösten Chlorwasserstoffs:

(1) und (2) wie in B4

(3) Zur Bestimmung der Masse des Chlorwasserstoffs wird $n(HCl)$ gemäß Gleichung (2) aus B3 ersetzt:

$m(HCl) : M(HCl) = c(NaOH) \cdot V_{LS}(NaOH)$

(4) Umformen nach der gesuchten Größe $m(HCl)$, dann $M(HCl)$ = 36,5 g/mol berechnen und schließlich die Zahlenwerte in die umgeformte Gleichung einsetzen:

$m(HCl) = M(HCl) \cdot c(NaOH) \cdot V_{LS}(NaOH)$

$m(HCl)$ = 36,5 g/mol · 0,1 mol/L · 0,02 L = 0,073 g

B5:

100 mL Natronlauge (c = 0,6 mol/L) werden mit 60 mL Schwefelsäure (c = 0,5 mol/L) vereinigt. Die Reaktionsgleichung lautet:

$H_2SO_4(aq) + 2\ NaOH(aq) \rightarrow Na_2SO_4 + 2\ H_2O(l)$

Also gilt für das Stoffmengenverhältnis:

$n(H_2SO_4) : n(NaOH) = 1 : 2$, d.h. $n(H_2SO_4) = 0{,}5 \cdot n(NaOH)$

Aus den Angaben zu den Kolben I und II folgt:

$n(NaOH) = c(NaOH) \cdot V(NaOH)$ = 0,6 mol/L · 0,1 L = 0,06 mol

$n(H_2SO_4) = c(H_2SO_4) \cdot V(H_2SO_4)$ = 0,5 mol/L · 0,06 L = 0,03 mol

Die vereinigten Stoffmengen entsprechen daher genau dem Stoffmengenverhältnis in der Neutralisationsreaktion. Also reagiert die Lösung im Kolben III neutral.

Auswertung a):

	V1	V2a	V2b
Volumen saure Lösung	10 mL	10 mL	10 mL
Volumen verbrauchte Natronlauge			
Konzentration Natronlauge	1 mol/L	1 mol/L	1 mol/L
Säurekonzentration			

Auswertung b):

Die Verdünnung mit destilliertem Wasser soll den Kolbeninhalt "handlicher" machen, d.h. ihn so weit vergrößern, dass ausreichend Volumen zum Schütteln bzw. Rühren vorliegt. Mit der Verdünnung wird zwar die Konzentration verringert, aber nicht die Stoffmenge.

Auswertung c):

$n(\mathrm{CH_3COOH}) = n(\mathrm{NaOH})$

$c(\mathrm{CH_3COOH}) \cdot V(\mathrm{CH_3COOH}) = c(\mathrm{NaOH}) \cdot V(\mathrm{NaOH})$

$$c(\mathrm{CH_3COOH}) = \frac{c(\mathrm{NaOH}) \cdot V(\mathrm{NaOH})}{V(\mathrm{CH_3COOH})} = \frac{1\ \mathrm{mol/L} \cdot V(\mathrm{NaOH})}{0{,}010\ \mathrm{L}} = \mathrm{x\ mol/L}$$

$$\begin{aligned}
\Rightarrow n(\mathrm{CH_3COOH}) &= c(\mathrm{CH_3COOH}) \cdot V(\mathrm{CH_3COOH}) \\
&= \mathrm{x\ mol/L} \cdot 0{,}01\ \mathrm{L} \\
&= 0{,}01 \cdot \mathrm{x\ mol} \\
m(\mathrm{CH_3COOH}) &= n(\mathrm{CH_3COOH}) \cdot M(\mathrm{CH_3COOH}) \\
&= 0{,}01 \cdot \mathrm{x\ mol} \cdot 60\ \mathrm{g/mol} \\
&= 0{,}6 \cdot \mathrm{x\ g}
\end{aligned}$$

$$\beta(\mathrm{CH_3COOH}) = \frac{0{,}6 \cdot \mathrm{x\ g}}{0{,}01\ \mathrm{L}} = 60 \cdot \mathrm{x\ g/L}$$

Die Massenkonzentration β ist in der Einheit [g/L] angegeben. Sie kann in Kenntnis des verbrauchten Volumens an Natronlauge $V(\mathrm{NaOH})$, der folgenden Ermittlung der Stoffmenge der Essigsäure $n(\mathrm{CH_3COOH})$ und mit Bezug auf die molare Masse M von Essigsäure (60 g/mol) ermittelt werden.

Unter der vereinfachenden Annahme, dass die Dichte von Speiseessig ρ(Speiseessig) = 1,0 g/cm^3 ist, können die Zahlen miteinander verglichen werden.

Auswertung d):

$\mathrm{H_3Cit + 3\ NaOH \longrightarrow 3\ Na^+ + Cit^{3-} + 3\ H_2O}$

$$n(\mathrm{H_3Cit}) = \frac{1}{3} n(\mathrm{NaOH})$$

$$c(\mathrm{H_3Cit}) \cdot V(\mathrm{H_3Cit}) = \frac{1}{3} c(\mathrm{NaOH}) \cdot V(\mathrm{NaOH})$$

$$c(\mathrm{H_3Cit}) = \frac{c(\mathrm{NaOH}) \cdot V(\mathrm{NaOH})}{3 \cdot V(\mathrm{H_3Cit})} = \frac{1\ \mathrm{mol/L} \cdot V(\mathrm{NaOH})}{3 \cdot 0{,}01\ \mathrm{L}} = \mathrm{x\ mol/L}$$

Auswertung e):
Die Titrationen zeigen, dass die Säurekonzentrationen in Zitronensaft und Orangensaft ähnlich sind. In Orangen ist der Zuckergehalt aber deutlich höher als in Zitronen. Der Zucker mildert den sauren Geschmack ab.

A1:

a) Berechnung der Konzentration der Kalilauge:

(1) $\mathbf{HCl(aq) + KOH(aq) \longrightarrow KCl(aq) + H_2O(l)}$

(2) $n(\mathbf{HCl}) = n(\mathbf{KOH})$

(3) $c(\mathbf{HCl}) \cdot V(\mathbf{HCl}) = c(\mathbf{KOH}) \cdot V(\mathbf{KOH})$

(4) $c(\mathbf{KOH}) = \frac{c(\mathbf{HCl}) \cdot V(\mathbf{HCl})}{V(\mathbf{KOH})} = \frac{0{,}2\ \text{mol/L} \cdot 25\ \text{mL}}{50\ \text{mL}} = 0{,}1\ \text{mol/L}$

b) Berechnung der Masse des Kaliumhydroxids:

(1) und (2) wie oben

(3) $m(\mathbf{KOH}) : M(\mathbf{KOH}) = c(\mathbf{HCl}) \cdot V(\mathbf{HCl})$

(4) $m(\mathbf{KOH}) = c(\mathbf{HCl}) \cdot V(\mathbf{HCl}) \cdot M(\mathbf{KOH})$

$= 0{,}2\ \text{mol/L} \cdot 0{,}025\ \text{L} \cdot 56\ \text{g/mol} = 0{,}28\ \text{g}$

A2:
Berechnung des Volumens an Natronlauge zur Titration von 100 mL Cola:

(1) $\mathbf{H_3PO_4(aq) + 3\ NaOH(aq) \longrightarrow Na_3PO_4(aq) + 3\ H_2O(l)}$

(2) $n(\mathbf{H_3PO_4}) : n(\mathbf{NaOH}) = 1 : 3$; also $n(\mathbf{NaOH}) = 3 \cdot n(\mathbf{H_3PO_4})$

(3) $c(\mathbf{NaOH}) \cdot V(\mathbf{NaOH}) = 3 \cdot c(\mathbf{H_3PO_4}) \cdot V(\mathbf{H_3PO_4})$

(4) $V(\mathbf{NaOH}) = \frac{3 \cdot 0{,}002\ \text{mol/L} \cdot 0{,}1\ \text{L}}{0{,}005\ \text{mol/L}} = 0{,}012\ \text{L} = 12\ \text{mL}$

Seite 22 und 23

B1:
Zu Boyle:
Rotkohl ergibt eine rote Farbe, wenn er mit Äpfeln oder Essig gekocht wird und bei der Zugabe von Zitronensaft zu schwarzem Tee ist eine Farbaufhellung zu beobachten:

$HX + R^- \rightarrow RH + X^-$
(HX = Säure, allgemein; R^- = Farbstoff (Anthocyan bzw. Polyphenol))
Zersetzung von Kalkstein z.B. beim Entkalken von Geräten:
$CaCO_3(s) + 2\ H^+(aq) \rightarrow Ca^{2+}(aq) + CO_2(g) + H_2O(l)$

Zu LAVOISIER:
Saurer Regen durch Schwefeldioxid: $SO_2(g) + H_2O(l) \rightarrow H_2SO_3(aq)$
Saurer Regen durch Stickstoffoxide: $2\ NO_2(g) + H_2O(l) \rightarrow HNO_2(aq) + HNO_3(aq)$
Saurer Sprudel: $CO_2(g) + H_2O(l) \rightarrow$ „$H_2CO_3(aq)$“ Kohlensäure

Zu LIEBIG:
Korrosion von beschädigten Weißblechdosen/Konservendosen:
$Fe(s) + 2\ H^+(aq) \rightarrow Fe^{2+}(aq) + H_2(g)$

Zu ARRHENIUS:
Leitfähigkeit: „Apfeluhr“, „Zitronenbatterie“; Brausepulver, nur in Anwesenheit von Wasser (vgl. V1):
Citronensäure + Natron → Natriumcitrat + Kohlenstoffdioxid + Wasser

B5:
Das Chlorwasserstoff-Molekül ist eine BRÖNSTED-Säure, da Protonen abgegeben werden. Das Wasser-Molekül ist eine BRÖNSTED-Base, da Protonen aufgenommen werden. Aufgrund des Donator-Akzeptor-Konzepts ist das Chlorid-Ion eine BRÖNSTED-Base, das Oxonium-Ion ist eine BRÖNSTED-Säure.
Das Ammoniak-Molekül nimmt Protonen auf und fungiert hier als BRÖNSTED-Base. Das Ammonium-Ion ist dann die (konjugierte) BRÖNSTED-Säure. Das Wasser-Molekül fungiert hier als BRÖNSTED-Säure, da es Protonen abgibt. Das Hydroxid-Ion ist dann die (konjugierte) BRÖNSTED-Base.

Auswertung a):
Nach Vereinigung der beiden Lösungen aus V1 ist eine Gasentwicklung zu beobachten. Bei V2 tritt eine Gasentwicklung erst bei der Zugabe von Wasser ein, nicht bereits beim Vermischen der beiden Feststoffe. Daraus kann geschlossen werden, dass die Reaktion, bei der ein Gas entsteht, erst zwischen den Teilchen aus den wässrigen Lösungen von Citronensäure und Speisenatron abläuft und nicht zwischen den Teilchen aus den Feststoffen.

Auswertung b):
Die wässrige Lösung von Citronensäure in V3 zeigt elektrische Leitfähigkeit, die Lösung von Citronensäure in Aceton nicht. Das kann mit der ARRHENIUS-Definition erklärt werden: Nach dieser bilden Säuren in wässrigen Lösungen Wasserstoff-Ionen H^+ und Anionen, die für die elektrische Leitfähigkeit verantwortlich sind; über das Verhalten von Säuren in Aceton-Lösung sagt die ARRHENIUS-Definition nichts aus.

Auswertung c):
Chlorwasserstoff kann zwar direkt in Xylol, nicht aber in Wasser eingeleitet werden. Aufgrund der Löslichkeit von Chlorwasserstoff in Wasser darf der Trichter nicht auf der Wasseroberfläche aufsetzen oder in das Wasser eintauchen (vgl. B2 auf S. 22 im Buch), da sonst das Wasser aus dem Becherglas in den Trichter und dann auch in die Apparatur gesogen würde. Grund dafür ist, dass sich der Druck in der Apparatur erniedrigt, wenn sich Chlorwasserstoff-Gas in Wasser löst.

Auswertung d):
Die Lösung von Chlorwasserstoff in Xylol leitet den elektrischen Strom nicht. Folglich enthält sie keine Ionen. Die Lösung von Chlorwasserstoff in Wasser leitet den Strom, sie enthält also Ionen.

Auswertung e):
Die Aussage „ohne Wasser nicht sauer" trifft bei allen Ergebnissen aus V1 bis LV4 zu, denn typische Eigenschaften von Säuren (Reaktion mit Speisenatron bzw. elektrische Leitfähigkeit) treten erst dann auf, wenn eine wässrige Lösung der betreffenden Säure vorliegt.

A1:

Definition	**Essigsäure**	**Salzsäure**
BOYLE	Essigsäure färbt Lackmus rot, daher ist Essigsäure nach BOYLE eine Säure.	Salzsäure färbt Lackmus rot, daher ist Salzsäure nach BOYLE eine Säure.
LAVOISIER	Essigsäure ist nicht die Lösung eines Nichtmetalloxids in Wasser. LAVOISIERS Definition trifft hier nicht zu.	Salzsäure ist nicht die Lösung eines Nichtmetalloxids in Wasser. LAVOISIERS Definition trifft hier nicht zu.

Definition	Essigsäure	Salzsäure
LIEBIG	Der „Wasserstoff" (heute wissen wir, dass es das positiv polarisierte Wasserstoff-Atom ist) kann durch ein „Metall" (heute wissen wir, dass es Metall-Kationen z.B. Natrium-Ionen sind) ersetzt werden. Der Definition ist Essigsäure eine Säure.	Mit der gleichen Argumentation passt auch bei Salzsäure die Definition von LIEBIG.
ARRHENIUS	Essigsäure leitet den elektrischen Strom, daher passt hier die Definition nach Arrhenius. Die Protolyse-Reaktion zeigt die Bildung der Wasserstoff-Ionen.	Mit der gleichen Definition passt auch bei Salzsäure die Definition von Arrhenius.
BRÖNSTEDT	Diese Definition passt zu Essigsäure-Molekülen, da sie Protonen-Donatoren sind.	Diese Definition passt zu Salzsäure, da Die Oxonium-Ionen in der Lösung Protonen-Donatoren sind.

A2:

Die BRÖNSTED-Definition unterscheidet sich von der ARRHENIUS-Definition dadurch, dass sie sich weder auf Stoffeigenschaften der Säuren noch auf die Art der Teilchen bezieht, die sich in wässrigen Lösungen aus Säure-Teilchen bilden. BRÖNSTEDS Definition stellt die Funktion der Säure-Teilchen in den Mittelpunkt: Säure-Teilchen sind Protonen-Donatoren.

Seite 24 und 25

B2:

Die Farben des Indikatorpapiers passen zwar zur Färbung von Bromthymolblau bei den jeweiligen *p*H-Werten, allerdings muss noch ein weiterer Indikator im *p*H-Papier zur Anwendung kommen. Denn das *p*H-Papier färbt sich bereits bei einem *p*H-Wert von 3 orange, während Bromthymolblau bei diesem *p*H-Wert noch gelb gefärbt ist. *Hinweis*: Mit den Informationen aus S. 39, B4 kann vermutet werden, dass die *p*H-Papiere neben Bromthymolblau auch Thymolblau oder Methylorange enthalten könnten.

B4:

In V1 sind die nachfolgenden Säure- bzw. Basetypen vertreten:

Anion-Base: Acetat-Ion

Anion-Säure: Hydrogensulfat-Ion

In V2:

Anion-Base: Phosphat-Ion

Anion-Base: Hydrogenphosphat-Ion

Anion-Säure: Dihydrogenphosphat-Ion

In V3:

Neutralsäure: Citronensäure

Hinweis: Andere Fruchtsäuren werden hier nicht genannt.

Anion-Base: Hydrogencarbonat-Ion

Auswertung a):

Substanz	**Bromthymolblau**	**Universalindikator**	**Reaktion**
Ammoniumchlorid	gelb	---	sauer
Natriumhydrogensulfat	gelb	---	sauer
Natriumdihydrogenphosphat	gelb	gelb	schwach sauer
Natriumchlorid	gelbgrün	grün	neutral
Natriumacetat	blau	---	alkalisch
Kaliumcarbonat	blau	---	alkalisch
Natriumphosphat	blau	blau	alkalisch
Dinatriumhydrogenphosphat	blaugrün	grünblau	schwach alkalisch

Für Schüler ist oft die Tatsache überraschend, dass wässrige Salzlösungen nicht immer neutral reagieren.

Auswertung b):

$$H_3CCOO^{\ominus}(aq) + H_2O(l) \rightarrow H_3CCOOH(l) + OH^{-}(aq)$$

Die Acetat-Ionen können als BRÖNSTED-Base zu Essigsäure-Molekülen reagieren. Natrium-Ionen können weder Protonen aufnehmen noch Protonen freisetzen.

In der Protolyse-Reaktion fungieren die Wasser-Moleküle als BRÖNSTED-Säure und bilden dabei Hydroxid-Ionen, die die Lösung alkalisch machen. Die alkalische Lösung färbt den Indikator Bromthymolblau blau.

Auswertung c):

$NH_4^+(aq) + H_2O(l) \rightarrow NH_3(g) + H_3O^+(aq)$ (saure Reaktion)

$CO_3^{2-}(aq) + H_2O(l) \rightarrow H_3CO^-(aq) + OH^-(aq)$ (alkalische Reaktion)

$HSO_4^-(aq) + H_2O(l) \rightarrow SO_4^{2-}(aq) + H_3O^+(aq)$ (saure Reaktion)

$PO_4^{3-}(aq) + H_2O(l) \rightarrow HPO_4^{2-}(aq) + OH^-(aq)$ (alkalische Reaktion)

$HPO_4^{2-}(aq) + H_2O(l) \rightarrow H_2PO_4^-(aq) + OH^-(aq)$ (alkalische Reaktion)

$H_2PO_4^-(aq) + H_2O(l) \rightarrow HPO_4^{2-}(aq) + H_3O^+(aq)$ (saure Reaktion)

NaCl(aq): keine Protolyse (neutrale Reaktion)

Auswertung d):

Das zugesetzte Speisenatron hat eine „*p*H-abstumpfende“ Wirkung, der *p*H-Wert der Säfte wird erhöht.

Auswertung e):

$RH(l,s) + HCO_3^-(aq) \rightarrow R^-(aq) + CO_2(g) + H_2O(l)$ (RH = Fruchtsäure)

$R^-(aq) + H_2O(l) \rightarrow RH(l,s) + OH^-(aq)$

Gasentwicklung und „*p*H-abstumpfende“ Wirkung bei der Neutralisation der Fruchtsäuren (Citronensäure, Vitamin C u.v.a.m.) lassen sich mithilfe der obigen Gleichung erklären.

A1:

Die Säure-Base-Eigenschaften von Salzen können mit der BRÖNSTED-Definition besser erklärt werden als mit den anderen Definitionen aus B1, S. 22, weil erst durch die Wirkung von Teilchen (Ionen) aus den Salzen als Protonen-Donatoren bzw. Protonen-Akzeptoren Lösungen entstehen, die saure oder alkalische Eigenschaften haben, wie sie durch die anderen Definitionen aus B1, S. 22, gefordert werden.

A2:

$OH^-(aq)$	$+ H_3O^+(aq) \rightarrow$	$H_2O(l)$	$+ H_2O(l)$
Base I	Säure II	Säure I	Base II

$HCO_3^-(aq)$	$+ H_3O^+(aq) \rightarrow$	$H_2CO_3(aq)$	$+ H_2O(l)$
Base I	Säure II	Säure I	Base II

Seite 26 und 27

B4:

Bei der Addition von *p*H- und *p*OH-Wert ergibt sich immer 14: *p*H + *p*OH = 14.

Dies ergibt sich aus der Gleichung $c(\mathrm{H_3O^+}) \cdot c(\mathrm{OH^-}) = 10^{-14}$ durch folgende Umformungen:

$c(\mathrm{H_3O^+}) \cdot c(\mathrm{OH^-}) = 10^{-14}$	| lg
$\lg(c(\mathrm{H_3O^+}) \cdot c(\mathrm{OH^-})) = \lg 10^{-14}$	| Logharitmus-Gesetze
$\lg(c(\mathrm{H_3O^+})) + \lg(c(\mathrm{OH^-})) = -14 \cdot \lg 10$	| · (– 1); lg 10 = 1
$-\lg(c(\mathrm{H_3O^+})) - \lg(c(\mathrm{OH^-})) = +14 \cdot 1$	| Definition *p*H-Wert
*p*H + *p*OH = 14	

Auswertung a):

Offene Aufgabe.

Probe	*p*H	$c(\mathrm{H_3O^+})$ in mol/L	$c(\mathrm{OH^-})$ in mol/L	$N(\mathrm{H_3O^+})$ in 1 L	Leitfähigkeit	Gesamthärte	Carbonathärte	Nitratgehalt
Wasser*1	7,2	$6{,}3 \cdot 10^{-8}$	$1{,}58 \cdot 10^{-7}$	$3{,}8 \cdot 10^{16}$	0,251 mS	14 °d *2	17 °d *2	3,8 mg/L, 0,0613 mmol/L
Leitungswasser	7	10^{-7}	10^{-7}	$6{,}02 \cdot 10^{16}$				
Regenwasser	4	10^{-4}	10^{-10}	$6{,}02 \cdot 10^{16}$				
...								

*1 im Handel erhältliches Wasser (hier Evian)

*2 gemessen mit Teststäbchen der Firma Dennerle (Dreifachtauchtest)

- Die elektrische Leitfähigkeit wird von den einzelnen Ionenarten bestimmt.
- Die Gesamthärte (GH) ist definiert als die Summe der Konzentrationen der Calcium-, Magnesium-, Strontium-, Barium- und Eisen(II)-Ionen.

Hinweis: Aufgrund der Häufigkeit ihres Vorkommens wird die Gesamthärte im Wesentlichen durch Calcium- und Magnesium-Ionen bestimmt.

GH= $c(\mathrm{Ca^{2+}}) + c(\mathrm{Mg^{2+}}) + c(\mathrm{Sr^{2+}}) + c(\mathrm{Ba^{2+}}) + c(\mathrm{Fe^{2+}})$

- Die Carbonathärte (KH) (besser: Säurebindungsvermögen oder Alkalinität) wird durch die Carbonat- und Hydrogencarbonat-Ionen verursacht. Sie lässt sich folgendermaßen berechnen:

KH = $c(\mathrm{HCO_3^-}) + 2\,c(\mathrm{CO_3^{2-}}) + c(\mathrm{OH^-}) - c(\mathrm{H_3O^+})$.

- Der Nitratgehalt wird durch die Konzentration der im Wasser gelösten Nitrat-Ionen bestimmt.

Auswertung b):
In der Tabelle aus Auswertung a) werden $c(\mathbf{H_3O^+})$, $c(\mathbf{OH^-})$ und $N(\mathbf{H_3O^+})$ folgendermaßen berechnet:
$c(\mathbf{H_3O^+}) = 10^{-pH}$

$$c(\mathbf{OH^-}) = \frac{K_W}{c(\mathbf{H_3O^+})} = \frac{10^{-14}}{10^{-pH}}$$

$N(\mathbf{H_3O^+}) = c(\mathbf{H_3O^+}) \cdot N_A = c(\mathbf{H_3O^+}) \cdot 6{,}022 \cdot 10^{23}\ \text{mol}^{-1}$.

Auswertung c):

$$\frac{c(\mathbf{H_3O^+}\ \text{Regenwasser})}{c(\mathbf{H_3O^+}\ \text{Leitungswasser})} = \frac{10^{-4}\ \text{mol/L}}{10^{-7}\ \text{mol/L}} = 1000$$

Auswertung d):
Die Carbonathärte wirkt sich auf den *p*H-Wert einer Lösung aus, da die beteiligten Ionen (Hydrogencarbonat- und Carbonat-Ionen) einen Einfluss auf die Konzentration der Oxonium-Ionen haben. Andere Ionen wie Nitrat-Ionen, Magnesium- und Calcium-Ionen beeinflussen den *p*H-Wert nicht, da sie weder als Basen noch als Säure reagieren können.

A1:
Berechnung von $c(\mathbf{H_3O^+})$ in Wasser von $\vartheta = 22\ °C$
Für reines Wasser gilt:
$c(\mathbf{H_3O^+}) = c(\mathbf{OH^-})$.
Daraus folgt:
$c(\mathbf{H_3O^+}) \cdot c(\mathbf{H_3O^+}) = 10^{-14}\ \text{mol}^2/\text{L}^2$ und weiter $c(\mathbf{H_3O^+}) = 10^{-7}\ \text{mol/L}$.
Der *p*H-Wert von reinem Wasser ist damit $pH = -\lg 10^{-7} = 7$.
Auch für neutrale Lösungen, d.h. Lösungen, bei denen die Oxonium-Ionenkonzentration und die Hydroxid-Ionenkonzentration gleich sind, gilt: $pH = 7$.

A2:
Hinweis: In der Aufgabenstellung zu A2 auf S. 27 im Buch ist ein Fehler. Es muss richtig heißen: $pOH = -\lg\{c(OH^-)\}$
Für eine neutrale Lösung gilt $pH = 7$. Mit der Gleichung $pH + pOH = 14$ ergibt sich $pOH = 7$.

Seite 28 und 29

B1:
Wegen des stechenden Schmerzes nach einem Ameisenbiss kann man annehmen, dass Ameisensäure eine relativ starke Säure ist. Unter "starken" Säuren wird vor allem eine stark ätzende Wirkung verstanden. Der Begriff "schwache Säure" wird von Schülerinnen und Schülern oft auf eine Verdünnung starker Säuren zurückgeführt nicht auf unterschiedlich starke (vollständige) Protolyse-Reaktionen.

B2:
Um Fehlerquellen möglichst gering zu halten, muss der Stopfen sofort nach der Zugabe der Säurelösung aufgesetzt werden und die Vorrichtung muss dicht sein.

B3:
Die Rotfärbung des *p*H-Indikatorpapiers fällt bei der Salzsäure-Lösung kräftig rot aus, während sich das *p*H-Papier bei Essigsäure-Lösung eher rot-orange färbt. Vergleicht man mit der Skala auf der *p*H-Papier-Rolle, dann ordnet man der Salzsäure-Lösung einen *p*H-Wert von 1 und der Essigsäure-Lösung einen Wert von 3 zu. Essigsäure-Lösung ist also bei gleicher Konzentration weniger sauer als Salzsäure-Lösung.

B4:
Protolysegleichgewicht für Salzsäure:

$$\mathbf{HCl(g) + H_2O(l) \rightleftarrows H_3O^+(aq) + Cl^-(aq)}$$

$$K = \frac{c(H_3O^+) \cdot c(Cl^-)}{c(HCl) \cdot c(H_2O)}$$

Protolysegleichgewicht für Essigsäure:

$$H_3CCOOH(l) + H_2O(l) \rightleftarrows H_3O^+(aq) + CH_3COO^{\ominus}(aq)$$

$$K = \frac{c(H_3O^+) \cdot c(H_3CCOO^{\ominus})}{c(H_3CCOOH) \cdot c(H_2O)}$$

B5:

Salzsäure: Berechnet man aus dem gemessenen *p*H-Wert von 0,7 die Konzentration der Oxonium-Ionen, so erhält man 0,2 mol/L. Also gilt $c(H_3O^+) = c(HCl)$ und die Säure liegt vollständig protolysiert vor. Sie ist daher eine starke Säure.

Natriumhydrogensulfat-Lösung: Aus *p*H = 1,3 ergibt sich eine Oxonium-Ionenkonzentration von 0,05 mol/L. Nur 25 % der Hydrogensulfat-Ionen protolysieren und bilden Sulfat-Ionen und Oxonium-Ionen. Die Natriumhydrogensulfat-Lösung ist weder eine starke noch eine schwache Säure. Hydrogensulfat-Ionen haben einen pK_s-Wert von 1,92 und sind daher eher starke Säuren.

Essigsäure: Aus dem *p*H-Wert von 2,7 berechnet man eine Oxonium-Ionen-Konzentration von 0,002 mol/L. Also liegen nur 1 % der Essigsäure-Moleküle protolysiert vor. Es gilt also $c(CH_3COOH) \approx c_0(CH_3COOH)$. Essigsäure ist also eine schwache Säure ($pK_s = 4,76$).

Auswertung a):

Hinweis: Fehler in der Aufgabenstellung: Es muss richtig in V2 und V3 statt in V3 und V4 heißen.

	HCl	HSO_4^-	H_3CCOOH
c_0 in mol/L	0,2	0,2	0,2
*p*H	0,7	1,3	2,7
Reaktionszeit (z.B. Bildung von 2 mL H_2)	80 s	115 s	192 s
$c(H_3O^+)$ in mol/L	0,2	0,05	0,002

Auswertung b):

Je niedriger der *p*H-Wert der Säurelösung ist, desto größer ist die Konzentration der Oxonium-Ionen $c(H_3O^+)$ und desto kürzer ist die gemessene Reaktionszeit, in der sich das Rggl. mit Wasserstoffgas füllt (vgl. auch Tabelle in Auswertung a).

Trotz gleich großer Ausgangskonzentration an Säure sind die *p*H-Werte der Säurelösungen verschieden. Je niedriger der *p*H-Wert der Säurelösung ist, desto größer ist die Konzentration der in der Lösung befindlichen Oxonium-Ionen und desto kürzer ist die Reaktionszeit, in der sich das Reagenzglas mit Wasserstoffgas füllt.

Auswertung c):
Vgl. unterste Zeile der Tabelle in Auswertung a).

Auswertung d):
Ein niedriger *p*H-Wert ist auf eine hohe Konzentration an Oxonium-Ionen aus der Protolyse-Reaktion zurückzuführen. Die Konzentration der Oxonium-Ionen in der jeweiligen Lösung steht in direktem Zusammenhang mit den Reaktionszeiten bei der Bildung von Wasserstoff-Molekülen aus Oxonium-Ionen. Je größer die Konzentration der Oxonium-Ionen ist, desto mehr Reaktionspartner sind für die Reaktion vorhanden.

Auswertung e):
Das Ordnungskriterium ist nicht die Ausgangskonzentration c_0(Säure), sondern $c(\mathbf{H_3O^+})$ beim Protolysegleichgewicht der betreffenden Säure. Damit ergibt sich nach abnehmender Säurestärke geordnet:
Salzsäure > Hydrogensulfat-Lösung > Essigsäure.

Auswertung f):

	Salzsäure		Essigsäure	
c_0 in mol/L	0,1	0,02	0,1	0,02
*p*H	1	1,7	2,9	3,2
$c(\mathbf{H_3O^+})$ in mol/L	0,1	0,02	0,00126	0,0006

A1:
Anhand der Information, dass eine Lösung einer Säure **HA(aq)** *p*H = 3 hat, ist es nicht möglich, zu entscheiden, ob **HA** eine starke oder eine schwache Säure ist, weil nicht bekannt ist, wie groß die Anfangskonzentration c_0(**HA**) ist. Die Lösung einer starken Säure mit niedriger Anfangskonzentration c_0 kann ebenso *p*H = 3 haben wie eine schwache Säure mit wesentlich höherer Anfangskonzentration c_0.

A2:
Ist der K_s-Wert groß, dann ist der Zähler des Massenwirkungsquotienten viel größer als der Nenner. Die Konzentrationen der Oxonium-Ionen und des Säure-Restes sind viel größer als die Säure-Konzentration im Gleichgewicht. Dies zeigt eine deutliche Protolyse-Reaktion an. Danach zeigt ein hoher K_s-Wert eine starke Säure an.

Seite 30 und 31

B2:

a) Die zeilenweise Addition von pK_s- und pK_b-Werten (bei ϑ = 22 °C) konjugierter Säure-Base-Paare ergibt stets den Zahlenwert 14. Dieser stimmt mit $-\lg\{K_W\}$ überein. Damit kann bei Kenntnis des pK_s-Wertes der pK_b-Wert berechnet werden und umgekehrt bei Kenntnis des pK_b-Wertes der pK_s-Wert.

b) Offene Aufgabe.

Auswertung a):

Natronlauge und Natriumphosphat-Lösung sind stark alkalisch (pH = 13). Die Natriumacetat-Lösung ist nur schwach alkalisch (pH = 8,8).

Auswertung b):

$\mathbf{NaOH(s)\ (+\ H_2O(l)) \rightsquigarrow Na^+(aq) + Cl^-(aq)}$

Hinweis: Hierbei handelt es sich um einen Lösevorgang und nicht um eine chemische Reaktion, daher ein "anderer" Pfeil.

$\mathbf{Na^+(aq) + H_3CCOO^{\ominus}(aq) + H_2O(l) \rightleftarrows Na^+(aq) + H_3CCOOH(aq) + OH^-(aq)}$

$\mathbf{3\ Na^+(aq) + PO_4^{3-}(aq) + H_2O(l) \rightleftarrows 3\ Na^+(aq) + HPO_4^{2-}(aq) + OH^-(aq)}$

Auswertung c):

$p\text{H}(\mathbf{NaOH}) = 13$

$p\text{OH}(\mathbf{NaOH}) = 14 - p\text{H}(\mathbf{NaOH}) = 14 - 13 = 1$

$p\text{OH} = -\lg\{c(\mathbf{OH^-})\} \Rightarrow 1 = -\lg\{c(\mathbf{OH^-})\}$

$\Rightarrow c(\mathbf{OH^-}) = 10^{-1}$ mol/L = 0,1 mol/L

Die obige Berechnung trifft ebenso auf $\mathbf{Na_3PO_4}$ zu.

$p\text{H}(\mathbf{NaH_3CCOO}) = 8{,}88$

$p\text{OH}(\mathbf{NaH_3CCOO}) = 14 - 8{,}88 = 5{,}12$

$p\text{OH} = -\lg\{c(\mathbf{OH^-})\} \Rightarrow 5{,}12 = -\lg\{c(\mathbf{OH^-})\}$

$\Rightarrow c(\mathbf{OH^-}) = 10^{-5,12}$ mol/L = 0,0000076 mol/L

Auswertung d):

$c_0(\mathbf{NaOH})$ = 0,1 mol/L = $c(\mathbf{OH^-})$

$\Rightarrow$ 100 %

Hinweis: Hier findet keine Protolyse sondern ein Lösungsvorgang statt.

$c_0(Na_3PO_4)$ = 0,1 mol/L = $c(OH^-)$

$\Longrightarrow$ 100 % der Phosphat-Ionen PO_4^{3-} liegen im Gleichgewicht als Hydrogen-phosphat-Ionen HPO_4^{2-} vor.

$c_0(NaH_3CCOO)$ = 0,1 mol/L >> 0,0000076 mol/L = $c(OH^-)$

$\Longrightarrow$ nur 0,076 ‰ der Acetat-Ionen $H_3CCOO^{\ominus}$ liegen im Gleichgewicht als Essig-säure-Moleküle H_3CCOOH vor.

Auswertung e):

Bei Natronlauge und Natriumphosphat-Lösung ist eine Gasentwicklung zu beobachten, die eine Reaktion anzeigt. Die Natriumacetat-Lösung reagiert nicht sichtbar.

Auswertung f):

Abnehmende Basenstärke: Natronlauge, Natriumphosphat >> Natriumacetat

Die Ordnung erfolgte anhand der Kriterien *p*H-Wert gleichkonzentrierter Lösungen und Reaktivität gegenüber Aluminium. Zwischen Natronlauge und Natriumphosphat-Lösung lässt sich bei den Versuchen kein Unterschied feststellen.

A1:

Starke Säuren (pK_s < 1,5): Perchlorsäure $HClO_4$ bis zu Oxalsäure $H_2C_2O_4$

Schwache Säuren (pK_s > 4,75): ab Essigsäure CH_3COOH

Starke Basen sind in der Tabelle unten rechts zu finden, vom Sauerstoff-Ion bis zum Hydroxid-Ion mit pK_b < 1,5. Ab Ammoniak aufwärts sind die schwachen Basen gelistet (pK_b > 4,75).

A2:

$$NH_3(g) + H_2O(l) \rightleftharpoons NH_4^+(aq) + OH^-(aq)$$

$$HCOONa(s) + H_2O(l) \rightleftharpoons Na^+(aq) + OH^-(aq) + HCOOH(aq)$$

Ammoniak ist im Vergleich mit Methanoat (Formiat) die stärkere Base. Daher ist das Gleichgewicht bei der Protolyse von Ammoniak stärker auf die Seite der Produkte verschoben als das bei der Protolyse des Natriumformiats. Die Ammoniak-Lösung ist stärker alkalisch als die Formiat-/Methanoat-Lösung.

A3:

Analog zu S. 32 "Bedeutung des *p*H-Werts einer schwachen Säure":

$c_0(HCOONa)$ = 0,5 mol/L

$pK_b(HCOO^{\ominus})$ = 10,23, $K_b = 10^{-10,23}$

Da Formiat-Ionen schwache Basen sind, gilt:
$c(HCOO^{\ominus}) = c_0(HCOO^{\ominus})$

$$K_b = \frac{c(OH^-) \cdot c(HCOOH)}{c(HCOO^{\ominus})} = \frac{c^2(OH^-) \cdot c(HCOOH)}{c_0(HCOO^{\ominus})}$$

$\Rightarrow c(OH^-) = \sqrt{K_b \cdot c_0(HCOO^{\ominus})}$
$pOH = -\lg \{c(OH^-)\} = -\lg \sqrt{K_b \cdot c_0(HCOO^{\ominus})}$
$pOH = -\lg \sqrt{10^{-10,23} \cdot 0,5} = 5,27$
$pH = 14 - pOH = 8,73$

Seite 32 und 33

A1:

a) 1. Reaktionsschema der Protolyse:
$H_3CCOOH + H_2O \rightleftarrows H_3O^+ + H_3CCOO^{\ominus}$
2. Fallbestimmung:
$pK_s(H_3CCOOH) = 4,76$; schwache Säure;
$c_0(H_3CCOOH) = c(H_3CCOOH)$
3. MWG anwenden (Gleichung für K_s):

$$K_s = \frac{c^2(H_3O^+)}{c_0(H_3CCOOH)}; \; c(H_3O^+) = \sqrt{K_s \cdot c_0(H_3COOH)}$$

$$= \sqrt{10^{-4,76} \cdot 5 \cdot 10^{-1}\ mol^2 \cdot L^{-2}}$$

$$= 2,24 \cdot 10^{-2,88}\ mol \cdot L^{-1}$$

4. $pH = -\lg (2,24 \cdot 10^{-2,88}) = 2,53$

b) 1. Reaktionsschema der Protolyse
$HCl + H_2O \rightleftarrows H_3O^+ + Cl^-$
2. Fallbestimmung:
$pK_s(HCl) < 1,5$; starke Säure;
$c_0(HCl) = c(H_3O^+)$
3. $pH = -\lg 2,5 = -0,40$
Hinweis: Gewöhnlicherweise wird die *p*H-Skala von 0 bis 14 verwendet. Bei starken Säuren bzw. Basen können sich *p*H-Werte kleiner 0 bzw. größer 14 ergeben.

c) 1. Reaktionsschema der Protolyse:

$\mathbf{HCN + H_2O \rightleftarrows H_3O^+ + CN^-}$

2. Fallbestimmung:

$pK_s(\mathbf{HCN}) = 9{,}4$; schwache Säure;

$c_0(\mathbf{HCN}) = c(\mathbf{HCN})$

3. MWG anwenden (Gleichung für K_s):

$$K_s = \frac{c^2(\mathbf{H_3O^+})}{c_0(\mathbf{HCN})}; \; c(\mathbf{H_3O^+}) = \sqrt{K_s \cdot c_0(\mathbf{HCN})}$$

$$= \sqrt{10^{-9{,}4} \cdot 5 \cdot 10^{-1}\ \text{mol}^2 \cdot \text{L}^{-2}}$$

$$= 2{,}24 \cdot 10^{-5{,}2}\ \text{mol} \cdot \text{L}^{-1}$$

4. $p\text{H} = -\lg\,(2{,}24 \cdot 10^{-5{,}2}) = 4{,}85$

d) 1. Reaktionsschema der Protolyse:

$\mathbf{HNO_3 + H_2O \rightleftarrows H_3O^+ + NO_3^-}$

2. Fallbestimmung:

$pK_s(\mathbf{HNO_3}) = -1{,}32$; starke Säure;

$c_0(\mathbf{HNO_3}) = c(\mathbf{H_3O^+})$

3. $p\text{H} = -\lg(10^{-1}) = 1$

A2:

a) 1. Chlorwasserstoff ist eine starke Säure.

2. $c_0(\mathbf{HCl}) = c(\mathbf{H_3O^+}) = 10^{-0{,}5}$ mol/L $= 3{,}16 \cdot 10^{-1}$ mol/L

b) 1. Essigsäure ist mit $pK_s = 4{,}76$ eine schwache Säure.

2. $c(\mathbf{H_3O^+}) = 10^{-4}$ mol/L

3. $$K_s = \frac{c^2(\mathbf{H_3O^+})}{c_0(\mathbf{H_3CCOOH})}; \; c_0(\mathbf{H_3CCOOH}) = \frac{c^2(\mathbf{H_3O^+})}{K_s}$$

$$= \frac{(10^{-4})^2\ \text{mol}^2 \cdot \text{L}^{-2}}{10^{-4{,}76}\ \text{mol} \cdot \text{L}^{-1}}$$

$$= 10^{-3{,}24}\ \text{mol} \cdot \text{L}^{-1}$$

$$= 5{,}75 \cdot 10^{-4}\ \text{mol} \cdot \text{L}^{-1}$$

A3:

a) 1. Natriumhydroxid **NaOH** ist eine Ionenverbindung. Das Kristallgitter besteht aus Natrium-Ionen $\mathbf{Na^+}$ und Hydroxid-Ionen $\mathbf{OH^-}$. Beim Lösen in Wasser gehen die Ionen in hydratisierter Form in Lösung. Die Konzentration der

Hydroxid-Ionen $c(\mathrm{OH}^-)$ ist also gleich der Konzentration des gelösten Natriumhydroxids $c_0(\mathrm{NaOH})$:

$c(\mathrm{OH}^-) = c_0(\mathrm{NaOH}) = 1\ \mathrm{mol/L}$.

2. Die Konzentration der Oxonium-Ionen $c(\mathrm{H_3O^+})$ berechnet man mithilfe des Ionenprodukts des Wassers K_W:

$K_W = c(\mathrm{H_3O^+}) \cdot c(\mathrm{OH}^-)$;

$$c(\mathrm{H_3O^+}) = \frac{K_W}{c(\mathrm{OH^-})} = \frac{10^{-14}\ \mathrm{mol^2 \cdot L^{-2}}}{1\ \mathrm{mol \cdot L^{-1}}} = 10^{-14}\ \mathrm{mol \cdot L^{-1}}$$

3. $p\mathrm{H} = -\lg 10^{-14} = 14$

b) 1. Protolyseschema von Ammoniak mit Wasser:

$\mathrm{NH_3 + H_2O \rightleftarrows NH_4^+ + OH^-}$

2. Fallbestimmung:

$pK_b(\mathrm{NH_3}) = 4{,}76$; schwache Base;

$c_0(\mathrm{NH_3}) = c(\mathrm{NH_3})$

3. MWG anwenden (Gleichung für K_b):

$$K_b = \frac{c^2(\mathrm{OH^-})}{c_0(\mathrm{NH_3})}; \quad c(\mathrm{OH^-}) = \sqrt{K_b \cdot c_0(\mathrm{NH_3})}$$

$$= \sqrt{10^{-4{,}76} \cdot 2 \cdot 10^{-1}\ \mathrm{mol^2 \cdot L^{-2}}}$$

$$= 1{,}88 \cdot 10^{-3}\ \mathrm{mol \cdot L^{-1}}$$

4. $c(\mathrm{H_3O^+}) = \dfrac{K_W}{c(\mathrm{OH^-})} = \dfrac{10^{-14}\ \mathrm{mol^2 \cdot L^{-2}}}{1{,}88 \cdot 10^{-3}\ \mathrm{mol \cdot L^{-1}}} = 5{,}33 \cdot 10^{-12}\ \mathrm{mol \cdot L^{-1}}$

5. $p\mathrm{H} = -\lg(5{,}33 \cdot 10^{-12}) = -0{,}73 + 12 = 11{,}27$

A4:

Reaktionsschema der Protolyse:

$\mathrm{HCOOH + H_2O \rightleftarrows H_3O^+ + HCOO^{\ominus}}$

a) Annahme: starke Säure

$p\mathrm{H} = -\lg 0{,}25 = 0{,}60$

b) Annahme: schwache Säure

$$K_s = \frac{c^2(\mathrm{H_3O^+})}{c_0(\mathrm{HCOOH})}; \quad p\mathrm{H} = -\lg c(\mathrm{H_3O^+}) = -\lg \sqrt{K_s \cdot c_0(\mathrm{HCOOH})}$$

$$= -\lg \sqrt{10^{-3{,}77} \cdot 0{,}25} = 2{,}19$$

Die Berechnung über den Weg zur Berechnung des *p*H-Werts einer mittelstarken Säure lohnt sich nicht, da man mit der Berechnung unter der Annahme einer schwachen Säure nur um 0,03 von dem korrekt ermittelten *p*H-Wert abweicht. Für mittelstarke Säure kann man den *p*H-Wert näherungsweise also auch unter der Annahme berechnen, die Säure sei schwach.

Seite 34 und 35

B3:

Oxalsäure **HOOCCOOH** ist eine starke Säure, d.h. die Protolyse zum Oxalat-Monoanion ist vollständig. Eine Carbonsäure ist umso stärker, je besser das Carboxylat-Ion stabilisiert ist. Daraus kann man schließen, dass das Monoanion der Oxalsäure sehr gut stabilisiert sein muss.

B5:

Die Partialladung ergibt sich aus dem Vergleich der Elektronegativitäten der an der Bindung beteiligten Atome. Das Atom mit größerer Elektronegativität erhält eine negative Partialladung, das elektropositivere Atom entsprechend eine positive Partialladung. Der Keil soll die ungleiche Verteilung des bindenden Elektronenpaars anzeigen. Aufgrund der negativen bzw. positiven Partialladung der benachbarten Atome werden die Elektronenpaarbindungen zu polaren Elektronenpaarbindungen.

Auswertung a):

Name	*p*H-Wert	Heftigkeit der Reaktion mit Magnesium	*V*(NaOH)
Methansäure	2,2	Nimmt in dieser Gruppe ab	ca. 10 mL
Ethansäure	2,72		
Propansäure	2,77		
Monochlorethansäure	1,66	Nimmt in dieser Gruppe zu, heftiger als bei Ethansäure	
Trichlorethansäure	0,63		
2-Hydroxypropansäure	1,8	Heftiger als bei Propansäure	

Name	*p*H-Wert	Heftigkeit der Reaktion mit Magnesium	*V*(NaOH)
Ethandisäure	0,85	Nimmt in dieser Gruppe ab	ca. 20 mL
Propandisäure	1,53		
Butandisäure	2,26		
Hexandisäure	2,43		
3-Carboxy-3-hydroxy-pentandisäure	1,82	Heftiger als bei Hexandisäure	ca. 30 mL

Auswertung b):

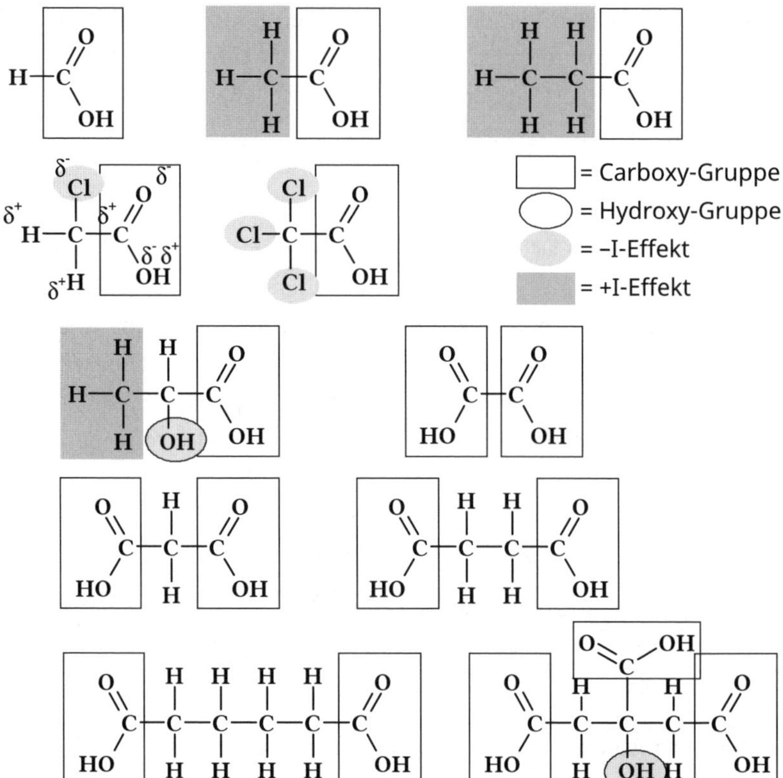

Auswertung c):

Je größer die Anzahl an Carboxy-Gruppen, umso größer ist der Verbrauch der Natronlauge bei der Titration.

Auswertung d):

Je-desto-Beziehungen:

- Methansäure, Ethansäure, Propansäure:
  Je länger der Alkyl-Rest im Carbonsäure-Molekül ist, desto schwächer ist die Carbonsäure.
- Ethandisäure, Propandisäure, Butandisäure, Hexandisäure:
  Je länger der Alkyl-Rest im Dicarbonsäure-Molkeül ist, desto schwächer ist die Carbonsäure.
- Ethansäure, Monochlorethansäure, Trichlorethansäure:
  Je mehr Substituenten mit –I-Effekt im Carbonsäure-Molekül gebunden sind, desto stärker ist die Carbonsäure.
- Propansäure, 2-Hydroxypropansäure, Propandisäure:
  Je stärker der –I-Effekt von Substituenten im Carbonsäure-Molekül ist, desto stärker ist die Carbonsäure.
- Propansäure, Propandisäure, Ethansäure, Ethandisäure:
  Je mehr Säure-Gruppen im Carbonsäure-Molekül gebunden sind, desto stärker ist die Säure.
- Citronensäure, Hexandisäure:
  Je mehr Säure-Gruppen im Carbonsäure-Molekül gebunden sind, desto stärker ist die Säure.

A1:

Vgl. Auswertung b).

Die Partialladungen sind aus Gründen der besseren Übersicht nur bei Monochlorethansäure eingezeichnet.

A2:

Butansäure ist aufgrund der größeren Kettenlänge der Kohlenstoff-Atome eine leicht schwächere Säure als Propansäure und schwächer als Butandisäure.

Der pK_s-Wert ist in B3 mit 4,82 angegeben.

Dichlorethansäure sollte stärker als Monochlorethansäure und schwächer als Trichlorethansäure sein, da der –I-Effekt der Chlor-Atome zweifach zum Tragen kommt.

Pentandisäure reiht sich bzgl. der Säurestärke zwischen Propandisäure und Hexandisäure ein, weil beim Vergleich der Disäuren die Länge der Kette aus Kohlenstoff-Atomen entscheidend ist.

2-Chlorpropansäure ist eine stärkere Säure als Propansäure, weil das Chlor-Atom mit dem –I-Effekt die negative Ladung des Carboxylat-Ions stabilisiert. Da Chlor noch elektronegativer ist als Sauerstoff, müsste 2-Chlorpropansäure auch stärker sein als 2-Hydroxypropansäure.

Seite 36 und 37

B1:
Im Gartenteich sollte der *p*H-Wert zwischen 7 und 8 liegen. Fische wie Zucht-Kois sind empfindlich und vertragen nur geringe Schwankungen des *p*H-Wertes. Wachsen im Teich viele Algen, kann der *p*H-Wert auf Werte bis 9 ansteigen. In diesem Fall muss der *p*H-Wert durch einen Austausch von Wasser oder durch Zugabe von Säuren unter Kontrolle eingestellt werden.

B2:
Unter Acidose versteht man das Absinken des *p*H-Werts des Bluts. Sie ist eine Reaktion auf verschiedene Ursachen, die den Säure-Base-Haushalt aus dem Gleichgewicht bringen.
Fällt der *p*H-Wert des Blutes unter eine Wert von 7,15, ist eine Gabe von Natriumhydrogencarbonat notwendig. In minderschweren Fällen lässt sich der *p*H-Wert auch dadurch regulieren, dass die Atemfrequenz eines Patienten und damit das Ausstoßen von Kohlenstoffdioxid erhöht wird.

B5:
(I) und (II): Das Austauschen von Oxonium-Ionen aus dem Zellinneren gegen Kalium-/Natrium-Ionen führt zu höheren *p*H-Werten, einer Alkalisierung.
(III) und (IV): In der Zelle existiert ein Gleichgewicht zwischen Kohlensäure und Hydrogencarbonat-Ionen:

$$H_2CO_3(aq) \rightleftarrows HCO_3^-(aq) + H_3O^+(aq)$$

Werden Hydrogencarbonat-Ionen aus der Zelle entfernt, dann bilden sich gemäß dem Prinzip von LE CHATELIER neue Hydrogencarbonat-Ionen sowie Oxonium-Ionen. Dadurch erniedrigt sich der *p*H-Wert in der Zelle, eine Acidisierung ist die Folge.

Auswertung a):

Puffer	*p*H-Wert des Puffers	*p*H-Wert nach Säure-zugabe	*p*H-Differenz nach Säure-zugabe	*p*H-Wert nach Base-zugabe	*p*H-Differenz nach Base-zugabe
P	7,08	7,07	0,01	7,12	0,04
A	5,10	5,04	0,06	5,12	0,02
C	10,76	10,76	0	10,83	0,07
dest. Wasser	8,05	4,36	3,69	12,04	3,99

Auf Basis der Ergebnisse kann man folgende Definition für den Begriff „Pufferlösung" formulieren: Eine Pufferlösung ist eine Lösung, deren *p*H-Wert sich durch Säure- bzw. Basezugabe nicht ändert.

Auswertung b):

- Phosphat-Puffer

  $H_2PO_4^-(aq) + H_2O(l) \rightleftarrows HPO_4^{2-}(aq) + H_3O^+(aq)$

  Säure — konjugierte Base

- Acetat-Puffer

  $H_3CCOOH(l) + H_2O(l) \rightleftarrows H_3CCOO^-(aq) + H_3O^+(aq)$

  Säure — konjugierte Base

- Carbonat-Puffer

  $HCO_3^-(aq) + H_2O(l) \rightleftarrows CO_3^{2-}(aq) + H_3O^+(aq)$

  Säure — konjugierte Base

Auswertung c):

Die aus der Tabelle in B5 auf S. 91 entnommenen Werte $pK_s(H_3CCOOH) = 4{,}76$, $pK_s(H_2PO_4^-) = 7{,}12$ und $pK_s(HCO_3^-) = 10{,}4$ sind jeweils annähernd gleich den *p*H-Werten der drei Puffer P, A und C aus V1 vor Zugabe von Säure oder Base.

Auswertung d):

Im Phosphat-Puffer aus V1 und V2 liegen die Puffersäure $H_2PO_4^-$ und die Pufferbase HPO_4^{2-} in gleichen Konzentrationen vor. Da außerdem die Säurestärke der Puffersäure und die Basenstärke der Pufferbase in etwa gleich sind (vgl. B5 auf S. 91: $pK_s(H_2PO_4^-) = 7{,}12$, $pK_b(HPO_4^{2-}) = 6{,}88$) und nur geringfügig von $pH = 7$ abweichen, ist die Konzentration der in Gleichung (1) gebildeten Oxonium-Ionen etwa gleich der Konzentration der in Gleichung (2) gebildeten Hydroxid-Ionen. Als Ergebnis gilt für die Lösung $pH \approx 7$.

Auswertung e):

Acetat-Puffer:

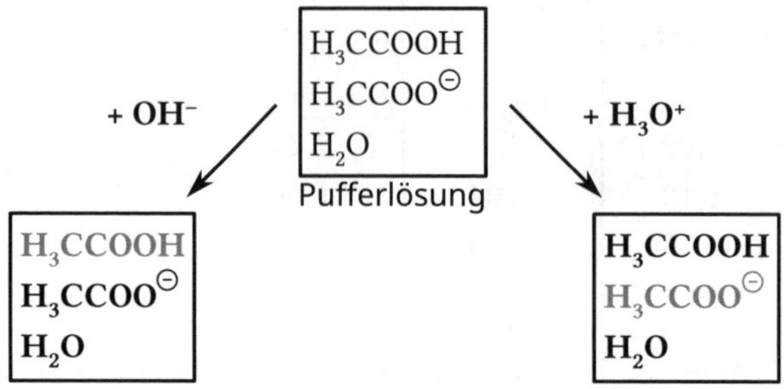

Carbonat-Puffer:

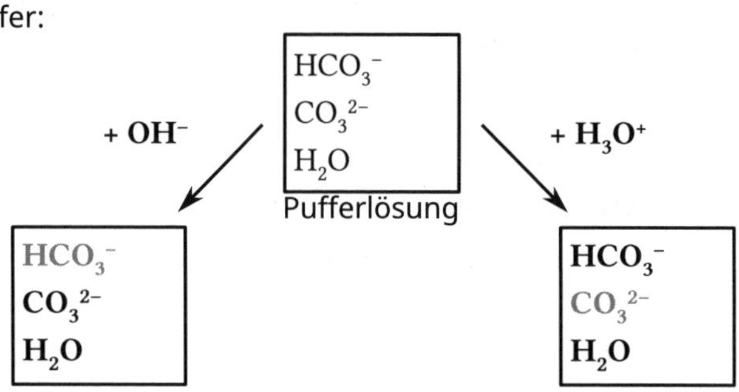

Fettdruck: erhöhte Konzentration nach Säure-/Basezugabe

grau: erniedrigte Konzentration nach Säure-/Basezugabe

A1:

$$pH = pK_s + \lg \frac{c(\text{konj. Base})}{c(\text{Säure})}$$

$$\Rightarrow pH = 6{,}32 + \lg \frac{c(\mathbf{HCO_3^-})}{c(\mathbf{H_2CO_3})}$$

$$\Rightarrow 7{,}36 = 6{,}32 + \lg \frac{c(\mathbf{HCO_3^-})}{c(\mathbf{H_2CO_3})}$$

$$\Leftrightarrow \lg \frac{c(\mathbf{HCO_3^-})}{c(\mathbf{H_2CO_3})} = 0{,}84$$

$$\Leftrightarrow \frac{c(\mathbf{HCO_3^-})}{c(\mathbf{H_2CO_3})} = 10^{0{,}84}$$

$$\Rightarrow \frac{c(\mathbf{H_2CO_3^-})}{c(\mathbf{HCO_3^-})} = 10^{-0{,}84} \approx \frac{15}{100}$$

Seite 38 und 39

B3:

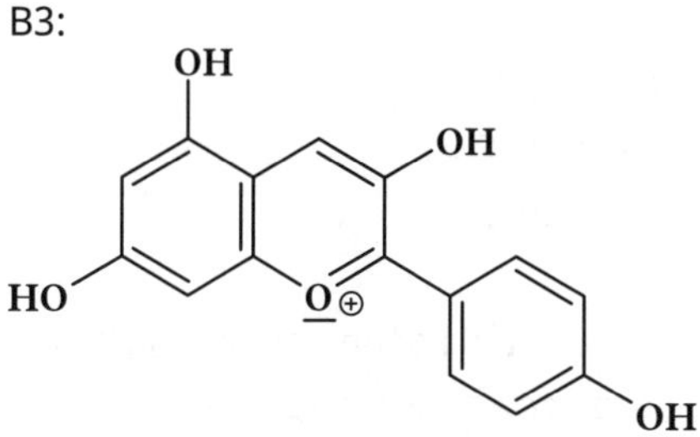

Anthocyan-Kation
Indikator-Säure **HInd**

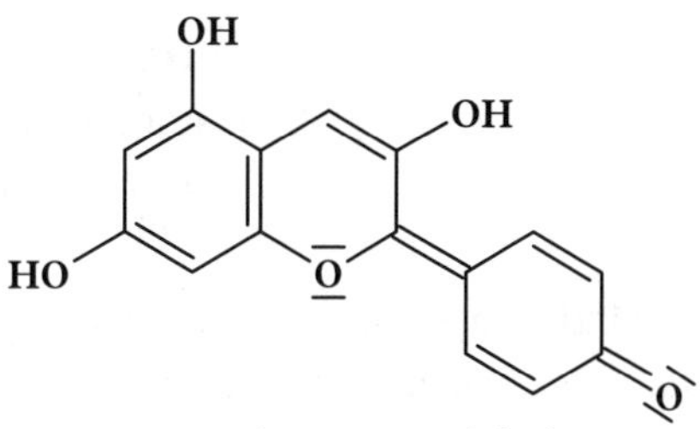

Anthocyan-Molekül
Indikator-Base **Ind**$^{-}$

B4:

Universalindikator-Lösung zeigt die Farben wie das *p*H-Papier in B3 auf S. 28 im Schülerbuch. Die Rotfärbung im sauren Bereich könnte von Methylrot hervorgerufen werden. Die Grünfärbung bei *p*H = 7 und 8 könnte durch das Gemisch von Bromthymolblau und Methylorange entstehen, die Blaufärbung ist auf Bromthymolblau zurückzuführen.

Universalindikator-Lösung könnte also eine Mischung der Lösungen von Bromthymolblau und Methylrot sein.

B5:

Der pK_s-Wert von para-Nitrophenol liegt zwischen 6 und 7.

Auswertung a):

Wird das Gemüse Rotkohl mit säurehaltigen Zutaten wie Äpfeln oder Essig zubereitet, erhält es eine rotviolette bis rote Farbe in Abhängigkeit vom *p*H-Wert: Rotkohl.

Wird das Gemüse mit mehr oder weniger hartem Wasser (*p*H = 7 bis 8) zubereitet, erhält er eine blaue Farbe und die in Süddeutschland übliche Bezeichnung Blaukraut.

Auswertung b):

Citronensäure und Entkalker reagieren in Wasser sauer.

Natron, Seifenlösung und Backpulver reagieren in Wasser alkalisch.

Auswertung c):
Protolysegleichgewicht:

$$\mathbf{HInd + H_2O \rightleftarrows H_3O^+ + Ind^-}$$

Indikator-Säure Indikator-Base
Farbe A Farbe B

Die Indikator-Säure liegt vor, wenn die Lösung sauer ist, da dann das Gleichgewicht nach LE CHATELIER auf die Seite der Indikator-Säure verschoben wird.
Ist die Lösung alkalisch, werden die in der Indikator-Lösung vorliegenden Oxonium-Ionen neutralisiert und das Gleichgewicht verschiebt sich gemäß LE CHATELIER auf die Seite der Indikator-Base.

Indikator-Lösung	Farbe von HInd	Farbe von Ind^-
Rotkohlsaft	rot	blau
Methylorange-Lösung	rot	gelb
Lackmus-Lösung	rot	blau
Bromthymolblau-Lösung	gelb	blau
Phenolphthalein-Lösung	farblos	magenta
Universalindikator-Lösung	siehe B4	siehe B4

Auswertung d):
Die Mischfarben kommen dadurch zustande, dass das Gleichgewicht im Umschlagsbereich des Indikators nicht stark zu einer Seite verschoben ist. Die Indikator-Base und die Indikator-Säure liegen jeweils in ausreichenden Konzentrationen vor, sodass es hier zu einer Mischung der beiden Farben kommt.
Analog zur Mischung von Farben im Wasserfarbkasten ergänzt sich zum Beispiel eine Mischung aus Rot und Blau zu Violett oder eine Mischung aus Gelb und Blau zu Grün.

Auswertung e):
Die Farbunterschiede sind bei Bromthymolblau-Lösung und Phenolphthalein-Lösung am deutlichsten. Mit diesen Indikatoren lassen sich zwei *p*H-Bereiche gut voneinander unterscheiden.

Die Farbwechsel von Methylorange-Lösung und Lackmus-Lösung gehen allmählich ineinander über. Einen plötzlichen Farbumschlag kann man zwischen Rot und Gelb bzw. zwischen Rot und Blau nicht so gut erkennen.
Eine kontinuierliche Farbveränderung erkennt man beim Rotkohlsaft. Hier lässt sich der *p*H-Wert mit einem Vergleich wie in B2 sehr gut über einen weiten Bereich zuordnen.

A1:
Man bezeichnet das Verhältnis $c(\mathbf{Ind}^-) : c(\mathbf{HInd})$ mit x und setzt in die Puffergleichung ein:

$$7{,}5 = 6{,}9 + \lg x$$
$$0{,}6 = \lg x$$
$$x = 10^{0{,}6} = 3{,}984 \quad \text{und} \quad x^{-1} = \frac{c(\mathbf{HInd})}{c(\mathbf{Ind}^-)} = 0{,}25.$$

A2:
a) Sowohl Pufferlösungen als auch Indikator-Lösungen enthalten ein konjugiertes Säure-Base-Paar bzw. mehrere konjugierte Säure-Base-Paare. Während bei Puffern der *p*H-Wert der Lösung bei Zugabe größerer Mengen Säure bzw. Base konstant bleiben soll, sollen Indikatoren gerade schon bei geringe Änderungen des *p*H-Werts durch eine Farbänderung anzeigen.
b) Die Konzentration des Indikators muss gering sein, damit eine geringfügige Änderung durch Säure- oder Basezugabe durch eine eindeutige Farbänderung im Umschlagbereich angezeigt werden kann.
Die Indikator-Säure und die Indikator-Base müssen in Puffersystemen in großen Konzentrationen vorliegen, damit sie auch größere Mengen an zugesetzter Säure bzw. Base abpuffern können.

Seite 40 und 41

B2:
Jeder der drei in B2 angegebenen Indikatoren ist für die Anzeige des ÄP bei dieser Titration geeignet, weil der hohe *p*H-Sprung in der Tritrationskurve jeden der drei Umschlagbereiche der drei Indikatoren vollständig erfasst.

B3:
Der Umschlagbereich von Thymolphthalein liegt zwischen *p*H = 9 und *p*H = 11 und wird bei der Titration einer starken Säure mit einer starken Base aufgrund des großen *p*H-Sprung erfasst.

B5:
$V_{Ls}(\mathbf{NaOH}) = 9{,}9\ \text{mL}$:
Die Konzentration der Oxonium-Ionen ist kleiner geworden, weil die in 9,9 mL Natronlauge, $c = 1\ \text{mol} \cdot \text{L}^{-1}$, enthaltenen Hydroxid-Ionen mit ebenso vielen Oxonium-Ionen zu Wasser-Molekülen reagiert haben:
$n(\mathbf{OH^-}) = 0{,}0099\ \text{L} \cdot 1\ \text{mol} \cdot \text{L}^{-1} = 0{,}0099\ \text{mol}$
$n(\mathbf{H_3O^+}) = 0{,}1\ \text{L} \cdot 0{,}1\ \text{mol} \cdot \text{L}^{-1} - 0{,}0099\ \text{mol} = 0{,}01\ \text{mol} - 0{,}0099\ \text{mol} = 0{,}0001\ \text{mol}$.
Diese 10^{-4} mol Oxonium-Ionen sind in den 100 mL Lösung enthalten (die Volumenzunahme durch die Zugabe von Natronlauge wird vernachlässigt), die Konzentration der Oxonium-Ionen ist:
$c(\mathbf{H_3O^+}) = 10^{-4}\ \text{mol} : 0{,}1\ \text{L} = 10^{-3}\ \text{mol} \cdot \text{L}^{-1}$.
Somit hat die Lösung nach Zugabe von 9,9 mL Natronlauge, $c = 1\ \text{mol} \cdot \text{L}^{-1}$, den *p*H-Wert:
$p\text{H} = -\lg 10^{-3} = 3$.

Auswertung a):
Bei der Durchführung von V1 erhält man genau die Messwertpaare, die in B3 grafisch dargestellt sind.

Auswertung b):
„Streng monoton steigend" heißt aus mathematischer Sicht, dass für jedes Paar aus zwei Punkten, die auf der Kurve liegen, gilt: Der Punkt mit dem größeren Abszissenwert hat auch einen größeren Ordinatenwert. Das gilt für alle Punkte der Titrationskurven aus V1 und V2. Sie liefern Titrationskurven des Typs wie in B3. Chemisch ist dies damit begründet, dass der Punkt mit dem größeren Abszissenwert einer Lösung entspricht, der mehr Natronlauge zugegeben wurde als einer Lösung, die zu einem Zeitpunkt mit dem kleineren Abszissenwert gehört. Das hat zur Folge, dass der *p*H-Wert zu dem Punkt mit dem größeren Abszissenwert auch größer ist als der zu dem Punkt mit dem kleineren Abszissenwert (vgl. auch Rechnungen von S. 41 und Lösung zu B5).

Auswertung c):
Der Äquivalenzpunkt liegt auf dem Teil der Titrationskurve, an dem die Steigung sehr groß ist. Knapp vor dem ÄP ist der *p*H-Wert noch deutlich kleiner 7 und knapp nach dem ÄP steigt der *p*H-Wert stark an. Auf der Hälfte des *p*H-Sprungs erreicht man den Neutralpunkt, an dem die Säure vollständig neutralisiert ist. Am Halbäquivalenzpunkt HÄP schlägt dann auch der Indikator um. Der Farbumschlag markiert den Endpunkt der Titration.

Auswertung d):
Der Kurvenverlauf ähnelt der Titrationskurve in Auswertung c). Je höher die Konzentration der Salzsäure (0,1 mol/L < $c(\mathrm{HCl})$ < 0,2 mol/L) gewählt wird, umso weiter ist der *p*H-Sprung auf der Abszisse zu größeren Werten verschoben.

A1:
Die Genauigkeit mit der das Volumen der bei einer Titration verbrauchten Maßlösung bestimmt werden kann, ist bei der Verwendung eines *p*H-Meters höher als bei der Verwendung eines Indikators. Grund dafür ist, dass ein Indikator auf der *p*H-Achse nicht einen Umschlagspunkt, sondern einen Umschlagsbereich hat, der auch einen Umschlagsbereich auf der Achse, die das Volumen der Maßlösung angibt, hat. Bei der Verwendung eines *p*H-Meters kann dagegen aus der entsprechenden Titrationskurve eindeutig ein Punkt, d.h. ein genaues Wertepaar (Volumen Maßlösung, *p*H-Wert) bestimmt werden.

A2:
Bei einem intensiv gefärbten Fruchtsaft wie einem Kirschsaft kann die Farbe eines Indikators nicht erkannt werden, eine Titration sollte mit einem *p*H-Meter durchgeführt werden.

A3:
a) Beschreibung: Die Kurve in B2 kann in drei Abschnitte eingeteilt werden:
   1. Abschnitt mit sehr geringer Steigung im alkalischen *p*H-Bereich;
   2. Abschnitt mit großer Steigung und Wendepunkt am Äquivalenzpunkt;
   3. Abschnitt mit geringer Steigung im sauren *p*H-Bereich.
   Interpretation (Deutung): Im 1. Abschnitt überwiegt die starke Base in der Lösung; bei Zugabe geringer Mengen von Oxonium-Ionen werden diese sofort neutralisiert und es ist immer noch ein großer Überschuss an

Hydroxid-Ionen vorhanden. Im 2. Abschnitt werden die letzten Reste an Hydroxid-Ionen aus der Natronlauge neutralisiert und die Oxonium-Ionen aus der zugegebenen Säure geraten in Überschuss. In diesem Abschnitt findet ein hoher „*p*H-Sprung" statt. Im 3. Abschnitt ist der Überschuss an Oxonium-Ionen sehr groß, ähnlich groß, wie der Überschuss an Hydroxid-Ionen im 1. Abschnitt war.

b) Die Titrationskurve aus B3 besteht prinzipiell aus den gleichen Abschnitten wie die aus B2 (vgl. Beschreibung und Interpretation in a). Allerdings verläuft in B2 der 1. Abschnitt im alkalischen Bereich, der 3. Abschnitt im sauren Bereich und die Kurve ist insgesamt streng monoton fallend (nicht steigend, wie in B3). Das liegt daran, dass hier eine starke Base, Natronlauge, mit einer starken Säure, Salzsäure, titriert wird.

c) In beiden Fällen ist der Ordinatenwert des Äquivalenzpunkts bei *p*H = 7, weil es sich jedes Mal um die Neutralisation von Salzsäure mit Natronlauge bzw. umgekehrt, also um die Neutralisation einer starken Säure mit einer starken Base handelt. Die beim ÄP vorliegende Natriumchlorid-Lösung reagiert weder sauer noch alkalisch.

d) Die Berechnung erfolgt nach dem Muster aus B4, S. 21:

1. Aufstellen der Reaktionsgleichung für die Stoffumsetzung:

$$\mathbf{NaOH(aq) + HCl(aq) \rightarrow H_2O(l) + NaCl(aq)}$$

2. Aus der Reaktionsgleichung wird das Stoffmengenverhältnis der interessierenden Reaktionspartner abgelesen:

$n(\mathrm{NaOH}) : n(\mathrm{HCl}) = 1:1$, daraus folgt: $n(\mathrm{NaOH}) = n(\mathrm{HCl})$.

3. Ersetzen der Stoffmengen n durch c · V:

$c(\mathrm{NaOH}) \cdot V_{\mathrm{Ls}}(\mathrm{NaOH}) = c(\mathrm{HCl}) \cdot V_{\mathrm{Ls}}(\mathrm{HCl})$

4. Umformen der Gleichung (3.) nach der gesuchten Größe $c(\mathrm{NaOH})$ und Einsetzen der bekannten Zahlenwerte der übrigen Größen ($V_{\mathrm{Ls}}(\mathrm{HCl})$ wird aus B2 abgelesen):

$$c(\mathrm{NaOH}) = \frac{c(\mathrm{HCl}) \cdot V_{\mathrm{Ls}}(\mathrm{HCl})}{V_{\mathrm{Ls}}(\mathrm{NaOH})} = \frac{0{,}5\ \mathrm{mol \cdot L^{-1}} \cdot 0{,}05\ \mathrm{L}}{0{,}085\ \mathrm{L}} = 0{,}294\ \mathrm{mol \cdot L^{-1}}$$

Seite 42 und 43

B1:

Stoffmenge Ethansäure in 100 mL:

$n(\mathrm{CH_3COOH}) = V_{\mathrm{Ls}} \cdot c(\mathrm{CH_3COOH}) = 0{,}1\ \mathrm{L} \cdot 0{,}1\ \mathrm{mol \cdot L^{-1}} = 0{,}01\ \mathrm{mol}$

Stoffmenge $\mathbf{NaOH}$ in 15 mL Lösung:
$n(\mathbf{NaOH}) = 0{,}015\ \text{L} \cdot 1\ \text{mol} \cdot \text{L}^{-1} = 0{,}015\ \text{mol}$
Überschuss an Hydroxid-Ionen $\mathbf{OH^-}$:
$n(\mathbf{OH^-}) = 0{,}015\ \text{mol} - 0{,}01\ \text{mol} = 0{,}005\ \text{mol}$
Konzentration der überschüssigen Hydroxid-Ionen in 100 mL:
$c(\mathbf{OH^-}) = 0{,}005\ \text{mol} : 0{,}1\ \text{L} = 0{,}05\ \text{mol} \cdot \text{L}^{-1}$
Daraus folgt:
$p\text{OH} = 1{,}3$ bzw. $p\text{H} = 12{,}7$

B2:
Der erste Äquivalenzpunkt ÄP_1 liegt im sauren Bereich, weil bei ÄP_1 die erste Protolysestufe der zweiprotonigen Oxalsäure abgeschlossen ist (vgl. Gleichung 1 in B3).
In der Lösung liegt Natriumhydrogenoxalat vor. Das Hydrogenoxalat-Ion ist eine Säure, ähnlich wie das Hydrogensulfat-Ion.
Der zweite Äquivalenzpunkt ÄP_2 liegt im alkalischen Bereich, weil bei ÄP_2 der zweite Protolyseschritt (vgl. Gleichung 2 in B3) abgeschlossen ist. Hier liegt Natriumoxalat vor. Das Oxalat-Ion ist eine Base, ähnlich wie das Carbonat-Ion.

Auswertung a):
$$\mathbf{H_3CCOOH(aq) + NaOH(aq) \rightarrow H_3CCOO^{\ominus}(aq) + Na^+(aq) + H_2O(l)}$$
$$\mathbf{HOOCCOOH(aq) + 2\ NaOH(aq) \rightarrow {}^{\ominus}OOCCOO^{\ominus}(aq) + 2\ Na^+(aq) + 2\ H_2O(l)}$$

Auswertung b):
Die Titrationskurven verlaufen wie in B1 und in B2, auf S. 42 im Schülerbuch.

Auswertung c):
Die Titrationskurven aus B1 (Titration von Ethansäure mit Natronlauge) und aus B3, S. 41 (Titration von Salzsäure mit Natronlauge) weisen folgende Gemeinsamkeiten und Unterschiede auf:
Gemeinsamkeiten:
- Beide sind streng monoton steigend.
- Bei beiden entspricht der Äquivalenzpunkt ÄP dem Punkt auf der Kurve mit der größten Steigung.
- Beide „enden" im stark alkalischen Bereich bei $p\text{H} \approx 13$.

Unterschiede:

- Die Kurve aus B1 beginnt bei einem höheren *p*H-Wert als die aus B3, S. 41.
- Die Kurve steigt erst steiler an als die aus B3, S. 41, flacht dann wieder ab und macht dann erst den „*p*H-Sprung“, in dem auch der ÄP enthalten ist.
- Bei der Kurve aus B1 liegt der ÄP im alkalischen Bereich bei *p*H ≈ 9, bei der aus B3, S. 41, liegt der ÄP im neutralen Bereich bei *p*H = 7.

Auswertung d):

Die Titrationskurven aus B4 (Titration von Ethandisäure mit Natronlauge) und aus B3, S. 41 (Titration von Salzsäure mit Natronlauge) weisen folgende Gemeinsamkeiten und Unterschiede auf:

Gemeinsamkeiten:

- Beide sind streng monoton steigend.
- Bei beiden entspricht der Äquivalenzpunkt ÄP dem Punkt auf der Kurve mit der größten Steigung.
- Beide „enden“ im stark alkalischen Bereich bei pH ≈ 13.

Unterschiede:

- Die Kurve aus B2 hat zwei „*p*H-Sprünge“, einen bei *p*H ≈ 3 und einen bei *p*H ≈ 9; die aus B3, S. 41, hat nur einen bei *p*H = 7. Der erste „*p*H-Sprung“ bei der Kurve aus B4 liegt beim halben Abszissenwert des zweiten, der gleichzeitig dem ÄP dieser Titration entspricht.
- Die Kurve aus B2 besteht formal aus mehr Abschnitten als die aus B3, S. 41: 1. Abschnitt mit flachem Verlauf (langsamem *p*H-Anstieg); 2. Abschnitt mit „kleinem *p*H-Sprung“; 3. Abschnitt mit flachem Verlauf (langsamem *p*H-Anstieg); 4. Abschnitt mit „großem *p*H-Sprung“ und ÄP; 5. Abschnitt mit „Auslauf“ der Kurve im stark alkalischen Bereich.
- Bei der Kurve aus B2 liegt der $ÄP_2$ im alkalischen Bereich bei *p*H ≈ 9, bei der aus B3, S. 41, liegt der ÄP im neutralen Bereich bei *p*H = 7.

Auswertung e):

Offene Aufgabe.

Auswertung f):

$$pH = pK_s + \lg \frac{c(\text{konjugierte Base})}{c(\text{Säure})}$$

$pH = pK_s$ gilt, wenn $\lg \frac{c(\text{konjugierte Base})}{c(\text{Säure})} = 0$

$\Rightarrow \frac{c(\text{konjugierte Base})}{c(\text{Säure})} = 10^0 = 1$

$\Rightarrow c(\text{konjugierte Base}) = c(\text{Säure})$

Am Äquivalenzpunkt ist die gesamte Säure neutralisiert. Wenn die Hälfte des Volumens an Natronlauge, das für die Neutalisation der Säure zugegeben ist, ist die Hälfte der Säure neutralisiert. Die ändere Hälfte liegt als konjugierte Base vor, d.h. am Halbäquivalenzpunkt gilt gerade c(konjugierte Base) = c(Säure).

Auswertung g):
Der pK_s-Wert einer schwachen Säure kann aus der entsprechenden Titrationskurve aus dem Halbäquivalenzpunkt HÄP ermittelt werden. Der pK_s-Wert ist der Ordinatenwert des HÄP.
Aus B1 ergibt sich grafisch: pH(HÄP) = pK_s(Ethansäure) ≈ 5.
Der theoretische Wert aus B4, S. 123, ist pK_s(Ethansäure) = 4,76.
Aus B4 ergibt sich grafisch: pK_s(Ethandisäure-Monoanion) ≈ 4,2.
Der theoretische Wert aus B4, S. 123, ist pK_s(Ethansäure) = 4,29.

A1:
Der große Unterschied der beiden pK_s-Werte bei der Ethandisäure lässt sich mithilfe der Formel aus B3 wie folgt erklären:
Bei der ersten Protolysestufe eines Ethandisäure-Moleküls wird ein Monoanion gebildet, das über eine intramolekulare Wasserstoffbrückenbindung stabilisiert ist. Die Bildung dieses Monoanions verläuft relativ „leicht". Im Monoanion wird das Wasserstoff-Atom aus der zweiten Carboxy-Gruppe wie in einer Zange festgehalten. Daran ist außer dem Sauerstoff-Atom aus der Carboxy-Gruppe, in der dieses Wasserstoff-Atom gebunden ist, auch das Sauerstoff-Atom beteiligt, von dem in der ersten Protolysestufe das Proton abgespalten wurde und das jetzt eine negative Ladung trägt. Aus dem Monoanion kann das Proton daher nur „schwer", wie bei einer schwachen Säure, d.h. bei erheblich höheren pH-Werten, abgespalten werden.

A2:

a) Als Indikator für die Titration von Maleinsäure bzw. Fumarsäure mit Natronlauge eignet sich Phenolphthalein, weil sein Umschlagsbereich (pH = 8 bis

pH = 10) mit dem Bereich des pH-Sprungs beim Äquivalenzpunkt übereinstimmt.

b) Berechnung der Konzentrationen der beiden Säurelösungen:

(1) $\mathbf{RH_2(aq) + 2\ NaOH(aq) \rightarrow Na_2R(aq) + 2\ H_2O(l)}$

(2) $n(\mathbf{RH_2}) : n(\mathbf{NaOH}) = 1 : 2$

$n(\mathbf{RH_2}) = 0{,}5 \cdot n(\mathbf{NaOH})$

(3) $c(\mathbf{RH_2}) \cdot V_{LS}(\mathbf{RH_2}) = 0{,}5 \cdot c(\mathbf{NaOH}) \cdot V_{LS}(\mathbf{NaOH})$

(4) $c(\mathbf{RH_2}) = c(\mathbf{NaOH}) \cdot V_{LS}(\mathbf{NaOH}) : (2 \cdot V_{LS}(\mathbf{RH_2}))$

$= 0{,}1\ \text{mol} \cdot \text{L}^{-1} \cdot 0{,}02\ \text{L} : (2 \cdot 0{,}02\ \text{L})$

$= 0{,}05\ \text{mol/L}$

c) Maleinsäure und Fumarsäure sind zweiprotonige Säuren. Ihre Neutralisation erfolgt in zwei Stufen:

(1) $\mathbf{RH_2(aq) + NaOH(aq) \rightarrow RHNa(aq) + H_2O(l)}$

(2) $\mathbf{RH^-(aq) + NaOH(aq) \rightarrow Na_2R(aq) + H_2O(l)}$

Die Titrationskurve X, die der Maleinsäure entspricht, weist zwei pH-Sprünge auf und ist somit in Übereinstimmung mit der oben formulierten zweistufigen Neutralisation. Das lässt sich noch besser verdeutlichen, wenn man die Neutralisationsstufen (1) und (2) nur für die betreffenden Moleküle bzw. Ionen formuliert:

(I) $\mathbf{RH_2(aq) + OH^-(aq) \rightarrow RH^-(aq) + H_2O(l)}$

(II) $\mathbf{RH^-(aq) + OH^-(aq) \rightarrow R^{2-}(aq) + H_2O(l)}$

Bei der Maleinsäure gibt das Monoanion $\mathbf{RH^-}$ wesentlich schwerer ein Proton ab als das Molekül $\mathbf{RH_2}$. Dies ist aus dem Wert des Verhältnisses K_{s1}/K_{s2} zu schließen. Entsprechend findet die Neutralisationsstufe (II) bei einer größeren Hydroxid-Ionenkonzentration statt, d.h. also bei einem höheren pH-Wert. Bei der Fumarsäure ist der Unterschied zwischen den Säurestärken von $\mathbf{RH_2}$ und $\mathbf{RH^-}$ wesentlich kleiner als bei der Maleinsäure. Das zeigt sich in der Titrationskurve dadurch, dass der pH-Sprung zwischen der ersten Neutralisationsstufe und der zweiten wesentlich kleiner ist als bei der Maleinsäure; er ist kaum bemerkbar.

Die Tatsache, dass der große pH-Sprung, der auch den Endpunkt der Titration markiert, beide Male bei $V_{LS}(\mathbf{NaOH}) = 20$ mL liegt, ist darauf zurückzuführen, dass beide Male das gleiche Volumen gleich konzentrierter, zweiprotoniger Säuren mit Natronlauge gleicher Konzentration titriert wurden. (Die Natronlauge muss selbstverständlich nicht die gleiche Konzentration wie die Säurelösung haben.)

Seite 44 und 45

Auswertung a):

Glycin
2-Aminoethansäure

$$H_3C{-}COOH\,(l) + H_2O\,(l) \rightleftharpoons H_3C{-}COO^{\ominus}(aq) + H_3O^{+}(aq)$$

Essigsäure
Ethansäure

Milchsäure
2-Hydroxypropansäure

Glycin-Moleküle enthalten im Vergleich zu Essigsäure-Molekülen außer der Carboxy-Gruppe die Amino-Gruppe.
Milchsäure-Moleküle haben das Grundgerüst des höheren Homologen der Alkansäuren, der Propansäure. Außerdem befindet sich benachbart zur Carboxy-Gruppe eine zusätzliche Hydroxy-Gruppe.

Auswertung b):
Die Essigsäure-Lösung zeigt den niedrigsten *p*H-Wert, Essigsäure-Moleküle sind also die besten Protonen-Donatoren. Die Hydroxy-Gruppe mit dem elektronegativen Sauerstoff-Atom hat einen –I-Effekt und stabilisiert so die negative Ladung des Carboxylat-Ions.
Die schwächste Säure ist Glycin. Obwohl die Amino-Gruppe im Glycin-Molekül auch einen leichten –I-Effekt hat, beeinflusst dies nicht die Säurestärke von Glycin. Das Gleichgewicht aus Auswertung c) zeigt, dass die Carboxy-Gruppe im Glycin-Molekül zwar deprotoniert wird, die Protonen aber nicht als Oxonium-Ionen vorliegen. Das Proton protolysiert die Amino-Gruppe.

Auswertung c):
Beim Wasser verläuft die Autoprotolyse intermolekular zwischen zwei Wasser-Molekülen. Aminosäure-Moleküle unterliegen einer intramolekularen Autoprotolyse.

Auswertung d):
Die ungeladene sowie die zwitterionische Form des Glycin-Moleküls können sowohl als Protonen-Donator als auch als Protonen-Akzeptor fungieren. Ein Glycin-Molekül ist nach Brönstedt sowohl Säure als auch Base.
Das Glycin-Molekül ist nach Arrhenius eher keine Säure, da es in Wasser keine Oxonium-Ionen bildet (bzw. nur sehr wenige).

Auswertung e):
Die Zwitterionen der Tyrosin-Moleküle bilden ein ionisches Gitter. Nach Protonierung der Carboxylat-Gruppe ist die elektrostatische Anziehung nicht mehr vorhanden. Das Ionengitter zerfällt. Wegen der geladenen Ammonium-Gruppe und der polaren Carboxy- und Hydroxy-Gruppen ist das Kation wasserlöslich.

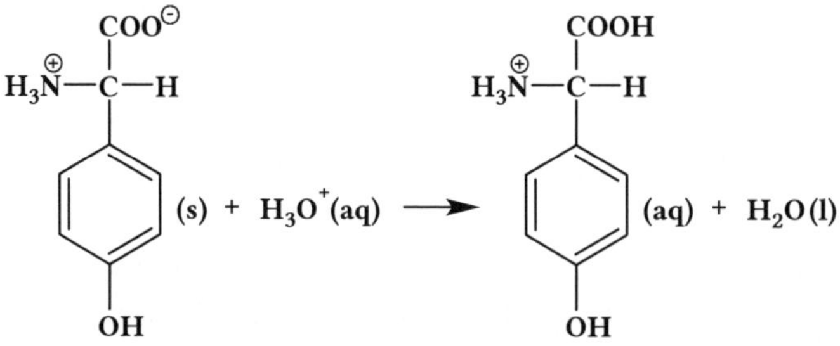

Analog erklärt sich die Wasserlöslichkeit nach Basenzugabe.

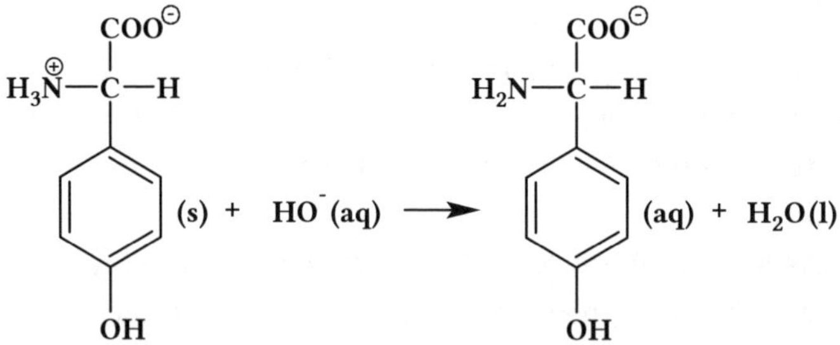

A1:

a)

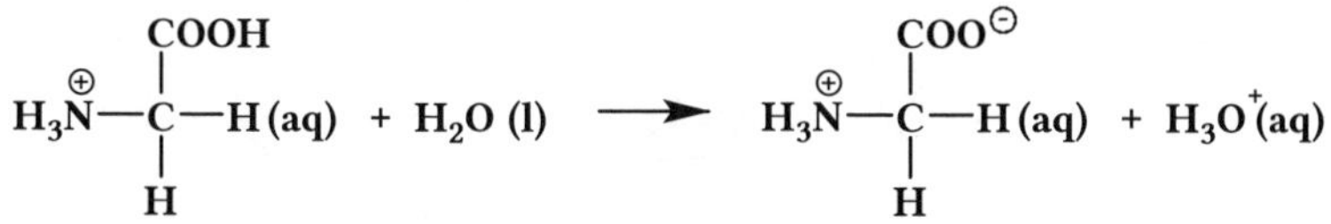

Säure — konj. Base

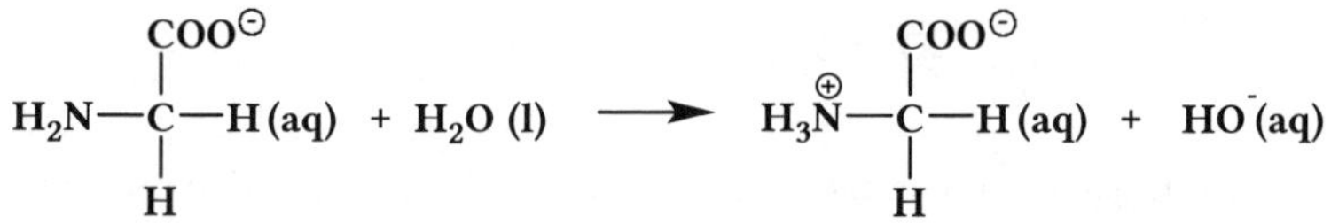

Base — konj. Säure

b) siehe Auswertung e)

A2:

Die Pufferbereiche von Phenylalanin erstrecken sich im Sauren von *p*H = 1,6 bis 3,6 und im Alkalischen von *p*H = 8,2 bis 10,2.
Die Pufferbereiche von Glycin liegen im Sauren bei *p*H = ca. 1,5 bis 3 und im Alkalischen bei *p*H = ca. 8 bis 10 (vgl. B2, S. 45 im Schülerbuch). Vergleicht man die Molekülstrukturen (vgl. B3, S. 45 im Schülerbuch), dann kann geschlossen werden, dass die Methylen-Gruppe $-CH_2-$ sowie der Sechsring keinen Einfluss auf die Protolysegleichgewichte haben.

A3:

Die erste Protolysestufe bezieht sich auf:

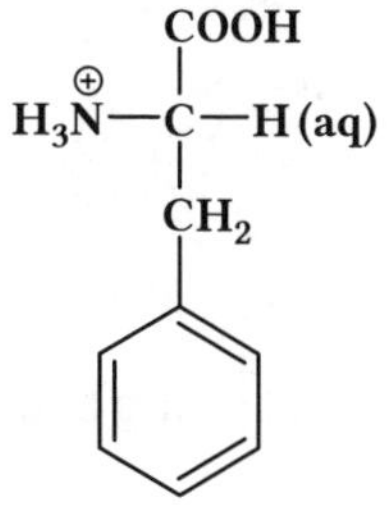

Die zweite Protolysestufe bezieht sich auf:

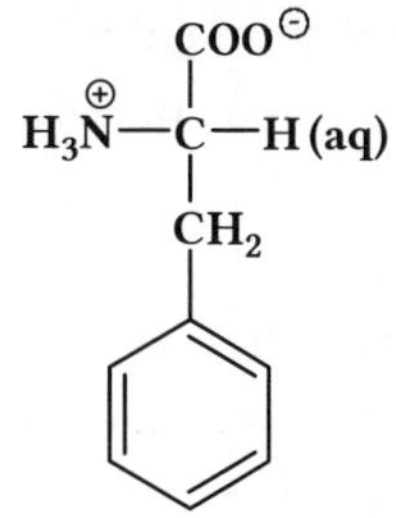

Seite 46 und 47

B3:

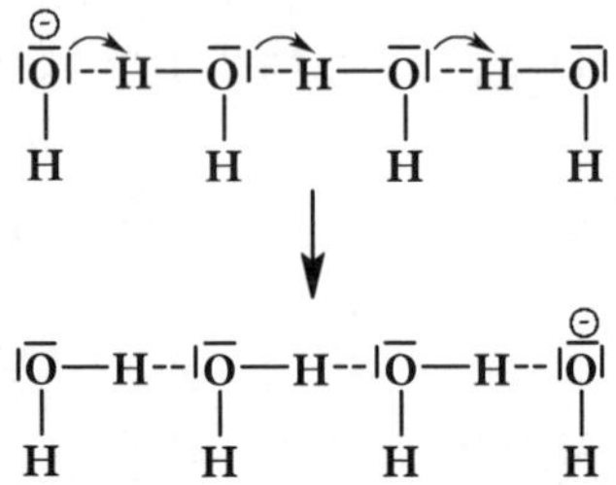

Die hohe Leitfähigkeit von Oxonium- und Hydroxid-Ionen lässt sich mit dem besonderen Ladungstransport erklären: Die Protonen werden durch Wechelwirkung mit Wasser-Molekülen transportiert.

B5:

Reaktionsgleichung für die bei der Titration von Bariumhydroxid-Lösung mit Schwefelsäure-Lösung ablaufende Reaktion:

$$Ba^{2+}(aq) + 2\ OH^-(aq) + 2\ H_3O^+(aq) + SO_4^{2-}(aq) \rightarrow BaSO_4(s) + H_2O(l)$$

Die Leitfähigkeit sinkt bei dieser Reaktion fast auf null, da aufgrund der Bildung von schwerlöslichem Bariumsulfat am Äquivalenzpunkt keine Ionen mehr vorliegen.

B6:

Essigsäure protolysiert in Wasser nur unvollständig. Daher sind in der Essigsäure-Lösung weniger Ionen enthalten, als in einer Salzsäure-Lösung gleicher Konzentration.

V1 bis V3, Auswertung a) bis c) und f):

Vgl. Text bzw. B4, B5 und B6 auf Seite 47 im Schülerbuch.

Auswertung d):

Orientierungswerte:

V2: Die Konzentration einer gesättigten Bariumhydroxid-Lösung beträgt etwa: $c = 1{,}7 \cdot 10{-}1$ mol/L.
Für die Titration von 25 mL der Lösung benötigt man also ca. 42,5 mL Schwefelsäure mit $c = 0{,}1$ mol/L.

V3b: Die Konzentration von handelsüblichem Aceto balsamico beträgt ca. 6 %, dies entspricht etwa $c = 1$ mol/L.

Für die Titration von ca. 10 mL Essig benötigt mal also ca. 10 mL Natronlauge mit c = 1 mol/L.

Auswertung e):
Bei der Titration von Salzsäure mit Natronlauge (V1) sinkt die Stromstärke (Leitfähigkeit) bis zum Äquivalenzpunkt auf ein Minimum und steigt danach wieder an. Bei der Titration von Bariumhydroxid-Lösung mit Schwefelsäure-Lösung (V2) sinkt die Leitfähigkeit ebenfalls bis zum Äquivalenzpunkt, im Unterschied zur Titration von Salzsäure mit Natronlauge jedoch bis fast auf null ab und steigt dann wieder an. Bei der Titration in V1 reagieren die Oxonium-Ionen mit den Hydroxid-Ionen aus der zugesetzten Natronlauge unter Bildung von nicht leitenden Wasser-Molekülen und werden durch die weniger gut leitenden Natrium-Ionen ersetzt. Am Äquivalenzpunkt liegen noch gelöste Natrium-Ionen und Chlorid-Ionen vor. Bei weiterer Zugabe von Natronlauge steigt die Leitfähigkeit wegen der Zunahme der Hydroxid- und Natrium-Ionen-Konzentration wieder an.
Bei V2 reagieren die Hydroxid-Ionen der Bariumhydroxid-Lösung mit den Oxonium-Ionen der zugesetzten Schwefelsäure-Lösung ebenfalls unter Bildung von nicht leitenden Wasser-Molekülen. Zusätzlich fällt schwerlösliches Bariumsulfat aus, sodass die Ionenkonzentration in der Lösung im Unterschied zu V1 fast auf null absinkt. Nach dem Äquivalenzpunkt steigt die Leitfähigkeit wie bei V1 durch die Zunahme von Oxonium- und Sulfat-Ionen aus der zugesetzten Schwefelsäure-Lösung an.
Die Titrationskurve bei der Titration von Essigsäure-Lösung zeigt einen anderen Verlauf: Die Leitfähigkeit steigt nämlich bei Zugabe von Natronlauge zunächst leicht, nach dem Äquivalenzpunkt stark an. Essigsäure ist als schwache Säure nur geringfügig protolysiert. Bei Zugabe von Natronlauge reagieren die Oxonium-Ionen mit den Hydroxid-Ionen und weitere Essigsäure-Moleküle protolysieren. Dadurch nimmt die Ionenkonzentration während der Titration zu.

Auswertung f):
Bei Gruppe a) in V4 ist die Leitfähigkeit der Salzsäure-Lösung deutlich höher als die von Kalium-, Natrium- und Lithiumchlorid-Lösung.
Sie nimmt in der Reihenfolge **HCl** > **KCl** > **NaCl** > **LiCl** ab.
In Gruppe b) in V4 ist die Leitfähigkeit der Natriumhydroxid-Lösung am größten.
Sie nimmt in der Reihenfolge **NaOH** > **NaCl** > $\mathbf{NaCH_3COO}$ ab.

Auswertung g):

Bei Gruppe a) in V4 liegt in allen Lösungen das gleiche Anion (Cl^-) vor. Die unterschiedliche Leitfähigkeit ist also auf die unterschiedliche Ionenleitfähigkeit der Kationen zurückzuführen. Die Ionenleitfähigkeit des Oxonium-Ions ist demnach deutlich größer als die der Alkalimetall-Ionen.

$H_3O^+ > K^+ > Na^+ > Li^+$

A1:

Ablaufende Reaktion bei einer Leitfähigkeitstitration einer Lösung, die Chlorid-Ionen enthält, mit Silbernitrat-Lösung:

$Cl^-(aq) + Ag^+(aq) + NO_3^-(aq) \rightarrow AgCl(s) + NO_3^-(aq)$

Die Chlorid-Ionen werden bis zum Äquivalenzpunkt durch Nitrat-Ionen ersetzt. Da die Nitrat-Ionen eine nur geringfügig kleinere Ionenleitfähigkeit als Chlorid-Ionen besitzen, wird die Leitfähigkeit bis zum Äquivalenzpunkt nur geringfügig kleiner werden, d.h. sich kaum ändern. Nach dem Äquivalenzpunkt steigt die Leitfähigkeit wegen der Zunahme an Silber- und Nitrat-Ionen an.

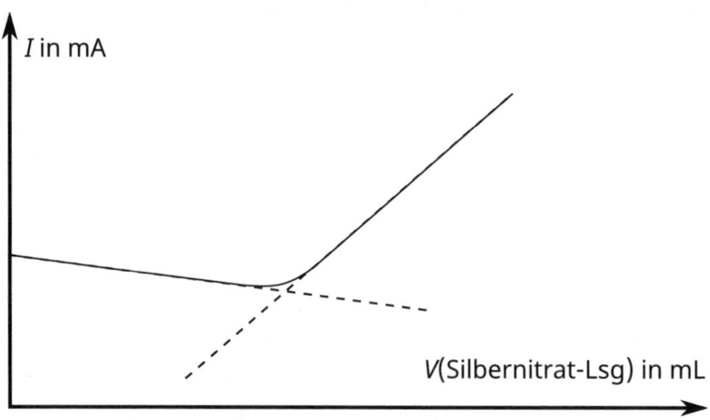

Seite 52 bis 55
KOMPETENZEN TRAINIEREN

A1:

Die Definition des Säure-Begriffs nach Brönsted und Lowry unterscheidet sich von den vorherigen Definitionen dadurch, dass bei dieser Definition die Funktion der Teilchen (Protonen-Donator), aus denen die Säure besteht, im Mittelpunkt steht.

A2:

a) Beispiel: Essigsäure

$$H_3CCOOH(l) + H_2O(l) \rightleftarrows H_3CCOO^{\ominus}(aq) + H_3O^+(aq)$$

Säure — konjugierte Base

b) Beispiel: Dihydrogenphosphat

$$H_2PO_4^-(aq) + H_2O(l) \rightleftarrows HPO_4^{2-}(aq) + H_3O^+(aq)$$

Säure — konjugierte Base

c) Beispiel: Hexandiamin

$$H_2N(CH_2)_6NH_3^{\oplus}(aq) + H_2O(l) \rightleftarrows H_2N(CH_2)_6NH_2(aq) + H_3O^+(aq)$$

Säure — konjugierte Base

A3:

a) Die Stellen, die nicht mehr den heutigen Vorstellungen entsprechen, sind im folgenden Text unterstrichen:
„Man nimmt heute als feststehend an, dass in wässerigen Lösungen von Säuren, Salzen etc. ein teilweiser Zerfall (Dissociation) der gelösten Verbindungen stattfindet... So sind in einer verdünnten Kochsalzlösung neben unzersetzten Theilchen von Kochsalz sowohl Theilchen von Natrium als auch solche von Chlor getrennt in der Lösung vorhanden... Salzsäure stellt man sich dissociiert wie folgt vor HCl in H und Cl."

b) Die ARRHENIUS-Definition passt am besten, weil die dort postulierten Teilchen in sauren Lösungen Wasserstoff-Ionen $H^+(aq)$ sind, die durch Dissoziation von Säure-Molekülen entstehen. Allerdings bleiben die Aussagen falsch, weil man heute weiß, dass bereits festes Kochsalz aus Ionen besteht und in der Lösung nicht Natrium- und Chlor-Teilchen, sondern die entsprechenden Ionen enthalten sind.

c) Heutige Version: „Man nimmt heute als feststehend an, dass in wässerigen Lösungen von Säuren, die Säure-Teilchen (das können Moleküle oder Ionen sein) teilweise oder vollständig protolysiert vorliegen, d.h. von den Säure-Teilchen wurden Protonen auf Wasser-Moleküle übertragen. Die wässrigen Säure-Lösungen enthalten demnach Oxonium-Ionen $H_3O^+(aq)$ und hydratisierte Säurerest-Anionen neben unprotolysierten Säure-Teilchen. Beim Lösen eines Salzes zerfällt das Ionengitter des Feststoffs. Die Ionen werden hydratisiert. Salzsäure kann man sich in Wasserstoff-Ionen $H^+(aq)$ und Chlorid-Ionen $Cl^-(aq)$ dissoziiert vorstellen.

Hinweis: Im letzten Satz wurde wie im historischen Text wieder nach dem ARRHENIUS-Konzept formuliert. In den Sätzen davor wurde das BRÖNSTED-Konzept angewandt.

A4:
Die Definition in der Aufgabenstellung unterscheidet sich geringfügig, jedoch in einem wichtigen Punkt von der Definition auf S. 27, die teilweise in der Fußnote 5 erläutert ist. Es muss in der korrekten und vollständigen Definition heißen „ ... der negative Zehnerlogarithmus des Zahlenwerts der Oxonium-Ionenkonzentration ...“.

A5:
$pH = -\lg \{c(\mathbf{H_3O^+})\} = -\lg (3{,}2 \cdot 10^{-10}) = 9{,}49$

$$c(\mathbf{OH^-}) = \frac{K_W}{c(\mathbf{H_3O^+})} = \frac{10^{-14}\ \text{mol}^2 \cdot \text{L}^2}{3{,}2 \cdot 10^{-10}\ \text{mol} \cdot \text{L}^{-1}} = 3{,}125 \cdot 10^{-5}\ \text{mol} \cdot \text{L}^{-1}$$

A6:
$c(\mathbf{H_3O^+}) = 10^{-pH}\ \text{mol} \cdot \text{L}^{-1} = 10^{-2{,}5}\ \text{mol} \cdot \text{L}^{-1} = 3{,}162 \cdot 10^{-3}\ \text{mol} \cdot \text{L}^{-1}$

$$c(\mathbf{OH^-}) = \frac{K_W}{c(\mathbf{H_3O^+})} = \frac{10^{-14}\ \text{mol}^2 \cdot \text{L}^2}{3{,}162 \cdot 10^{-3}\ \text{mol} \cdot \text{L}^{-1}} = 3{,}162 \cdot 10^{-12}\ \text{mol} \cdot \text{L}^{-1}$$

A7:
a) Wenn sich der *p*H-Wert von *p*H = 4 auf *p*H = 8 verdoppelt, so entspricht das einer Verringerung der Konzentration der Oxonium-Ionen von $c(\mathbf{H_3O^+}) = 10^{-4}\ \text{mol} \cdot \text{L}^{-1}$ auf $c(\mathbf{H_3O^+}) = 10^{-8}\ \text{mol} \cdot \text{L}^{-1}$. Das entspricht dem Faktor 10^{-4}, d.h. einer 10.000-fachen Verringerung.
b) Wenn sich der *p*H-Wert von *p*H = 4 auf *p*H = 2 halbiert, so entspricht das einer Vergrößerung der Oxonium-Ionenkonzentration um den Faktor 100.

A8:

a) (1) Natriumhydroxid **NaOH** ist eine Ionenverbindung. Das Kristallgitter besteht aus Natrium-Ionen Na^+ und Hydroxid-Ionen OH^-. Beim Lösen in Wasser gehen die Ionen in hydratisierter Form in Lösung. Die Konzentration der Hydroxid-Ionen $c(OH^-)$ ist also gleich der Konzentration des gelösten Natriumhydroxids $c_0(NaOH)$:

$c(OH^-) = c_0(NaOH) = 1\ mol \cdot L^{-1}$.

(2) Die Konzentration der Oxonium-Ionen $c(H_3O^+)$ wird mithilfe des Ionenprodukts des Wassers K_W berechnet:

$K_W = c(H_3O^+) \cdot c(OH^-)$

$$c(H_3O^+) = \frac{K_W}{c(OH^-)} = \frac{10^{-14}\ mol^2 \cdot L^2}{1\ mol \cdot L^{-1}} = 10^{-14}\ mol \cdot L^{-1}.$$

(3) $pH = -\lg 10–^{14} = 14$

b) (1) Protolysegleichung:

$NH_3(aq) + H_2O(l) \rightleftarrows NH_4^+(aq) + OH^-(aq)$

(2) Fallbestimmung (vgl. B2, S. 30 und B1, S.32):

$pK_b = 4{,}76$; schwache Base, damit gilt:

$c_0(NH_3) = c(NH_3)$.

(3) MWG anwenden (Gleichung für K_b):

$$K_b = \frac{c^2(OH^-)}{c_0(NH_3)};\ c(OH^-) = \sqrt{K_b \cdot c_0(NH_3)}$$

$$= \sqrt{10^{-4{,}76} \cdot 2 \cdot 10^{-1}\ mol^2 \cdot L^{-2}}$$

$$= 1{,}86 \cdot 10^{-3}\ mol \cdot L^{-1}$$

(4) $$c(H_3O^+) = \frac{K_W}{c(OH^-)} = \frac{10^{-14}\ mol^2 \cdot L^{-2}}{1{,}86 \cdot 10^{-3}\ mol \cdot L^{-1}} = 5{,}36 \cdot 10^{-12}\ mol \cdot L^{-1}$$

(5) $pH = -\lg(5{,}36 \cdot 10^{-12}) = 11{,}27$

c) (1) Protolysegleichung:

$H_3CCOO^{\ominus}(aq) + H_2O(l) \rightleftarrows H_3CCOOH(aq) + OH^-(aq)$

(2) Fallbestimmung (vgl. B2, S. 30 und B1, S.32):

$pK_b = 9{,}24$; schwache Base, damit gilt:

$c_0(H_3CCOO^{\ominus}) = c(H_3CCOO^{\ominus})$.

(3) MWG anwenden (Gleichung für K_b):

$$K_b = \frac{c^2(\mathbf{OH^-})}{c_0(\mathbf{H_3CCOO^-})}; \quad c(\mathbf{OH^-}) = \sqrt{K_b \cdot c_0(\mathbf{H_3CCOO^-})}$$

$$= \sqrt{10^{-9,24} \cdot 1,2\ \mathrm{mol^2 \cdot L^{-2}}}$$

$$= 2,63 \cdot 10^{-5}\ \mathrm{mol \cdot L^{-1}}$$

(4) $c(\mathbf{H_3O^+}) = \frac{K_W}{c(\mathbf{OH^-})} = \frac{10^{-14}\ \mathrm{mol^2 \cdot L^{-2}}}{2,63 \cdot 10^{-5}\ \mathrm{mol \cdot L^{-1}}} = 3,81 \cdot 10^{-10}\ \mathrm{mol \cdot L^{-1}}$

(5) $pH = -\lg(3,81 \cdot 10^{-10}) = 9,42$

d) (1) Protolysegleichung:

$\mathbf{HCN(aq) + H_2O(l) \rightleftarrows H_3O^+(aq) + CN^-(aq)}$

(2) Fallbestimmung (vgl. B2, S. 30 und B1, S.32):

$pK_s = 9,4$; schwache Säure, damit gilt:

$c_0(\mathbf{HCN}) = c(\mathbf{HCN})$.

(3) MWG anwenden (Gleichung für K_s):

$$K_s = \frac{c^2(\mathbf{H_3O^+})}{c_0(\mathbf{HCN})}; \quad c(\mathbf{H_3O^+}) = \sqrt{K_s \cdot c_0(\mathbf{HCN})}$$

$$= \sqrt{10^{-9,4} \cdot 0,5\ \mathrm{mol^2 \cdot L^{-2}}}$$

$$= 1,41 \cdot 10^{-5}\ \mathrm{mol \cdot L^{-1}}$$

(4) $pH = -\lg(1,41 \cdot 10^{-5}) = 4,85$

e) (1) Protolysegleichung:

$\mathbf{NH_4^+(aq) + H_2O(l) \rightleftarrows H_3O^+(aq) + NH_3(aq)}$

(2) Fallbestimmung (vgl. B2, S. 30 und B1, S.32):

$pK_s = 9,24$; schwache Säure, damit gilt:

$c_0(\mathbf{NH_4^+}) = c(\mathbf{NH_4^+})$.

(3) MWG anwenden (Gleichung für K_s):

$$K_s = \frac{c^2(\mathbf{H_3O^+})}{c_0(\mathbf{NH_4^+})}; \quad c(\mathbf{H_3O^+}) = \sqrt{K_s \cdot c_0(\mathbf{NH_4^+})}$$

$$= \sqrt{10^{-9,24} \cdot 0,3\ \mathrm{mol^2 \cdot L^{-2}}}$$

$$= 1,31 \cdot 10^{-5}\ \mathrm{mol \cdot L^{-1}}$$

(4) $pH = -\lg(1,31 \cdot 10^{-5}) = 4,88$

f) (1) Protolysegleichung:

$HNO_3(aq) + H_2O(l) \rightleftarrows H_3O^+(aq) + NO_3^-(aq)$

(2) Fallbestimmung (vgl. B2, S. 30 und B1, S.32):

$pK_s = -1{,}32$; starke Säure, damit gilt:

$c_0(HNO_3) = c(H_3O^+)$

(3) $pH = -\lg\{c(H_3O^+)\} = -\lg 0{,}1 = 1$.

A9:

a) (1) Beim Lösen von Kaliumhydroxid **KOH** in Wasser gehen alle Ionen aus dem Kristallgitter in hydratisierter Form in Lösung. Es gilt:

$c(OH^-) = c_0(KOH)$.

(2) Um die Konzentration der Hydroxid-Ionen OH^- in einer Lösung mit $pH = 13{,}5$ zu berechnen, wird zunächst die Konzentration der Oxonium-Ionen $c(H_3O^+)$ ermittelt:

$c(H_3O^+) = 10^{-pH}\ mol \cdot L^{-1} = 10^{-13{,}5}\ mol \cdot L^{-1}$.

(3) Mithilfe des Ionenprodukts des Wassers KW wird nun $c(OH^-)$ berechnet:

$K_W = c(H_3O^+) \cdot c(OH^-)$

$$c(OH^-) = \frac{K_W}{c(H_3O^+)} = \frac{10^{-14}\ mol^2 \cdot L^{-2}}{10^{-13{,}5}\ mol \cdot L^{-1}} = 10^{-0{,}5}\ mol \cdot L^{-1} = 0{,}316\ mol \cdot L^{-1}.$$

b) (1) Protolysegleichung:

$HCO_3^-(aq) + H_2O(l) \rightleftarrows H_2CO_3(aq) + OH^-(aq)$

(2) Fallbestimmung (vgl. B2, S. 30 und B1, S.32):

$pK_b = 7{,}48$; schwache Base, damit gilt:

$c_0(HCO_3^-) = c(HCO_3^-)$.

(3) $c(H_3O^+) = 10^{-pH}\ mol \cdot L^{-1} = 10^{-10}\ mol \cdot L^{-1}$

(4) $$c(OH^-) = \frac{K_W}{c(H_3O^+)} = \frac{10^{-14}\ mol^2 \cdot L^{-2}}{10^{-10}\ mol \cdot L^{-1}} = 10^{-4}\ mol \cdot L^{-1}$$

(5) MWG anwenden (Gleichung für K_b):

$$K_b = \frac{c^2(OH^-)}{c_0(HCO_3^-)}$$

$$c_0(HCO_3^-) = \frac{c^2(OH^-)}{K_b} = \frac{(10^{-4})^2\ mol^2 \cdot L^{-2}}{10^{-7{,}48}\ mol \cdot L^{-1}} = 0{,}302\ mol \cdot L^{-1}$$

A10:

a) 1. Berechnung der Stoffmenge der Hydroxid-Ionen, die mit dem Natriumhydroxid in das Wasser kommen:

$n(OH^-) = n(NaOH) = m(NaOH) : M(NaOH)$

$m(NaOH)$ = 10 Tonnen = 10 000 000 g

$M(NaOH)$ = (23+16+1) g/mol = 40 g/mol

$n(OH^-)$ = 10 000 000 g : (40 g · mol^{-1}) = 250 000 mol.

2. Berechnung der Stoffmenge der Hydroxid-Ionen, die im Wasser der Erde bereits vorliegen:

$V = 1{,}4 \cdot 10^9\ km^3 = 1{,}4 \cdot 10^9 \cdot (10\,000\ dm)^3 = 1{,}4 \cdot 10^9 \cdot 10^{12}\ dm^3 = 1{,}4 \cdot 10^{21}$ L.

Als Vereinfachung soll laut Aufgabenstellung von keinen weiteren Einflüssen auf das Wasser ausgegangen werden. Somit können Änderungen des *p*H-Wertes durch Temperaturschwankungen, gelöstes Kohlenstoffdioxid oder andere Verunreinigungen vernachlässigt werden. Wasser wäre demnach eine neutrale Lösung mit *p*H = 7, also $c(OH^-) = 10^{-7}$ mol/L.

Die Stoffmenge an vorhandenen Hydroxid-Ionen im Wasser beträgt also

$n_{Wasser}(OH^-) = c \cdot V = 10^{-7}\ mol/L \cdot 1{,}4 \cdot 10^{21}\ L = 1{,}4 \cdot 10^{14}$ mol

= 140 000 000 000 000 mol.

3. Berechnung der Gesamtstoffmenge und der Stoffmengenkonzentration an Hydroxid-Ionen nach der Zugabe des Natriumhydroxids:

Durch das Natriumhydroxid kommen 250 000 mol dazu. Damit ist die Gesamtstoffmenge an Hydroxid-Ionen OH^-:

$n_{gesamt}(OH^-)$ = 140 000 000 250 000 mol = 1,400 000 002 5 · 10^{14} mol

$c_{gesamt}(OH^-) = n_{gesamt}(OH^-) : V$ = 1,400 000 002 5 · 10^{14} mol : 1,4 · 10^{21} L

= 1,000 000 001 785 71 · 10^{-7} mol/L.

4. Berechnung des *p*OH- und des *p*H-Werts:

*p*OH = – lg(1,000 000 001 785 71 · 10^{-7}) = 6,999 999 999 224 47

*p*H = 14 – *p*OH = 14 – 6,999 999 999 224 47 = 7,000 000 000 775 53

Die 10 Tonnen Natriumhydroxid erhöhen theoretisch den *p*H-Wert des gesamten Wassers der Erde unmerklich um nicht ganz 0,000 000 001 Einheiten.

b) Die Annahme unter a) ist nicht realistisch, weil es durchaus vielfältige Einwirkungen auf das Wasser gibt, die dessen *p*H-Wert beeinflussen. In vielen natürlichen Vorgängen und bei vielen menschlichen Tätigkeiten entstehen Säuren und Basen, die ins Wasser gelangen und sich auf den *p*H-Wert auswirken können.

Die Annahme ist auch deswegen unrealistisch, weil natürliche Gewässer und auch industriell genutztes Wasser in der Regel Puffer-Systeme enthalten, die *p*H-stabilisierend wirken. Das laut Aufgabenstellung ins Meerwasser gelangte Natriumhydroxid würde durch die natürlichen Puffer weitestgehend neutralisiert.

A11:

a) Protolyseschritte bei der Protolyse von Weinsäure:

$$\mathbf{HOOCCH(OH)CH(OH)COOH(s) + H_2O(l)}$$
$$\rightleftarrows \mathbf{HOOCCH(OH)CH(OH)COO^{\ominus}(aq) + H_3O^+(aq)}$$

$$\mathbf{HOOCCH(OH)CH(OH)COO^{\ominus}(aq) + H_2O(l)}$$
$$\rightleftarrows \mathbf{{}^{\ominus}OOCCH(OH)CH(OH)COO^{\ominus}(aq) + H_3O^+(aq)}$$

b) Wenn man die in B5, S. 29, bzw. B1, S. 32, angegebenen Bereiche für starke, mittelstarke und schwache Säuren und den in der Aufgabenstellung angegebenen pK_s-Werte zugrunde legt, fallen sowohl das Weinsäure-Molekül als auch das Weinsäure-Monoanion unter die mittelstarken Säuren.

c) Die Substituenten an den beiden zu den Carboxy-Gruppen benachbarten Kohlenstoff-Atomen sind Hydroxy-Gruppen. Wegen der größeren Elektronegativität der Sauerstoff-Atome sind diese wie unten angegeben polarisiert (δ–). Durch die dadurch verursachte positive Partialladung an den Kohlenstoff-Atomen (δ+) entsteht ein elektronenziehender (–I) Effekt auf die **OH**-Bindungen in den beiden Carboxy-Gruppen.

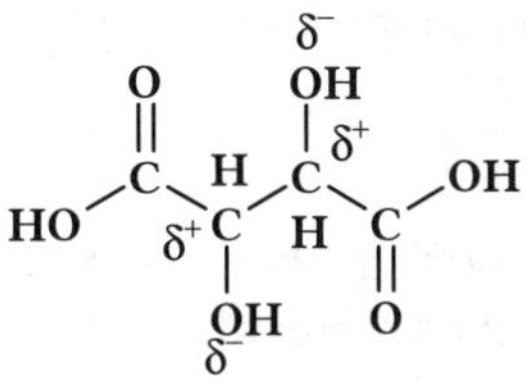

A12:

a) $\mathbf{CO_2 + H_2O \rightleftarrows H_2CO_3}$ [Gleichgewicht 1]

$\mathbf{H_2CO_3 + H_2O \rightleftarrows HCO_3^- + H_3O^+}$ [Gleichgewicht 2]

$$pH = pK_s + \lg \frac{c(\mathbf{HCO_3^-})}{c(\mathbf{H_2CO_3})}$$

$$7{,}36 = 6{,}25 + \lg \frac{c(HCO_3^-)}{c(H_2CO_3)}$$

$$\lg \frac{c(HCO_3^-)}{c(H_2CO_3)} = 0{,}84$$

$$\frac{c(HCO_3^-)}{c(H_2CO_3)} = \frac{6{,}92}{1} = \frac{1}{0{,}144}$$

Alternativ lässt sich die Berechnung auch nach folgender Vorgehensweise durchführen:

$$K_s = \frac{c(H_3O^+) \cdot c(HCO_3^-)}{c(H_2CO_3)}$$

$$c(H_3O^+) = \frac{K_s \cdot c(H_2CO_3)}{c(HCO_3^-)}$$

$$\frac{c(H_3O^+)}{K_s} = \frac{c(H_2CO_3)}{c(HCO_3^-)} = \frac{10^{-7{,}36}\ mol \cdot L^{-1}}{10^{-6{,}52}\ mol \cdot L^{-1}} = \frac{1}{0{,}144} = \frac{6{,}92}{1}$$

b) Beim Ausatmen wird das Gas Kohlenstoffdioxid dem Gleichgewicht 1 entzogen und damit muss sich nach dem Prinzip von LE CHATELIER die Lage des Gleichgewichts wieder neu einstellen, damit die Gleichgewichtskonstante K_c stimmt. Kohlensäure zerfällt also:
$H_2CO_3 \rightleftarrows CO_2 + H_2O$.
Die Kohlensäure wird aus demselben Grund aus dem Gleichgewicht 2 entfernt:
$HCO_3^- + H_3O^+ \rightleftarrows H_2CO_3 + H_2O$.
Hydrogencarbonat- und Oxonium-Ionen bilden wieder Kohlensäure und Wasser, damit der Wert der Säurekonstanten K_s = 6,92 wieder erreicht wird.

A13:

a) Die Hinweise, dass sich Kalkbelag von den Fasern ablöst und dass die Essigessenz bei säureempfindlichen Materialien wie Marmor und Aluminium nicht angewendet werden soll, lassen sich mithilfe der folgenden Reaktionsgleichungen erklären:

$$2\ H_3CCOOH(aq) + CaCO_3(s) \rightarrow Ca(H_3CCOO)_2(aq) + H_2O(l) + CO_2(g)$$

und

$$6\ H_3CCOOH(aq) + 6\ Al(s) \rightarrow 2\ Al(H_3CCOO)_3(aq) + 3\ H_2(g)$$

Calciumcarbonat (Marmor) reagiert mit Essigsäure aus der Essigessenz zu Calciumacetat, Kohlenstoffdioxid und Wasser, das unedle Metall Aluminium reagiert mit Essigsäure unter Bildung von Wasserstoff und Aluminiumacetat.

b) Die Masse an Essigsäure in 100 g Essigessenz beträgt $m(\mathbf{H_3CCOOH}) = 25$ g.
Die Stoffmenge an Essigsäure in 100 g Essigessenz ist also:
$n(\mathbf{H_3CCOOH}) = m(\mathbf{H_3CCOOH}) : M(\mathbf{H_3CCOOH}) = 25\ \text{g} : 60\ \text{g/mol} = 0{,}417\ \text{mol}$.
Unter der Annahme, dass die Dichte von Essigessenz 1 g/mL beträgt, ist:
$c(\mathbf{H_3CCOOH}) = n(\mathbf{H_3CCOOH}) : V(\mathbf{H_3CCOOH}) = 0{,}417\ \text{mol} : 0{,}1\ \text{L} = 4{,}17\ \text{mol/L}$.

c) Rechnerische Ermittlung des pH-Werts von Essigessenz:
Essigsäure ist eine schwache Säure mit $pK_s = 4{,}76$.
Allgemein gilt für die Protolyse von schwachen Säuren beim Gleichgewicht:

$$K_s = \frac{c(\mathbf{H_3O^+})^2}{c(\mathbf{H_3CCOOH})}$$

Durch Einsetzen der Zahlenwerte für diese Aufgabe erhält man:

$$10^{-4{,}76} = \frac{c(\mathbf{H_3O^+})^2}{c(\mathbf{H_3CCOOH})}$$

$c(\mathbf{H_3O^+})^2 = 10^{-4{,}76} \cdot 4{,}17$
$c(\mathbf{H_3O^+}) = 10^{-2{,}38} \cdot 2{,}085$
$p\text{H} = 2{,}38 - 0{,}391 = 1{,}989$.
Die Messung des pH-Werts mit pH-Papier zeigt $p\text{H} = 2$ an und somit annähernd den berechneten Wert.

A14:
Es gilt $p\text{H} = -\lg c(\mathbf{H_3O^+})$ und $c(\mathbf{H_3O^+}) = 10^{-p\text{H}}$.
Normaler pH-Wert des Blutes: 7,36, minimaler pH-Wert des Blutes: 7,36 – 0,5 = 6,86
Normale Oxonium-Ionenkonzentration im Blut: $c_0(\mathbf{H_3O^+}) = 10^{-7{,}36}$ mol/L
Maximale Oxonium-Ionenkonzentration im Blut: $c_{max}(\mathbf{H_3O^+}) = 10^{-6{,}86}$ mol/L
Berechnung des Steigerungsfaktors f: $c_0 \cdot f = c_{max}$, also $f = c_{max} \cdot c_0^{-1}$
$= 10^{-6{,}86}\ \text{mol/L} \cdot (10^{-7{,}36}\ \text{mol/L})^{-1}$
$= 10^{0{,}5} \approx 3{,}16$

Das Absinken des pH-Werts um 0,5 bedeutet mehr als eine Verdreifachung der Oxonium-Ionenkonzentration.

A15:

Wenn dem Patienten, der durch Hyperventilation eine respiratorische Alkalose erleidet, eine Plastiktüte vorgehalten wird, dann atmet er einige Male die ausgeatmete Luft immer wieder ein. In dieser Luft ist der Kohlenstoffdioxid-Anteil höher als in der normalen Luft. Das führt durch die Gleichgewichte
(1) $\mathbf{CO_2 + H_2O \rightleftarrows H_2CO_3}$ und (2) $\mathbf{H_2CO_3 + H_2O \rightleftarrows HCO_3^- + H_3O^+}$
sehr rasch zu einer Zunahme der Oxonium-Ionenkonzentration im Blut, wirkt also der Alkalose entgegen.

A16:

a) Mit pK_{s1} = 1,42 für die erste Protolysestufe ist Oxalsäure als starke Säure einzuordnen (vgl. S. 32, B1). Es gilt also $c(\mathbf{H_3O^+}) = c_0(\mathbf{HOx})$ (**HOx** = Abkürzung von Oxalsäure unter der Annahme, dass es sich um eine einprotonige Säure handelt).
   Berechnung von $c_0(\mathbf{HOx})$:
   $V_{Lösung}(\mathbf{HOx})$ = 100 mL
   $n(\mathbf{HOx})$ = 0,5 g : $M(\mathbf{C_2O_4H_2})$ = 0,5 g : 90 g/mol = 0,0055 mol
   $c(\mathbf{HOx})$ = 0,0055 mol : 0,1 L = 0,055 mol/L
   pH = – lg{$c(\mathbf{HOx})$} = – lg 0,055 = 1,26
b) Auf der Basis von Oxalsäure können zwei Pufferlösungen hergestellt werden:
   Puffer 1: $\mathbf{HOOCCOOH / HOOCCOO^{\ominus}}$ puffert im Bereich pH = 1,42 +/- 1.
   Puffer 2: $\mathbf{HOOCCOO^{\ominus} / {}^{\ominus}OOCCOO^{\ominus}}$ puffert im Bereich pH = 4,29 +/- 1.
   Annahme: Es soll mit Puffer 2 im Bereich pH = 4,29 gepuffert werden. Dann liegt zwischen Puffersäure und Pufferbase folgendes Gleichgewicht vor:
   $\mathbf{HOOCCOO^{\ominus} + H_2O \rightleftarrows {}^{\ominus}OOCCOO^{\ominus} + H_3O^+}$
   Bei Zusatz von Base, also von Hydroxid-Ionen $\mathbf{OH^-}$, werden diese durch die Oxonium-Ionen aus dem obigen Gleichgewicht neutralisiert. Das Gleichgewicht verschiebt sich leicht nach rechts.
c) Für optimale Pufferwirkung im Bereich pH = 4,29 muss die Konzentration der Pufferbase gleich der der Puffersäure sein, also c = 0,7 mol/L betragen.

A17:

Sorbinsäure (**HA**) ist in wässriger Lösung dissoziiert in Oxonium-Ionen (2/100) und Sorbinsäure-Anionen ($\mathbf{A^-}$): 98/100.
$c(\mathbf{HA}) : c(\mathbf{A^-})$ = 0,02 : 0,98

$$pH = pK_s + \lg \frac{c(\mathbf{A^-})}{c(\mathbf{HA})} = 4{,}76 + \lg \frac{0{,}98}{0{,}02} = 6{,}45$$

Steigt der *p*H-Wert beim Lebensmittel über *p*H = 6,45, so ist die Konservierung nicht mehr gewährleistet.

A18:

Das gesuchte Verhältnis $c(\mathbf{C_6H_5COO^-})/c(\mathbf{C_6H_5COOH})$ wird mit x bezeichnet und in die Puffergleichung eingesetzt:

$$\begin{aligned} 1{,}4 &= 4{,}2 + \lg x \\ -2{,}8 &= \lg x \\ x &= 10^{-2{,}8} = 1{,}58 \cdot 10^{-3} \\ x^{-1} &= 631. \end{aligned}$$

Die Konzentration der Benzoesäure ist 631-mal größer als die der Benzoeat-Ionen.

A19:

Durch Titration von frisch gepresstem Zitronensaft bzw. Orangensaft ermittelt man die Stoffmengen *n* der darin enthaltenen Citronensäure. Bei der Titration werden die neutralisierten Oxonium-Ionen vor Erreichen des Äquivalenzpunktes jeweils aus bis dahin noch nicht protolysierten Säure-Molekülen nachgebildet.
Selbst wenn die *p*H-Werte der beiden Säfte anfangs annähernd gleich sind, können die darin enthaltenen Stoffmengen an Citronensäure sehr unterschiedlich sein. Somit stehen die in B2 angezeigten, fast identischen *p*H-Werte nicht im Widerspruch zu den durch Titration ermittelbaren Gehalten an Citronensäure in den Säften.

A20:

a) richtig
b) falsch;
richtig: hält den *p*H-Wert annähernd konstant im Bereich, der durch das eingesetzte Puffer-Säure-Base-Paar definiert ist (i.d.R. der Bereich in der Umgebung des pK_s-Wertes der Puffersäure)
c) richtig
d) richtig
e) richtig
f) falsch;
richtig: hat begrenzte Pufferkapazität von *c*(Pufferbase)/*c*(Puffersäure) = 1

A21:

a) Im Intervall vor dem *p*H-Sprung hat die Titrationskurve einen ausgeprägten Anstieg. Zu Beginn der Titration, d.h. für $V_{Ls}(\mathbf{NaOH}) < 10$ mL, wirkt das System $\mathbf{H_3CCOOH/H_3CCOO^{\ominus}}$ als Puffer. Bei der Hälfte des Abszissenwerts des Äquivalenzpunkts, hat die Kurve einen ersten Wendepunkt. Bei diesem Halbäquivalenzpunkt HÄP gilt $c(\mathbf{H_3CCOOH}) = c(\mathbf{H_3CCOO^{\ominus}})$. Sein Ordinatenwert gibt den pK_s-Wert der Ethansäure an (vgl. Puffergleichung, S. 37). Der Ordinatenwert des Äquivalenzpunkts ÄP auf der Titrationskurve von Ethansäure liegt nicht im neutralen Bereich, sondern deutlich im alkalischen. Da beim Äquivalenzpunkt weder Ethansäure noch Natronlauge im Überschuss vorliegt, also eine Natriumacetat-Lösung vorhanden ist, wird der *p*H-Wert durch die Protolyse der Acetat-Ionen $\mathbf{H_3CCOO^{\ominus}}$, einer schwachen BRÖNSTED-Base (vgl. Gleichung (2), S. 43) bestimmt. Aufgrund dieser Protolyse gilt beim Äquivalenzpunkt dieser Titration $c(\mathbf{H_3O^+}) < c(\mathbf{OH^-})$ und der *p*H-Wert der Lösung liegt im alkalischen Bereich.

b) Im folgenden Diagramm ist die Titrationskurve für die Titration von 100 mL Salzsäure der gleichen Konzentration wie die Ethansäure-Lösung aus der Aufgabenstellung gestrichelt eingezeichnet.

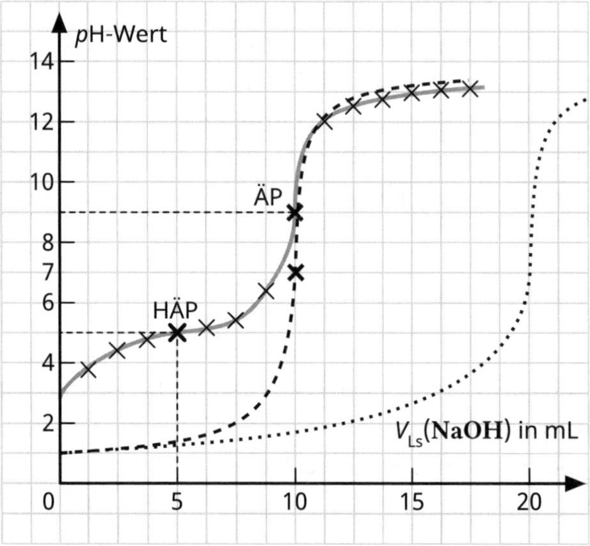

Unterschiede:

1) Der ÄP bei der Titration von Salzsäure liegt zwar beim gleichen Abszissenwert ($V_{Ls}(\mathbf{NaOH}) = 10$ mL), aber beim Ordinatenwert $pH = 7$.

2) Die Titrationskurve von Salzsäure beginnt bei einem niedrigeren pH-Wert als die der Ethansäure.
3) Die Titrationskurve von Salzsäure steigt im Anfangsbereich ($V_{Ls}(NaOH)$ < 5 mL) nicht so stark an wie die der Ethansäure.
4) Die Titrationskurve von Salzsäure hat keinen HÄP.
Erklärung für 1): Dass der Abszissenwert des ÄP der Titrationskurve von Salzsäure der gleiche ist wie bei der Titrationskurve von Ethansäure ($V_{Ls}(NaOH)$ = 10 mL), liegt daran, dass die Stoffmengen der titrierten Säuren gleich sind. Bei der Titrationskurve von Salzsäure ist der Ordinatenwert des ÄP bei pH = 7, weil hier eine Natriumchlorid-Lösung vorliegt, das gelöste Salz einer starken Säure und einer starken Base. Es gilt $c(H_3O^+) = c(OH^-)$ und demzufolge pH = 7. Zur Begründung des Ordinatenwerts bei der Titrationskurve von Ethansäure vgl. Lösung zu Aufgabe a).

c) Die Titrationskurve von Schwefelsäure ist im Diagramm aus der Lösung zu Aufgabe b) als gepunktete Linie eingezeichnet. Diesmal liegt der Abszissenwert des ÄP bei $V_{Ls}(NaOH)$ = 20 mL, weil die gleiche Stoffmenge Schwefelsäure titriert wurde wie die der bei a) und b) titrierten Säuren, Schwefelsäure jedoch anders als diese eine zweiprotonige Säure ist.

d) Berechnung der Konzentration der titrierten Ethansäure (vgl. auch S. 21):
(1) Aufstellen der Reaktionsgleichung für die Stoffumsetzung:
$H_3CCOOH(aq) + NaOH(aq) \rightarrow H_2O(l) + H_3CCOONa(aq)$
(2) Aus der Reaktionsgleichung wird das Stoffmengenverhältnis der interessierenden Reaktionspartner abgelesen:
$n(H_3CCOOH) : n(NaOH) = 1:1$; daraus folgt: $n(H_3CCOOH) = n(NaOH)$
(3) Ersetzen der Stoffmengen n gemäß Gleichung (1):
$c(H_3CCOOH) \cdot V_{Ls}(H_3CCOOH) = c(NaOH) \cdot V_{Ls}(NaOH)$
(4) Umformen der Gleichung (3) nach der gesuchten Größe $c(H_3CCOOH)$ und Einsetzen der bekannten Zahlenwerte der übrigen Größen:
$c(H_3CCOOH) = 0{,}05$ mol/L

e) Berechnung der Masse an Essigsäure in der titrierten Probe:
$m(H_3CCOOH) = n(H_3CCOOH) \cdot M(H_3CCOOH)$
$m(H_3CCOOH) = c(H_3CCOOH) \cdot V_{Ls}(H_3CCOOH) \cdot M(H_3CCOOH)$
$m(H_3CCOOH) = 0{,}05 \text{ mol/L} \cdot 0{,}1 \text{ L} \cdot 60 \text{ g/mol} = 0{,}3 \text{ g}$

A22:

a) Offene Aufgabe.
Es sind Planungen von Experimenten entsprechend der angegebenen Versuchsvorschrift möglich, aber auch Planungen weniger geeigneter Experimente. Beispielsweise könnten die Lernenden vorschlagen, gemörserte Eierschalen mit Salzsäure zu titrieren. Bei der Durchführung würden sie erkennen, dass dies nicht praktikabel ist, da sich das Calciumcarbonat zu langsam löst.

b) Offene Aufgabe.

c) Beim 2. Arbeitsschritt reagiert das Calciumcarbonat der Eierschalen mit den Oxonium-Ionen der Salzsäure unter Entwicklung von Kohlendioxid und gelösten Calcium-Ionen nach:
$$\mathbf{CaCO_3(s) + 2\,H_3O^+(aq) \rightarrow CO_2(g) + 3\,H_2O(l) + Ca^{2+}(aq)}$$

d) Man lässt die Probe über Nacht stehen und erwärmt, um eine vollständige Reaktion zu erzielen und Kohlenstoffdioxid vollständig zu entfernen. Reste von Kohlenstoffdioxid ergeben mit Wasser Kohlensäure, die bei der anschließenden Titration mit erfasst würde. Dadurch würde das Ergebnis verfälscht.

e) Beispielrechnung:
Titrationsergebnis für die Titration eine 20-mL-Probe: Verbrauch an Natronlauge $V(\mathrm{NaOH})$ = 81,0 mL
Restliche unverbrauchte Salzsäure der gesamten Lösung:
$V(\mathrm{HCl}_{\text{restlich}})$ = 5 · $V(\mathrm{NaOH})$ · $c(\mathrm{NaOH})$: $c(\mathrm{HCl})$
= 5 · 81,0 mL· 0,2 mL : 1 = 81 mL
Für die Reaktion mit dem Calciumcarbonat aus den Eierschalen verbrauchte Salzsäure:
$V(\mathrm{HCl}_{\text{verbraucht}})$ = 19,0 mL
Berechnung der Masse an Calciumcarbonat:
$n(\mathrm{CaCO_3})$ = 0,5 · $n(\mathrm{HCl})$ = 0,5 · $V(\mathrm{HCl}_{\text{verbraucht}})$ · $c(\mathrm{HCl})$
= 0,5 · 0,019 mol = 0,0095 mol
$m(\mathrm{CaCO_3})$ = $n(\mathrm{CaCO_3})$ · $M(\mathrm{CaCO_3})$ = 0,095 mol · 100,1 g/mol = 0,951 g
Der Massenanteil an Calciumcarbonat in den Eierschalen beträgt 95,1 %.

f) Gegeben:
$w(\mathrm{CaCO_3})$ = 90 % entsprechend $m(\mathrm{CaCO_3})$ = 0,9 g
$V(\mathrm{HCl}_{\text{eingesetzt}})$ = 100 mL
$c(\mathrm{HCl})$ = 1 mol/L; $c(\mathrm{NaOH})$ = 0,2 mol/L

Gesucht:
Volumen der Salzsäure, das mit Calciumcarbonat aus den Eierschalen reagiert hat: $V(\mathrm{HCl}_{verbraucht})$
Volumen der Natronlauge, die zur Titration der restlichen unverbrauchten Salzsäure benötigt wird: $V(\mathrm{NaOH})$

Lösung:
$n(\mathrm{HCl}_{verbraucht}) : n(\mathrm{CaCO_3}) = 2 : 1$; daraus folgt:
$n(\mathrm{HCl}_{verbraucht}) = 2 \cdot n(\mathrm{CaCO_3}) = 2 \cdot m(\mathrm{CaCO_3}) : M(\mathrm{CaCO_3})$
$n(\mathrm{HCl}_{verbraucht}) = 2 \cdot 0{,}9\ \mathrm{g} : 100{,}1\ \mathrm{g/mol} = 0{,}018\ \mathrm{mol}$
$V(\mathrm{HCl}_{verbraucht}) = n(\mathrm{HCl}_{verbraucht}) : c(\mathrm{HCl}) = 0{,}018\ \mathrm{mol} : 1{,}0\ \mathrm{mol/L} = 18{,}0\ \mathrm{mL}$
Volumen der restlichen, unverbrauchten Salzsäure in den titrierten 20-mL-Proben: $V(\mathrm{HCl}_{restlich}) = 16{,}4\ \mathrm{mL}$
$V(\mathrm{NaOH}) = V(\mathrm{HCl}) \cdot c(\mathrm{HCl}) : c(\mathrm{NaOH})$
$= 16{,}4\ \mathrm{mL} \cdot 1{,}0\ \mathrm{mol/L} : 0{,}2\ \mathrm{mol/L} = 82{,}0\ \mathrm{mL}$
Zur Titration werden 82,0 mL Natronlauge verbraucht.

A23:

a) Beim isoelektrischen Punkt des Glycins $p\mathrm{H(I)} = 6{,}1$ liegt keine Pufferwirkung vor, weil bei der Zugabe einer geringen Menge von Base oder Säure eine starke Änderung des pH-Werts erfolgt (die Kurve hat rechts und links vom Punkt mit dem Ordinatenwert 6,1 starke Steigungen).
b) Der Kurvenverlauf kann mithilfe der folgenden Formeln und Reaktionsgleichungen erklärt werden (vgl. S. 44):

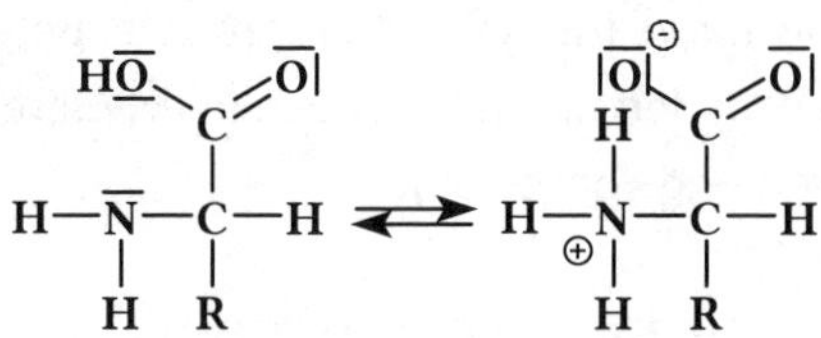

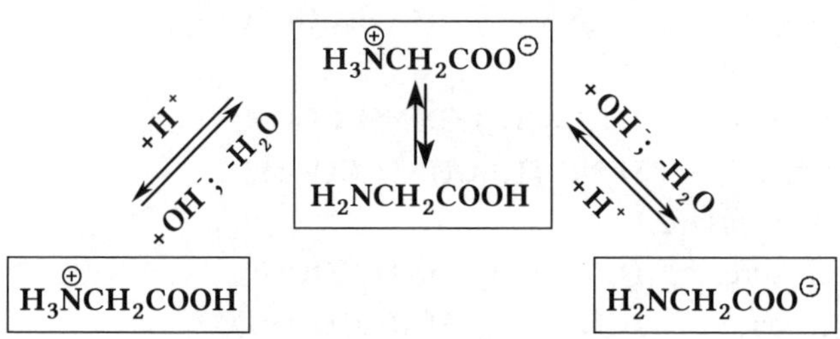

c) Beim isoelektrischen Punkt *p*H(I) = 6,1 liegt Glycin praktisch vollständig als Zwitterion vor. Bei Zugabe von Säure von fungieren die Zwitterionen als Base, bei Zugabe von Base als Säure. Die Protonen werden unter Bildung von Carboxy-Ammonium-Ionen abgefangen, die Hydroxid-Ionen und Bildung von Amino-Carboxylat-Ionen. In den Bereichen bei *p*H = 2 bis 3 und *p*H = 9,5 bis 10,5 verläuft die rote Kurve relativ flach, d.h. der ändert sich bei Säure- oder Basezugabe nur geringfügig. In diesen Bereichen wirkt die Glycin-Lösung als Puffer.

d) Die Kurven für Alanin und Cystein sehen folgendermaßen aus:

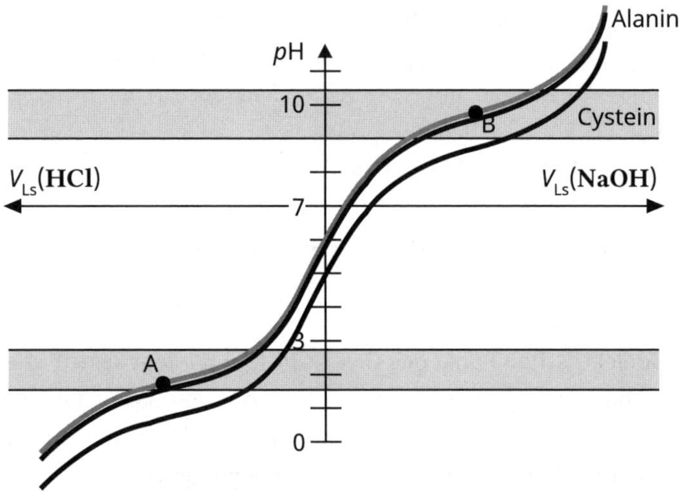

e) Das Lysin-Molekül enthält außer der Amino-Gruppe, die in jedem Aminosäure-Molekül enthalten ist, noch eine zweite Amino-Gruppe. Das ist der Grund, weshalb die Titrationskurve für Lysin, drei statt zwei Bereiche mit minimaler Steigung enthält, d.h. in den drei angegebenen *p*H–Bereichen puffert. Die beteiligten Puffersäuren und –basen sind:

Im Bereich um *p*H = 2,1:

Puffersäure: $^{\oplus}H_3N(CH_2)_4CHNH_3^{\oplus}COOH$;

Pufferbase: $^{\oplus}H_3N(CH_2)_4CHNH_2COOH$

Im Bereich um *p*H = 9,2:

Puffersäure: $^{\oplus}H_3N(CH_2)_4CHNH_2COOH$;

Pufferbase: $H_2N(CH_2)_4CHNH_2COOH$

Im Bereich um *p*H = 2,1:

Puffersäure: $H_2N(CH_2)_4CHNH_2COOH$;

Pufferbase: $H_2N(CH_2)_4CHNH_2COO^{\ominus}$

A24:

a) Reaktionsgleichung zur Titration von Natriumhydrogencarbonat mit Salzsäure (die Hydrogencarbonat-Ionen reagieren mit den Oxonium-Ionen zu Wasser- und Kohlenstoffdioxid-Molekülen):

$$NaHCO_3(aq) + HCl(aq) \rightarrow NaCl(aq) + H_2O(l) + CO_2(g)$$

oder als Reaktionsgleichung mit Ionen:

$$HCO_3^-(aq) + H_3O^+(aq) \rightarrow 2\ H_2O(l) + 2\ CO_2(g)$$

b) Die Leitfähigkeit der Lösung bleibt bis zum Äquivalenzpunkt annähernd konstant oder steigt schwach an, weil die Anzahl der Ionen in der Lösung konstant bleibt, Hydrogencarbonat-Ionen jedoch durch Chlorid-Ionen ersetzt werden. Nach dem Äquivalenzpunkt steigt die Leitfähigkeit steiler an, weil zusätzliche Ionen aus der zugegebenen Salzsäure hinzukommen und die Leitfähigkeit der Oxonium-Ionen wesentlich größer ist als die der andern Ionen aus der Lösung.

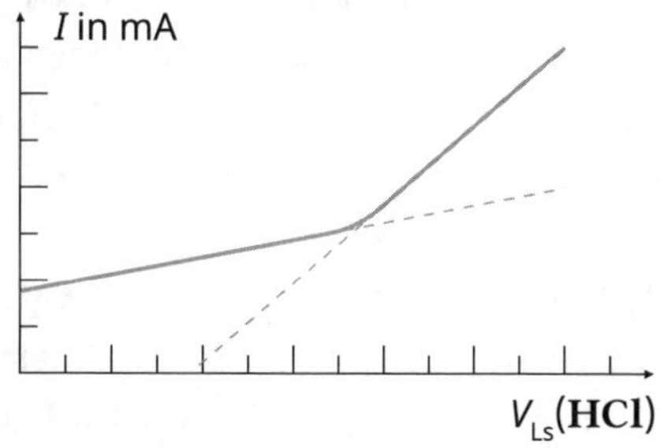

c) Offene Aufgabe.

Hinweis: Dennoch werden hier zwei mögliche Lösungen angegeben:
Versuchsvorschrift 1: Es wird eine Lösung von 1 g Backpulver in 100 mL dest. Wasser hergestellt. 20 mL dieser Lösung werden unter starkem Rühren mit Salzsäure, c = 0,5 mol/L, konduktometrisch (d.h. unter Messung der Stromstärke statt der der Leitfähigkeit) titriert. Die zu erwartende Titrationskurve hat den Verlauf aus Aufgabe b).
Alternative Versuchsvorschrift 2: Es wird eine Lösung von 1 g Backpulver in 100 mL dest. Wasser hergestellt. 20 mL dieser Lösung werden mit 20 mL Salzsäure versetzt und gerührt, bis kein Gas mehr entweicht. Dann wird diese Lösung mit Natronlauge, c = 0,5 mol/L, konduktometrisch titriert. In diesem Fall ist hat zu erwartende Titrationskurve folgenden Verlauf:

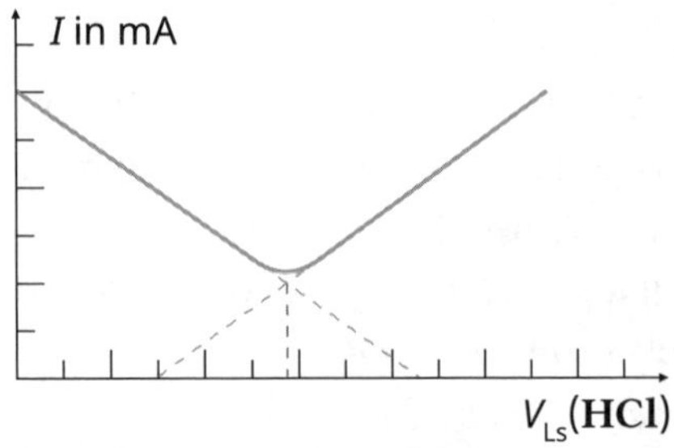

d) Offene Aufgabe.

Hinweis: In beiden Fällen aus Aufgabe c) ist auch eine *p*H-metrische Titration möglich. Verfährt man nach der Versuchsvorschrift 1, ändert sich der *p*H-Wert aus dem alkalischen Bereich in den sauren Bereich, bei Versuchsvorschrift 2 ist es umgekehrt.

A25:

a) Im sauren Bereich, etwa zwischen *p*H = 3 und *p*H = 5, wirkt der Acetat-Puffer $\mathbf{H_3CCOOH/H_3CCOO^{\ominus}}$. Seine Komponenten bilden sich gleich beim Lösen des Ammoniumacetats in Wasser, weil die Acetat-Ionen wie folgt protolysieren: $\mathbf{H_3CCOO^{\ominus}(aq) + H_2O(l) \rightleftarrows H_3CCOOH(aq) + OH^-(aq)}$.
Wird diesem System Säure zugesetzt, so „fangen" die Essigsäure-Moleküle die zugesetzten Oxonium-Ionen ab:
$\mathbf{H_3CCOO^{\ominus}(aq) + H_3O^+(aq) \rightleftarrows H_3CCOOH(aq) + H_2O(l)}$.
Wird Lauge zugesetzt, so „fangen" die Essigsäure-Moleküle die zugesetzten Hydroxid-Ionen ab: $\mathbf{H_3CCOOH(aq) + OH^-(aq) \rightleftarrows H_3CCOO^{\ominus}(aq) + H_2O(l)}$.
Im alkalischen Bereich, etwa zwischen *p*H = 8 und *p*H = 10, wirkt der Ammonium-Puffer $\mathbf{NH_4^+/NH_3}$. Auch seine Komponenten bilden sich beim Lösen des Ammoniumacetats in Wasser, weil die Ammonium-Ionen wie folgt protolysieren: $\mathbf{NH_4^+(aq) + H_2O(l) \rightleftarrows NH_3(aq) + H_3O^+(aq)}$.
Wird diesem System Säure zugesetzt, werden die Oxonium-Ionen durch die Ammoniak-Moleküle „abgefangen":
$\mathbf{NH_3(aq) + H_3O^+(aq) \rightleftarrows NH_4^+(aq) + H_2O(l)}$.
Wird Lauge zugegeben, werden die die Hydroxid-Ionen durch die Ammonium-Ionen „abgefangen": $\mathbf{NH_4^+(aq) + OH^-(l) \rightleftarrows NH_3(aq) + H_2O(l)}$.

b) Um die pK_S-Werte von $\mathbf{NH_4^+}$ und $\mathbf{H_3CCOOH}$ aus B2, S. 30 grafisch zu ermitteln, werden die Wendepunkte auf den Kurvenabschnitten, die fast waagerecht verlaufen, ermittelt und Parallelen zur Abszisse gezogen, bis diese die Ordinate schneiden. Auf diese Weise lassen sich etwa folgende *p*H-Werte ermitteln: *p*H = 4,5 und *p*H = 9,2.

Kapitel 2:
Redoxreaktionen – Elektrochemie

Seite 60 und 61

B1:

Offene Aufgabe.

Hinweise: Sowohl im Video als auch bei anderen Reaktionen zwischen Metallen und Halogenen, beispielsweise dem Verbrennen von Eisenwolle in Chlor oder Brom, wird das Metall vor dem Kontakt mit dem Halogen kräftig erhitzt. Im Gegensatz zu Eisenwolle wird das geschmolzene Natrium jedoch nicht erst an der Luft entzündet, es entzündet sich spontan, wenn Chlor darauf geleitet wird. In der Flash-Animation werden die Elementarprozesse auf der Teilchenebene einzeln dargestellt. Sie sind in der Animation beschriftet.

B4:

Bei der Reaktion von Magnesium mit Chlor zu Magnesiumchlorid werden Magnesium-Ionen $\mathbf{Mg^{2+}}$ und Chlorid-Ionen $\mathbf{Cl^-}$ gebildet.

Jedes Magnesium-Ion gibt zwei Elektronen ab.

Oxidation: $\mathbf{Mg \rightarrow Mg^{2+} + 2\ e^-}$

Jedes Chlor-Atom nimmt ein Elektron auf.

Reduktion: $\mathbf{Cl_2 + 2\ e^- \rightarrow 2\ Cl^-}$

Die Zusammenfassung der Teilgleichungen ergibt die

Redoxreaktion: $\mathbf{Mg + Cl_2 \rightarrow Mg^{2+} + 2\ Cl^-}$.

Auswertung a):

Magnesium, Kupfer und Silber werden in V1 oxidiert, Platin nicht. Da Magnesium auch außerhalb der Flamme weiterbrennt, Kupfer und Silber dagegen nicht, sich aber in der Flamme mit einer dunklen Schicht überziehen, und Platin in der Flamme zwar glüht, aber nach dem Abkühlen keine Veränderung zeigt, ist die Reihenfolge nach steigender Reaktivität mit Sauerstoff: $\mathbf{Pt < Ag < Cu < Mg}$.

Auswertung b):

Anhand der Helligkeit der Funken, die sich bei allen drei Metallpulvern in LV2 bilden, wird die in Auswertung a) aufgestellte Reihenfolge der Reaktivität mit Sauerstoff ($\mathbf{Pt < Cu < Mg}$) bestätigt. Der hohe Verteilungsgrad des jeweiligen Metalls in

Pulverform ist dafür verantwortlich, dass die Oxidationsreaktionen in LV2 alle heftiger verlaufen als in V1.

Auswertung c):

$2\ Mg(s) + O_2(g) \rightarrow 2\ MgO(s)$ V1; LV2

$2\ Cu(s) + O_2(g) \rightarrow 2\ CuO(s)$ V1; LV2

$4\ Ag(s) + O_2(g) \rightarrow 2\ Ag_2O(s)$ V1

$Pt(s) + O_2(g) \rightarrow$ keine Reaktion V1

$4\ Fe(s) + 3\ O_2(g) \rightarrow 2\ Fe_2O_3(s)$ LV2

Auswertung d):

Es wird beobachtet, dass sich an der Oberfläche der Eisenwolle in allen drei Rggl. neue Stoffe bilden. Im Rggl. mit angefeuchteter Eisenwolle handelt es sich dabei um Eisenoxid und Eisenhydroxid, in den beiden anderen bildet sich außer Eisenoxid und Eisenhydroxid auch Eisenchlorid bzw. Eisenbromid.

Auswertung e):

Man könnte die im zweiten und dritten Rggl. an der Oberfläche der Eisenwolle gebildeten Stoffe in dest. Wasser aufnehmen, ggf. filtrieren und die Lösung jeweils mit Silbernitrat-Lösung versetzen. Durch Bildung von Niederschlägen ließen sich Chlorid- bzw. Bromid-Ionen nachweisen.

Auswertung f):

Die Bildung von Eisenchlorid bzw. Eisenbromid in V3 hat mit der in B1 dargestellten Reaktion gemeinsam, dass es sich in allen Fällen um die Reaktion eines Metalls mit einem Halogen handelt. Die Reaktion von Chlor mit einem Metall verläuft im Beispiel aus B1 wesentlich heftiger als die entsprechende Reaktion in V3. Das kann sowohl an der höheren Reaktivität des Natriums im Vergleich zu der von Eisen liegen, aber auch daran, dass in B1 elementares Chlorgas, in V3 nur eine verdünnte wässrige Lösung von Chlor eingesetzt wurde. Vermutlich tragen beide genannten Faktoren zu den Unterschieden im Reaktionsverhalten bei.

Auswertung g):

Der drei Teilversuche aus V3 können als Modellversuche für das Rosten eines Schiffsrumpfs in Meerwasser angesehen werden. Im Teilversuch mit feuchter Eisenwolle kann gezeigt werden (wenn man auch eine Probe mit trockener Eisenwolle ansetzt), dass Feuchtigkeit das Rosten beschleunigt. Im Teilversuch mit Chlorwasser, bei dem sich auch Natriumchlorid bildet, wird dann deutlich, dass in Gegenwart von gelöstem Natriumchlorid, also in einer Lösung, die dem Meerwasser ähnlich ist, das Rosten noch rascher abläuft.

Auswertung h):
Man verwendet in der Platinentechnik die Metalle Kupfer, Platin und Gold, weil sie den elektrischen Strom sehr gut leiten und gegenüber Oxidationsreaktionen mit Sauerstoff aus der Luft beständig sind. Das gilt besonders für Platin und Gold, weniger für Kupfer. Allerdings ist Kupfer wesentlich kostengünstiger als Platin und Gold.

A1:

a) Oxidation: $\mathbf{Fe \rightarrow Fe^{3+} + 3\,e^-}$
   Reduktion: $\mathbf{O_2 + 4\,e^- \rightarrow 2\,O^{2-}}$
   Redoxreaktion: $\mathbf{4\,Fe + 3\,O_2 \rightarrow 4\,Fe^{3+} + 6\,O^{2-}}$

b) Oxidation: $\mathbf{Fe \rightarrow Fe^{3+} + 3\,e^-}$
   Reduktion: $\mathbf{Cl_2 + 2\,e^- \rightarrow 2\,Cl^-}$
   Redoxreaktion: $\mathbf{2\,Fe + 3\,Cl_2 \rightarrow 2\,Fe^{3+} + 6\,Cl^-}$

A2:
Der Begriff Säure (Protonen-Donator) entspricht dem Begriff Reduktionsmittel (Elektronen-Donator), weil er ebenso wie dieser eine Teilchart bezeichnet, die eine bestimmte Eigenschaft besitzt.
Der Begriff Oxidation (Elektronenabgabe) bezeichnet dagegen einen Prozess, bei dem ein bestimmter Vorgang abläuft.

A3:
Anhand der Oxidationszahl lässt sich erkennen, welches Atom bei einer Redoxreaktion oxidiert und welches reduziert wird: Eine Erhöhung der Oxidationszahl bedeutet eine Elektronenabgabe, also eine Oxidation, eine Erniedrigung der Oxidationszahl entspricht einer Elektronenaufnahme, also einer Reduktion.
Hinweis: Die Regeln zum Feststellen der Oxidationszahl bei organischen Verbindungen sind im Band für die Einführungsphase BN 3367 in B4 auf S. 43, die Regeln zum Aufstellen von Redoxgleichungen auf S. 44, 45 zu finden.

A4:
Die Reaktion von Magnesium mit Sauerstoff ist als Gesamtreaktion gesehen nach der neuen Definition von S. 61 eine Redoxreaktion, weil dabei Magnesium-Atome oxidiert und Sauerstoff-Atome reduziert werden.
Hinweis: Bezogen auf Magnesium ist seine Reaktion mit Sauerstoff nach wie vor eine Oxidation. Insofern ergänzt die neue Definition die alte, ohne ihr im Kern zu widersprechen.

Seite 62 und 63

B1:
Offene Aufgabe.
Hinweise: Im Video ist zu sehen, dass Natrium durch Erhitzen im Rggl. zunächst schmilzt, dann beim weiteren Erhitzen und bei Zufuhr von Chlor aus einem Kolbenprober anfängt zu brennen und schließlich mit gelber Flamme vollständig verbrennt. Das Produkt ist ein weißer Feststoff. Die Animation zeigt die in B1 dargestellten Teilschritte in Modellen auf der Teilchenebene.

B3:
Bei Lithium, Natrium und Kalium nimmt die Ionisierungsenergie entsprechend ihrer Lage im Periodensystem der Elemente von oben nach unten ab. Dieser Zusammenhang kann dadurch erklärt werden, dass das bei der Ionisierung aus dem Atom zu entfernende Elektron in der Reihenfolge Lithium, Natrium, Kalium immer weiter vom Atomkern entfernt ist und daher von diesem schwächer angezogen wird.

B4:
Bei Chlor, Brom und Iod nimmt die Elektronenaffinität entsprechend ihrer Lage im Periodensystem der Elemente von oben nach unten ab. Dieser Zusammenhang kann dadurch erklärt werden, dass die Energie, die bei der Bildung eines Anions aus dem jeweiligen Atom durch Aufnahme eines Elektrons frei wird, in der Reihenfolge Chlor, Brom, Iod immer kleiner wird, da das hinzukommende Elektron immer weiter vom Atomkern entfernt ist und daher von diesem schwächer angezogen wird.

B5:

Die Schmelztemperaturen aller angegebenen Salze stehen in einer "je größer – desto größer" Relation zu den Gitterenergien. Bei den folgenden Betrachtungen sind die Ionenradien bzw. die Größe der Ionen im jeweiligen Ionengitter und die elektrischen Ladungen der jeweiligen Ionen ausschlaggebend.

a) Als Salze von Elementen aus einer Gruppe des Periodensystems sind die drei Natriumhalogenide miteinander vergleichbar: Die Gitterenergien und die Schmelztemperaturen nehmen in der Reihenfolge Natriumchlorid, Natriumbromid, Natriumiodid ab, weil bei gleichem Kation das Anion in dieser Reihenfolge immer größer und die Anziehung zwischen den Kationen und Anionen im Ionengitter dadurch immer schwächer wird. Auch Natriumchlorid und Kaliumchlorid können miteinander verglichen werden. Hier ist das Anion im Salz gleich und die Kationen stammen aus Elementen der gleichen Gruppe. Kaliumchlorid hat eine geringere Gitterenergie und eine niedrigere Schmelztemperatur, weil das Kalium-Ion größer ist als das Natrium-Ion und die Anziehung zwischen den Kationen und Anionen im Kaliumchlorid-Gitter daher schwächer ist als im Natriumchlorid-Gitter. Ganz ähnlich sind auch Magnesiumoxid und Calciumoxid miteinander vergleichbar. Der Sachverhalt und seine Erklärung sind analog zum Vergleich von Natriumchlorid und Kaliumchlorid.

b) Magnesiumoxid und Aluminiumoxid enthalten die gleiche Art von Anionen, Oxid-Ionen $\mathbf{O}^{2-}$. Die Kationen Magnesium-Ionen $\mathbf{Mg}^{2+}$ und Aluminium-Ionen $\mathbf{Al}^{3+}$ sind elektrisch unterschiedlich geladen und stammen von Atomen aus der gleichen Periode. Wegen der größeren Ladung des Aluminium-Ions sind die elektrostatischen Anziehungskräfte im Ionengitter des Aluminiumoxids viel größer als beim Magnesiumoxid.

A1:

An den Vorzeichen der Ionisierungsenergien in B3 und der Elektronenaffinitäten aus B4 ist zu erkennen, dass Energie zugeführt werden muss bzw. abgegeben wird. Das positive Vorzeichen bedeutet, dass Energie zugeführt werden muss, das negative Vorzeichen bedeutet, dass Energie frei wird (besser: verfügbar wird).

A2:

Drei Metalle aus B3, die in der gleichen Periode stehen, sind Natrium, Magnesium und Aluminium. Die in B3 angegebenen Ionisierungsenergien beziehen sich auf die

Entfernung von einem bzw. zwei bzw. drei Elektron(en) aus dem jeweiligen Atom. Je mehr Elektronen aus einem Atom entfernt werden müssen, desto mehr Energie ist aufzuwenden, weil die verbleibenden Elektronen nach der Entfernung eines Elektrons vom Kern stärker angezogen werden als zuvor. Das erklärt, warum die angegebenen Ionisierungsenergien in B3 in der Reihenfolge Natrium, Magnesium, Aluminium so stark zunehmen.
Hinweis: Eine weitere Begründung mit Einbeziehung des Begriffs der Edelgaskonfiguration ist hier nicht notwendig.

A3:
Das gebildete Salz ist Aluminiumbromid $AlBr_3$. Wenn die Reaktion so heftig verläuft, wie in der Aufgabenstellung und im Foto behauptet wird, dann ist das dadurch zu erklären, dass die frei werdende Gitterenergie im Aluminiumbromid ähnlich wie beim Natriumchlorid viel größer sein muss als die Summe aller übrigen Energien, die in B1 und in B2 benannt sind.
Hinweis: Die Zahlenwerte liegen nur für die Ionisierungsenergie von Aluminium (B3) und für die Elektronenaffinität von Brom (B4) vor. Eine exakte Zahlenbilanz ist daher nicht möglich und auch nicht erforderlich.

A4:
Die Synthese von Calciumchlorid aus Elementen verläuft nach folgender Reaktionsgleichung:
$Ca(s) + Cl_2(g) \rightarrow CaCl_2(s)$
Der Born-Haber-Kreisprozess stellt sich nach dem Muster aus B2 wie auf der nächsten Seite abgebildet dar.

Der Satz von den konstanten Wärmesummen (Satz von Hess) wird auf diesen Kreisprozess angewendet:
$\Delta H_R = \Delta H_S + \Delta H_D + \Delta H_I + \Delta H_E + \Delta H_G$
Durch Umformen nach ΔH_G erhält man:
$\Delta H_G = \Delta H_R - \Delta H_E - \Delta H_I - \Delta H_D - \Delta H_S$
Durch Einsetzen der Zahlenwerte aus der Aufgabenstellung sowie aus B2, B3 und B4 erhält man:
$\Delta H_G = -780\ kJ + 726\ kJ - 1748\ kJ - 242\ kJ - 178\ kJ = -2122\ kJ$.
Die Gitterenergie von Calciumclorid $CaCl_2$ ist also $\Delta H_G = -2122\ kJ/mol$.

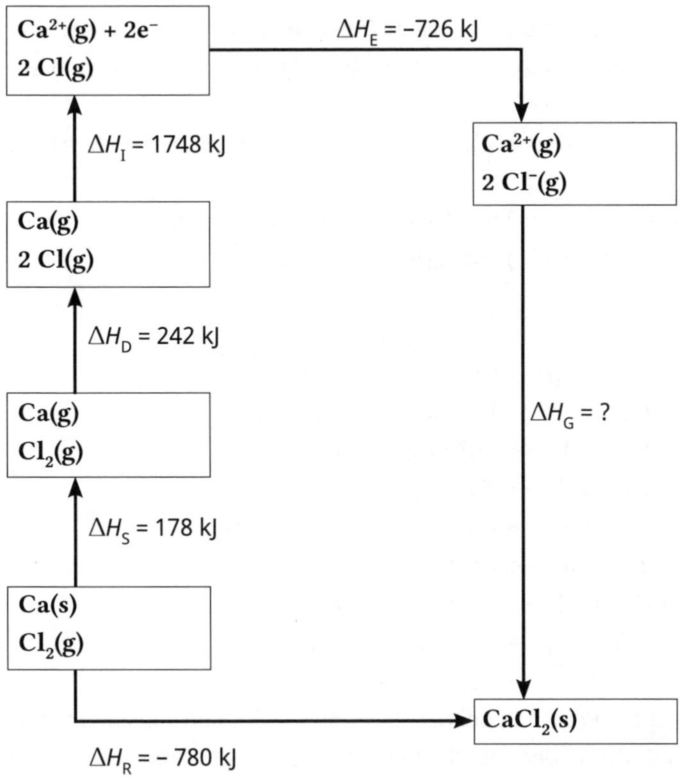

Seite 64 und 65

B3:
In B3 („Bleibaum“) wird deutlich, dass sich aus der Bleinitrat-Lösung metallisches Blei auf dem Zinknagel abscheidet. Zink wirkt also als Reduktionsmittel für Blei-Ionen, Blei ist demnach links von Zink in die Reihe aus b) einzuordnen. Eine eindeutige Einordnung von Blei in die Reihe aus b) ist allerdings nicht möglich. Es müsste in weiteren Versuchen nach dem Muster aus V4 herausgefunden werden, wie sich Blei-Ionen in Kontakt mit Eisen, Kupfer und ggf. Silber verhalten.

B4:
Die zu entsilbernde Lösung wird von oben durch ein Rohr unter die Eisenwolle eingeleitet. Oberhalb der Eisenwolle ist der Auslauf angebracht. Durch diese Vorrichtung ist gewährleistet, dass die zu entsilbernde Lösung längere Zeit mit der

Eisenwolle Kontakt hat und die Silber-Ionen vollständig reduziert werden können. Das Entsilbern der Lösung läuft nach folgender Reaktionsgleichung ab:

$2\ Ag^+ + Fe \rightarrow 2\ Ag + Fe^{2+}$.

Die Silber-Ionen oxidieren Eisen-Atome und elementares Silber scheidet sich auf dem Eisen ab.

Da 1 mol Eisen (m = 56 g) 2 mol Silber (m = 216 g) abscheidet, ergibt sich ein Massenverhältnis von etwa $m(Fe) : m(Ag) = 1 : 4$.

Auswertung a):

V1: $Cu(s) + 2\ Ag^+(aq) \rightarrow Cu^{2+}(aq) + 2\ Ag(s)$

V2: $Fe(s) + Cu^{2+}(aq) \rightarrow Fe^{2+}(aq) + Cu(s)$

V3: $Zn(s) + Fe^{2+}(aq) \rightarrow Zn^{2+}(aq) + Fe(s)$

$Zn(s) + Cu^{2+}(aq) \rightarrow Zn^{2+}(aq) + Cu(s)$

$Zn(s) + 2\ Ag^+(aq) \rightarrow Zn^{2+}(aq) + 2\ Ag(s)$

$Cu(s) + 2\ Ag^+(aq) \rightarrow Cu^{2+}(aq) + 2\ Ag(s)$

$Fe(s) + Cu^{2+}(aq) \rightarrow Fe^{2+}(aq) + Cu(s)$

$Fe(s) + 2\ Ag^+(aq) \rightarrow Fe^{2+}(aq) + 2\ Ag(s)$

V4: $Zn(s) + Sn^{2+}(aq) \rightarrow Zn^{2+}(aq) + Sn(s)$

V5: Nachweis der Produkte bei der Reaktion von Kupfer mit Silbernitrat-Lösung: Eine Blaufärbung der Lösung bei Zugabe von Ammoniak-Lösung zeigt Kupfer(II)-Ionen an. Das Ausbleiben eines Niederschlags bei der Zugabe von Natriumchlorid-Lösung zeigt an, dass die Lösung keine Silber-Ionen mehr enthält.

Auswertung b):

Ordnung nach steigender (von links nach rechts) Oxidierbarkeit:

$Ag < Cu < Fe < Zn$

Auswertung c):

a) Bestes Reduktionsmittel: Zink-Atome **Zn**, da sie in der Lage sind, sowohl Silber-, Eisen- als auch Kupfer-Ionen zu reduzieren, Kupfer- und Eisen-Atome können jedoch keine Zink-Ionen reduzieren.

b) Bestes Oxidationsmittel: Silber-Ionen Ag^+, da sie in der Lage sind, sowohl Zink-, Kupfer- als auch Eisen-Atome zu oxidieren.

A1:
Man verwendet einen Silberlöffel, da Kupfer-Ionen mit Silber keine Reaktion eingehen (vgl. V3). Nickel fungiert nach B5 gegenüber Kupfer-Ionen als Reduktionsmittel, sodass Nickel-Ionen in Lösung gehen und die Kupfer-Lösung verunreinigen würden.

A2:
a) **Sn** mit $\mathbf{Ni^{2+}}$: keine Reaktion
b) **Pb** mit $\mathbf{Sn^{2+}}$: keine Reaktion
c) $\mathbf{Ni(s) + Pb^{2+}(aq) \rightarrow Ni^{2+}(aq) + Pb(s)}$
d) $\mathbf{Cu(s) + Hg^{2+}(aq) \rightarrow Cu^{2+}(aq) + Hg(l)}$

Seite 66 und 67

B6:
Bei Betrieb der Zelle fließen Elektronen von Zink zu Kupfer.
Zink-Atome geben Elektronen ab und werden zu Zink-Ionen oxidiert, die in Lösung gehen. Dadurch nimmt die Zink-Ionenkonzentration zu. Kupfer-Ionen nehmen die von den Zink-Atomen abgegebenen Elektronen an der Kupfer-Elektrode auf und werden zu Kupfer-Atomen reduziert, dadurch sinkt die Konzentration der Kupfer-Ionen in der Lösung.

Auswertung a):
Bei V1 bildet das Zinkblech den Minus-, das Kupferblech den Pluspol. Elektronen fließen von Zink zu Kupfer durch den elektrischen Verbraucher.

Auswertung b):
Bereits die Ausgangssysteme aus V1 und V2 enthalten als Ladungsträger bewegliche Elektronen (in den Metallen) bzw. bewegliche Ionen (in den Lösungen). Zum gerichteten Fluss der Ladungsträger kommt es, wenn ein Stromkreis geschlossen wird. Das geschieht beispielsweise, wenn zwei verschiedene, räumlich getrennt vorliegende Metalle „außen" durch einen Elektronenleiter (z.B. einen Metalldraht) und „innen" über einen Ionenleiter (z.B. einen mit Kaliumnitrat-Lösung getränkten Bierdeckel wie in V2) verbunden werden.

Auswertung c):
Bei allen Versuchsaufbauten tauchen jeweils ein Kupferblech in eine Kupfersulfat- und ein Zinkblech in eine Zinksulfat-Lösung. Polung, Elektronenfluss und Spannung sind bei allen drei Aufbauten gleich.
Die Versuchsaufbauten unterscheiden sich aber in der Art der Trennung der Halbzellen. Im linken Versuchsaufbau (vgl. B3) werden die Halbzellen durch einen sogenannten Stromschlüssel, eine Elektrolytbrücke, miteinander verbunden. Die Elektrolytbrücke enthält eine Kaliumnitrat-Lösung. Die Kalium- und Nitrat-Ionen bewirken den Ladungsausgleich bei der Stromentnahme. In der mittleren und in der rechten Apparatur (vgl. B4) werden die Reaktionsräume (Halbzellen) durch poröse Wände (Diaphragma; Tonzylinder) getrennt. Durch diese können die Ionen der Lösungen zum Ladungsausgleich diffundieren.

Seite 68 und 69

B5:

	Zellendiagramm
(1)	$Zn/Zn^{2+}//Fe^{2+}/Fe$
(2)	$Zn/Zn^{2+}//Cu^{2+}/Cu$
(3)	$Zn/Zn^{2+}//Ag^{+}/Ag$

	Zellendiagramm
(4)	$Fe/Fe^{2+}//Cu^{2+}/Cu$
(5)	$Fe/Fe^{2+}//Ag^{+}/Ag$
(6)	$Cu/Cu^{2+}//Ag^{+}/Ag$

Auswertung a):

	Donator-Halbzelle	Akzeptor-Halbzelle	Spannung in Volt
(1)	Zn/Zn^{2+}	Fe/Fe^{2+}	0,35
(2)	Zn/Zn^{2+}	Cu/Cu^{2+}	1,11
(3)	Zn/Zn^{2+}	Ag/Ag^{+}	1,56
(4)	Fe/Fe^{2+}	Cu/Cu^{2+}	0,76
(5)	Fe/Fe^{2+}	Ag/Ag^{+}	1,21
(6)	Cu/Cu^{2+}	Ag/Ag^{+}	0,45

Auswertung b):
In der Redoxreihe von S. 66, B5, fungiert Zink gegenüber den anderen Metall-Ionen immer als Reduktionsmittel und Silber-Ionen fungieren gegenüber allen anderen Metallen als Oxidationsmittel. In V1 und V2 bestätigt sich die Reihenfolge der Redoxreihe. Zusätzlich erhält man aber über die gemessenen Spannungen zwischen

den Halbzellen ein Maß für die oxidierende bzw. reduzierende Wirkung der verschiedenen Redoxpaare.

Auswertung c):

Bei LV5 misst man eine Spannung von $U = 0,48$ V zwischen der Blei-Halbzelle und der Kupfer-Halbzelle, wobei die Blei-Halbzelle die Donator- und die Kupfer-Halbzelle die Akzeptor-Halbzelle ist.

Bei der Kombination einer Blei-Halbzelle mit einer Silber-Halbzelle stellt die Blei-Halbzelle die Donator-Halbzelle, die Silber-Halbzelle die Akzeptor-Halbzelle dar. Es würde sich eine Spannung von $U = 0,93$ V ergeben. Diese Spannung ergibt sich durch Addition der Spannung einer Blei-Kupfer-Zelle und einer Kupfer-Silber-Zelle.

Bei der Kombination der Blei-Halbzelle mit einer Zink-Halbzelle stellt die Blei-Halbzelle die Akzeptor-Halbzelle dar. Man würde eine Spannung von 0,63 V messen.

Auswertung d):

Offene Aufgabe.

Hinweis: Es wird empfohlen, die in der Animation angebotene interaktive Simulation von galvanischen Zellen für Redoxpaare durchzuführen, die nicht experimentell untersucht wurden, und so die in B4 angegebenen Potenzialdifferenzen zu ergänzen.

A1:

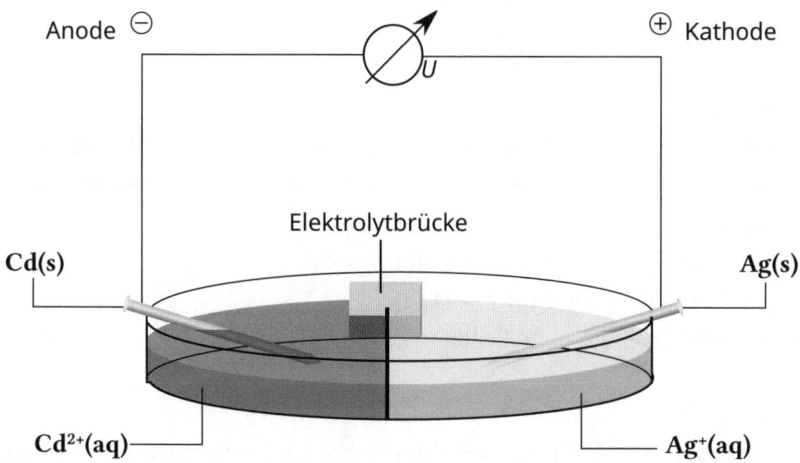

Das Redoxpaar Cd/Cd^{2+} ist in der Skala in B4 zwischen Fe/Fe^{2+} und Pb/Pb^{2+} einzuordnen.

A2:

Teilreaktionen in den galvanischen Zellen von V1 und V2 (Auswahl):

Donator-Halbzelle:	$Zn(s) \rightarrow Zn^{2+}(aq) + 2\ e^-$
Akzeptor-Halbzelle:	$Fe^{2+}(aq) + 2\ e^- \rightarrow Fe(s)$
Donator-Halbzelle:	$Fe(s) \rightarrow Fe^{2+}(aq) + 2\ e^-$
Akzeptor-Halbzelle:	$Cu^{2+}(aq) + 2\ e^- \rightarrow Cu(s)$

Gesamtreaktionen:

(1) $Zn(s) + Fe^{2+}(aq) \rightarrow Zn^{2+}(aq) + Fe(s$

(2) $Zn(s) + Cu^{2+}(aq) \rightarrow Zn^{2+}(aq) + Cu(s)$

(3) $Zn(s) + 2\ Ag^+(aq) \rightarrow Zn^{2+}(aq) + 2\ Ag(s)$

(4) $Fe(s) + Cu^{2+}(aq) \rightarrow Fe^{2+}(aq) + Cu(s)$

(5) $Fe(s) + 2\ Ag^+(aq) \rightarrow Fe^{2+}(aq) + 2\ Ag(s)$

(6) $Cu(s) + 2\ Ag^+(aq) \rightarrow Cu^{2+}(aq) + 2\ Ag(s)$

Seite 70 und 71

B2:

Bei der Kombination einer Kupfer-Halbzelle mit einer Wasserstoff-Halbzelle ist eine Spannung von U = 0,35 V zu erwarten. Dieser Wert ergibt sich aus der Spannung einer Zink-Kupfer-Zelle (U = 1,1 V) und einer gemessenen Spannung der Zink-Wasserstoff-Zelle von 0,75 V.

Auswertung a):

Bei der Zugabe von Zink- bzw. Eisenstücken zu Salzsäure beobachtet man eine Gasentwicklung. Durch die Knallgasprobe mit dem aufgefangenen Gas wird nachgewiesen, dass Wasserstoff entstanden ist.

$Zn(s) + 2\ H^+(aq) \rightarrow Zn^{2+}(aq) + H_2(g)$

$Fe(s) + 2\ H^+(aq) \rightarrow Fe^{2+}(aq) + H_2(g)$

Mit Kupfer und Silber ist keine Reaktion zu beobachten.

Auswertung b):

Das Redoxpaar $H_2/2\ H^+$ muss zwischen die Redoxpaare Zn/Zn^{2+} und Cu/Cu^{2+} eingeordnet werden. Um eine genauere Position zu ermitteln, müssten bei V2 weitere Metalle eingesetzt werden.

Auswertung c):

Kombination mit Zn/Zn^{2+}

am Minuspol:	$Zn(s)$	$\rightarrow Zn^{2+}(aq) + 2\ e^-$;	Oxidation
am Pluspol:	$2\ H^+(aq) + 2e^-$	$\rightarrow H_2(g)$;	Reduktion
Gesamtgleichung:	$Zn(s) + 2\ H^+(aq)$	$\rightarrow Zn^{2+}(aq) + H_2(g)$	

Kombination mit Cu/Cu^{2+}

am Minuspol:	$H_2(g)$	$\rightarrow 2\ H^+(aq) + 2e^-$;	Oxidation
am Pluspol:	$Cu^{2+}(aq) + 2\ e^-$	$\rightarrow Cu(s)$;	Reduktion
Gesamtgleichung:	$H_2(g) + Cu^{2+}(aq)$	$\rightarrow 2\ H^+(aq) + Cu(s)$	

Auswertung d):

Bei V3 muss Wasserstoffgas erst erzeugt werden, um das Redoxpaar $H_2/2\ H^+$ zu gewinnen. Hierzu wird das Platinblech als Kathode geschaltet, sodass die in der Salzsäure enthaltenen Wasserstoff-Ionen H^+ reduziert werden. Auf diese Weise wird eine vereinfachte Standard-Wasserstoff-Halbzelle hergestellt.

Auswertung e):

Die beiden Metalle Zink und Eisen, die bei V1 mit Salzsäure reagieren und durch die Wasserstoff-Ionen zu den entsprechenden Metall-Ionen oxidiert werden, stellen in den galvanischen Zellen von V2 und V3 mit einer Wasserstoff-Halbzelle jeweils den Minuspol dar. Die beiden Metalle Kupfer und Silber, die mit Salzsäure nicht reagieren, stellen gegenüber der Wasserstoff-Halbzelle bei V2 und V3 jeweils den Pluspol dar.

A1:

- $Cd/Cd^{2+}//2\ H^+/H_2$
- $Ni/Ni^{2+}//2\ H^+/H_2$
- $2\ H^+/H_2//Au^{3+}/Au$
- $Cr/Cr^{3+}//2\ H^+/H_2$

A2:

Zelldiagramm: $Cd/Cd^{2+}//2\ H^+/H_2$

Teilreaktionen: $Cd(s) \rightarrow Cd^{2+}(aq) + 2\ e^-$ **und** $2\ H^+(aq) + 2\ e^- \rightarrow H_2(g)$

Gesamtreaktion: $Cd(s) + 2\ H^+(aq) \rightarrow Cd^{2+}(aq) + H_2(g)$

Zelldiagramm: $Ni/Ni^{2+}//2\ H^+/H_2$

Teilreaktionen: $Ni(s) \rightarrow Ni^{2+}(aq) + 2\ e^-$ und $2\ H^+(aq) + 2\ e^- \rightarrow H_2(g)$

Gesamtreaktion: $Ni(s) + 2\ H^+(aq) \rightarrow Ni^{2+}(aq) + H_2(g)$

Zelldiagramm: $2\ H^+/H_2//Au^{3+}/Au$

Teilreaktionen: $H_2(g) \rightarrow 2\ H^+(aq) + 2\ e^-$ und $Au^{3+}(aq) + 3\ e^- \rightarrow Au(s)$

Gesamtreaktion: $2\ Au^{3+}(aq) + 3\ H_2(g) \rightarrow 2\ Au(s) + 6\ H^+(aq)$

Zelldiagramm: $Cr/Cr^{3+}//2\ H^+/H_2$

Teilreaktionen: $Cr(s) \rightarrow Cr^{3+}(aq) + 3\ e^-$ und $2\ H^+(aq) + 2\ e^- \rightarrow H_2(g)$

Gesamtreaktion: $2\ Cr(s) + 6\ H^+(aq) \rightarrow 2\ Cr^{3+}(aq) + 3\ H_2(g)$

A3:

Von den angegebenen Teilchen sind Lithium-Ionen Li^+ und Eisen-Ionen Fe^{2+} Oxidationsmittel, wobei Eisen-Ionen Fe^{2+} die stärkeren Oxidationsmittel sind. Cobalt-Atome **Co**, Silber-Atome **Ag**, Kalium-Atome **K** und Gold-Atome **Au** sind Reduktionsmittel.

Stärkstes Reduktionsmittel sind Kalium-Atome **K**, schwächstes Reduktionsmittel sind Gold-Atome **Au**.

Seite 72 und 73

B3:

Elektrolyse: $2\ H^+(aq) + 2\ Cl^-(aq) \rightarrow H_2(g) + Cl_2(g)$

Galvanische Messung: $H_2(g) + Cl_2(g) \rightarrow 2\ H^+(aq) + 2\ Cl^-(aq)$

Die Gleichungen zu V3 lassen sich analog zu denen von V2 formulieren:

Elektrolyse: $2\ H^+(aq) + 2\ Br^-(aq) \rightarrow H_2(g) + Br_2(g)$

Galvanische Messung: $H_2(g) + Br_2(g) \rightarrow 2\ H^+(aq) + 2\ Br^-(aq)$

Elektrolyse: $2\ H^+(aq) + 2\ I^-(aq) \rightarrow H_2(g) + I_2(g)$

Galvanische Messung: $H_2(g) + I_2(g) \rightarrow 2\ H^+(aq) + 2\ I^-(aq)$

Auswertung a):

a) Kaliumchlorid mit Bromwasser: keine Veränderung → keine Reaktion

b) Kaliumbromid mit Chlorwasser: Braunfärbung der Lösung; Brom bildet sich.
   $2\ Br^-(aq) + Cl_2(aq) \rightarrow Br_2(aq) + 2\ Cl^-(aq)$

c) Kaliumiodid mit Chlorwasser: Braunfärbung der Lösung; Iod bildet sich.

$$2\,I^-(aq) + Cl_2(aq) \rightarrow I_2(aq) + 2\,Cl^-(aq)$$

d) Kaliumiodid mit Bromwasser: Die Lösung wird dunkler (Iodbildung).

$$2\,I^-(aq) + Br_2(aq) \rightarrow I_2(aq) + 2\,Br^-(aq)$$

Auswertung b):

Nach den Beobachtungen bei V1 ist Chlor das stärkste Oxidationsmittel. Es oxidiert Bromid-Ionen zu Brom und Iodid-Ionen zu Iod. Brom ist ein stärkeres Oxidationsmittel als Iod, da es Iodid-Ionen oxidiert.
Daraus ergibt sich die Reihenfolge für das Oxidationsvermögen: Chlor > Brom > Iod.
Diese Reihe entspricht der Stellung der Halogene im Periodensystem.

Auswertung c):

Bei der Elektrolyse von Salzsäure (V2) bleibt Wasserstoff an der Platin-Elektrode haften und Chlor an der Graphit-Elektrode. Es bilden sich eine Wasserstoff-Halbzelle sowie eine Chlor-Halbzelle aus.
Bei den galvanischen Zellen bildet die Wasserstoff-Halbzelle jeweils den Minuspol und die Halogen-Halbzelle bildet jeweils den Pluspol.
Zellendiagramme:

$H_2/2\,H^+//2\,Cl^-/Cl_2$ $H_2/2\,H^+//2\,Br^-/Br_2$ $H_2/2\,H^+//2\,I^-/I_2$

Auswertung d):

Beim Elektrolysieren setzt sich der entstehende Wasserstoff an der Platin-Elektrode ab und verbleibt dort, sofern vorsichtig gearbeitet wird. Die Standard-Wasserstoff-Halbzelle muss somit nicht durch Elektrolyse neu erzeugt werden.
An der Graphit-Elektrode setzt sich beim ersten Elektrolysieren das Chlorgas an der Graphit-Elelektrode ab. Bei vorsichtigem und schnellem Arbeiten verbleibt es dort und oxidiert die Bromid-Ionen, die in der Kaliumbromid-Lösung enthalten sind, zu Brom. Beim anschließenden Austausch der Kaliumbromid-Lösung durch eine Kaliumiodid-Lösung werden die Iodid-Ionen durch das Brom zu Iod oxidiert. Dadurch entstehen direkt die „fertigen" Standard-Halbzellen, sie müssen nicht erst durch Elektrolyse neu erzeugt werden.

Auswertung e):
Die Chlor-Halbzelle liegt zwischen der Platin- und der Gold-Halbzelle.
Die Brom-Halbzelle liegt zwischen der Quecksilber- und der Platin-Halbzelle.
Die Iod-Halbzelle liegt zwischen der Kupfer- und der Silber-Halbzelle.

A1:
Oxidationsvermögen der Halogen-Atome: $\mathbf{I_2 < Br_2 < Cl_2 < F_2}$
Reduktionsvermögen der Halogenid-Ionen: $\mathbf{F^- < Cl^- < Br^- < I^-}$

A2:
Aufgrund der Stellung in der Spannungsreihe würde Chlorgas $\mathbf{Cl_2}$ Platin oxidieren und es würde folgende Reaktion ablaufen:
$\mathbf{Cl_2(g) + Pt(s) \longrightarrow 2\ Cl^-(aq) + Pt^{2+}(aq).}$
Graphit wird durch Chlor nicht angegriffen und kann Chlor als Inert-Elektrode an der feinen Oberfläche anlagern.

A3:
Ersetzt man bei V3 die Salzsäure-Lösung durch eine Kaliumiodid-Lösung, entsteht eine Iod-Halbzelle. Ersetzt man dann die Kaliumiodid-Lösung durch eine Kaliumbromid-Lösung, bleibt die Iod-Halbzelle bestehen, da Bromid-Ionen nicht durch Iod oxidiert werden. Durch diese Reihenfolge kann man nur das Standardpotenzial der Iod-Halbzelle bestimmen, das Potenzial der Brom-Halbzelle ist nicht messbar.

Seite 76 und 77

Auswertung a):
Die Kupfer-Ionen könnte man nachweisen, indem man ein Stück Eisen in einen Teil der Lösung taucht. Das Eisen sollte sich bei Anwesenheit von Kupfer-Ionen mit einer rotbraunen Schicht aus Kupfer überziehen. Eisen(II)-Ionen $\mathbf{Fe^{2+}}$ lassen sich mit Kaliumhexacyanoferrat(III)-Lösung nachweisen. Gibt man einen Teil der Reaktionslösung zu einer Kaliumhexacyanoferrat(III)-Lösung, färbt sie sich blau.

Auswertung b):
Der in V2 erhaltene Messwert liegt um 0,7 V, also recht nahe am Literaturwert. Abweichungen ergeben sich, wenn die Konzentration der Lösungen nicht $c = 1$ mol/L

beträgt bzw. wenn nicht genügend Wasserstoff bei der vorgeschalteten Elektrolyse entstanden und an den Scherfolien adsorbiert ist.

Auswertung c):
In V3 wirkt Kaliumpermanganat als Oxidationsmittel. Die im Medikament enthaltenen Eisen(II)-Ionen $\mathbf{Fe^{2+}(aq)}$ werden zu Eisen (III)-Ionen $\mathbf{Fe^{3+}(aq)}$ oxidiert.
$\mathbf{Fe^{2+}(aq) \rightarrow Fe^{3+}(aq) + e^-}$
Da die Kaliumpermanganat-Lösung angesäuert ist und sich entfärbt, werden Permanganat-Ionen $\mathbf{MnO_4^-(aq)}$ zu Mangan(II)-Ionen $\mathbf{Mn^{2+}(aq)}$ reduziert.
$\mathbf{MnO_4^-(aq) + 8\ H^+(aq) + 5\ e^- \rightarrow Mn^{2+}(aq) + 4\ H_2O(l)}$
Die Gesamtgleichung lautet:
$\mathbf{5\ Fe^{2+}(aq) + MnO_4^-(aq) + 8\ H^+(aq) \rightarrow 5\ Fe^{3+}(aq) + Mn^{2+}(aq) + 4\ H_2O(l)}$

Auswertung d):
Die Stoffmenge und die Masse an Eisen(II)-Ionen in 1 mL ferro sanol® lässt sich wie folgt berechnen:
Im Experiment werden durchschnittlich 9,8 mL der Permanganat-Lösung verbraucht. Aus der Gesamtgleichung (vgl. Auswertung c) ist ersichtlich, dass das Stoffmengenverhältnis von Eisen(II)-Ionen und Permanganat-Ionen 5:1 beträgt.
Es gilt: $n(\mathbf{MnO_4^-}) = c(\mathbf{MnO_4^-}) \cdot V(\mathbf{MnO_4^-})$
Unter Berücksichtigung des Stoffmengenverhältnisses lässt sich die Stoffmenge an Eisen(II)-Ionen berechnen:
$n(\mathbf{Fe^{2+}}) = 5 \cdot 0{,}01$ mol/L $\cdot$ 9,8 mL= 0,49 mmol
Die Masse lässt sich daraus mit der Beziehung $m(\mathbf{Fe^{2+}}) = M(\mathbf{Fe^{2+}}) \cdot n(\mathbf{Fe^{2+}})$ ermitteln:
$m(\mathbf{Fe^{2+}})$= 56 g/mol $\cdot$ 0,49 mmol = 27,4 mg

A1:
Das Standardpotenzial der Salpetersäure beträgt E^0 = 0,96 V. Es liegt damit zwischen den Standardpotenzialen der Redoxpaare $\mathbf{Ag/Ag^+}$ (E^0 = 0,8 V) und $\mathbf{Au/Au^{3+}}$ (E^0 = 1,41 V).
Gegenüber Silber fungiert die Salpetersäure also als Oxidationsmittel. Gold wird durch Salpetersäure nicht oxidiert. Somit kann man aus einem Metallgemisch aus Gold und Silber das Silber herauslösen, sodass elementares Gold zurückbleibt.

A2:
Der angegebene und der ermittelte Wert liegen sehr nahe beieinander. Die Abweichung nach unten kann einerseits auf ungenaues experimentelles Arbeiten zurückzuführen sein. Andererseits ist nicht auszuschließen, dass bei längerer Lagerdauer des Medikaments Oxidationsmittel bereits einen Teil der enthaltenen Eisen(II)-Ionen oxidiert haben.

A3:
Vitamin C wirkt wegen seines vergleichsweise kleineren Redoxpotenzials gegenüber Eisen(III)-Ionen als Reduktionsmittel. Eventuell durch unerwünschte Oxidationsprozesse entstandene Eisen(III)-Ionen können durch zusätzliche Einnahme von Vitamin C zu Eisen(II)-Ionen reduziert werden und sind damit wieder als Wirkstoff für den Körper verfügbar.

Seite 78 und 79

B2:
Die beweglichen Ladungsträger im Metall sind Elektronen. Sie bewegen sich vom Minuspol zum Pluspol. Bei Wärmezufuhr ändert sich die Bewegungsrichtung der Elektronen nicht, jedoch werden die Elektronen in ihrer Bewegung gehemmt, da die Atomrümpfe nun stärker um ihre Ruhelage schwingen als bei Raumtemperatur.

B4:
Die Teilanimation zeigt die Iodid-Ionen und die Zink-Ionen, die jeweils zu den entsprechenden Elektroden driften. In die Elektroden sind Elektronen eingezeichnet. Kurzfristig wird in der Animation auch gezeigt, dass an dem Minuspol durch Elektronenaufnahme ungeladene Zink-Atome entstehen und dass am Pluspol durch Elektronenabgabe Iod-Moleküle entstehen. Die Produkte werden aber relativ schnell ausgeblendet und nur noch durch eine charakteristische Färbung der Elektrode bzw. der Elektrolyt-Lösung angedeutet.
Die Zink-Ionen bewegen sich in der Animation auf die Elektrode, die mit dem Minuspol verbunden ist, zu. Die Iodid-Ionen bewegen sich auf die Elektrode zu, die mit dem Pluspol verbunden ist.
Bei Raumtemperatur ist die Bewegung der Ionen in der Lösung deutlich langsamer als bei Wärmezufuhr.

Auswertung a):
Die Graphit-Elektroden sind mit einer Gleichspannungsquelle verbunden. Im Versuch überzieht sich die Elektrode, die mit dem Minuspol verbunden ist, mit einer grauen Schicht aus elementarem Zink.

$$Zn^{2+}(aq) + 2\,e^- \rightarrow Zn(s)$$

An der Graphit-Elektrode, die mit dem Pluspol verbunden ist, bilden sich in der Lösung braune Schlieren aus elementarem, in der wässrigen Lösung gelöstem Iod.

$$2\,I^-(aq) \rightarrow I_2(aq) + 2\,e^-$$

Gesamtgleichung:

$$Zn^{2+}(aq) + 2\,I^-(aq) \rightarrow Zn(s) + I_2(aq)$$

Auswertung b):
Die gemessenen Stromstärken sind beim Metall größer als bei der Lösung bei Raumtemperatur. Das legt nahe, dass die Leitfähigkeit von Metallen größer ist als die von wässrigen Lösungen. Die Ladungsträger in Metallen sind Elektronen, in Lösungen sind Ionen für die Leitfähigkeit verantwortlich. Da Ionen größer sind als Elektronen, sind sie weniger beweglich.

Auswertung c):
Metalle sind bei Raumtemperatur besser leitfähig als bei erhöhter Temperatur, Lösungen hingegen sind bei erhöhter Temperatur besser leitfähig als bei Raumtemperatur.

Auswertung d):
In der Animation sieht man, dass die positiven Atomrümpfe im metallischen Leiter bei erhöhter Temperatur stärker schwingen. Das behindert den Durchfluss der Elektronen. Entsprechend kommen im Mittel weniger Elektronen am Pluspol an, die Leitfähigkeit ist geringer.

Auswertung e):

Die Tabelle lässt sich beispielhaft wie folgt ausfüllen:

	Leitfähigkeit bei Raumtemperatur	**Veränderung der Leitfähigkeit bei Energiezufuhr**	**Für Stromleitung verantwortliche Ladungsträger**	**Ladungen der Ladungsträger**	**Stoffliche Veränderungen**
Lösung	gut	steigt	Ionen	+ und –	ja (Elektrolyse)
Metall	sehr gut	sinkt	Elektronen	–	nein

A1:

Im DANIELL-Element fließen jeweils Elektronen als Ladungsträger durch die metallischen Elektrodenmaterialien. In den Elektrolyt-Lösungen sowie durch die Salzbrücke bewegen sich Ionen als Ladungsträger. Im DANIELL-Element ist der äußere Stromkreis durch das Kabel geschlossen, der innere Stromkreis durch die Verbindung beider Elektrolyt-Lösungen durch eine Salzbrücke.

A2:

Beschreibung der Prozesse auf Teilchenebene:

Bei eingeschalteter Stromzufuhr werden Elektronen im Elektrodenmaterial sichtbar, und zwar ein Überschuss am Minuspol, eine geringere Menge am Pluspol. Gleichzeitig bewegen sich die Zink-Ionen zum Minuspol und die Iodid-Ionen zum Pluspol. Sind die Elektronen an den Elektroden angekommen, findet jeweils die Elektronenübertragung statt: Die Zink-Ionen nehmen jeweils zwei Elektronen auf und bilden ungeladene Zink-Atome, die Iodid-Ionen geben jeweils ein Elektron an das Elektrodenmaterial ab und bilden unter Ausbildung einer kovalenten Bindung Iod-Moleküle.

Beschreibung der Prozesse auf Stoffebene:

An den Elektroden ist erkennbar, dass sich die Elektrode, die mit dem Minuspol verbunden ist, mit einer zunehmend dicken grauen Schicht (festes Zink) überzieht, während sich an der Elektrode, die mit dem Pluspol verbunden ist eine zunehmend große Menge braunen Anodenschlamms (gelöstes Iod) bildet.

A3:
Die Modelldarstellung I zeigt einen Querschnitt durch die ganze Versuchsanordnung.
Vorteilhaft ist hier, dass man den Stoffumsatz an den Elektroden und gebildete Produkte sieht, ebenso ist erkennbar, dass der Minuspol ein Ort höherer Elektronendichte ist als der Pluspol. Zudem ist die Bewegungsrichtung der Ionen zu den jeweiligen Elektroden eindeutig erkennbar.
Die Modelldarstellung II zeigt lediglich einen Ausschnitt aus der Elektrolyt-Lösung. Erkennbar sind zudem die Wasser-Moleküle, die die Ionen mit einer Hydrathülle umgeben. Die unterschiedliche Orientierung der Moleküle je nachdem, ob ein Anion oder Kation umgeben ist, wird sehr deutlich. Per Maus-Rollover kann man auch die Atome und Bindungsverhältnisse innerhalb der Wasser-Moleküle erkennen.
Nachteilig ist, dass weder Bewegungsrichtung noch Stoffumsatz deutlich werden.

Seite 80

B1:
Überschriften für die Bildteile aus B1:
a) Entstehen eines Elektron-Loch-Paares durch Energiezufuhr
b) Ladungsseparation durch Auseinanderdriften des Elektron-Loch-Paars
c) Driften der Elektronen Richtung Anode und Hopping des Elektronenlochs Richtung Kathode
d) Ladungsträger erreichen Anode und Kathode

Auswertung a):
Die Siliciumscheibe ist nach dem Versuch unverändert. Ggf. befindet sich etwas abgelagerter Ruß auf der Scheibe, wenn das Erwärmen mittels Feuerzeug erfolgte. Diese Rußschicht lässt sich aber problemlos abwischen.

Auswertung b):
Die Leitfähigkeit von Silicium ist bei Raumtemperatur nicht messbar, bei Erwärmen (Energiezufuhr) hingegen schon.

Auswertung c):

	Leitfähigkeit bei Raumtemperatur	Veränderung der Leitfähigkeit bei Energiezufuhr	Für Stromleitung verantwortliche Ladungsträger	Ladungen der Ladungsträger	Stoffliche Veränderungen
Lösung	gut	steigt	Ionen	+ und –	ja (Elektrolyse)
Metall	sehr gut	sinkt	Elektronen	–	nein
Halbleiter	schlecht	steigt	Elektronen und Löcher	+ und –	nein

Seite 81

B2:

Gemeinsamkeiten:

- Beide Elemente verfügen über zwei getrennte Halbzellen mit je einer festen Elektrode in einer Elektrolyt-Lösung.
- Die Halbzellen sind über eine Salzbrücke o.ä. miteinander verbunden.
- Die mit dem Pluspol verbundene Elektrode ist ein Metall.
- Die messbare Stromstärke ist gering.

Unterschiede:

- Im DANIELL-Element ist der Minuspol ein Metall, bei der photogalvanischen Zelle ist er ein Halbleiter (auf leitfähigem Glas).
- Das DANIELL-Element liefert eine elektrische Spannung, sobald beide Halbzellen miteinander über eine Salzbrücke verbunden sind, bei der photogalvanischen Zelle ist dazu Bestrahlung mit Licht nötig.

Auswertung a):

Da sich die Titandioxid-Photoelektrode, an der aber Oxidationsreaktionen (Anode) ablaufen, nicht verändert, muss eine Teilchenart aus der Lösung oxidiert werden. In der 2-Topf-Zelle ist die Elektrolyt-Lösung eine Kaliumbromid-Lösung. Entsprechend werden Bromid-Ionen zu Brom-Molekülen oxidiert:

$$\mathbf{2\,Br^-(aq) \rightarrow Br_2(aq) + 2\,e^-}$$

Das gebildete Brom liegt gelöst und teilweise adsorbiert an der nanoporösen

Titandioxid-Oberfläche vor.
Insgesamt ist der Stoffumsatz so gering, dass es nicht zu einer sichtbaren Braunfärbung der Lösung kommt.

Auswertung b):
Die Elektrolyt-Lösung ist verdünnte Salzsäure. Da an der Kathode Reduktionen ablaufen, kommt es zur Bildung von Wasserstoff-Gas:
$$2\ H^{+}(aq) +\ 2\ e^{-} \rightarrow H_2(g)$$
Auch hier ist der Stoffumsatz so gering, dass es nicht zur Bildung vieler Gasblasen kommt.

Seite 82 und 83

B2:
offene Aufgabe

B3:
offene Aufgabe

Auswertung a):
Da an der Photoelektrode Oxidationsreaktionen stattfinden, werden dort die EDTA-Moleküle oxidiert. Wie auch in der 2-Topf-Zelle bildet sich Wasserstoff-Gas. Wasserstoff-Moleküle werden an der Kathode durch Reduktion der aus den EDTA-Molekülen abgespaltenen Protonen gebildet.
Hinweis: Im Gegensatz zu den Bromid-Ionen aus der 2-Topf-Zelle wirken EDTA-Moleküle als zweifache Elektronen-Donatoren. Die Oxidation verläuft über die unten formulierten Schritte. Das durch Oxidation (Gleichung 1) erzeugte Radikal-Kation ist äußerst kurzlebig und deprotoniert am α-C-Atom unter Bildung eines starken Reduktionsmittels (Gleichung 2). Dieses Reduktionsmittel gibt in Gleichung (3) ein weiteres Elektron ab und bildet ein Imin, das schließlich unter Decarboxylierung zu einem sekundären Amin, Kohlenstoffdioxid und Formaldehyd zerfällt.

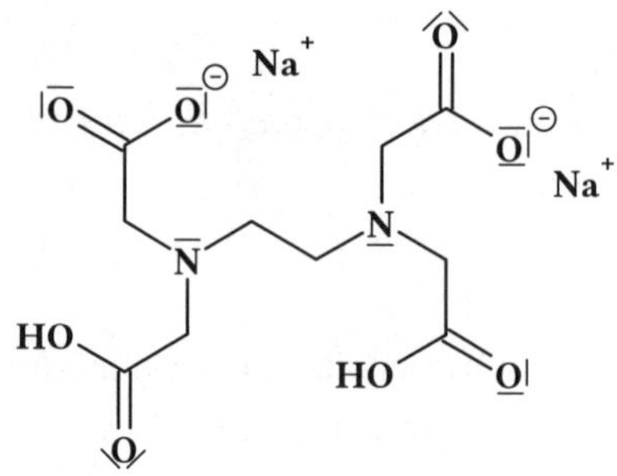

$$R'R''NCH_2R \xrightarrow{-e^-} R'R''\overset{\bullet +}{N}CH_2R \qquad (1)$$

$$R'R''\overset{\bullet +}{N}CH_2R \xrightarrow{-H^+} R'R''\overline{N}\overset{\bullet}{C}HR \qquad (2)$$

$$R'R''\overline{N}\overset{\bullet}{C}HR \xrightarrow{-e^-} R'R''\overline{N}\overset{+}{C}HR \longleftrightarrow R'R''\overset{+}{N}{=}CHR \qquad (3)$$

Iminiumion

$$R'R''\overset{+}{N}{=}CHR + H_2O \longrightarrow R'R''NH + HCHO + CO_2 + H^+ \qquad (4)$$

mit $R = COOH$

$R' = CH_2COO^{\ominus}Na^+$

$R'' = CH_2CH_2N(CH_2COO^{\ominus}Na^+)(CH_2COOH)$

Auswertung b):

Die Höhe der Stromstärke hängt vom Innenwiderstand der Zelle ab. Bei der 1-Topf-Zelle müssen die Ionen nicht durch eine Salzbrücke wandern. Damit geht auch einher, dass die Wege für den Ladungstransport kürzer sind. Beides bedingt, dass die Stromstärke höher ist als bei der 2-Topf-Zelle.

Auswertung c):

Vergleicht man die 2-Topf-Zelle, die 1-Topf-Zelle und die Kompaktzelle miteinander, so wird deutlich, dass der Aufbau in der Reihenfolge der Nennung insgesamt immer kompakter und „trockener" wird. Zwar wird in allen Fällen eine Photoelektrode mit dem Halbleiter Titandioxid verwendet, ein wichtiger Unterschied besteht aber darin, dass das Gesamtvolumen an Elektrolyt-Lösung immer kleiner wird und bei der Kompaktzelle nur noch aus wenigen Tropfen besteht. Die Elektrolyt-Lösungen unterscheiden sich bei den Zellen insofern, als dass in der 2-Topf-Zelle zwei verschiedene Elektrolyt-Lösungen (Kaliumbromid-Lösung und Salzsäure) eingesetzt werden, in der 1-Topf- bzw. Kompaktzelle nur eine EDTA-Dinatriumsalz-Lösung. In den beiden letzteren Zellen liegt jedoch eine unterschiedliche Konzentration vor. Hinsichtlich des praktischen Einsatzes als Solarzelle ist die Kompaktzelle wegen ihrer Geometrie und insbesondere wegen der Tatsache, dass sie nicht auslaufen kann, am besten geeignet. Allerdings ist auch hier die Leistung der Zelle gering, so dass sie sehr wohl zu didaktischen Zwecken verwendet werden kann, nicht aber zum Betrieb eines „echten" Verbrauchers geeignet ist.

A1:
Auch wenn der Redoxelektrolyt sich prinzipiell immer wieder neu regeneriert, finden in der Regel immer auch konkurrierende Reaktionen statt, so dass es netto immer zu einem gewissen Verlust an Reaktanden kommt. Im Fall der Grätzelzelle ist ein Faktor, der die Langlebigkeit limitiert, die Tatsache, dass der organische Photosensibilisator nicht lange stabil ist und aufgrund oxidativer Prozesse schnell ausbleicht. Im Fall des Himbeersafts werden die Anthocyan-Moleküle durch photokatalytische Reaktionen am Titandioxid oxidativ zerstört (vgl. S. 270, V4 und die Informationen von S. 270/271).

Seite 84 und 85

B3:
Die Spannung einer solchen Zelle (vgl. B3, S. 85) nimmt bei Betrieb kontinuierlich ab, weil sich die Konzentrationen der Lösungen in den beiden Halbzellen zunehmend angleichen. Wenn sie gleich sind, fällt die Spannung auf null.

B4:
Bei der Konzentrationszelle aus B3 kommt es darauf an, dass in den Lösungen der beiden Halbzellen unterschiedliche Konzentrationen von Zink-Kationen vorliegen. Bei der Konzentrationszelle aus B4 sind es unterschiedliche Konzentrationen von Chlorid-Anionen. In B3 sind die Elektroden aus dem Metall Zink, in B4 aus dem inerten Material Graphit. In B3 ist das metallische Zink an den Redoxprozessen beteiligt, in B4 das Nichtmetall Chlor.

Auswertung a):
Bei V1 und V2 stellt sich nur dann eine Spannung ein, wenn die Konzentrationen in den beiden Halbzellen verschieden sind. Die Halbzelle mit der konzentrierteren Lösung bildet jeweils den Pluspol, die Halbzelle mit der verdünnteren Lösung den Minuspol.

Auswertung b):

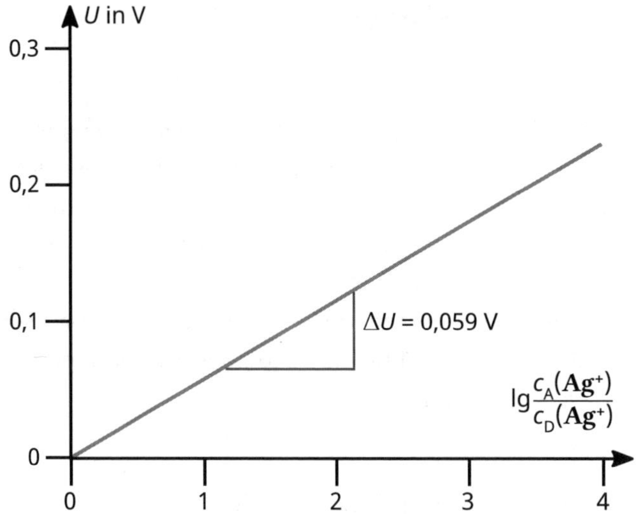

Auswertung c):
Werden die Messergebnisse graphisch dargestellt, ergibt sich die Darstellung aus Auswertung b). Daraus ist die folgende Geradengleichung abzulesen:

$$U = 0{,}059\ \mathrm{V} \cdot \lg \frac{c_A(\mathrm{Ag^+})}{c_D(\mathrm{Ag^+})}.$$

Auswertung d):
Im Reagenzglas bildet sich ein Konzentrationsgefälle aus: Gleich oberhalb des Zinksulfats liegt eine konzentrierte, weiter oben eine verdünnte Zink-Ionen-Lösung vor, dies entspricht dem System in B1 mit der verdünnten Lösung in der linken und der konzentrierten Zinksulfat-Lösung in der rechten Halbzelle. Nach einigen Tagen haben sich beim Langzeitversuch aus B2 am unteren Ende des Zinkstabs Zink-Kristalle gebildet. Daher müssen Zink-Ionen aus der Lösung zu Zink-Atomen reduziert worden sein. Die Elektronen stammen aus dem oberen Bereich des

Zinkstabs, wo Zink-Atome zu Zink-Ionen oxidiert wurden. Dies ist analog zu V1, bei dem ebenfalls in der weniger konzentrierten Lösung Zink-Atome zu Zink-Ionen oxidiert und in der konzentrierteren Lösung Zink-Ionen zu Zink-Atomen reduziert wurden.

in der konzentrierten Lösung: $Zn^{2+}(aq) + 2\,e^- \rightarrow Zn(s)$

in der verdünnten Lösung: $Zn(s) \rightarrow Zn^{2+}(aq) + 2\,e^-$

A1:

Die Zellspannung der Silber-Halbzellen mit $c(Ag^+) = 0{,}1$ mol/L und $c(Ag^+) = 0{,}3$ mol/L beträgt:

$$U = E_A - E_D = 0{,}059\text{ V} \cdot \lg\frac{c_A(Ag^+)}{c_D(Ag^+)} = 0{,}059\text{ V} \cdot \lg\frac{0{,}3}{0{,}1} = 0{,}059\text{ V} \cdot 0{,}477 \approx 0{,}028\text{ V.}$$

Seite 86 und 87

B3:

$$E = 0 + \frac{0{,}059\text{ V}}{2} \cdot \lg\{c^2(H^+)\}$$

$$\Leftrightarrow E = \frac{0{,}059\text{ V}}{2} \cdot \lg\{c^2(H^+)\}$$

Anwenden des log-Gesetzes: $\log x^y = y \cdot \log x$

$$\Leftrightarrow E = \frac{0{,}059\text{ V}}{2} \cdot 2 \cdot \lg\{c(H^+)\}$$

kürzen

$$\Leftrightarrow E = 0{,}059\text{ V} \cdot \lg\{c(H^+)\}$$

$(-1) \cdot (-1) = +1$

$$\Leftrightarrow E = -0{,}059\text{ V} \cdot (-\lg\{c(H^+)\})$$

Anwenden der *p*H-Definition

$$\Leftrightarrow E = -0{,}059\text{ V} \cdot p\text{H}$$

Auswertung a):

Messwert-Tabelle zu den Werten aus B2 (Graph: vgl. Schülerband, S. 86, B2):

$c(Ag^+)$ in mol/L	1	0,1	0,01	0,001	0,0001
$E(Ag/Ag^+)$ in mV	800	741	682	623	564

Die ermittelten Messergebnisse liegen auf der Geraden aus B2 oder knapp neben der Geraden. Legt man eine Ausgleichgerade durch die Datenpaare aus dem

Experiment, ergibt sich die Gerade aus B2 mit einem Ordinatenschnittpunkt bei 800 mV und einer Steigung von 59 mV.

Auswertung b):

$$\begin{aligned}
& E(\mathbf{Ag/Ag^+}) && = E^0(\mathbf{Ag/Ag^+}) && + 0{,}059\ \text{V} \cdot \lg \{c(\mathbf{Ag^+})\} \\
\Rightarrow\ & E(\mathbf{Ag/Ag^+}) && = 0{,}8\ \text{V} && + 0{,}059 \cdot (-6) \\
& && = 0{,}8\ \text{V} && -0{,}354\ \text{V} \\
& && = 0{,}466\ \text{V} && \\
& -\lg c(\mathbf{Ag^+}) && = 6 && \\
\Leftrightarrow\ & \lg c(\mathbf{Ag^+}) && = -6 && \\
\Leftrightarrow\ & c(\mathbf{Ag^+}) && = 10^{-6}\ \text{mol/L} &&
\end{aligned}$$

Auswertung c):

Den Ordinaten-Schnittpunkt bei 800 mV kann man vorhersagen, da es sich bei diesem Punkt um eine Silber-Ionen-Lösung der Konzentration $c = 1$ mol/L handelt ($-\lg c(\mathbf{Ag^+}) = 0$, d.h. $c(\mathbf{Ag^+}) = 10^0$ mol/L = 1 mol/L).

Aus den Messergebnissen liest man ab, dass die Spannung bei einer zehnfachen Verdünnung jeweils um den gleichen Betrag (0,059 V) abnimmt. Da auf der Abszisse eine logarithmische Skala angegeben ist, ergibt sich dann eine Gerade mit der Steigung 0,059 V.

A1:

$$E(\mathbf{Cu/Cu^{2+}}, c = 0{,}2\ \text{mol/L}) = 0{,}35\ \text{V} + \frac{0{,}059\ \text{V}}{2} \cdot \lg 0{,}2 \approx 0{,}33\ \text{V}$$

$$E(\mathbf{Cu/Cu^{2+}}, c = 0{,}005\ \text{mol/L}) = 0{,}35\ \text{V} + \frac{0{,}059\ \text{V}}{2} \cdot \lg 0{,}005 \approx 0{,}28\ \text{V}$$

$$E(\mathbf{Au/Au^{3+}}, c = 0{,}2\ \text{mol/L}) = 1{,}41\ \text{V} + \frac{0{,}059\ \text{V}}{3} \cdot \lg 0{,}2 \approx 1{,}40\ \text{V}$$

$$E(\mathbf{Au/Au^{3+}}, c = 0{,}005\ \text{mol/L}) = 1{,}41\ \text{V} + \frac{0{,}059\ \text{V}}{3} \cdot \lg 0{,}005 \approx 1{,}36\ \text{V}$$

$$E(\mathbf{Cl_2/2\ Cl^-}, c = 0{,}2\ \text{mol/L}) = 1{,}36\ \text{V} - \frac{0{,}059\ \text{V}}{2} \cdot \lg 0{,}2 \approx 1{,}40\ \text{V}$$

$$E(\mathbf{Cl_2/2\ Cl^-}, c = 0{,}005\ \text{mol/L}) = 1{,}36\ \text{V} - \frac{0{,}059\ \text{V}}{2} \cdot \lg 0{,}005 \approx 1{,}50\ \text{V}$$

A2:

Die NERNST-Gleichung für die Berechnung des Potenzials ist in B3 angegeben. Da die Protonen-Konzentration im Zähler (in achter Potenz) steht, führt eine Erniedrigung der Protonen-Konzentration zu einer Verkleinerung des Bruches. Das Elektrodenpotenzial wird somit kleiner, was einer geringeren Oxidationswirkung entspricht.

Beispielrechung:

Annahme: $c(\mathbf{MnO_4^-}) : c(\mathbf{Mn^{2+}}) = 1000 : 1$

- Bei pH = 0 ergäbe sich folgendes Elektrodenpotenzial:

$$E = E^0 + \frac{0{,}059\,\text{V}}{2} \cdot \lg \frac{c(\mathbf{MnO_4^-}) \cdot c^8(\mathbf{H^+})}{c(\mathbf{Mn^{2+}})} = 1{,}51\ \text{V} + 0{,}012\ \text{V} \cdot \lg \frac{1000 \cdot 1}{1} = 1{,}55\ \text{V}.$$

- Bei pH = 3 ergäbe sich folgendes Elektrodenpotenzial:

$$E = E^0 + \frac{0{,}059\,\text{V}}{2} \cdot \lg \frac{c(\mathbf{MnO_4^-}) \cdot c^8(\mathbf{H^+})}{c(\mathbf{Mn^{2+}})} = 1{,}51\ \text{V} + 0{,}012\ \text{V} \cdot \lg \frac{1000 \cdot (10^{-3})^8}{1} = 1{,}26\,\text{V}.$$

Seite 90 und 91

Auswertung a):

Um zu zeigen, dass der in LV1 entstehende Niederschlag Bleiiodid und nicht Kaliumnitrat ist, prüft man das Aussehen und die Löslichkeit von authentischem Kaliumnitrat aus dem Chemikalienbehälter.

Hinweis: Kaliumnitrat ist ein weißes, sehr gut lösliches Salz.

Auswertung b):

An der Phasengrenze zwischen Bodenkörper, einem festen Salz, und der Lösung gehen Ionen in Lösung. Sie liegen dann als hydratisierte Ionen vor. In einer Rückreaktion können die Ionen wieder aus der gesättigten Lösung als Feststoff ausfallen. An der Phasengrenze zwischen einer gesättigten Lösung und einem Feststoff stellt sich ein chemisches Gleichgewicht ein.

Ist die Konzentration der Ionen größer als gemäß des Löslichkeitsprodukts, fällt solange ein Feststoff aus, bis sich die Konzentration der Ionen in der Lösung soweit verringert hat, bis das Löslichkeitsprodukt erreicht ist.

Ist die Konzentration der Ionen kleiner als gemäß des Löslichkeitsprodukts, löst sich solange ein Feststoff, bis sich die Konzentration der Ionen in der Lösung soweit vergrößert hat, bis das Löslichkeitsprodukt erreicht ist.

Auswertung c):

Versuch	Lösung aus	Zugabe von	Niederschlag	Erklärung
LV1	Kaliumiodid und Bleinitrat	Kaliumiodid bzw. Bleinitrat	Bleiiodid	Durch Zugabe der Iodid-Ionen bzw. Blei-Ionen wird das Löslichkeitsprodukt des Bleiiodids überschritten und der Feststoff Bleiiodid fällt aus.
V2	Calciumhydroxid (Kalkwasser)	Natriumcarbonat	Calciumcarbonat	Durch Zugabe der Carbonat-Ionen wird das Löslichkeitsprodukt von Calciumcarbonat überschritten und der Feststoff Calciumcarbonat fällt aus.
V3	Schwefelsäure und Silbernitrat	Kaliumiodid	Silberiodid	Im Filtrat ist nach Abtrennung des schwerlöslichen Silbersulfats noch eine geringe Konzentration an Silber-Ionen vorhanden. Werden Iodid-Ionen hinzugegeben, wird das Löslichkeitsprodukt von Silberiodid überschritten und Silberiodid fällt aus.
LV4	Kaliumperchlorat	Kaliumchlorid bzw. Perchlorsäure	Kaliumperchlorat	Sowohl durch Zugabe von Kalium-Ionen als auch durch die Zugabe von Perchlorat-Ionen wird das Löslichkeitsprodukt von Kaliumperchlorat überschritten und Kaliumperchlorat fällt aus.

A1:

Da das Löslichkeitsprodukt von Silberiodid um vier Zehnerpotenzen kleiner ist, führt die Zugabe von Silber-Ionen zur Ausfällung von Silberiodid. Erst bei höherer Konzentration von Silber-Ionen würde auch Silberchlorid ausfallen.

A2:

Das Lösungsgleichgewicht lautet:

$\mathbf{CaCO_3(s)} \rightleftarrows \mathbf{Ca^{2+}(aq)} + \mathbf{CO_3^{2-}(aq)}$; $K_L(\mathbf{CaCO_3}) = c(\mathbf{Ca^{2+}}) \cdot c(\mathbf{CO_3^{2-}})$.

Laut B3 im Schülerband beträgt $K_L(\mathbf{CaCO_3}) = 4{,}7 \cdot 10^{-9}\ \mathrm{mol^2 \cdot L^{-2}}$.

Für die Faktoren des Ionenprodukts gilt: $c(\mathbf{Ca^{2+}}) = c(\mathbf{CO_3^{2-}})$.

Daraus folgt: $K_L(\mathbf{CaCO_3}) = c^2(\mathbf{Ca^{2+}})$.

Freistellen von $c(\mathbf{Ca^{2+}})$ und einsetzen des Zahlenwertes ergibt:

$c^2(\mathbf{Ca^{2+}}) = \sqrt{K_L(\mathbf{CaCO_3})} = \sqrt{4{,}7 \cdot\ 10^{-9}\ \mathrm{mol^2 \cdot L^{-2}}} \approx\ 6{,}856 \cdot 10^{-5}\ \mathrm{mol \cdot L^{-1}}$

Aus $c(\mathbf{Ca^{2+}}) = c(\mathbf{CO_3^{2-}})$ folgt $c(\mathbf{CO_3^{2-}}) = 6{,}856 \cdot 10^{-5}\ \mathrm{mol \cdot L^{-1}}$.

A3:

An der Phasengrenze zwischen Bodenkörper und Lösung liegt ein Gleichgewicht vor, in dem ständig Ionen aus dem Festkörper in Lösung gehen und Ionen aus der Lösung als Feststoff ausfallen. So gelangen Iodid-Ionen mit Iod-Isotopen aus dem Festkörper in die Lösung.

A4:

Beim Vereinigen der beiden Lösungen erhält man V = 100 mL Lösung. Darin betrügen die Konzentrationen der Ionen jeweils $c = 0{,}05\ \mathrm{mol \cdot L^{-1}}$, wenn kein Feststoff ausfallen würde. Es fällt aber Silberchlorid aus, weil sein Löslichkeitsprodukt überschritten wird (vgl. B3). Für die Silber- und für die Chlorid-Ionen, die noch in Lösung sind, gilt: $c(\mathbf{Ag^+}) \cdot c(\mathbf{Cl^-}) = K_L(\mathbf{AgCl})$ und $c(\mathbf{Ag^+}) = c(\mathbf{Cl^-})$.

Dafür lässt sich für die Chlorid-Ionen in der Lösung berechnen:

$c(\mathbf{Cl^-}) = \sqrt{K_L(\mathbf{AgCl})} = \sqrt{1{,}7 \cdot 10^{-10}\ \mathrm{mol^2 \cdot L^{-2}}} \approx\ 1{,}304 \cdot 10^{-5}\ \mathrm{mol \cdot L^{-1}}$

Die Stoffmenge der Chlorid-Ionen in den 100 mL Lösung ist damit:

$n(\mathbf{Cl^-}) = c(\mathbf{Cl^-}) \cdot V_{LS} = 1{,}304 \cdot 10^{-5}\ \mathrm{mol \cdot L^{-1}} \cdot 0{,}1\ \mathrm{L} = 1{,}304 \cdot 10^{-6}\ \mathrm{mol}$.

Die gesamte Stoffmenge der Chlorid-Ionen im System (Lösung und Bodenkörper) ist gleich der Stoffmenge der Chlorid-Ionen, die in den 50 mL Natriumchlorid-Lösung, $c = 0{,}1\ \mathrm{mol \cdot L^{-1}}$, enthalten waren, also:

$n_{ges}(\mathbf{Cl^-}) = 0{,}1\ \ \mathrm{mol \cdot L^{-1}} \cdot 50 \cdot 10^{-3}\ \mathrm{L} = 5 \cdot 10^{-3}\ \mathrm{mol}$.

Die Stoffmenge der Chlorid-Ionen, die im ausgefallenen Silberchlorid gebunden sind, ist die Differenz zwischen der gesamten Stoffmenge an Chlorid-Ionen im System und der Stoffmenge der Chlorid-Ionen in der Lösung:
$n_{AgCl}(Cl^-) = 5 \cdot 10^{-3}$ mol – $1{,}304 \cdot 10^{-6}$ mol = $4{,}999 \cdot 10^{-3}$ mol.

Die Stoffmenge des ausgefallenen Silberchlorids $n(AgCl)$ ist ebenso groß wie die Stoffmenge der darin enthaltenen Chlorid-Ionen, weil in jeder Formeleinheit Silberchlorid je ein Silber- und ein Chlorid-Ion enthalten sind. Daraus kann man nun schließlich die Masse des gebildeten Niederschlags berechnen:
$m(AgCl) = n(AgCl) \cdot M(AgCl) = 4{,}999 \cdot 10^{-3}$ mol $\cdot$ 143,5 g $\cdot$ mol^{-1} = 0,717 g.

Seite 92

Auswertung a):
Bei Zugabe des festen körnigen Natriumchlorids bildet sich ein feiner weißer Niederschlag. Durch die Zugabe des Natriumchlorids, das sich in der wässrigen Lösung löst, werden Chlorid-Ionen eingetragen. Die gesamte Konzentration an Silber-Ionen und Chlorid-Ionen wird dadurch größer als gemäß dem Löslichkeitsprodukt und Silberchlorid fällt aus der Lösung aus.
In der Halbzelle mit dem ausgefällten Silberchlorid erniedrigt sich die Konzentration der gelösten Silber-Ionen und damit entsteht eine Konzentrationszelle.
Je nach Genauigkeit der Versuchsdurchführung stellt sich eine Spannung um U = 0,46 V ein.

Auswertung b):
Die Halbzelle mit dem ausgefällten Silberchlorid und mit der sehr niedrigen Konzentration an Silber-Ionen stellt die Donator-Halbzelle dar, die Halbzelle mit der Silber-Ionenkonzentration von c = 0,01 mol/L ist die Akzeptor-Halbzelle.

Auswertung c):
Vgl. S. 92, linke Spalte, im Schülerbuch.

A1:

Gegeben: Die Kupfer-Halbzelle mit $c(\mathbf{Cu^{2+}}) = 0{,}1$ mol/L stellt die Akzeptor-Halbzelle dar.

$z = 2$

$U = 0{,}15$ V

Nach der Gleichung für Konzentrationszellen gilt:

$$U = \frac{0{,}059\ \text{V}}{z} \cdot \lg \frac{\{c_A(\mathbf{Cu^{2+}})\}}{\{c_D(\mathbf{Cu^{2+}})\}}$$

$$\lg \{c_D(\mathbf{Cu^{2+}})\} = -\frac{2 \cdot 0{,}15\ \text{V}}{0{,}059\ \text{V}} + \lg 0{,}1 = -6{,}08$$

$$c_D(\mathbf{Cu^{2+}}) = 8{,}2 \cdot 10^{-7}\ \text{mol/L}$$

Seite 93

Auswertung a):

V1 Teil 2	B1
kleinere Volumina der Säuren	größere Volumina der Säuren
jeweils Salzsäure, $c_1 = 1$ mol/L und $c_2 < 1$ mol/L	
Platin-Elektroden	
Bierfilz als Salzbrücke	Diaphragma als Salzbrücke
Erzeugung der Wasserstoff-Bläschen durch Elektrolyse in Teil 1 (keine Standardbedingungen)	kontinuierliche Zufuhr von Wasserstoff-Gas mit $p = 1013$ hPa aus der Gasflasche (Standardbedingungen)

Auswertung b):

Die Halbzelle mit $c_1(\mathbf{HCl}) = 1$ mol/L ist die Akzeptor-Halbzelle, die Halbzelle mit $c_2(\mathbf{HCl}) < 1$ mol/L die Donator-Halbzelle.

Auswertung c):

$$U = 0{,}059\ \text{V} \cdot \lg \frac{\{c_A(\mathbf{H^+})\}}{\{c_D(\mathbf{H^+})\}}$$

Die bekannte Konzentration $c_A(\mathbf{H^+}) = 1$ mol/L setzt man an (ohne die Einheit mol/L):

$$U = 0{,}059\ \text{V} \cdot \lg \frac{1}{\{c_D(\mathbf{H^+})\}}$$

Anwenden des Logarithmen-Gesetzes log a : b = log a – log b:
$U = 0{,}059\ V \cdot (\lg 1 - \lg \{c_D(H^+)\})$
Ausmultiplizieren der Klammer und Anwenden von lg 1 = 0:
$U = 0{,}059\ V \cdot \lg 1 - 0{,}059\ V \cdot \lg \{c_D(H^+)\}$
$= -0{,}059\ V \cdot \lg \{c_D(H^+)\}$
Die Größengleichung mit *p*H erhält man durch Umstellen der Gleichung und Anwendung der Definition des *p*H-Werts:

$$\frac{U}{0{,}059\ V} = -\lg \{c_D(H^+)\} = pH$$

Seite 94 und 95

B1:
Der Zinkbecher hat sich bereits teilweise aufgelöst. Weißes Zinkoxid ist zu sehen.

B3:
Gemeinsamkeiten: Man erhält aus einer elektrochemischen Vorrichtung aus zwei Elektroden und einem Elektrolyt eine Spannung. In beiden Fällen ist der Elektrolyt nicht flüssig.
Unterschiede: Bei der Modell-Knopfzelle ist in der Donator- und in der Akzeptor-Halbzelle jeweils ein Metall beteiligt (Lithium und Aluminium). Bei der LECLANCHÉ-Zelle ist in der Donator-Halbzelle ein Metall (Zink), in der Akzeptor-Halbzelle eine Verbindung (MnO_2) beteiligt. Bei der Modell-Knopfzelle wird die Spannung an den beiden Metallen abgegriffen, bei der LECLANCHÉ-Zelle an einem Metall und am Kohlestab.

B4:
Der Zinkbecher hat den Vorteil, dass eine größere Menge des Anodenmaterials vorhanden ist und der schwere zerbrechliche Glasbehälter unnötig wird. Problematisch ist nur, wenn das Zink derartig zersetzt ist, dass Löcher entstehen, durch die Elektrolyt-Flüssigkeit austreten könnte. Das soll bei modernen Batterien durch eine leichte bruchfeste Kunststoffdichtung und einen dünnen Metallmantel verhindert werden.

B5:

Die Glühlampen mit Metallfäden sind ebenso wie die LECLANCHÉ-Zelle (und ebenso wie beispielsweise der Otto-Motor und der Diesel-Motor) „langlebige" technische Produkte. Sie wurden seit ihrer Einführung vor mehr als 130 Jahren zwar immer weiterentwickelt, funktionieren aber weiterhin nach dem gleichen Prinzip: Ein Metallfaden, durch den Strom fließt, erhitzt sich bis zum Glühen und sendet Licht aus.

Aktuelle Entwicklungen in der Lampentechnik und die Forderungen nach Energieeffizienz führen dazu, dass Glühlampen durch Leuchtstofflampen und Leuchtdioden, die nach anderen Prinzipien funktionieren, verdrängt werden. Verglichen damit behauptet sich die LECLANCHÉ-Zelle, d.h. die Zink-Mangandioxid-Batterie, neben den modernen Varianten (vgl. dazu S. 96, 97 im Buch) noch recht gut auf dem Markt.

Auswertung a):

Die Zellen aus V1 und V2 bestehen prinzipiell aus den gleichen Komponenten: Beide Zellen enthalten einen Graphitstab, der in eine Elektrolyt-Masse aus Graphitpulver und Braunsteinpulver besteht. In beiden Fällen wird Zink als Anodenmaterial verwendet. In V1 ist es ein Zinkbecher, in den die Elektrolyt-Masse eingefüllt ist, in V2 ist es ein Stück Zinkblech. In V2 ist der Aufbau aufwendiger und weniger günstig für eine praktische Anwendung, da hier die Elektrolyt-Masse mit der Graphit-Elektrode in eine Extraktionshülse gefüllt und neben dem Zinkbleck in eine Ammoniumchlorid-Lösung gegeben werden. In V1 ist der Aufbau kompakter und es ist insgesamt weniger Flüssigkeit vorhanden. Hier ist lediglich die Elektrolyt-Paste angefeuchtet.

Auswertung b):

Am Pluspol findet die in Ionenformel-Schreibweise angegebene Reduktion statt:

$$\mathbf{2\,Mn^{4+} + 4\,O^{2-} + 2\,H_2O + 2\,e^- \longrightarrow 2\,Mn^{3+} + 2\,O^{2-} + 4\,OH^-.}$$

Danach werden am Pluspol $\mathbf{Mn^{4+}}$-Ionen aus $\mathbf{MnO_2}$ zu $\mathbf{Mn^{3+}}$-Ionen reduziert.

Auswertung c):

Das Graphitpulver im Braunstein-Graphit-Gemisch sorgt dafür, dass die Elektronen über die Graphitkörner vom Pluspol (der Graphit-Elektrode) bis zu der Stelle (dem Braunstein-Korn) gelangen, an der die Reduktion des Mangandioxids gemäß der in der Aufgabenstellung b) formulierten Reaktion abläuft.

Das Graphitpulver im Braunstein-Graphit-Gemisch dient also dazu, eine hohe Leitfähigkeit der (trockenen) Elektrolyt-Paste zu erreichen.

Auswertung d):

$\mathbf{NH_4^+ + OH^- \rightarrow NH_4OH}$ und $\mathbf{NH_4OH \rightarrow H_2O + NH_3}$

Da sich in dieser Reaktionsfolge Wasser bildet, neigen alte Batterien zum Auslaufen.

Auswertung e):

In der Modell-Knopfzelle aus V3 und B3 ist die Kathode die gleiche wie bei der LECLANCHÉ-Zelle, die Anode ist jedoch nicht aus Zink, sondern aus Lithium. Anhand der Standardpotenziale aus B3 von S. 71, wird deutlich, dass die Behauptung aus der Aufgabenstellung richtig ist: Die Differenz der Standardpotenziale der Redoxpaare $\mathbf{Li/Li^+}$ und $\mathbf{Zn/Zn^{2+}}$ beträgt mehr als 2 V. Daher sollte die Spannung bei der Modell-Zelle aus B3 um mehr als 2 V höher sein als die der LECLANCHÉ-Zelle und damit mehr als das Doppelte von 1,5 V betragen.

A1:

In der LECLANCHÉ-Zelle bildet sich am Pluspol gasförmiges Ammoniak, das die positive Elektrode isoliert. Ammoniak diffundiert in die Zelle, sodass sich diese in einer Betriebspause wieder erholt. Bei höheren Temperaturen (Heizung) verläuft die Diffusion schneller, der isolierende Effekt des Gases verschwindet eher.

A2:

Ältere verbrauchte Batterien neigen zum Auslaufen, da der Zinkbecher wegen der Oxidation des elementaren Zinks zu teilweise gelöst vorliegenden Zinkverbindungen porös und durchlässig für Elektrolyt-Lösung werden kann. Sind der Kunststoff- und der Metallmantel undicht, kann die alkalische Lösung austreten.

A3:

Vorteile der LECLANCHÉ-Zelle gegenüber den anderen Batterien von S. 96, 97: kostengünstige, ungiftige Bestandteile

Nachteile der LECLANCHÉ-Zelle gegenüber den anderen Batterien von S. 96, 97: niedrigere Spannung, kürzere Funktionsdauer

A4:

Bei Betrieb einer LECLANCHÉ-Zelle entstehen am Pluspol Hydroxid-Ionen:
$MnO_2(s) + H_2O(l) + e^- \rightarrow MnO(OH)(s) + OH^-(aq)$.
Dadurch steigt der *p*H-Wert und nach der NERNST-Gleichung sinkt somit das Redoxpotenzial $E(MnO(OH)/MnO_2)$:

$$E(MnO(OH)/MnO_2) = E^0 + 0{,}059\ V \cdot \lg \frac{1}{\{c(OH^-)\}}.$$

(Die Konzentrationen von MnO_2 und $MnO(OH)$ können als konstant angesehen werden.) Entsprechend sinkt auch die Spannung der LECLANCHÉ-Zelle, für die gilt:
$U = E(MnO(OH)/MnO_2) - E(Zn/Zn^{2+})$.

Seite 96 und 97

B1:

Sowohl in der Alkali-Mangan- als auch in der LECLANCHÉ-Zelle fungiert Zink als Elektronen-Donator und Braunstein als Elektronen-Akzeptor, sodass beim Entladen der Batterien die gleichen Primärreaktionen ablaufen.
Im Gegensatz zum LECLANCHÉ-Element ist Zink im Alkali-Mangan-Element nicht als Paste im Inneren der Zelle. Dadurch wird eine Ableitelektrode in Form eines Kupferstabs notwendig, der die Elektronen an die Bodenplatte, den Minuspol, ableitet. Demgegenüber ist die Alkali-Mangan-Zelle außen angeordnet und wird von einem isolierten Stahlmantel umschlossen. Die Elektronen werden direkt ohne eine Graphit-Ableitelektrode über die positive Polkappe zum Braunstein geleitet.
Die beiden Zellen unterscheiden sich auch in den ablaufenden Sekundärreaktionen. Während in der LECLANCHÉ-Zelle Ammoniumchlorid enthalten ist und sich als Sekundärreaktion Amminkomplexe des Zinks bilden, entstehen in der alkalischen Zinkpaste Zinkate. Somit fällt in der Alkali-Mangan-Zelle eine Ammoniak-Bildung wie im LECLANCHÉ-Element weg.

B2:

Offene Aufgabe.
Hinweis: Gute Homepages stellen z.B. die Anbieter von Batterien zur Verfügung. Hier werden alle kommerziell genutzten Batterietypen vorgestellt und ihre Funktionen z.T. mit schönen Animationen erläutert.

B4:

Man sollte die Schutzfolie erst kurz vor Gebrauch abziehen, damit keine Luft und damit kein Sauerstoff, der hier ein Edukt für die Zellreaktion ist, eintreten kann.

Auswertung a):

Anode: $\mathbf{2\,Zn \rightarrow 2\,Zn^{2+} + 4\,e^-}$

Kathode: $\mathbf{O_2 + 2\,H_2O + 4\,e^- \rightarrow 4\,OH^-}$

Auswertung b):

offene Aufgabe

A1:

Anode: $\mathbf{Li \rightarrow Li^+ + e^-}$

Kathode: $\mathbf{MnO_2 + e^- \rightarrow MnO_2^-}$

A2:

Gemeinsamkeiten: a) Bei sämtlichen Batterietypen handelt es sich um Trockenzellen. b) Der Elektrolyt liegt in allen als dickflüssige Paste vor. c) Alle Batterien sind nicht wieder aufladbar. d) In allen laufen räumlich getrennte Redoxreaktionen ab. e) Am Pluspol (der Kathode) findet jeweils eine Reduktion, am Minuspol (der Anode) eine Oxidation statt.

Unterschiede: a) Die Batterien haben verschiedene Größen und Formen. b) Sie liefern verschiedene Spannungen. c) Ihre Bestandteile sind unterschiedlich giftig und umweltbelastend. d) Die an den Redoxreaktionen beteiligten Redoxpaare sind verschieden.

A3:

Zellendiagramme für die genannten Batterie-Typen:

a) Alkali-Mangan-Batterie:
   $\mathbf{Zn/Zn^{2+}//Mn^{4+}/Mn^{3+}}$
b) Lithium-Mangan-Zelle:
   $\mathbf{Li/Li^{+}//Mn^{4+}/Mn^{3+}}$
c) Silberoxid-Zink-Zelle:
   $\mathbf{Zn/Zn^{2+}//Ag^{+}/Ag}$
d) Zink/Luft-Zelle
   $\mathbf{Zn/Zn^{2+}//O_2/OH^-}$

A4:
offene Aufgabe

Seite 98 und 99

B5:
Vergleich des Bleiakkus mit den Akkus von S. 100 bis 103:
Der Bleiakku ist wegen seines großen Gewichts der Akku mit der geringsten Energiedichte (vgl. auch B4 auf S. 101). Im Vergleich zur ZEBRA-Batterie ist er jedoch relativ klein und besser in der Nutzung, da er bei niedrigeren Temperaturen betrieben werden kann und für Fahrzeuge geeignet ist, die auch nur kurze Strecken bewegt werden. Die ZEBRA-Batterie ist ein besserer Energiespeicher, kann aber nur in Fahrzeugen eingesetzt werden, die mehr oder weniger im Dauerbetrieb sind. Nickel-Metallhydrid-Akkus, Lithium-Ionen-Akkus und Lithium-Polymer-Akku können in kleineren portablen Geräten eingesetzt werden. Bei den Lithium-Ionen-Akkus und den Lithium-Polymer-Akkus kommt es bei sachgerechter Anwendung lediglich zu einem Hin- und Herwandern der Lithium-Ionen (Schaukelstuhleffekt), nicht aber zur Bildung von elementarem Lithium. Beim Nickel-Metallhydrid-Akku werden die Nickel-Ionen oxidiert bzw. reduziert und es kommt zu einem Stoffumsatz zwischen Wasserstoff aus dem Metallhydrid und Wasser-Molekülen. Im Nickel-Metallhydrid-Akku liegt eine wässrige Elektrolyt-Lösung vor, im Lithium-Ionen-Akku darf kein Wasser zugegen sein. Der Vorteil von Lithium-Polymer-Akkus gegenüber allen anderen Akkus ist, dass sie in jede beliebige Form gebracht werden können. Einzigartig am Lithium-Luft-Akku ist, dass er Sauerstoff als Reaktionspartner nicht mit sich führt, sondern aus der Umgebungsluft entnimmt. Nachteilhaft ist, dass das gebildete Lithiumoxid fest ist und der Akku während des Entladevorgangs dadurch immer schwerer wird.

Auswertung a) und b):
Blei kommt im Bleiakku in den Oxidationsstufen „0" (Bleiplatten $\mathbf{Pb}$), „+II" (Bleisulfat $\mathbf{PbSO_4}$) und „+IV" (Bleidioxid $\mathbf{PbO_2}$) vor. Im geladenen Akku-Zustand fungiert Blei als Minuspol und Bleidioxid als Pluspol. Beim Entladevorgang werden die Blei-Atome $\mathbf{Pb}$ zu Blei-Ionen $\mathbf{Pb^{2+}}$ oxidiert bzw. das Bleidioxid $\mathbf{PbO_2}$ zu Blei-Ionen $\mathbf{Pb^{2+}}$ reduziert (Komproportionierung). Die Blei-Ionen bilden mit der Schwefelsäure schwerlösliches

Bleisulfat, das sich auf den Elektroden absetzt. Beim Laden werden die Vorgänge rückgängig gemacht.

A1:
Die Frage lässt sich mit der Reaktionsgleichung für die Entladung am Pluspol erklären: Die Reduktion des Bleidioxids $\mathbf{PbO_2}$ verläuft unter Verbrauch von Protonen, die aus der Schwefelsäure stammen. Die gebildeten Blei-Ionen $\mathbf{Pb^{2+}}$ reagieren mit den Sulfat-Ionen $\mathbf{SO_4^{2-}}$ zu schwerlöslichem Bleisulfat $\mathbf{PbSO_4}$. Die Schwefelsäure im Bleiakku ist also Reaktionspartner. Den Zustand eines Bleiakkus kann man daher auch durch Konzentrationsbestimmung der Batteriesäure ermitteln. Hierzu wird meist eine Tauchspindel in die Kammern gesenkt. Die Eintauchtiefe erlaubt Rückschlüsse über die Dichte und damit die Konzentration der Batteriesäure.

A2:
Beim Bleiakku liegt Schwefelsäure als Elektrolyt vor. Da Bleisulfat schwerlöslich ist, sind Blei-Ionen $\mathbf{Pb^{2+}}$ nur in sehr geringer Konzentration in Lösung vorhanden. Es liegen keine Standardbedingungen vor: $c(\mathbf{Pb^{2+}}) \ll 1$ mol/L. Das Redoxpotenzial der $\mathbf{Pb/Pb^{2+}}$-Elektrode ist kleiner als $E^0(\mathbf{Pb/Pb^{2+}})$, das Redoxpotenzial der $\mathbf{Pb^{2+}/PbO_2}$-Elektrode ist größer als $E^0(\mathbf{Pb^{2+}/PbO_2})$. Dies ergibt sich aus den Nernst-Gleichungen:

$$E(\mathbf{Pb/Pb^{2+}}) = E^0 + \frac{0{,}059\,\text{V}}{2} \cdot \lg\,\{c(\mathbf{Pb^{2+}})\}; \qquad \text{mit } c(\mathbf{Pb^{2+}}) < 1\ \text{mol/L}$$

$$E(\mathbf{Pb^{2+}/PbO_2}) = E^0 + \frac{0{,}059\,\text{V}}{2} \cdot \lg \frac{\{c^4(\mathbf{H^+})\}}{\{c(\mathbf{Pb^{2+}})\}}; \quad \text{mit } c(\mathbf{Pb^{2+}}) < 1\ \text{mol/L.}$$

Seite 100 und 101

B1:
Der Aufbau ist vorteilhaft, da durch die gewickelte Struktur auf kleinem Raum eine sehr große Oberfläche existiert, an der Reaktionen stattfinden können.

B2:
Die ZEBRA-Batterie muss mit einer wärmeisolierenden Schicht umwickelt werden, da sie eine Betriebstemperatur von ca. 300 °C hat.

A1:

Die Gesamtreaktion beim Nickel-Metallhydrid-Akkumulator ist:

$$\mathbf{Metall\text{-}H_2(s) + 2\ NiO(OH)(s) \rightleftarrows Metall(s) + 2\ Ni(OH)_2(aq)}$$

A2:

Der Aufbau des **NiMH**-Akkus aus Wickelelektroden entspricht am ehesten dem Aufbau des DANIELL-Elements im Becherglas mit großen Kupfer- und Zinkblechen als Elektrodenmaterialien. Diese sind durch einen porösen Tonzylinder voneinander getrennt. Beim **NiMH**-Akku ist es ein netzartiger Separator. Im Gegensatz zu allen drei Versuchsaufbauten des DANIELL-Elements, bei denen unterschiedlich große Mengen Elektrolyt-Lösung eingesetzt sind, ist der **NiMH**-Akku annähernd trocken. Insgesamt ist die Fläche der Elektroden im **NiMH**-Akku durch die Wickeltechnik am größten. Beim **NiMH**-Akku liegt kein metallisches Elektrodenmaterial vor, an den Lade- und Entladeprozessen sind stattdessen die Redoxpaare $\mathbf{Ni^{2+}/Ni^{3+}}$ sowie $\mathbf{H_2/H^+}$ beteiligt. Beim DANIELL-Element reagieren die Redoxpaare $\mathbf{Cu/Cu^{2+}}$ und $\mathbf{Zn/Zn^{2+}}$.

A3:

Beim Ladevorgang finden in der ZEBRA-Batterie folgende Reaktionen ab:

Oxidation: $\mathbf{Ni(s) \longrightarrow Ni^{2+}(solv) + 2\ e^-}$

Reduktion: $\mathbf{Na^+(solv) + e^- \longrightarrow Na(l)}$

A4:

Bei der Verbrennung von Benzin läuft vereinfacht folgende Reaktion ab:

$$\mathbf{2\ C_8H_{18}(g) + 25\ O_2(g) \longrightarrow 16\ CO_2(g) + 18\ H_2O(g)}$$

Vergleicht man diese Reaktion mit den Reaktionen, die im Bleiakku und in der Zink-Luft-Zelle ablaufen, stellt man fest, dass bei der Verbrennung von Benzin ein organischer Brennstoff reagiert und ausschließlich gasförmige Produkte entstehen (idealisiert). Im Bleiakku liegen zwei Blei-Elektroden vor, in der Zink-Luft-Zelle Graphit bzw. Zink. Bei der Zink-Luft-Zelle und bei der Verbrennung von Benzin wird der Reaktionspartner Sauerstoff aus der Luft zugeführt und ist nicht in der Zelle oder im Brennstoff enthalten. In der Zink-Luft-Zelle entsteht ein festes Produkt, d.h. die Zelle nimmt während des Betriebs an Masse zu, ein Auto mit Verbrennungsmotor wird während der Fahrt immer etwas leichter. Der Bleiakku dürfte keine Massenveränderung erfahren, da kein Reaktionspartner aus der Luft zugeführt oder kein Produkt an die Umgebung abgegeben wird.

Beim Bleiakku liegt, wenn man die Gesamtgleichung betrachtet, eine Komproportionierungsreaktion vor, d.h. aus elementarem Blei (Oxidationsstufe 0) und aus Bleioxid (Oxidationsstufe +IV) wird Blei in der Oxidationsstufe +II gebildet.

A5:

Die unterschiedlichen Energiedichten aus B4 sind in MJ/kg bzw. umgerechnet in Wh/kg angegeben. Der Bezugspunkt ist also immer eine Masse von 1 kg Energiespeicher. Da Wasserstoff der Stoff mit der geringsten Dichte ist und Blei ein Schwermetall, wird beim Bleiakku und bei Wasserstoff als Brennstoff ein besonders großer Unterschied deutlich. Beim Lithium-Luft-Akku und bei Benzin ergeben sich die im Vergleich zu den anderen Batterien/ Akkumulatoren hohen Werte für die Energiedichte daraus, dass der Reaktionspartner Sauerstoff der Umgebungsluft entnommen und nicht mitgeführt werden muss. Vorteilhaft bei Benzin ist, dass die Reaktionsprodukte gasförmig sind, entweichen und nicht mitgeführt werden müssen.

Seite 102 und 103

B1:

Ladevorgang:

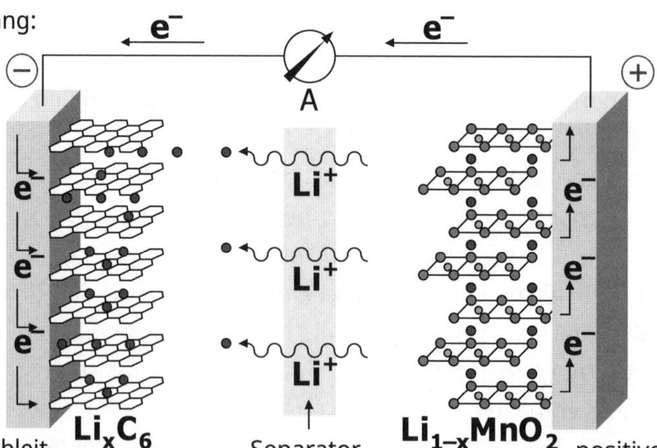

negative Ableitelektrode (Kupfer)

positive Ableitelektrode (Aluminium)

Entladevorgang:

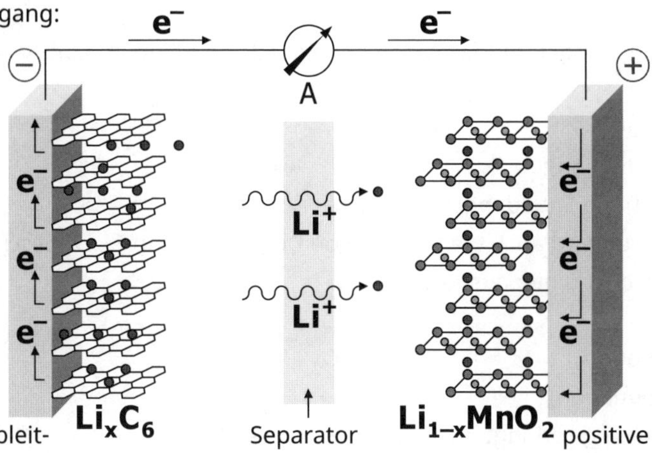

negative Ableitelektrode (Kupfer) — Separator — positive Ableitelektrode (Aluminium)

Auswertung a):
Eine Beobachtung, die bestätigt, dass Lithium-Ionen in das Elektrodenmaterial intercalieren, ist, dass sich die während des Ladevorgangs mit dem Minuspol verbundene Graphit-Elektrode aufspreitzt. Dies ist darauf zurückzuführen, dass die Lithium-Ionen mit ihrer Solvathülle in die Graphitschichten intercalieren und diese regelrecht aufsprengen.

Auswertung b):
Eine Gemeinsamkeit zwischen dem Akku aus B1 und dem aus V1 besteht darin, dass die Lithium-Ionen in die Graphitschicht der beim Laden mit dem Minuspol verbundenen Graphit-Elektrode intercalieren und deintercalieren. Ein Unterschied besteht darin, dass in der einfachen Zelle aus V1 eine weitere Graphit-Elektrode verwendet wird, während in B1 eine Mischmetalloxid-Kathode abgebildet ist. Weiterhin sind in B1 Ableitelektroden aus Kupfer (am Minuspol beim Laden) bzw. Aluminium (am Pluspol beim Laden) abgebildet.
In der Zelle aus V1 tauchen beide Graphit-Elektroden in flüssiges DMSO und sind nicht weiter voneinander getrennt, während in der Zelle in B1 ein Separator abgebildet ist, der für Lithium-Ionen permeabel ist.

A1:
Reaktionsgleichungen für das Laden und Entladen im Lithium-Luft-Akku:
Entladen:

Anode (Oxidation):	$Li \rightarrow Li^+ + e^-$
Kathode (Reduktion):	$2\ O_2 + 4\ e^- \rightarrow 2\ O^{2-}$
Gesamtgleichung Entladung:	$4\ Li + O_2 \rightarrow 2\ Li_2O$

In der Literatur wird auch die Bildung von Dilithiumdioxid Li_2O_2 beschrieben, sie wird vereinfachend hier ausgeklammert.
Laden:

Anode (Oxidation)	$2\ O^{2-} \rightarrow O_2 + 4\ e^-$
Kathode (Reduktion):	$Li^+ + e^- \rightarrow Li$
Gesamtgleichung Ladung:	$2\ Li_2O \rightarrow 4\ Li + O_2$

Seite 104 und 105

B1:
Bei einem „Fuel Cell Electric Car“ (vgl. Aufschrift auf dem Fahrzeug in B1), also bei einem Brennstoffzellen-Elektroauto, tritt Wasser als Emission aus. Streng genommen ist also der Begriff „No Emission“ nicht zutreffend, aber dennoch gerechtfertigt, weil Wasser weder giftig noch umweltbelastend ist.

B2:
Die Krokodilklemmen dürfen nicht in die Lösung eintauchen, weil durch sie die Redoxpaare zwischen dem Elektrodenmaterial (Metall, z.B. Eisen) und den entsprechenden Ionen (z.B. Eisen(II)-Ionen) wirksam würden.

B4:
Am Minuspol (Anode) werden die Wasserstoff-Atome aus Wasserstoff-Molekülen durch Elektronenabgabe zu Wasserstoff-Ionen oxidiert. Die Wasserstoff-Ionen wandern durch die PEM Membran. Am Pluspol (Kathode) findet die Reduktion der Sauerstoff-Atome aus den Sauerstoff-Molekülen statt. Die reduzierten Sauerstoff-Ionen (formal O^{2-}, im Bild aber nicht eingezeichnet) verbinden sich sofort mit den Wasserstoff-Ionen, die durch die PEM Membran gewandert sind, zu Wasser-Molekülen.

B5:
In der Brennstoffzelle reagieren Wasserstoff und Sauerstoff zu Wasser. Es sind keine Sauerstofftanks notwendig, weil der für die Reaktion notwendige Sauerstoff aus der Luft genommen wird (ähnlich wie bei einem Verbrennungsmotor). Wasserstofftanks sind dagegen notwendig, weil in der Luft kein Wasserstoff enthalten ist.

Auswertung a):
Beim Anlegen der Spannung setzt sehr schnell eine Bildung von Gasblasen an beiden Elektroden ein. Es handelt sich sowohl bei V1 als auch bei V2 um farblose Gase, die sich in der Größe und in der Schnelligkeit des Aufsteigens aus der Lösung unterscheiden.
Am Minuspol bilden sich kleine Bläschen, die sehr schnell aus der Lösung aufsteigen. Am Pluspol bilden sich deutlich größere Blasen, die erst bei einer bestimmten Größe aus der Lösung aufsteigen.
Die Gase lassen sich nur anhand der Eigenschaftsunterschiede eindeutig nachweisen. Wenn aber bekannt ist, dass es sich um die Gase Wasserstoff und Sauerstoff handelt, dann können die Gase zugeordnet werden.
Die Dichte von Wasserstoff ist deutlich geringer als die Dichte von Sauerstoff. Demnach steigen die Wasserstoff-Bläschen schneller auf als die Sauerstoff-Bläschen.

Auswertung b):
Die bei V1 und V2 gemessene Spannung ist U = 1,23 V und ergibt sich aus den angegebenen Elektrodenpotenzialen nach der Formel U = 0,4 V – (– 0,83 V).
Die Gesamtreaktion lautet:
$$2\ H_2(g) + O_2(g) \rightarrow 2\ H_2O(l).$$

Auswertung c):
Die freigesetzten Gase im Reaktionsgefäß bilden ein Knallgasgemisch, das bei unbeabsichtigter Zündung explodieren kann.

Auswertung d):
Offene Aufgabe.
Hinweise: Die Spannung ist in allen Fällen ca. 1,23 V. Je kleiner der Abstand zwischen den Elektroden ist und je tiefer sie eintauchen, umso kürzer muss elektrolysiert werden und umso länger kann der Motor angetrieben werden.

Auswertung e):
Offene Aufgabe.
Hinweis: In den zusammengeflochtenen Eisenwollebüscheln können die Gase mindestens so gut haften wie an der löchrigen Oberfläche der Rasierscherfolie.

A1:
offene Aufgabe

A2:
Die technische Nutzung der Brennstoffzelle wurde so lange vernachlässigt, weil in den vergangenen 120 Jahren für den Antrieb von Fahrzeugen sehr kostengünstige, flüssige Treibstoffe (Benzin und Diesel) aus Erdöl gewonnen wurden und die Umweltbelastung durch die Emissionen aus Verbrennungsmotoren bis vor ca. 20 Jahren nicht thematisiert wurde.

Seite 106 und 107

Auswertung a):
Bei V1 werden am Minuspol Wasserstoff durch die Knallgasprobe und am Pluspol Sauerstoff durch die Glimmspanprobe nachgewiesen.
Minuspol: $\mathbf{4\ H^+(aq) + 4\ e^- \rightarrow 2\ H_2(g)}$
Pluspol: $\mathbf{4\ OH^-(aq) \rightarrow O_2(g) + 2\ H_2O(l) + 4\ e^-}$

Auswertung b):
Orientierungswerte:

Stromstärke **I in A**	**Zeit** **t in s**	**Ladung** **Q in As**	**$V(H_2)$ in mL**	**$V(O_2)$ in mL**
...	...	...	...	...
200	600	120.000	15,0	7,5
...	...	...	...	...

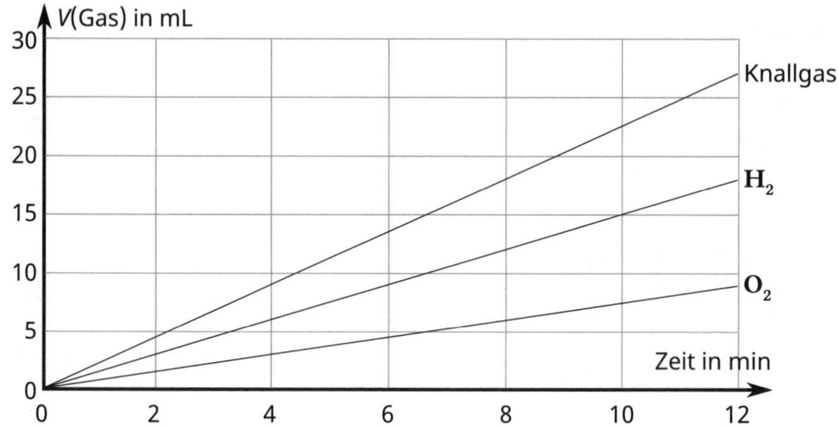

Auswertung c):

Die Gasvolumina sind bei konstanter Stromstärke proportional zur Zeit und proportional zur Ladung.

Das Volumen an Wasserstoff ist doppelt so groß wie das Volumen an Sauerstoff.

Auswertung d):

Die Stoffmenge an Wasserstoff für den o.a. Zahlenwert $V(\mathbf{H_2})$ = 15,0 mL ist:

$n(\mathbf{H_2}) = V(\mathbf{H_2})/V_m$

$n(\mathbf{H_2})$ = 15,0 mL/ 24,0 L/mol

$n(\mathbf{H_2})$ = 0,000625 mol.

Da das Volumen an Sauerstoff halb so groß ist wie das Volumen an Wasserstoff, ist auch die Stoffmenge an Sauerstoff halb so groß wie die von Wasserstoff:

$n(\mathbf{O_2})$ = 0,000313 mol.

A1:

Die Ladungen werden nach $Q = I \cdot t$ berechnet. Vgl. Auswertung b).

A2:

Das Volumen von 0,5 mol Wasserstoff ist:

$V(\mathbf{H_2}) = n \cdot V_m$ = 0,5 mol · 24,0 L/mol = 12,0 L.

Dem Diagramm von Auswertung b) ist zu entnehmen, dass die Abscheidung von 12,0 mL Wasserstoff nach etwa 8 min = 480 s erfolgt. Die Abscheidung von 12,0 L Wasserstoff, entsprechend der Reduktion von 1 mol Oxonium-Ionen, erfolgt danach nach 480.000 s.

Die Ladung, die zur Abscheidung geflossen ist, beträgt damit
Q = 200 mA · 480.000 s = 96000 As.
Dieser Wert entspricht der FARADAY-Konstanten. Abweichungen sind durch Messfehler bedingt.

A3:
Gegeben: $m(\mathbf{Ag}) = 1{,}118$ mg
$I = 1$ A
$t = 1$ s
$Q = I \cdot t = 1\ \mathrm{A} \cdot 1\ \mathrm{s} = 1\ \mathrm{C}$

Berechnung der Stoffmenge an Silber, die man mit 1 Coulomb abscheidet:

$$n(\mathbf{Ag}) = \frac{1\ \mathrm{C}}{1 \cdot 96487\ \mathrm{C} \cdot \mathrm{mol}^{-1}} = 1{,}036 \cdot 10^{-5}\ \mathrm{mol}$$

Dies entspricht einer Silberportion von:
$m(\mathbf{Ag}) = 1{,}036 \cdot 10^{-5}\ \mathrm{mol} \cdot 107{,}9\ \mathrm{g} \cdot \mathrm{mol}^{-1} = 1{,}118 \cdot 10^{-3}\ \mathrm{g} = 1{,}118\ \mathrm{mg}$
Dies entspricht dem Definitionswert.

Seite 108 und 109

A1:
Bei der Kupfer-Raffination muss die Elektrolysespannung möglichst gering gehalten werden, damit an der Kathode außer Kupfer kein anderes Metall abgeschieden wird. Da an der Anode durch Oxidation neben Kupfer(II)-Ionen $\mathbf{Cu^{2+}(aq)}$ auch Ionen anderer, unedlerer Metalle, die im Rohkupfer als Verunreinigungen enthalten sind, z.B. Eisen(II)-Ionen $\mathbf{Fe^{2+}(aq)}$, Blei(II)-Ionen $\mathbf{Pb^{2+}(aq)}$, Zinn(II)-Ionen $\mathbf{Sn^{2+}(aq)}$, Nickel(II)-Ionen $\mathbf{Ni^{2+}(aq)}$, vorliegen, käme es auch zu deren Reduktion und Abscheidung der entsprechenden Metalle, wenn die Elektrolysespannung zu hoch wäre.

A2:
Die Gleichung zu den FARADAY-Gesetzen von S. 107, B4 lautet:

$$n(\mathbf{X}) = \frac{Q}{z \cdot F}$$

Mit $n(\mathbf{X}) = \frac{m(\mathbf{X})}{M(\mathbf{X})}$ und $Q = I \cdot t$ (vgl. S. 107, B3) lautet die Gleichung:

$$\frac{m(\mathbf{X})}{M(\mathbf{X})} = \frac{I \cdot t}{z \cdot F}$$

Diese Gleichung wird nach t umgeformt, dann werden die Zahlenwerte und Einheiten eingesetzt:

$$t = \frac{m(\mathbf{X}) \cdot z \cdot F}{M(\mathbf{X}) \cdot I} = \frac{10 \text{ g} \cdot 2 \cdot 96487 \text{ A} \cdot \text{s} \cdot \text{mol}^{-1}}{63{,}5 \text{ g} \cdot \text{mol}^{-1} \cdot 10000 \text{ A}} = 3{,}04 \text{ s.}$$

A3:

Der Zusatz von Schwefelsäure bewirkt eine gute Löslichkeit aller Metall-Ionen, die bei der Oxidation der Anode aus Rohkupfer gebildet werden (die entsprechenden Sulfate sind gut wasserlöslich). Die elektrische Leitfähigkeit der Lösung durch bewegliche Ionen ist dadurch gesichert bzw. wird verbessert. Dennoch werden an der Kathode nicht Oxonium-Ionen aus der Schwefelsäure entladen (es entsteht kein Wasserstoff), sondern Kupfer(II)-Ionen, weil des Redoxpotenzial $E^0(\mathbf{Cu/Cu^{2+}})$ größer („positiver") ist als das Redoxpotenzial von $E^0(\mathbf{H_2/2\ H_3O^+})$ und die Kupfer(II)-Ionen daher leichter Elektronen aufnehmen als die Oxonium-Ionen. Analog werden der Anode nicht Wasser-Moleküle oxidiert (es entsteht kein Sauerstoff), sondern Kupfer-Atome und Atome unedler Metalle.

A4:

Die Redoxpotenziale von Kupfer und Arsen liegen nahe beieinander, sodass es bei einem starken Anstieg des Arsengehalts zu einer Abscheidung von Arsen an der Kathode kommen kann. Eine Abscheidung von Arsen und Kupfer ist gleichberechtigt, wenn $E(\mathbf{As/As^{3+}}) = E(\mathbf{Cu/Cu^{2+}})$.

Bei einer angenommenen Kupfer(II)-Konzentration von $c = 0{,}01$ mol/L errechnet sich die Arsenkonzentration nach:

$$E^0(\mathbf{As/As^{3+}}) = \frac{0{,}059 \text{ V}}{3} \cdot \lg\{c(\mathbf{As^{3+}})\} = E^0(\mathbf{As/Cu^{2+}}) = \frac{0{,}059 \text{ V}}{2} \cdot \lg\{c(\mathbf{Cu^{2+}})\}$$

$$\lg\{c(\mathbf{As^{3+}})\} = \frac{0{,}35 \text{ V} - 0{,}30 \text{ V} + 0{,}0295 \text{ V} \cdot \lg 0{,}01}{0{,}0197 \text{ V}} = -\,0{,}46$$

$$c(\mathbf{As^{3+}}) = 10^{-0{,}46} \text{ mol/L} = 0{,}35 \text{ mol/L}$$

Seite 110 und 111

B1:
Die drei Darstellungen veranschaulichen die vier Basiskonzepte aus den Überschriften in B1 wie folgt:

- Die beiden Basiskonzepte Stoff-Teilchen und Struktur-Eigenschaften sind in der Skizze anhand eines Beispiels mit zwei Stoffen und den Strukturen der sie aufbauenden Teilchenverbände veranschaulicht. Ein Metall wird mit einem Salz verglichen. Bei Druckanwendung verformt sich ein Metallstück ohne zu brechen, weil seine Teilchen, die Atome, sich gegeneinander verschieben. Das ist möglich, weil die Bindungen zwischen den Atomen durch die freien Elektronen im Metallgitter erhalten bleiben. Wird ein Druck auf einen Salzkristall ausgeübt, so bricht dieser, weil seine Teilchen, die Ionen, so gegeneinander verschoben werden, dass es zu Abstoßungen zwischen Ionen gleicher elektrischer Ladung kommt.
- Das Basiskonzept Energie wird in der entsprechenden Skizze anhand eines Analogbeispiels veranschaulicht. Die rote Kugel könnte spontan aus der Position „Ausgangsstoffe“ in die Position „Endstoffe“ rollen, wenn es dazwischen nicht den mit „Aktivierungsenergie“ beschrifteten Berg gäbe. Analog ist auch für den Start einer exergonischen Reaktion, bei der energiereiche Edukte in energieärmere Produkte übergehen, die anfängliche Zufuhr von Aktivierungsenergie notwendig.
- Das Basiskonzept Chemisches Gleichgewicht ist durch die Darstellung der Konzentrationsänderung in Abhängigkeit von der Zeit bei der Veresterung (Hinreaktion) und Esterhydrolyse (Rückreaktion) veranschaulicht. Gemäß der Darstellung erreicht die Konzentration der Ethansäure nach ca. 5,5 Tagen einen ab da an konstanten Wert, ganz gleich, ob die Esterhydrolyse oder die Veresterung angesetzt wurde. Dies bedeutet, dass sich nach 5,5 Tagen das chemische Gleichgewicht eingestellt hat.

B2:
Die dargestellten Teilchen und ihre Funktionen sind:

- Wasser-Molekül, Protonen-Donator, Säure
- Ammoniak-Molekül, Protonen-Akzeptor, Base
- Hydroxid-Ion, konjugierte Base der (Ausgangs)Säure
- Ammonium-Ion, konjugierte Säure der (Ausgangs)Base

B3:

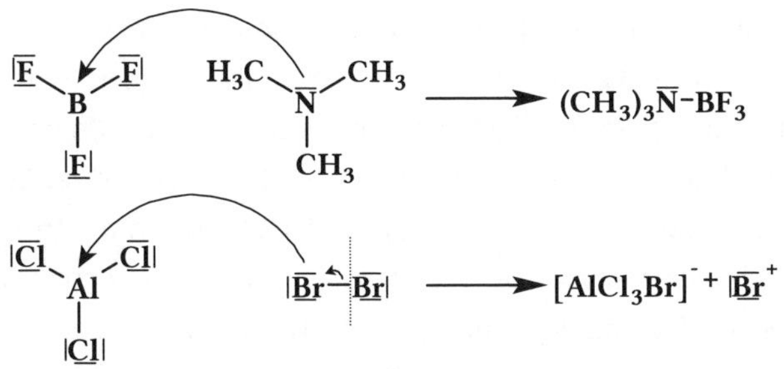

Auswertung a):

Gegenüberstellung	Gemeinsamkeiten	Unterschiede
Säure/Reduktionsmittel	Donator von ...	... Protonen bzw. Elektronen
Base/Oxidationsmittel	Akzeptor von ...	... Protonen bzw. Elektronen
Protolyse/Redoxreaktion	Übertragung (Transfer) von ...	... Protonen bzw. Elektronen
HENDERSON-HASSELBALCH-Gleichung/ NERNST-Gleichung	Die Größe links vom Gleichheitszeichen ist die Summe aus einer Konstante und einem logarithmischen Term, in dem der Quotient aus einem Konzentrationsverhältnis logarithmiert wird.	In dem ersten Fall wird der *p*H–Wert berechnet, im zweiten das Redoxpotenzial; die Konstanten sind pK_S bzw. E^0; unter dem Logarithmus steht das Verhältnis der Konzentrationen aus konjugierter Base und Säure eines Säure-Base-Paares bzw. aus oxidierter und reduzierter Form eines Redoxpaares.

Auswertung b):

Die Fällungsreaktion passt nicht zu den in der INFO angegebenen Reaktionen, weil in der Fällungsreaktion weder eine Protonen- noch Elektronenübertragung stattfindet.

A1:

- Ein Beispiel für eine Säure nach dem Donator-Akzeptor-Konzept ist Chlorwasserstoff, weil seine Teilchen, die Chlorwasserstoff-Moleküle **HCl**, als

Protonen-Donatoren fungieren können. Dabei ist es ganz gleich, an was für Teilchen die Protonen abgegeben werden. Sind diese Teilchen Wasser-Moleküle, so werden Oxonium-Ionen H_3O^+ gebildet, die in hydratisierter Form als Hydronium-Ionen $H_3O^+(aq)$ vorliegen. Der Stoff Chlorwasserstoff $HCl(g)$ ist auch eine Säure nach ARRHENIUS, weil er in wässriger Lösung hydratisierte Wasserstoff-Ionen $H^+(aq)$ bzw. Hydronium-Ionen $H_3O^+(aq)$ bildet. Da sich die ARRHENIUS-Definition nur auf wässrige Lösungen beschränkt, ist jede BRÖNSTED-Säure auch eine Säure nach ARRHENIUS.
- Sauerstoff ist nach dem Donator-Akzeptor-Konzept ein Oxidationsmittel, weil die Sauerstoff-Moleküle als Elektronen-Akzeptoren wirken, wenn z. B. ein Metall oxidiert wird. Nach LAVOSIER ist Sauerstoff das wichtigste Oxidationsmittel, weil die Oxidation als Reaktion eines Stoffes mit Sauerstoff definiert ist.

A2:

Bei der Umsetzung von Eisen mit Kupfersulfat-Lösung läuft folgende Reaktion ab:
$Cu^{2+}(aq) + Fe(s) \longrightarrow Cu(s) + Fe^{2+}(aq)$; $\Delta G_R < 0$ (exergonische Reaktion)
- Da hier Eisen-Atome als Elektronen-Donatoren und Kupfer(II)-Ionen als Elektronen-Akzeptoren fungieren, handelt es sich um eine Redoxreaktion, die dem Donator-Akzeptor-Konzept zugeordnet bzw. damit beschrieben und erklärt werden kann.
- Das Basiskonzept Energie kommt bei diesem Reaktionsbeispiel insofern zur Anwendung, als diese Hinreaktion selbsttätig verläuft, beispielsweise wenn ein Eisennagel in eine Kupfersulfat-Lösung getaucht wird. Daher gilt für die freie Reaktionsenthalpie die Beziehung für exergonische Reaktionen $\Delta G_R < 0$.
- Schließlich ist auch das Basiskonzept vom chemischen Gleichgewicht für diese Reaktion relevant, d.h. es stellt sich ein Gleichgewicht ein. Die Hinreaktion überwiegt dabei stark, d.h. das Gleichgewicht liegt auf der Produktseite. Es kann aber durch Konzentrations- und Temperaturänderungen verschoben werden.

Seite 112 und 113

B3:

Wenn man die Chlor-Alkali-Elektrolyse mit Platin-Elektroden durchführt, sind ebenfalls Wasserstoff und Chlor als Produkte zu erwarten. Begründet ist dies

dadurch, dass der Betrag des Abscheidungspotenzials von Wasserstoff [$E_a(H_2)$ = – 0,41 V + (– 0,05 V) = – 0,46 V] kleiner ist als der des Abscheidungspotenzials von Natrium [E_a = – 2,71 V] und der Betrag des Abscheidungspotenzials von Chlor [$E_a(Cl_2)$ = 1,36 V + 0,03 V = 1,39 V] kleiner ist als der des Abscheidungspotenzials von Sauerstoff [$E_a(O_2)$ = 0,82 V + 0,65 V = 1,47 V].
Die Zersetzungsspannung ist kleiner als bei der Verwendung von Graphit-Elektroden:
U_z = 1,39 V + 0,46 V = 1,85 V.

Auswertung a):
Bei der Elektrolyse von Natriumchlorid entstehen Wasserstoff und Chlor. Der kathodisch gebildete Wasserstoff lässt sich durch die Knallgasprobe nachweisen. Chlor kann man durch Einleiten in Iodid-Lösung nachweisen (Braunfärbung durch Iod).

Auswertung b):
Am Minuspol entstehen OH^--Ionen gemäß folgender Gleichung:
$$2\ H_2O(l) + 2\ e^- \rightarrow 2\ OH^-(aq) + H_2(g)$$
Bei der Elektrolyse steigt also der *p*H-Wert der Salzlösung, was die Indikatorverfärbung zeigt.

Auswertung c):
Pluspol: $2\ Cl^-(aq) \rightarrow Cl_2(g) + 2\ e^-$
Minuspol: $2\ H_2O(l) + 2\ e^- \rightarrow 2\ OH^-(aq) + H_2(g)$

A1:
Gegeben: I = 390.000 A
t = 24 h = 86.400 s
$M(Cl_2)$ = 71 g/mol
Berechnung der elektrolytisch gewonnenen Chlor-Stoffmenge mithilfe des FARADAY-Gesetzes:

$$n(Cl_2) = \frac{390.000\ A \cdot 86.400\ s}{2 \cdot 96487\ A \cdot s/mol} = 174.614\ mol$$

Das entspricht einer Tonnage von:
$m(Cl_2) = n(Cl_2) \cdot M(Cl_2)$ = 174.614 mol · 71 g/mol = 12,4 · 10^6 g = 12,4 t

Seite 114 und 115

Auswertung a) und b):
Die bei der Oxidation des Zinks frei werdenden Elektronen fließen zum Kupfer, wo sie von den in der Salzsäure befindlichen hydratisierten Wasserstoff-Ionen (bzw. Hydronium-Ionen) aufgenommen werden. Dabei wird Wasserstoffgas frei gesetzt, ohne dass dabei Kupfer-Atome oxidiert werden. Wie in einer galvanischen Zelle laufen auch hier die Oxidation und die Reduktion an räumlich getrennten, jedoch leitend miteinander verbundenen Stellen ab.

Auswertung c):
Ähnlich wie in V1 wird auch bei der in B2 dargestellten Verschraubung das unedlere Metall oxidiert. Das ist in diesem Fall Eisen. Das edlere Messing, die Kupfer-Zink-Legierung, bleibt dabei ähnlich wie der Platin- oder Kupferdraht in V1 weitestgehend vor Oxidation (Korrosion) verschont.

Auswertung d):
Die in der Aufgabenstellung angegebene Reihenfolge der Heftigkeit, mit der sich Wasserstoff-Bläschen bilden (Platin, Kupfer, Eisen), entspricht der Reihenfolge, in der die Redoxpotenziale der drei Metalle Platin, Kupfer und Eisen immer weiter vom Redoxpotenzial des Zinks zu positiveren Werten hin verschoben sind (vgl. S. 71, B3). An Platin mit $E^0(\mathbf{Pt/Pt^{2+}})$ = +1,2 V ist die Wasserstoffentwicklung am stärksten, an Eisen mit $E^0(\mathbf{Fe/Fe^{2+}})$ = – 0,41 V am schwächsten.

Auswertung e):

- Die Säurekorrosion in INFO aus B3 entspricht der Korrosion in V1 (B1), weil in beiden Fällen Wasserstoff-Ionen bzw. Hydronium-Ionen reduziert werden. In V1 werden Zink-Atome oxidiert, in B3 sind es Eisen-Atome. In V1 besteht ein Kontakt zwischen zwei verschiedenen Metallen. Dagegen besteht der Kontakt in B3 zwischen zwei Bereichen in einem Eisenstück, von denen einer als Anode und einer als Kathode bezeichnet ist. Die Eisen-Atome aus der Anode werden leichter oxidiert als die aus der Kathode.
- Die Sauerstoffkorrosion in INFO aus B3 entspricht der Korrosion in B1, weil sich in beiden Fällen rotbrauner Rost **FeO(OH)** an feuchter Luft bildet. Dem edleren Messing in B2 entspricht in B3 die Kathode; die Oxidation (Korrosion) findet in beiden Fällen an der Anode statt.

A1:
Billige Zinkperlen mit Verunreinigungen erzeugen eine heftigere Gasbildung, wenn sie in Salzsäure gegeben werden, weil das Zink mit den Verunreinigungen ähnliche Kontaktelemente wie das System aus V1 bildet. Es ist davon auszugehen, dass die Verunreinigungen aus dem Zink edlere Metalle als das Zink selbst sind.

Seite 116 und 117

B2:
In der Vorschrift zu LV4 wird eine Vorrichtung für einen Laborversuch beschrieben, in dem ein Metallstück verkupfert werden soll. Die Beschreibung enthält genaue Angaben über Mengen und Konzentrationen.
In B2 ist eine Galvanisierungsvorrichtung abgebildet, die offensichtlich auch dem Galvanisieren dient und gewerblich genutzt wird. Die zu sehenden Geräte sind einfach und notdürftig, genaue Informationen darüber, mit welchen Stoffen und mit welchen Mengen gearbeitet wird, fehlen.

B5:
Beim Verzinken spricht man von einem aktiven Schutz, weil das Zink bei diesem Schutzmechanismus aktiv wird, d.h. selbst korrodiert. Im Gegensatz dazu ist ein Überzug aus Zinn nicht aktiv. Ein Riss im Zinnüberzug verursacht eine beschleunigte Korrosion des unedleren Eisens.
Das Verkupfern eines Eisenstücks hätte den gleichen Effekt wie das Verzinnen. Die Kupferschicht schützt das Eisen passiv, solange kein Riss in der Kupferschicht vorhanden ist.

Auswertung a):
Bei den Proben a) bis c) färbt sich die Lösung stellenweise blau und/oder pink:
- bei a) blau in der Umgebung des Eisennagels und pink in der Umgebung des Kupferstreifens
- bei b) pink in der Umgebung des Eisennagels (keine Färbung in der Umgebung des Zinkstreifens)
- bei c) blau bzw. pink an verschiedenen Stellen des Eisennagels

Auswertung b):

Bei Probe a) werden Eisen-Atome an der Oberfläche des Eisennagels zu Eisen(II)-Ionen oxidiert, die in die Lösung diffundieren und zur Blaufärbung das Nachweisreagenzes Kaliumhexacyanoferrat(III) führen:

$$Fe(s) \rightarrow Fe^{2+}(aq) + 2\ e^-$$

An der Oberfläche des Kupferstreifens werden Wasser-Moleküle reduziert; die gebildeten Hydroxid-Ionen führen zur Pinkfärbung des Indikators Phenolphthalein:

$$2\ e^- + 2\ H_2O(l) \rightarrow 2\ OH^-(aq) + H_2(g)$$

Bei Probe b) werden Zink-Atome an der Oberfläche des Zinkblechs zu Zink(II)-Ionen oxidiert, die in die Lösung diffundieren und keine Färbung von Kaliumhexacyanoferrat(III) verursachen:

$$Zn(s) \rightarrow Zn^{2+}(aq) + 2\ e^-$$

An der Oberfläche des Eisennagels werden Wasser-Moleküle reduziert; die gebildeten Hydroxid-Ionen führen zur Pinkfärbung des Indikators Phenolphthalein:

$$2\ e^- + 2\ H_2O(l) \rightarrow 2\ OH^-(aq) + H_2(g)$$

Bei Probe c) werden Eisen-Atome an der Oberfläche des Eisennagels an einigen Stellen (in der Regel am zylindrischen Teil des Nagels) zu Eisen(II)-Ionen oxidiert, die in die Lösung diffundieren und zur Blaufärbung das Nachweisreagenzes Kaliumhexacyanoferrat(III) führen:

$$Fe(s) \rightarrow Fe^{2+}(aq) + 2\ e^-$$

An anderen Stellen (i.d.R. an der Spitze des Nagels) werden Wasser-Moleküle reduziert; die gebildeten Hydroxid-Ionen führen zur Pinkfärbung des Indikators Phenolphthalein:

$$2\ e^- + 2\ H_2O(l) \rightarrow 2\ OH^-(aq) + H_2(g)$$

Auswertung c):

offene Aufgabe

Auswertung d):

Bei V3 ist in dem Schenkel des U-Rohrs, das am Pluspol angeschlossen ist, eine Blaufärbung zu beobachten, in dem anderen Schenkel eine Pinkfärbung.

Am Pluspol (Anode) läuft die Oxidation: $Fe(s) \rightarrow Fe^{2+}(aq) + 2\ e^-$

und am Minuspol die Reduktion: $2\ e^- + 2\ H_2O(l) \rightarrow 2\ OH^-(aq) + H_2(g)$ ab.

Auswertung e):
Die Maßnahme b) (Zinkbleich in Kontakt mit Eisennagel) und die Maßnahme in V3, den Eisennagel mit dem Minuspol einer Gleichstromquelle zu verbinden, haben den gleichen Effekt: Sie schützen das Eisen vor Korrosion (vor Oxidation).
Die Maßnahme a) (Kupferstreifen in Kontakt mit Eisennagel) und die Maßnahme in V3, den Eisennagel mit dem Pluspol einer Gleichspannungsquelle zu verbinden, haben ebenfalls den gegenteiligen Effekt: Sie beschleunigen die Korrosion (die Oxidation) von Eisen.

Auswertung f):
Der Kontakt von Eisen zu einem edleren Metall als Eisen, d.h. mit einem Metall **Me**, für dessen Redopotenzial gilt $E^0(\mathbf{Me/Me^{z+}}) > E^0(\mathbf{Fe/Fe^{2+}})$ oder der Anschluss von Eisen an den Pluspol einer Gleichspannungsquelle führt zu einer schnelleren Korrosion von Eisen.
Der Kontakt von Eisen zu einem unedleren Metall als Eisen, d.h. mit einem Metall **Me**, für dessen Redopotenzial gilt $E^0(\mathbf{Me/Me^{z+}}) < E^0(\mathbf{Fe/Fe^{2+}})$, oder der Anschluss von Eisen an den Minuspol einer Gleichspannungsquelle führt zu einer langsameren Korrosion von Eisen.

Auswertung g):
Reaktionsgleichungen bei LV4:
Am Pluspol: $\mathbf{Cu(s) \rightarrow Cu^{2+}(aq) + 2e^-}$
Am Minuspol: $\mathbf{Cu^{2+}(aq) + 2e^- \rightarrow Cu(s)}$

A1:
offene Aufgabe

Seite 118 bis 121
KOMPETENZEN TRAINIEREN

A1:

VI -II	IV -II	I -II	0	V -II	V -II
$\mathbf{SO_3}$	$\mathbf{SO_3^{2-}}$	$\mathbf{N_2O}$	$\mathbf{N_2}$	$\mathbf{P_4O_{10}}$	$\mathbf{PO_4^{3-}}$

A2:

Das Hydrogenphosphat-Ion $\mathbf{HPO_4^{2-}}$ ist die Base des Säure-Base-Paars $\mathbf{H_2PO_4^-/HPO_4^{2-}}$ sowie die Säure des Säure-Base-Paars $\mathbf{HPO_4^{2-}/PO_4^{3-}}$.

Mit Säuren (Protonen-Donatoren), die stärker als Dihydrogenphosphat-Ionen sind, reagieren Hydrogenphosphat-Ionen als Basen (Protonen-Akzeptoren) unter Bildung von Dihydrogenphosphat-Ionen: $\mathbf{H_3O^+ + HPO_4^{2-} \rightarrow H_2O + H_2PO_4^-}$.

Mit Basen (Protonen-Akzeptoren), die stärker als Phosphat-Ionen sind, reagieren Hydrogenphosphat-Ionen als Säuren (Protonen-Donatoren) unter Bildung von Phosphat-Ionen: $\mathbf{OH^- + HPO_4^{2-} \rightarrow H_2O + PO_4^{3-}}$.

Eisen(II)-Ionen $\mathbf{Fe^{2+}}$ sind im Redoxpaar $\mathbf{Fe/Fe^{2+}}$ der Elektronen-Akzeptor (das Oxidationsmittel), im Redoxpaar $\mathbf{Fe^{2+}/Fe^{3+}}$ der Elektronen-Donator (das Reduktionsmittel).

Mit Reduktionsmitteln (Elektronen-Donatoren), die stärker als Eisen-Atome sind, wie z.B. Zink-Atome, reagieren Eisen(II)-Ionen als Elektronen-Akzeptoren und werden zu Eisen-Atomen reduziert: $\mathbf{Zn + Fe^{2+} \rightarrow Zn^{2+} + Fe}$.

Mit Oxidationsmitteln, die stärker als Eisen(III)-Ionen sind, wie z.B. Sauerstoff-Moleküle, reagieren sie als Elektronen-Donatoren und werden zu Eisen(III)-Ionen oxidiert:

$$\mathbf{4\,Fe^{2+} \rightarrow 4\,Fe^{3+} + 4\,e^-}$$

$$\mathbf{O_2 + 2\,H_2O + 4\,e^- \rightarrow 4\,OH^-}.$$

A3:

Durch Eintauchen des Kupfer- und des Zinkstabs in die vier Lösungen in einer passend gewählten Reihenfolge bekommt man relativ schnell heraus, welche Lösung in welchem Gefäß ist.

Die Kupfersulfat-Lösung erkennt man schon an der hellblauen Farbe. Taucht man den Zinkstab darin ein, so scheidet sich metallisches Kupfer ab.

Die drei restlichen Lösungen sind farblos. Wenn beim Eintauchen des Zinkstabs in eine dieser drei Lösungen eine Gasentwicklung eintritt und beim Eintauchen des Kupferstabs nicht, handelt es sich um die Salzsäure.

Die ebenfalls farblose Zinksulfat-Lösung bewirkt weder am Zink- noch am Kupferstab Abscheidungen (weder ein Gas noch ein Feststoff scheidet sich ab).

Die ebenfalls farblose Silbernitrat-Lösung wird dadurch identifiziert, dass sich am Kupferstab in dieser Lösung schwarzes, fein verteiltes Silber abscheidet.

A4:

a) Laborversuch zum 1. Schritt der Kupfergewinnung:
Zu verd. Schwefelsäure wird schwarzes Kupfer(II)-oxid gegeben und verrührt.
Zu erwartenden Beobachtungen: Schwarzes Kupfer(II)-oxid löst sich, die Lösung färbt sich blau, da die Kupfer(II)-Ionen aus dem Kupfer(II)-oxid in Lösung gehen:

$$CuO(s) + H_2SO_4(aq) \rightarrow CuSO_4(aq) + H_2O(l)$$
$$[Cu^{2+}O^{2-}](s) + 2\,H_3O^+(aq) + SO_4^{2-}(aq) \rightarrow Cu^{2+}(aq) + SO_4^{2-}(aq) + 3\,H_2O(l)$$

Laborversuch zum 2. Schritt der Kupfergewinnung:
Die entstandene Kupfersulfat-Lösung wird mit Eisenwolle versetzt.
Zu erwartende Beobachtungen: An der Eisenwolle setzt sich rötliches Kupfer ab, die blaue Lösung wird allmählich farblos.

b) Die im 1. Schritt ablaufende Reaktion ist eine Protonenübertragungsreaktion (Säure-Base-Reaktion). Die Oxid-Ionen aus dem Kupferoxid reagieren als Base (Protonen-Akzeptor), die Oxonium-Ionen aus der Schwefelsäure als Säure (Protonen-Donator) :

$$H_3O^+ + O^{2-} \rightarrow H_2O + OH^-$$
$$H_3O^+ + OH^- \rightarrow 2\,H_2O$$

Die im 2. Schritt ablaufende Reaktion ist eine Elektronenübertragungsreaktion (Redoxreaktion). Die Eisen-Atome aus der Eisenwolle sind die Elektronen-Donatoren, die Kupfer(II)-Ionen sind die Elektronen-Akzeptoren:

$$Fe(s) \rightarrow Fe^{2+}(aq) + 2e^-$$
$$Cu^{2+}(aq) + 2\,e^- \rightarrow Cu(s)$$

A5:

a)

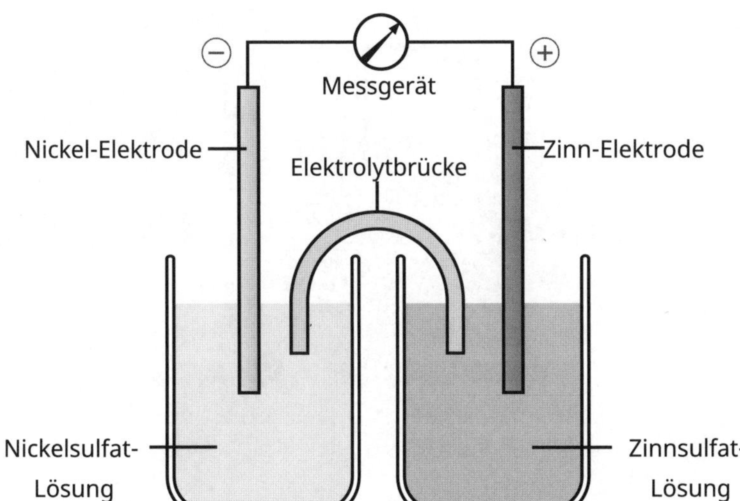

b) Anode: $Ni \rightarrow Ni^{2+} + 2\,e^-$

Kathode: $Sn^{2+} + 2\,e^- \rightarrow Sn$

c) Die Ammonium-Ionen wandern zur Kathode, um die Ladung der verbrauchten Kationen auszugleichen, die Chlorid-Ionen wandern zur Anode, wo sie die entstehenden Kationen ausgleichen.

A6:

a) Damit Kupfer oxidiert (angeätzt) werden kann, muss das Redoxpotenzial des Reaktionspartners positiver sein als das von Kupfer. Kupfer ($E^0(Cu/Cu^{2+})$ = + 0,35 V) kann mit Salzsäure ($E^0(H_2/2\,H^+)$ = 0 V) nicht angeätzt werden, wohl aber mit Salpetersäure ($E^0(NO/(NO_3^- + 4\,H_3O^+))$ = + 0,96 V) und von Eisen ($E^0(Fe^{2+}/Fe^{3+})$ = + 0,77 V) angeätzt werden.

b) Das Redoxpotenzial von Silber beträgt $E^0(Ag/Ag^+)$ = 0,80 V. Nach den Ausführungen von a) kann es also nur mit Salpetersäure nicht aber mit Eisen(III)-chlorid-Lösung angeätzt werden.

A7:

In saurer Lösung bei *p*H-Wert = 0 ist das Potenzial des Redoxpaares Mn^{2+}/MnO_4^- größer als das des Redoxpaares Cl^-/Cl_2. Das bedeutet, dass Permanganat-Ionen auf Chlorid-Ionen oxidierend wirken, sodass Chlor entsteht.

A8:

a)

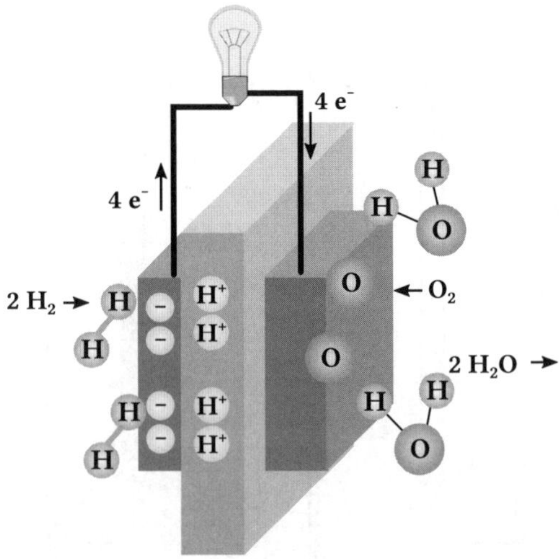

Am Minuspol (der Anode) werden Wasserstoff-Atome aus den Wasserstoff-Molekülen zu Wasserstoff-Ionen oxidiert, an der Kathode (Minuspol) werden Sauerstoff-Atome aus den Sauerstoff-Molekülen reduziert und unter Beteiligung von Wasserstoff-Ionen in Wasser-Molekülen gebunden.
Durch den äußeren Stromkreis fließen Elektronen vom Minuspol (der Wasserstoff-Elektrode) zum Pluspol (der Sauerstoff-Elektrode). Durch die PEM (Proton Exchange Membrane) fließen Protonen (Wasserstoff-Ionen) von der Wasserstoff- zur Sauerstoff-Elektrode.

b) *Gemeinsamkeiten* zwischen der Bennstoffzelle und dem DANIELL-Element:
In beiden Zellen wird chemische Energie in elektrische Energie umgewandelt und in beiden Zellen finden Redoxreaktionen statt.
Die Oxidation und die Reduktion finden in beiden Zellen an räumlich getrennten, durch einen Elektrolyt verbundenen Stellen statt und in beiden kommt es zu einer Spannung zwischen der negativ geladenen Anode und einer positiv geladenen Kathode, sodass beim Einbau eines „Verbrauchers" in den äußeren elektrischen Stromkreis dieser elektrisch betrieben werden kann.
Unterschiede: Während beim Betrieb des DANIELL-Elements und anderer galvanischen Zellen Metalle und Metallsalze chemisch umgesetzt werden, verbinden sich bei der Brennstoffzelle Wasserstoff und Sauerstoff zu Wasser.

A9:
Aus der gemessenen Spannung und dem Standardpotenzial der Silber-Halbzelle lässt sich das Potenzial der Wasserstoff-Halbzelle berechnen:
$U = E^0(\mathbf{Ag/Ag^+}) - E(\mathbf{H_2/2\,H^+})$
$E(\mathbf{H_2/2\,H^+}) = -\,918\text{ mV} + 800\text{ mV} = -\,118\text{ mV}$.
Die Konzentration der Oxonium-Ionen und der *p*H-Wert berechnen sich nach der NERNST-Gleichung:
$E(\mathbf{H_2/2\,H^+}) = 0{,}059\text{ V} \cdot \lg\{c(\mathbf{H_3O^+})\}$
$\lg\{c(\mathbf{H_3O^+})\} = -\,118\text{ mV} : 59\text{ mV} = -\,2$
$c(\mathbf{H_3O^+}) = 0{,}01\text{ mol/L}$; *p*H = 2.

A10:
a) $E^0 = 0$ V gilt für $c(\mathbf{H^+}) = 1$ mol/L, also *p*H = 0, und bei *p*H = 7 ist $c(\mathbf{H^+}) = 10^{-7}$ mol/L. Schätzungsweise muss das Potenzial negativer werden, weil die

Verringerung der Konzentration der Protonen die Oxidation von H_2 zu $2\,H^+$ begünstigt. Bei exakter Betrachtung gilt nach NERNST:

$E = 0{,}059\ V \cdot \lg 10^{-7} = 0{,}059 \cdot -7 = -0{,}413\ V$.

b) Bei Zugabe des Indikators müsste dieser eine leicht saure Reaktion anzeigen. Bei der Kombination mit einer Standard-Kupfer-Halbzelle erhält man ein galvanisches Element, dessen Spannung größer als 0,35 V ist (genauer U = 0,76 V), in dem die Wasserstoff-Halbzelle die Donator-Halbzelle ist und die Kupfer-Halbzelle die Akzeptor-Halbzelle:

$H_2(g) \longrightarrow 2\,H^+(aq) + 2\,e^-$

$Cu^{2+}(aq) + 2\,e^- \longrightarrow Cu(s)$.

A11:

Berechnung der Potenziale der drei Halbzellen:

A: $E^0(Ni/Ni^{2+}, c = 1\ mol/L) = -0{,}23\ V$

B: $E(Ni/Ni^{2+}, c = 0{,}00004\ mol/L) = -0{,}23\ V + 0{,}0295\ V \cdot \lg 0{,}00004 = -0{,}36\ V$

C: $E(Co/Co^{2+}, c = 0{,}1\ mol/L) = -0{,}28\ V + 0{,}0295\ V \cdot \lg 0{,}1 = -0{,}31\ V$

a) Kombination aller drei Halbzellen miteinander.

Die jeweilige Spannung errechnet sich nach $U = E_A - E_D$

	Zelldiagramm	Spannung
A mit C:	$Co/Co^{2+}//Ni^{2+}/Ni$	$U = -0{,}23\ V - (-0{,}31\ V) = 0{,}08\ V$
A mit B:	$Ni/Ni^{2+}//Ni^{2+}/Ni$	$U = -0{,}23\ V - (-0{,}36\ V) = 0{,}13\ V$
B mit C:	$Ni/Ni^{2+}//Co^{2+}/Co$	$U = -0{,}31\ V - (-0{,}36\ V) = 0{,}05\ V$

Bei Kombination B mit C hat sich im Vergleich zu A mit C die Polung der beiden Halbzellen umgekehrt.

b) Die Konzentration der Nickel-Ionen müsste so gewählt werden, dass das Potenzial der Nickel-Halbzelle $E = -0{,}31\ V$ beträgt:

$-0{,}31\ V = -0{,}23\ V + 0{,}0295\ V \cdot \lg\{c(Ni^{2+})\}$

$-0{,}08\ V = 0{,}0295\ V \cdot \lg\{c(Ni^{2+})\}$

$\lg\{c(Ni^{2+})\} = (-0{,}08V) : 0{,}0295V = -2{,}71$

$c(Ni^{2+}) = 10^{-2{,}71}\ mol/L = 1{,}94 \cdot 10^{-3}\ mol/L$.

A12:

a) Beschriftete Skizze der galvanischen Zelle:

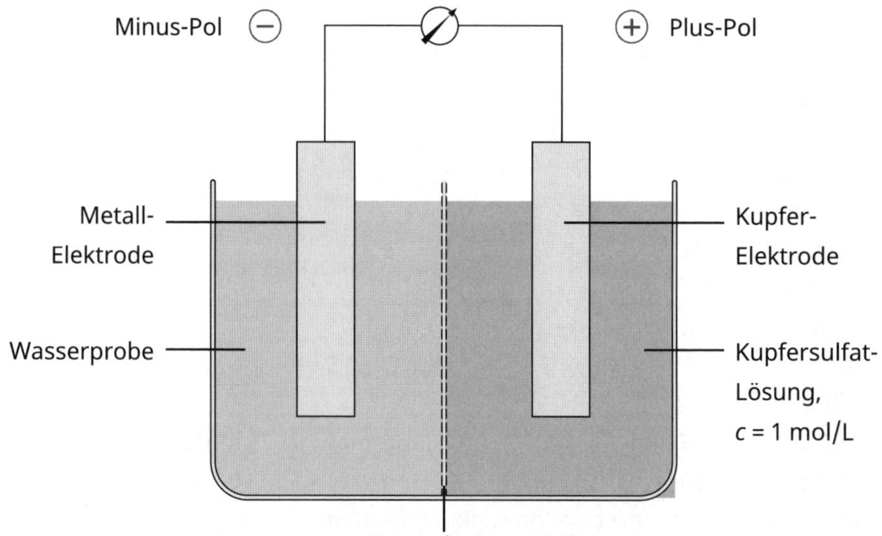

b) Die Wasserprobe mit sehr geringer Kupfer-Ionenkonzentration bildet die Donator-Halbzelle, die Elektrode hat das kleinere Potenzial, es gehen mehr Kupfer-Ionen aus dem Metall in Lösung als in der Vergleichshalbzelle (Akzeptor-Halbzelle). Bei Stromfluss werden in der Donator-Halbzelle Kupfer-Atome zu Kupfer-Ionen oxidiert, in der Vergleichshalbzelle Kupfer-Ionen zu Kupfer-Atomen reduziert. Insgesamt findet ein Konzentrationsausgleich statt.

c) Zellreaktion bei Zelle c)

Donator-Halbzelle: $2\ Ag(s) \rightarrow 2\ Ag^{+}(aq) + 2\ e^{-}$

Akzeptor-Halbzelle: $Cu^{2+}(aq) + 2\ e^{-} \rightarrow Cu\ (s)$

Die Silber-Halbzelle besitzt wegen der geringen Silber-Ionenkonzentration ein kleineres Potenzial als die Kupfer-Halbzelle. Im Vergleich zur Kupfer-Silber-Halbzelle unter Standardbedingungen findet hier eine Potenzialumkehr statt. Das edlere Metall geht in Lösung.

d) Berechnung der Potenziale der Mess-Halbzellen:

$U = E^{0}(Cu/Cu^{2+}) - E(\text{Mess-Halbzelle})$

$E(\text{Mess-Halbzelle}) = E^{0}(Cu/Cu^{2+}) - U$

a) $E(Cu/Cu^{2+}$ verd.$) = 0{,}35\ V - 0{,}22\ V = 0{,}13\ V$

b) $E(Pb/Pb^{2+}) = 0{,}35 V - 0{,}68\ V = -\ 0{,}33\ V$

c) $E(Ag/Ag^{+}) = 0{,}35\ V - 0{,}10 = 0{,}25\ V$

Berechnung der Metall-Ionenkonzentrationen in der Wasserprobe nach Umformen der NERNST-Gleichung:

$E(\mathbf{Me/Me^{z+}}) = E^0(\mathbf{Me/Me^{z+}}) + 0{,}059\ \mathrm{V} : z \cdot \lg c(\mathbf{Me^{z+}})$

$\lg c(\mathbf{Me^{z+}}) = [E(\mathbf{Me/Me^{z+}}) - E^0(\mathbf{Me/Me^{z+}})] \cdot z : 0{,}059\ \mathrm{V}$

a) $\lg c(\mathbf{Cu^{2+}}) = (0{,}13\ \mathrm{V} - 0{,}35\ \mathrm{V}) \cdot 2 : 0{,}059\ \mathrm{V} = -7{,}46$
   $c(\mathbf{Cu^{2+}}) = 10^{-7{,}46}\ \mathrm{mol/L} = 3{,}5 \cdot 10^{-8}\ \mathrm{mol/L}$

b) $\lg c(\mathbf{Pb^{2+}}) = [-0{,}33\ \mathrm{V} - (-0{,}13\ \mathrm{V})] \cdot 2 : 0{,}059\ \mathrm{V} = -6{,}78$
   $c(\mathbf{Pb^{2+}}) = 10^{-6{,}78}\ \mathrm{mol/L} = 1{,}7 \cdot 10^{-7}\ \mathrm{mol/L}$

c) $\lg c(\mathbf{Ag^{+}}) = (0{,}25\ \mathrm{V} - 0{,}80\ \mathrm{V}) : 0{,}059\ \mathrm{V} = -9{,}32$
   $c(\mathbf{Ag^{+}}) = 10^{-9{,}32}\ \mathrm{mol/L} = 4{,}8 \cdot 10^{-10}\ \mathrm{mol/L}$

Berechnung der Massenkonzentrationen:

$\beta(\mathbf{Cu^{2+}}) = c(\mathbf{Cu^{2+}}) \cdot M(\mathbf{Cu}) = 3{,}5 \cdot 10^{-8}\ \mathrm{mol/L} \cdot 63{,}5\ \mathrm{g/mol} = 2{,}2 \cdot 10^{-6}\ \mathrm{g/L}$

$\beta(\mathbf{Cu^{2+}}) = 0{,}0022\ \mathrm{mg/L}$

$\beta(\mathbf{Pb^{2+}}) = 1{,}7 \cdot 10^{-7}\ \mathrm{mol/L} \cdot (207{,}2 \cdot 1000)\ \mathrm{mg/mol} = 0{,}035\ \mathrm{mg/L}$

$\beta(\mathbf{Ag^{+}}) = 4{,}8 \cdot 10^{-10}\ \mathrm{mol/L} \cdot (107{,}9 \cdot 1000)\ \mathrm{mg/mol} = 5{,}2 \cdot 10^{-5}\ \mathrm{mg/L}$

Alle Metall-Ionenkonzentration liegen unter dem nach der Trinkwasserverordnung zulässigen Wert. Das geklärte Waser entspricht bezogen auf die genannten Schwermetall-Ionen Trinkwasserqualität.

A13:

Die photogalvanische Zelle liefert nur dann elektrische Spannung und elektrischen Strom, wenn die Donator-Halbzelle bzw. die Titandioxid-Elektrode mit Licht bestrahlt wird. Beim DANIELL-Element ist keine Lichtbestrahlung nötig. Beim DANIELL-Element wird die Zink-Elektrode aber während des Betriebs verbraucht, Zink wird zu Zink-Ionen oxidiert, die Titandioxid-Elektrode in der photogalvanischen Zelle verändert sich nicht. Allerdings werden hier Teilchen aus der Lösung oxidiert (z.B. Bromid-Ionen oder EDTA-Ionen). Beide Zellen liefern Spannungen von ca. 1 V.

In der Akzeptor-Halbzelle des DANIELL-Elements werden Kupfer-Ionen zu Kupfer reduziert, in der photogalvanischen Zelle Wasserstoff-Ionen $\mathbf{H^+}$ zu Wasserstoff $\mathbf{H_2}$.

Die photogalvanische Zelle erscheint unter dem Aspekt der Nachhaltigkeit günstiger, weil darin Lichtenergie (z.B. Sonnenlicht) in elektrische Energie und chemische Energie, in Form des Energiespeichers Wasserstoff, umgewandelt werden kann, während beim DANIELL-Element zwei Stoffe, Zink und ein Kupfersalz, verbraucht werden. Allerdings wird auch in der photogalvanischen Zelle ein Stoff verbraucht (in den Beispielen von S. 80, 81 Bromid-Ionen bzw. EDTA-Ionen). Erst verbesserte Versionen der photogalvanischen Zelle, bei denen die oxidierten Teilchen kostengünstig wieder in ihre reduzierte Form zurückgeführt werden könnten, wären dann nachhaltige Lösungen zur Energiegewinnung aus Licht.

A14:

a) Anode: $\mathbf{Zn \rightarrow Zn^{2+} + 2\,e^-}$

Kathode: $\mathbf{O_2 + 4\,e^- + 2\,H_2O \rightarrow 4\,OH^-}$

b) Im Laufe des Betriebs der Knopfzelle reichern sich Zink-Kationen und Hydroxid-Ionen an, die die Potenziale (NERNST-Gleichung) so verändern, dass die Spannung abnimmt.

A15:

Besonderheiten des Batterietyps „Zink-Luft-Zelle“:

- Oxidationsmittel ist Luftsauerstoff.
- Aktivkohle adsorbiert an ihrer großen Oberfläche Sauerstoff, der über eine Öffnung aus der Umgebung nachströmt.
- Die Nennspannung beträgt 1,4 V.
- Die Zelle ist auch zum Laden von Handy-Akkus einsetzbar.

Keine Besonderheiten:

- Zink wird oxidiert (wie in der LECLANCHÉ-Zelle oder der Alkali-Mangan-Batterie).
- Die Zink-Luft-Zelle ist selbst nicht wiederaufladbar.

Behauptungen im Text und Stellungnahme dazu:

1. Mit der Zink-Luft-Zelle ist der Durchbruch für das Elektroauto geschafft. Auch etwa 15 Jahre nach dieser Meldung fahren noch keine Autos mit Zink-Luft-Zellen serienmäßig. Offensichtlich ist ihre Entwicklung doch kein Durchbruch gewesen. Es scheint schwierig zu sein, den benötigten Sauerstoff aus der Luft in den erforderlichen Mengen zur Reaktion zu bekommen.
2. Bei der Zink-Luft-Batterie steckt mehr Energie in leichterem Material. Aktivkohle und Zink haben zwar eine kleinere Dichte als etwa das Blei des Bleiakkus, die Frage ist aber, welche Mengen davon notwendig sind, um dieselbe elektrische Energie zu gewinnen wie mit einem Bleiakku. Vorteilhaft für die Gesamtmasse ist, dass der Reaktionspartner Sauerstoff nicht ständig mittransportiert werden muss, sondern aus der überall vorhandenen Luft nachströmen kann. Wenn die Aussage stimmt, würde man besser von einer höheren Energiedichte der Zink-Luft-Zelle sprechen.

3. Mit der Zink-Luft-Zelle werden größere Reichweiten erreicht.
   Die Reichweite ist von der Dimension der Batterie abhängig. Diese Aussage ist nur sinnvoll, wenn man von gleichen Volumina oder Massen der zu vergleichenden Batterien ausgeht. Gemeint ist wohl, dass zum Transport einer Batterie geringerer Masse weniger Energie benötigt wird und damit das Fahrzeug mit derselben Energie eine größere Strecke zurücklegen kann.
4. Stundenlanges Aufladen entfällt.
   Da man die Zink-Luft-Batterie nicht aufladen kann, ist die Aussage selbstverständlich korrekt. Allerdings reagiert das Zink und muss irgendwann durch neues Metall ersetzt werden.
5. Die Investitions- und Betriebskosten bei der Serienproduktion lassen die Konkurrenz mit Benzinfahrzeugen zu.
   Die Entwicklung der letzten Jahre hat keine Bestätigung dieser Aussage gezeigt. Der Fahrzeugantrieb mit fossilen Brennstoffen dominiert auch über ein Jahrzehnt später deutlich.
6. Die Zink-Luft-Zelle ist aufgrund ihrer geringen Selbstentladung lange lagerfähig.
   Dies ist nur dann richtig, wenn die Sauerstoffzufuhr bei Nichtgebrauch unterbrochen wird. Bei neuen Batterien ist das „Luftloch" deshalb mit einer Klebefolie verschlossen, die erst entfernt werden darf, wenn die Batterie genutzt werden soll. Bei einem Auto müsste bei Stillstand die Luftzufuhr mechanisch verschlossen werden, damit die zur Entladung führende Reaktion nicht weiter ablaufen kann.
7. Die Batterie ist an sich billig.
   Die Ausgangsstoffe Zink und Aktivkohle sind tatsächlich keine teuren Spezialprodukte. Auch der notwendige Elektrolyt, der wohl in Form einer Paste eingesetzt wird, und der die entstehenden Zink-Ionen aufnimmt, ist sicherlich ein Massenprodukt. Ansonsten ist der Preis immer auch eine Frage der Stückzahl.
8. Die Batterie ist sehr umweltfreundlich, da sie keine Schadstoffe enthält und fast vollständig recycelt werden kann.
   Zink und Aktivkohle sind sicher keine Gefahrstoffe. Allerdings müssen die entstehenden Zink-Ionen ein Medium vorfinden, in dem sie sich sammeln können. Als ihre Gegen-Ionen dienen Hydroxid-Ionen, die aus Sauerstoff und Wasser gebildet werden. Somit ist als dritter Bestandteil eine Elektrolyt-Paste notwendig, die sich mit Hydroxiden anreichert. Ihre alkalische Wirkung

stellt bei unsachgemäßem Öffnen sicherlich eine Gefährdung dar. Ob sich das Recyceln der Aktivkohle und der Elektrolyt-Paste wirklich lohnt, ist fraglich. Im Vergleich zu dem Gefahrenpotenzial des giftigen und umweltgefährdenden Schwermetalls Blei in einem Bleiakku bietet die Zink-Luft-Zelle tatsächlich Vorteile.

A16:
Lithium-Ionen-Akkus sind für Laptops und Handys besser geeignet als Bleiakkus, weil sie wesentlich leichter sind: Lithium ist das leichteste Metall, Blei ist eines der schwersten Metalle.

A17:
Mit „leeren" Batterien sind Batterien gemeint, bei denen die Spannung und der Strom so stark abgesunken sind, dass sie nicht mehr verwendbar sind.
Ob eine „leere" Batterie dabei leichter als die entsprechende „volle" Batterie geworden ist (eine geringere Masse hat), hängt vom Batterietyp ab. Bei einer „leeren" Taschenlampenbatterie kann ein Teil des gebildeten Wassers (vgl. S. 95 im Schülerbuch) ausgelaufen und die Batterie dadurch leichter sein. Bei einer Zink-Luft-Batterie (vgl. S. 97 im Schülerbuch) kann die „leere" Batterie sogar etwas schwerer sein als die „volle", weil Sauerstoff aus der Luft in der Batterie gebunden wurde.

A18:
Die Färbung des Phenolphthaleins wird durch den Minuspol verursacht. Am Minuspol läuft gemäß der Zersetzung von Wasser folgende Reaktion ab:
$$\mathbf{2\ H_2O(l) + 2\ e^- \longrightarrow H_2(g) + 2\ OH^-(aq)}$$
Die sich bildenden Hydroxid-Ionen werden durch den Indikator angezeigt.

A19:
Gegeben: $m(\mathbf{Ag})$ = 90 g bzw. 150 g
(jeweils auf A = 24 dm^2 Besteckoberfläche)
Stromdichte: I / A = 1 A/dm^2
daraus folgt: I = 1 A/dm$^2 \cdot A$
Gesucht: Elektrolysierdauer t

Berechnung für das Silberbesteck mit dem Aufdruck "90":

$$t = \frac{m(\mathbf{Ag}) \cdot z \cdot F}{M(\mathbf{Ag}) \cdot I} = \frac{90\ \text{g} \cdot 1 \cdot 96487\ \text{A} \cdot \text{s}}{107{,}9\ \text{g/mol} \cdot 1\ \text{A/dm}^2 \cdot 24\ \text{dm}^2} = 3353{,}3\ \text{s} = 55{,}9\ \text{min}$$

Berechnung für das Silberbesteck mit dem Aufdruck "150":

$$t = \frac{150\ \text{g} \cdot 1 \cdot 96487\ \text{A} \cdot \text{s}}{107{,}9\ \text{g/mol} \cdot 1\ \text{A/dm}^2 \cdot 24\ \text{dm}^2} = 5588{,}9\ \text{s} = 93{,}1\ \text{min}$$

A20:

Beim Galvanisieren wird eine Anode aus dem Metall eingesetzt, mit dem der kathodisch geschaltete Gegenstand überzogen werden soll. An der Anode werden Metall-Atome oxidiert, an der Kathode die entsprechenden Ionen reduziert:

Anode: $\mathbf{Me(s) \longrightarrow Me^{z+}(aq) + z\ e^-}$

Kathode: $\mathbf{Me^{z+}(aq) + z\ e^- \longrightarrow Me(s)}$

Die Kathodenreaktion ist die Umkehrung der Anodenreaktion. Daher ist die Zersetzungsspannung $U_z = 0$ V. Die notwendige Elektrolysespannung ist klein. Die Metall-Ionenkonzentration bleibt während des Galvanisierens konstant.

Bei der Verwendung von Graphit-Anoden würden anodisch Wasser-Moleküle zu Sauerstoff oxidiert (falls nicht andere, leichter oxidierbare Ionen vorliegen). Die Zersetzungsspannung wäre größer als null. Entsprechend müsste eine größere Elektrolysespannung angelegt werden. Außerdem würde die Metall-Ionenkonzentration während der Elektrolyse sinken.

A21:

a) Die Stoffmenge an abgeschiedenem Silber errechnet sich nach:

$$n(\mathbf{Ag}) = \frac{m(\mathbf{Ag})}{M(\mathbf{Ag})} = \frac{1{,}079\ \text{g}}{107{,}9\ \text{g/mol}} = 0{,}01\ \text{mol}$$

Berechnung der geflossenen Ladung:

$Q = n(\mathbf{Ag}) \cdot z \cdot F$

F = 96487 C/mol

$Q = 0{,}01\ \text{mol} \cdot 1 \cdot 96487\ \text{C/mol} = 964{,}87\ \text{C}$

b) Berechnung der Ladungszahl von Nickel:

$$z = \frac{Q}{n(\mathbf{Ni}) \cdot F} = \frac{M(\mathbf{Ni}) \cdot Q}{m(\mathbf{Ni}) \cdot F} = \frac{58{,}7\ \text{g/mol} \cdot 964{,}87\ \text{C}}{0{,}2985\ \text{g} \cdot 96487\ \text{C/mol}} = 2$$

Berechnung der Ladungszahl von Bismut:

$$z = \frac{Q}{n(\mathbf{Bi}) \cdot F} = \frac{M(\mathbf{Bi}) \cdot Q}{m(\mathbf{Bi}) \cdot F} = \frac{209\ \text{g/mol} \cdot 964{,}87\ \text{C}}{0{,}6966\ \text{g} \cdot 96487\ \text{C/mol}} = 3$$

Es liegen also Nickel(II)-Ionen $\mathbf{Ni^{2+}}$- und Bismut(III)-Ionen $\mathbf{Bi^{3+}}$ in den jeweiligen Lösungen vor.

A22:

a) Bei der elektrolytischen Nickelraffination laufen folgende Reaktionen ab:
Anode: $\mathbf{Ni(s) \rightarrow Ni^{2+}(aq) + 2\ e^-}$ Oxidation
Kathode: $\mathbf{Ni^{2+}(aq) + 2\ e^- \rightarrow Ni(s)}$ Reduktion
An der Anode werden außer Nickel auch Cobalt, Zink und Eisen oxidiert, da diese Metalle ein kleineres Potenzial als Nickel haben. So gehen auch Cobalt-, Zink- und Eisen-Ionen in Lösung. Die edleren Metalle Kupfer und Silber mit einem größeren Potenzial als Nickel werden nicht oxidiert. Sie werden aus dem metallischen Kristallverband der sich auflösenden Anode freigesetzt und setzen sich als Anodenschlamm auf dem Boden ab.
An der Kathode werden von den in der Lösung befindlichen Ionen nur Nickel-Ionen reduziert, da Nickel das größte Potenzial hat.

b) Während der Elektrolyse bleibt die Nickel-Ionenkonzentration nahezu konstant, denn an der Anode gehen nahezu so viele Nickel-Ionen in Lösung wie an der Kathode reduziert werden. Durch die in Spuren enthaltenen anderen Metalle Cobalt, Zink und Eisen, die ebenfalls an der Anode oxidiert werden, werden geringfügig mehr Nickel-Ionen an der Kathode reduziert, als an der Anode gebildet. Daher nimmt die Nickel-Ionenkonzentration bei langer Elektrolysedauer geringfügig ab. Die Konzentrationen von Cobalt-, Zink- und Eisen-Ionen nehmen während der Elektrolyse zu.

c) Die Potenziale von Cobalt ($E^0 = -0{,}28\text{V}$) und Nickel ($E^0 = -0{,}23\text{V}$) liegen nahe beieinander. Wenn die Cobalt-Ionenkonzentration stark ansteigt und größer als die Nickel-Ionenkonzentration wird, können die Potenziale gleich und beide Metalle gleichzeitig abgeschieden werden.
$E(\mathbf{Ni/Ni^{2+}}(c = 0{,}1\text{mol/L})) = -0{,}23 + 0{,}059/2\ \text{V} \cdot \lg 0{,}1 = -0{,}26\ \text{V}$
Berechnung der Cobalt-Ionenkonzentration für $E = -0{,}26$ V:
$\lg c(\mathbf{Co^{2+}}) = [E(\mathbf{Co/Co^{2+}}) - E^0(\mathbf{Co/Co^{2+}})] : 0{,}0295\ \text{V}$
$= [-0{,}26 - (-0{,}28)]\ \text{V} : 0{,}0295\ \text{V} = 0{,}678$
$c(\mathbf{Co^{2+}}) = 4{,}76\ \text{mol/L}$

Bei einer Cobalt-Ionenkonzentration von 4,76 mol/L und einer Nickel-Ionenkonzentration von 0,1 mol/L ist die Abscheidung von Nickel und Cobalt gleichberechtigt.

A23:

Natrium, Magnesium und Fluor lassen sich nicht aus den wässrigen Lösungen ihrer Salze gewinnen. Dies gelingt nur bei Kupfer.
Bei einer Elektrolyse wässriger Natrium- bzw. Magnesiumsalze würde sich an der Kathode wegen der negativen Standardpotenziale dieser Metalle Wasserstoff bilden: $E^0(\mathbf{Na/Na^+}) = -2{,}71$ V und $E^0(\mathbf{Mg/Mg^{2+}}) = -2{,}36$ V.
Das Redoxpaar $\mathbf{F_2/2\ F^-}$ besitzt das positivste Standardpotenzial ($E^0 = +2{,}87$ V). Bei einer wässrigen Elektrolyse würde sich trotz der Überspannung von Sauerstoff an Graphit-Elektroden an der Anode Sauerstoff bilden.
Um Natrium, Magnesium und Fluor elektrolystisch zu gewinnen, muss man Schmelzen ihrer Salze elektrolysieren.

A24:

Zur Silbergewinnung aus dem Anodenschlamm kann man analog der Kupfer-Raffination verfahren. Der Anodenschlamm, der neben Silber auch weitere Edelmetalle wie Gold und Platin sowie mitgerissenes Kupfer enthält, wird zu Platten verarbeitet, die dann als Anode in eine Elektrolysezelle mit Silbernitrat-Lösung gebracht werden. Als Kathode dienen Reinsilberbleche. Es wird eine geringe Gleichspannung angelegt. Silber- und Kupfer-Atome in der Anode werden oxidiert und gehen als Ionen in Lösung. Die edleren Metalle wie Platin und Gold fallen wieder als Anodenschlamm herunter. An der Kathode wird nun Silber abgeschieden, Kupfer-Ionen bleiben in Lösung.

A25:

offene Aufgabe

A26:

a) Der Sauerstoff aus dem Speichel wird nach folgender Teilgleichung an der Goldoberfläche reduziert:
$\mathbf{O_2(aq) + 2\ e^- + H_2O(l) \rightarrow 2\ OH^-(aq)}$

b) Aufgrund der Redoxpotenziale (vgl. S. 71, B3) wird beim Zinnamalgam zuerst Zinn oxidiert.

$$Sn(s) + O_2(aq) + H_2O(l) \rightarrow Sn^{2+}(aq) + 2\ OH^-(aq)$$

Bei Silberamalgam wird zuerst Silber oxidiert.

c) Die genannten Vorgänge finden nur statt, wenn die Gold- und Amalgamfüllung über einen elektrisch leitenden Kontakt verfügen, weil nur dann ein Lokalelement (Kontaktelement) vorliegt. Die bei der Oxidation des unedleren Metalls abgegebenen Elektronen müssen in das Gold übergehen, damit sie an der Oberfläche des Goldes an Sauerstoff-Moleküle übertragen werden können.

A27:

a) Bei dem Kontakt von Silber aus dem Silberbesteck und Aluminium bildet sich aufgrund der unterschiedlichen Potenziale ein Lokalelement zwischen den Metallen. Aluminium mit dem kleineren Potenzial bildet die Lokalanode und wird unter Bildung von Aluminium-Ionen oxidiert. Die Elektronen fließen zum Silber, wo die Reduktion stattfindet. Es werden Silber-Ionen aus dem Silbersulfid reduziert. Die Kochsalz-Lösung fungiert als Ionenleiter in dem Kontaktelement.

b) $Al(s) \rightarrow Al^{3+}(aq) + 3\ e^-$

$Ag_2S(s) + 2\ e^- \rightarrow 2\ Ag(s) + S^{2-}(aq)$

c) Ein galvanisches Element, in dem diese Reaktionen ablaufen, besteht aus einer Aluminium-Halbzelle mit einer Aluminium-Elektrode und einer Silber-Halbzelle. Die beiden Metalle werden durch einen äußeren Draht miteinander verbunden. Als Elektrolyt kann hier eine Kochsalz-Lösung dienen.

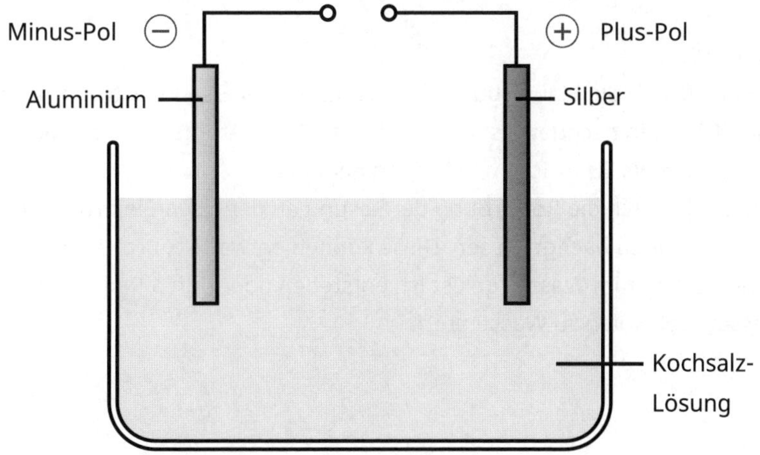

A28:

Bei der Korrosion gehen Eisen-Atome nach Oxidation unter Elektronenabgabe als Eisen-Ionen in Lösung. Die Elektronen werden in Anwesenheit von Wasser auf Sauerstoff-Moleküle übertragen:

$$2\ Fe(s) \longrightarrow 2\ Fe^{2+}(aq) + 4\ e^-$$

$$O_2(g) + 2\ H_2O(l) + 4\ e^- \longrightarrow 4\ OH^-(aq).$$

Beim Rostvorgang bilden sich auf dem Eisenblech zahlreiche mikroskopische Lokalelemente aus (vgl. S. 114, B3). Je höher nun die Salzkonzentration im umgebenden Wasser ist, desto besser ist die Leitfähigkeit innerhalb der Lokalelemente; der Rostvorgang verläuft unter Salzwasser daher schneller als z.B. unter destilliertem Wasser. So rosten Eisengegenstände im Meerwasser besonders schnell. Der Automobilkonzern will mit dem Bild verdeutlichen, dass die Autokarosserien mit einem verbesserten Korrosionsschutz ausgestattet sind.

A29:

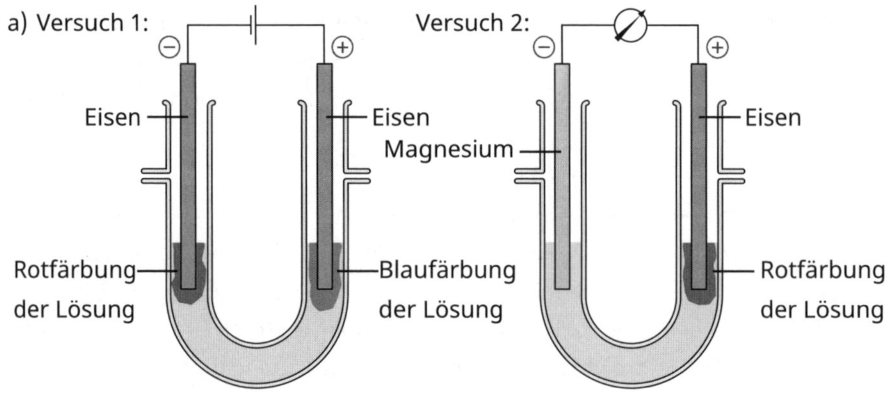

Versuch 1:

Pluspol: Durch die Blaufärbung der Lösung an der Eisen-Elektrode werden Eisen(II)-Ionen nachgewiesen. Hier werden Eisen-Atome der Elektrode oxidiert, die als Eisen-Ionen in Lösung gehen.

Minuspol: Durch die Rotfärbung der Lösung an der Eisen-Elektrode werden Hydroxid-Ionen nachgewiesen. Diese können entweder durch Reduktion von Sauerstoff, der im Wasser gelöst ist, entstehen oder durch Reduktion von Wasser-Molekülen zu Wasserstoff.

Versuch 2:
Die Rotfärbung der Lösung an der Eisen-Elektrode weist Hydroxid-Ionen nach, die durch Reduktion von Sauerstoff bzw. von Wasser-Molekülen entstehen. Am Magnesiumband läuft die Oxidation ab, die Magnesium-Ionen gehen in Lösung.

b) *Versuch 1*:

Pluspol:	$Fe(s)$	$\rightarrow Fe^{2+}(aq) + 2\ e^-$	Oxidation
Minuspol:	$O_2(g) + 4\ e^- + 2\ H_2O(l)$	$\rightarrow 4\ OH^-$	Reduktion

Versuch 2:

Minuspol:	$Mg(s)$	$\rightarrow Mg^{2+}(aq) + 2\ e^-$	Oxidation
Pluspol:	$O_2(g) + 4\ e^- + 2\ H_2O(l)$	$\rightarrow 4\ OH^-$	Reduktion

c) *Versuch 1* entspricht der Korrosionsschutzmaßnahme in B4, S. 117 im Schülerband: Elektrolysezelle, bei der der (Eisen-)Tank mit dem Minuspol, Eisenschrott mit dem Pluspol verbunden ist. Durch die Spannungsquelle werden Elektronen zum Tank transportiert. Die Bildung von Eisen-Ionen wird verhindert.
Versuch 2 entspricht der Korrosionsschutzmaßnahme in B3, S. 117 im Schülerband: Galvanische Zelle, bei der das zu schützende Eisenrohr den Pluspol der Zelle bildet, das Magnesium den Minuspol. Elektronen fließen vom Magnesium zum Eisen: Die Bildung von Eisen-Ionen wird verhindert.
Die Bodenfeuchtigkeit mit ihrem Gehalt an gelösten Salzen wirkt bei beiden Korrosionsschutzmaßnahmen als Elektrolytlösung.

Kapitel 3:
Organische Produkte – Werkstoffe und Farbstoffe

Seite 126 und 127

B2:
Um nachzuweisen, dass die Verbrennungsprodukte von PVC Chlorwasserstoff enthalten, leitet man die Verbrennungsgase zunächst durch eine mit Wasser gefüllte Gaswaschflasche. Anschließend prüft man die Lösung mit einem Indikator und zeigt, dass eine saure Lösung entstanden ist (Nachweis der Oxonium-Ionen). Eine kleine Portion der Lösung wird mit Silbernitrat-Lösung versetzt; dabei bildet sich ein weißer Niederschlag (Nachweis der Chlorid-Ionen).

B4:
Im Bild und in den Unterschriften unter den drei Modellen wird deutlich, dass Thermoplaste aus linearen Makromolekülen, Duroplaste aus stark vernetzten und Elastomere aus schwach vernetzten Makromolekülen bestehen. Dies sind prinzipiell die strukturellen Unterschiede zwischen den drei Arten von Kunststoffen.

B5:
a) Um eine Schüssel im Spritzgussverfahren herzustellen, wird Kunststoff-Granulat in die Apparatur (Extruder) gegeben. Im Extruder befindet sich eine rotierende Schnecke, die das Granulat weiter in Richtung Form bewegt. Dabei wird das Granulat erhitzt und es schmilzt. Die Kunststoffschmelze wird weiter in die Form bewegt, wo sie durch Kühlen in der gewünschten Form erstarrt. Das abgekühlte Formteil wird durch Öffnen des formgebenden Teils des Extruders entnommen.
b) Die linearen bzw. nur schwach vernetzten Makromoleküle liegen im Granulat verknäult vor. Sie sind über VAN-DER-WAALS-Kräfte zusammengehalten. Beim Erwärmen werden die VAN-DER-WAALS-Kräfte zwischenzeitlich aufgehoben, die Makromolekülketten gleiten an einander vorbei. Es bildet sich eine Schmelze, die die vorgegebene Form füllt. Beim Abkühlen bilden sich zwischen den nun benachbarten Makromolekülsträngen neue VAN-DER-WAALS-Kräfte aus.

B6:
Z-Polyisopren ist aufgrund der linearen unverzweigten Makromolekülketten der Gruppe der Thermoplaste zuzuordnen. Beim Vulkanisieren entstehen zwischen den Makromolekülketten Disulfid-Brücken, was eine schwache Vernetzung zwischen den einzelnen Makromolekülketten zur Folge hat. Bei vulkanisiertem Kautschuk handelt es sich somit um ein Elastomer.

Auswertung a):
Tabellarische Darstellung der Ergebnisse zu V1 bis V3:

Kunststoff	**Verformbarkeit & Schmelzverhalten**	**Brennbarkeit & Rußbildung**	**in Wasser**	**in gesättigter Kochsalz-Lösung**
PE	verformt sich	brennt leuchtend, tropft	schwimmt	schwimmt
PP	verformt sich	brennt leuchtend, tropft	schwebt	schwimmt
PVC	verformt sich	brennt nur in der Flamme	sinkt	sinkt
PET	verformt sich	brennt leuchtend, rußt	sinkt	sinkt
Bakelit	verformt sich nicht, verkohlt bei sehr hohen Temperaturen	brennt nicht, verkohlt bei sehr hoher Temperatur	sinkt	schwebt
Gummi	schrumpft bei Erwärmen, zersetzt sich bei hoher Temperatur	brennt rußend	sinkt	sinkt

Hinweis zu V3: Zusätzlich bietet sich der Schwimmtest mit Kunststoffproben aus ungeschäumtem Polystyrol und Polyamid an. Hier wird deutlich, dass beide Kunststoffsorten in Wasser sinken aber in der Salzlösung schwimmen. Es ist der Bezug auf die Sink-Schwimm-Trennung beim Recycling von Kunststoff-Müll möglich.

Auswertung b):
Aufgrund ihres Verhaltens beim Erhitzen lassen sich die Kunststoffe wie folgt den drei Kunststoffarten zuordnen:
Thermoplaste: PE, PP, PVC, PET; Duroplaste: Bakelit; Elastomer: Gummi

Auswertung c):

PE und PP haben eine geringere Dichte als PVC, weil die molaren Massen der Struktureinheiten in den Makromolekülen dieser Kunststoffe, d.h. die molaren Massen von Ethen und Propen, kleiner sind als die von Vinylchlorid: $M(C_2H_4)$ = 28 g/mol, $M(C_3H_6)$ = 42 g/mol, $M(C_2H_3Cl)$ = 62,5 g/mol.

Hinweis: Es wird angenommen, dass gleiche Volumina der drei Kunststoffe gleich viele Struktureinheiten enthalten.

Auswertung d):

In V4 wird die angezeigte Masse kleiner. Dies ist dadurch zu erklären, dass Gummi sich beim Erwärmen zusammenzieht. Im gestreckten Zustand des Gummibandes befinden sich die Makromoleküle im Elastomer in einer annähernd parallelen Anordnung, die Quervernetzungen zwischen den Hauptketten halten sie jedoch so zusammen, dass sie nicht aneinander vorbeigleiten können (B3). Wird das Gummiband erwärmt, so nehmen die Schwingungen der Makromolekül-Abschnitte zwischen den Quervernetzungen und die der Molekülteile in den Quervernetzungen zu. Die parallele Anordnung der Molekülketten wird gestört, es kommt zu knäuelartigen Abschnitten. Die Auswirkung dieser Änderungen auf der Teilchenebene ist das Zusammenziehen des Gummibandes.

Auswertung e):

Beim Dehnen eines Gummis laufen Prozesse ab, die umgekehrt zu den Sachverhalten aus Auswertung d) sind. Das Dehnen ist ein exothermer Prozess.

A1:

Kunststoffklasse	**Aufbau**	**typische Vertreter**	**Informationen zur Herstellung von Anwendungsprodukten**
Thermoplaste	lineare Makromoleküle	Polyethen PE, Polypropen PP, Polyvinylchlorid PVC, Polymethylmethacrylat PMMA, Polystyrol PS, Polyamid, PA, einige Polyester	z.B. Spritzgießen

Kunststoff-klasse	Aufbau	typische Vertreter	Informationen zur Herstellung von Anwendungsprodukten
Duroplaste	dreidimensional vernetzte Makromoleküle	Bakelit, einige Polyester, einige Polyurethane	Makromoleküle werden in formgebenden Gefäßen erzeugt.
Elastomere	schwach vernetzte Makromoleküle	Gummi, einige Polyurethane, Polybutadien	Gummi wird durch Vulkanisieren hergestellt.

A2:

In einer thermoplastischen Polyethen-Folie liegen unverzweigte Makromolekülketten vor, die über VAN- DER- WAALS-Kräfte zusammengehalten werden. Beim Dehnen werden diese zwischenmolekularen Wechselwirkungen überwunden und die Makromolekülketten gleiten aneinander vorbei. Nach dem Dehnen bleibt die Folie gestreckt, da sich zwischen den Makromolekülketten erneut VAN-DER- WAALS-Kräfte ausbilden.

Im elastischen Gummi liegen die Makromolekülketten über kovalente Bindungen verknüpft schwach vernetzt vor. Beim Dehnen werden die Makromolekülketten temporär aneinander vorbeigezogen, jedoch werden die Quervernetzungen nicht aufgelöst. Nach dem Dehnen befinden sich die Makromolekülketten in ähnlicher Position wie vorher.

Seite 128 und 129

B2:

Im PE niedriger Dichte (PE-LD) sind die Makromoleküle wie im Modell in B3 links auf S. 128 völlig ungeordnet. Das Licht geht durch dieses Material wie durch Glas hindurch. Beim PE hoher Dichte (PE-HD) gibt es kristalline Bereich, in denen Makromolekül-Abschnitte parallel angeordnet sind (rechter Teil in B3, S. 128). An diesen Mikrokristallen wird das Licht gestreut, daher erscheint die Durchsicht getrübt.

B3:

Der linke Bildteil entspricht einer Polyethen-Probe mit vollständig ungeordneten Makromolekülen, der rechte Bildteil einer Probe, bei dem Makromolekül-Segmente in einigen Bereichen parallel angeordnet sind. Diese kennzeichnen kristalline Bereiche im Material. Somit entspricht der rechte Bildteil dem „high-density“ und der linke Bildteil dem „low-density“ Polyethen.

B4:

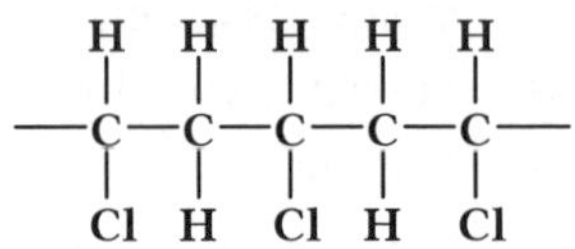

B5:
offene Aufgabe

A1:

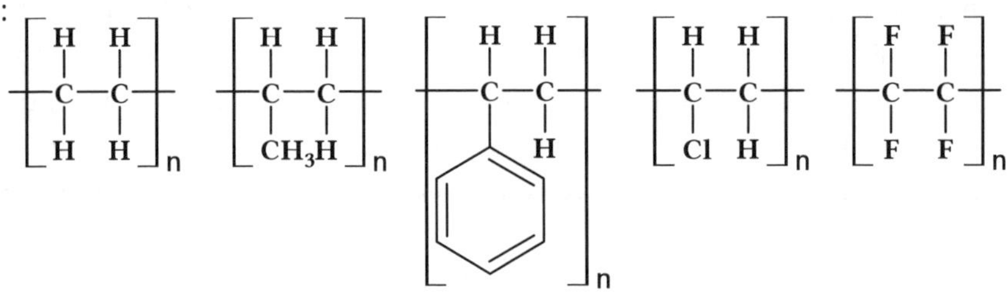

Seite 130 und 131

B2:
Offene Aufgabe.
Hinweise: a) Vgl. auch Chemikalienliste. b) AIBN und BPO sind explosionsgefährlich.

B4:

H226, H331, H315, H319
Flüssigkeit und Dampf entzündbar. Giftig bei Einatmen. Verursacht Hautreizungen. Verursacht schwere Augenreizung.
P233, P261, P280, P305+P351+P338
Behälter dicht verschlossen halten. Einatmen von Dampf/Nebel vermeiden. Schutzhandschuhe/Schutzkleidung/Augenschutz tragen. BEI BERÜHRUNG MIT DEN AUGEN: Einige Minuten lang vorsichtig mit Wasser ausspülen. Evtl. vorhandene Kontaktlinsen entfernen, sofern leicht möglich. Weiter ausspülen.

Styrol
$C_6H_5CHCH_2$

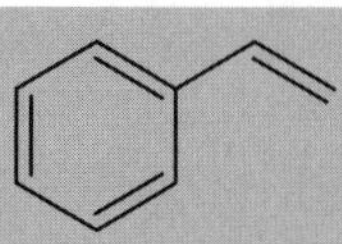

Eigenschaften: farblose Flüssigkeit, charakteristischer, in geringen Konzentrationen süßlicher Geruch, schlecht wasserlöslich
ρ = 0,906 g/cm³, ϑ_m = −31 °C ϑ_b = 145 °C

B5:
Um die beiden Radikale aus der ersten Zeile zu erhalten, muss je eine Kohlenstoff-Stickstoff-Einfachbindung aus dem AIBN-Molekül gespalten werden.
Um die beiden Radikale aus der zweiten Zeile zu erhalten, muss je eine Kohlenstoff-Kohlenstoff-Einfachbindung zwischen jeweils einem Kohlenstoff-Atom einer Carbonyl-Gruppe und einem Kohlenstoff-Atom aus einem Benzolring gespalten werden und darüber hinaus auch die peroxidische Sauerstoff-Sauerstoff-Einfachbindung aus dem BPO-Molekül.

B6:
Es ist schwierig, dicke Platten und Blöcke aus Plexiglas blasenfrei herzustellen, weil das Reaktionsgemisch beim Fortschreiten der Polymerisation zunehmend viskoser (dickflüssiger) wird. Die sich darin bildenden Gasbläschen können nicht mehr entweichen, sondern bleiben im gehärteten Material eingeschlossen. Die Gasbläschen können Moleküle enthalten, die sich bei der Zersetzung des Radikalkettenstarters bilden (z.B. Stickstoff-Moleküle N_2 aus AIBN oder Kohlenstoffdioxid-Moleküle CO_2 aus BPO – vgl. B2, S. 132), oder auch Monomer-Moleküle, die wegen der hohen Reaktionswärme der exothermen Polymerisation in die Gasphase übergegangen sind.

Auswertung a):
Offene Aufgabe. Die Lösung umfasst die Tabellierung der tatsächlichen Beobachtungen zu V1.
Hinweise: 1. Die Polymerisation verläuft umso schneller, je höher die Konzentration des Starters im Anfangsgemisch ist und je höher die Temperatur ist, bei der die Reaktion durchgeführt wird.
2. Das im Schulchemikalienhandel käufliche Dibenzoylperoxid mit einem geringen Wassergehalt eignet sich für die Polymerisationen aus V1 gut.

Auswertung b):
Möglichst bläschenfreie Polymerproben erhält man, wenn die Reaktionswärme bei der Polymerisation möglichst gut abgeführt wird. Dies gelingt, wenn die Reaktion insgesamt nicht zu schnell verläuft. Besonders in der Endphase der Reaktion, in der die Härtung des Materials erfolgt, darf es nicht zu einer lokalen Überhitzung in der Polymerisationsmasse kommen, da dort Bläschen aus verdunstendem Monomer entstehen. Um das zu vermeiden, wird die Härtung in flachen Schichten (vgl. B3) durchgeführt.

Auswertung c):
Das Verfahren in V3 und V4 entspricht den in Auswertung a) angesprochenen Bedingungen für eine Erzeugung von bläschenfreien Polymerisationsprodukten.

A1:
Die Bezeichnung Katalysator trifft für den Starter einer Polymerisation nicht zu, weil der Starter im Gegensatz zum Katalysator verbraucht und ins Reaktionsprodukt, ins Polymer, mit eingebaut wird.

A2:
Die Makromoleküle in einer Probe haben nicht alle die gleiche molare Masse, weil sie aus unterschiedlich vielen Monomer-Einheiten bestehen. Grund dafür ist, dass die Wachstumsreaktion (3) nach unterschiedlich vielen eingebauten Monomer-Einheiten durch Reaktionen des Typs (4) gestoppt wird. Die Makroradikale $\mathbf{M}\cdot$ sind also dann, wenn sie die Abbruchreaktionen eingehen, unterschiedlich lang. Auch ist das Polymer in etwa doppelt so lang und hat entsprechend auch die doppelte Masse, wenn der Abbruch nicht nach einer Reaktion $\mathbf{M}\cdot + \cdot\mathbf{R} \longrightarrow \mathbf{M}-\mathbf{R}$, sondern nach $\mathbf{M}\cdot + \cdot\mathbf{M} \longrightarrow \mathbf{M}-\mathbf{M}$ erfolgt.

Seite 132 und 133

B3:
Die Bindungsenergie bei Brom beträgt (vgl. B6) $\Delta H_B = 193$ kJ/mol.
Berechnung der Wellenlänge eines Lichtquants, der ein Brom-Molekül in Atome spalten kann:

$$E(\text{lQuant}) = \frac{193 \text{ kJ/mol}}{6{,}022 \cdot 10^{23} \text{ mol}^{-1}} = 32{,}049 \cdot 10^{-20} \text{ J}$$

Berechnung der Wellenlänge λ:

$$E = h \cdot \nu = h \cdot \frac{c}{\lambda}$$

$$\lambda = \frac{h \cdot c}{\lambda} = \frac{6{,}6 \cdot 10^{-34}\,J \cdot s \cdot 3 \cdot 10^{8}\,m \cdot s^{-1}}{32{,}049 \cdot 10^{-20}\,J} = 0{,}618 \cdot 10^{-6}\,m = 618\,nm$$

B5:
Zwischen dem Radikalketten-Mechanismus bei der Bromierung eines Alkans und dem Radikalketten-Mechanismus bei der Polymerisation gibt es die folgenden Gemeinsamkeiten und Unterschiede.
Gemeinsamkeiten:

- Als reaktive Zwischenprodukte treten jeweils Radikale auf.
- Diese müssen in einer Startreaktion gebildet werden, bevor die Bromierung bzw. die Polymerisation überhaupt beginnen kann.
- Beide Mechanismen setzen sich aus Startreaktion, Kettenreaktionen und Abbruchreaktionen zusammen.

Unterschiede:

- Bei der Bromierung eines Alkans geht man von zwei Edukten aus (Alkan und Brom), bei der Polymerisation von einem Edukt, i.d.R. von einem Monomer mit einer Kohlenstoff-Kohlenstoff-Doppelbindung.
- Bei der Bromierung eines Alkans läuft eine Substitutionsreaktion ab, die Produkte sind kleine Moleküle (Bromalkane). Die Polymerisation ist ein anderer Reaktionstyp, bei dem sich Makromoleküle bilden.

B6:
Mithilfe von B3 kann festgestellt werden, dass nur ein geringer Teil aus dem roten Licht Photonen (Lichtquanten) enthält, deren Energie größer als 193 kJ/mol ist, also größer als die Mindestenergie, die notwendig ist, um ein Brom-Moleküle in Atome zu spalten.

Auswertung a):

	Beobachtung	**Indikator-Test**	**Ammoniak-Test**	**Silbernitrat-Test**	**BEILSTEIN-Probe**
V1:	Entfärbung	Rotfärbung	weißer Rauch	weißer Niederschlag	Grünfärbung
LV2:	Entfärbung	Rotfärbung	weißer Rauch	–	Grünfärbung

Auswertung b):

Die Nachweisversuche aus V1 bestätigen die Bildung von gasförmigem Bromwasserstoff **HBr(g)**, der aus dem Reaktionsgemisch entweicht. Er löst sich im feuchten Indikatorpapier unter Bildung einer sauren Lösung, die das Indikatorpapier entsprechend färbt, und reagiert mit Ammoniak unter Bildung eines weißen Rauchs, der das Salz Ammoniumbromid **$NH_4Br(s)$** enthält.

Der Nachweisversuch aus LV2, die BEILSTEIN-probe, bestätigt durch die Grünfärbung der Flamme, dass in der organischen Phase aus der Reaktion in V1 halogenhaltige organische Verbindungen enthalten sind.

Ein weiteres mögliches Produkt aus V1 ist 3-Bromheptan.

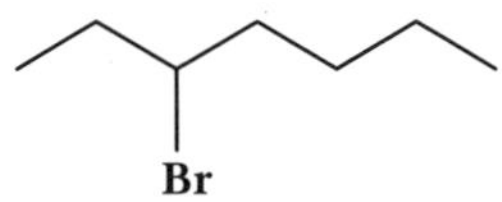

Auswertung c):

Aus B3 geht hervor, dass nur ein geringer Teil aus dem roten Licht Photonen (Lichtquanten) enthält, deren Energie größer ist als 193 kJ/mol, also größer als die Mindestenergie, die notwendig ist, um ein Brom-Moleküle in Atome zu spalten. Dagegen sind im blauen Licht alle Photonen so energiereich, dass sie Brom-Moleküle spalten können. Aus diesem Grund verläuft die Reaktion aus V1 mit blauem Licht schneller als mit rotem Licht.

A1:

$$CH_4(g) + 2\,Cl_2(g) \rightarrow CH_2Cl_2(l) + 2\,HCl(g)$$
$$CH_4(g) + 3\,Cl_2(g) \rightarrow CHCl_3(l) + 3\,HCl(g)$$

A2:

Die Energie eines Lichtquants aus rotem Licht mit E = 180 kJ/mol beträgt:

$$E(\text{lQuant}) = \frac{180\ \text{kJ} \cdot \text{mol}^{-1}}{6{,}022 \cdot 10^{23}\ \text{mol}^{-1}} = 29{,}89 \cdot 10^{-20}\ \text{J}$$

A3:

Offene Aufgabe.

Hinweis: Z Zwischenprodukt in der chemischen Industrie; L Lösemittel; T Treibgas; Kä Kälteflüssigkeit; F Feuerlöschmittel; Ku Kunststoff; E Vereisungsmittel; N Narkosemittel

H_3CCl Chlormethan (Methylchlorid) Z L	**H_2CCl_2** Dichlormethan (Methylenchlorid) Z L	**$HCCl_3$** Trichlormethan (Chloroform) Z L	**CCl_4** Tetrachlormethan (Tetrachlor- kohlenstoff) L
CF_2CL_2 Dichlordifluor- methan (Frigen) T Kä	**$CFCL_3$** Trichlorfluor- methan (Freon) T Kä	**$CBrF_3$** Bromtrifluor- methan (Halon) F	**$Cl_3C{-}CH_3$** 1,1,1-Trichlorethan L
$HBrClC{-}CF_3$ 2-Brom-2-chlor- 1,1,1-trifluorethan (Halothan) N	**$Cl_2C{=}CCl_2$** Tetrachlorethen (Perchlorethylen) (PER) L	**$H_3C(CH_2)_{10}CH_2Cl$** 1-Chlordodecan (Dodecylchlorid) Z	**$H_3C{-}CH_2Cl$** Chlorethan (Ethylchlorid) E

A4:
Offene Aufgabe.
Hinweise für Lehrkräfte: Industriell hergestellte organische Halogenverbindungen finden in vielen Bereichen Anwendungen. Beispiele dafür sind die inzwischen verbotenen Ozonkiller FCKW sowie chlorhaltige Lösemittel, Insektizide, Fungizide und Herbizide. Sie sind alle lipophil, reichern sich in den Fettgeweben von Nahrungsketten an und verursachen schließlich beim Menschen gesundheitliche Schäden. Nach den negativen Erfahrungen und Erkenntnissen mit den genannten Produkten wurde ihre Herstellung und Verwendung entweder ganz eingestellt oder auf ein notwendiges Minimum beschränkt. Einige halogenierte Produkte, beispielsweise die Kunststoffe Teflon und PVC, werden dank ihrer hervorragenden Eigenschaften noch auf unabsehbare Zeit produziert und eingesetzt. Bei gewissenhaftem Umgang gelangen sie nicht unkontrolliert in die Umwelt, sie können durch Recycling verwertet oder gefahrlos entsorgt werden.
Bei recht vielen industriellen Synthesen treten Chlorverbindungen als Zwischenprodukte auf. Chlormethan spielt bei der Herstellung von Siliconen (vgl. S. 152) eine zentrale Rolle, Phosgen bei der Herstellung von Polycarbonaten und langkettige Monochloralkane bei der Herstellung von Waschmitteln. Die Endprodukte enthalten kein gebundenes Chlor. Chlor bzw. seine Verbindungen werden prozessintegriert recycelt (vgl. S. 163).

Die meisten CKW, die ins Wasser und in den Boden gelangen, sind sehr beständig gegen chemische und biologische Abbaumöglichkeiten. Aufgrund ihrer Fettlöslichkeit reichern sie sich in Nahrungsketten an. Bei Tieren und Menschen, den Endstationen solcher Nahrungsketten, können einige dieser CKW Leberschäden und andere Krankheiten verursachen. Daher gelten bei Grundwasser und bei Trinkwasser sehr strenge Grenzwerte für CKW.
Organische Chlorverbindungen, die in der Natur nicht vorkommen, müssen in ihrem technischen Einsatz minimiert werden. Dort, wo es noch nicht möglich ist, darauf zu verzichten, beispielsweise bei der Herstellung chlorfreier Produkte wie Silicium, Silicone und Polycarbonate, müssen Chlorverbindungen innerhalb der Industrieanlagen recycelt werden (prozessintegrierter Umweltschutz).

Seite 134

Auswertung a):
Zwei Interdukte, die bei der Polymerisation von Methylmethacrylat auftreten, sind z. B.:
Starter-Radikal **R·** aus AIBN: Radikal nach der Addition von **R·** an ein MMA-Molekül:

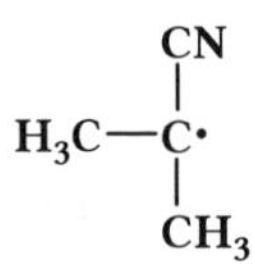

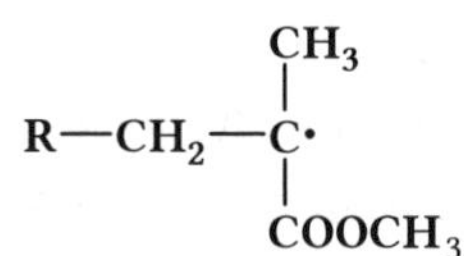

Auswertung b):
Die zu erwartenden Produkte sind Makromoleküle unterschiedlicher Länge (unterschiedlichen Polymerisationsgrades), die aber alle an mindestens einem der beiden Enden einen Rest **R** enthalten.

A1:
a) Bei der Chlorknallgasreaktion läuft folgende Reaktion ab:
$H_2(g) + Cl_2(g) \rightarrow 2\ HCl(g)$
b) Offene Aufgabe.
Hinweis: Die Animation ist selbsterklärend. Es sollte darauf geachtet werden, dass die Fachbegriffe zum Radikalketten-Mechanismus zum Einsatz kommen.

A2:

Die Quantenausbeute bei Bromierungen ist kleiner als bei Chlorierungen, weil Brom-Radikale im Vergleich zu Chlor-Radikalen weniger reaktiv sind. Daher wiederholen sich die Reaktionsschritte der Kettenreaktion bei Bromierungen nicht so oft wie bei Chlorierungen. Bei Bromierungen kommt es häufiger zu Abbruchreaktionen als bei Chlorierungen.

A3:

Die Formeln der beiden Monobromderivate des 2-Methylpropans (Isobutans) sind:

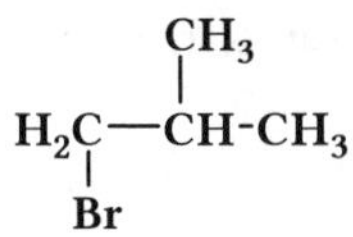

1-Brom-2-methylpropan (9)

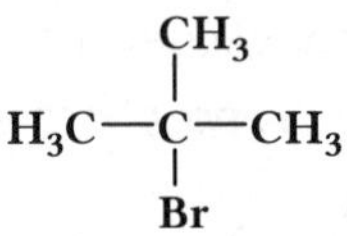

2-Brom-2-methylpropan (1)

Die Zahlen in den Klammern geben an, wie viele gleichartige Wasserstoff-Atome substituiert werden können, damit dieses Isomer entsteht. Bei der Bromierung von 2-Methylpropan bilden sich 1-Brom-2-methylpropan und 2-Brom-2-methylpropan nicht im Verhältnis 9:1, weil die Substitution am tertiärem Kohlenstoff-Atom ca. 6300 mal schneller verläuft als am primären Kohlenstoff-Atom. Man könnte also grob schätzen, dass sich die beiden Isomere etwa im Verhältnis 9:6300 = 1:700 bilden, d.h. es wird wesentlich mehr 2-Brom-2-methylpropan gebildet.

Seite 135

A1:

Der erste Reaktionsschritt des Chlor-Katalyse-Zyklus kann nur in der Stratosphäre (im 1. Druck der 1. Auflage des Schülerbands steht fälschlicherweise „Troposphäre"), nicht aber in Bodennähe ablaufen, weil kurzwelliges UV-Licht mit Wellenlängen < 340 nm nur in der Stratosphäre, nicht aber in Bodennähe vorkommt.

A2:

Im polaren Frühling nimmt der Ozonabbau über dem Südpol stark ab, weil der Chlor-Katalyse-Zyklus dann im polaren Sonnenlicht auf zweifache Weise mit Start-Radikalen beliefert wird: durch den ersten und durch den letzten der vier im Buch angegebenen Reaktionsschritte. Beim Chlor-Katalyse-Zyklus ist die Abbruchreaktion anders als bei den radikalischen Mechanismen der Halogenierung von Alkanen und der Polymerisation reversibel. Dass das Ozonloch über dem Südpol im antarktischen Frühling ausgeprägter und zusammenhängender ist als über dem Nordpol im arktischen Frühling, wird durch die geographische Beschaffenheit unseres Planeten am Südpol und am Nordpol beeinflusst.

A3:
Es dauert viele Jahrzehnte, bis die stratosphärische Ozonschicht „geheilt" ist, weil im Chlor-Katalyse-Zyklus die Abbruchreaktion reversibel ist, so dass es im polaren Frühling immer wieder zur Bildung von Radikalen kommt, selbst wenn keine FCKW mehr aus der Troposphäre nachkommen.

A4:
Beispiel für einen Molekülausschnitt:

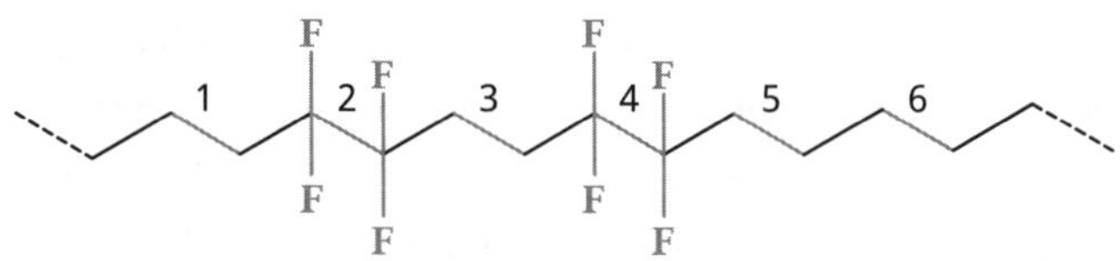

Es gibt mehrere Möglichkeiten, weil im Copolymer die Einheiten aus Tetrafluorethen und Ethen in unterschiedlicher Reihenfolge auftreten können. Im angegebenen Strukturausschnitt sind die ersten fünf Einheiten (1 bis 5) alternierend jeweils eine Einheit aus dem Ethen-Molekül und eine Einheit aus dem Tetrafluorethen-Molekül (alternierendes Copolymer). Es gibt aber auch andere Möglichkeiten der Anordnung, zum Beispiel eine gewisse Anzahl von Ethen-Einheiten gefolgt von einer gewissen Anzahl an Tetrafluorethen-Einheiten (Block-Copolymer).

A5:
Der Kunststoff ETFE verdankt seine Eigenschaft „nicht brennbar" den Monomer-Einheiten aus Tetrafluorethen. Der Kunststoff Teflon, der aus Polytetrafluorethen-Makromolekülen besteht, ist bekanntlich unbrennbar; aus ihm werden Beschichtungen von Bratpfannen hergestellt. Polyethen, aus dem die gängigen „Plastiktüten" sind, ist dagegen brennbar.

Seite 136 und 137

B1:

Isobuten bildet sich aus dem Alkohol im Erlenmeyerkolben und steigt als Gas auf. Die Reaktion von Isobuten mit Brom findet in der Gaswaschflasche statt.

B2:

Bei der Reaktion von Ethen mit Brom bzw. Brom und Wasser bilden sich Dibromethan, 2-Bromethan-1-ol, Bromid-Ionen und Protonen (Oxonium-Ionen).
Auswertung a):
Die Alkene reagieren spontan mit den Halogenen, die Alkane dagegen erst bei Bestrahlung mit ausreichend energiereichem Licht.

Auswertung b):
Bei der BEILSTEIN-Probe mit der organischen Phase aus V2 färbt sich die Flamme grün. Die BEILSTEIN-Probe ist somit positiv, was auf die Existenz einer organischen Halogenverbindung hindeutet.

Auswertung c):
Gemäß dem Spruch „Similes similibus solvuntur“ lösen sich ähnlich hydrophobe Stoffe ineinander. Durch das Ausschütteln eines Gemisches mit hydrophobem Heptan löst man allgemein hydrophobe Stoffe aus einem Gemisch in der in der organischen Heptan-Phase. Wenn hier die Extraktion eines Reaktionsprodukts in die hydrophobe Heptan-Phase gelingt, muss dieses Produkt ebenfalls hydrophob sein. Die Extraktion beruht darauf, dass sich VAN-DER-WAALS-Kräfte zwischen den unpolaren Heptan-Molekülen und den ebenfalls überwiegend unpolaren Molekülen des Reaktionsproduktes ausbilden können.

Auswertung d):

Beobachtung in V2	Nachweis	Vergleich mit LV1
Entfärbung des Bromwassers	Nachweis von ungesättigten Kohlenstoff-Kohlenstoff-Bindungen (bisher bekannte Verwendung des Bromwassers); es hat eine Reaktion mit dem Brom stattgefunden.	In LV1 verschwindet die Braunfärbung des Gasraums im Standzylinder; es hat eine Reaktion mit Brom stattgefunden.

Beobachtung in V2	Nachweis	Vergleich mit LV1
keine Verfärbung des feuchten *p*H-Indikator-papiers bei Test des austretenden Gases	Es bildet sich kein Stoff, der in wässriger Lösung eine Säure oder eine Lauge bildet.	Weder eine saure noch eine alkalische Reaktion kann nachgewiesen werden.
grüne Flammenfärbung bei der BEILSTEIN-Probe	Hinweis auf eine Halogenverbindung	---
rote Färbung des *p*H-Indikatorpapiers in der wässrigen Phase	In der wässrigen Lösung liegen Protonen (als Oxonium-Ionen) vor.	---
Ausfällen eines farblosen Niederschlags nach Zugabe von Silbernitrat-Lösung	In der wässrigen Phase werden durch Ausfällen der Silberhalogenide Halogenid-Ionen nachgewiesen, hier Bromid-Ionen.	---

Auswertung e):

LV1: Es wird stellvertretend nur jeweils eine mögliche Additionsreaktion formuliert.

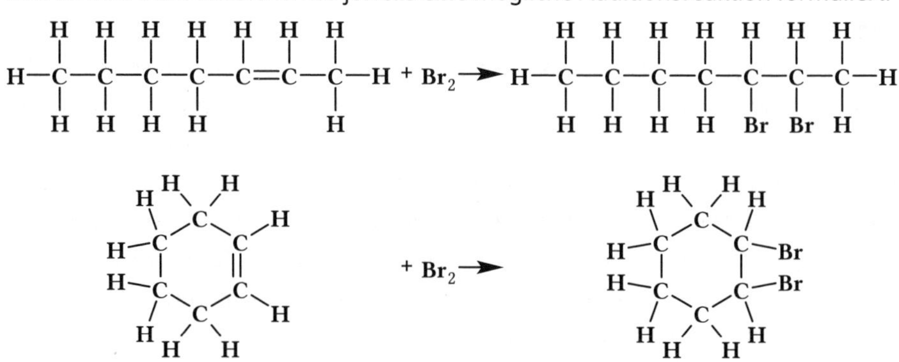

A1:

1. Schritt

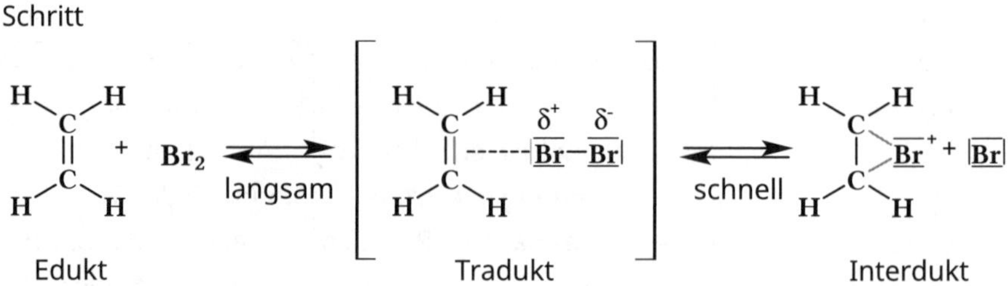

2. Schritt, Variante a)

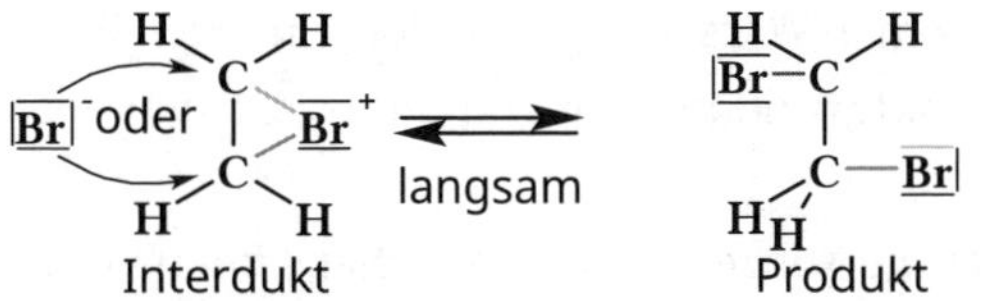

2. Schritt, Variante b)

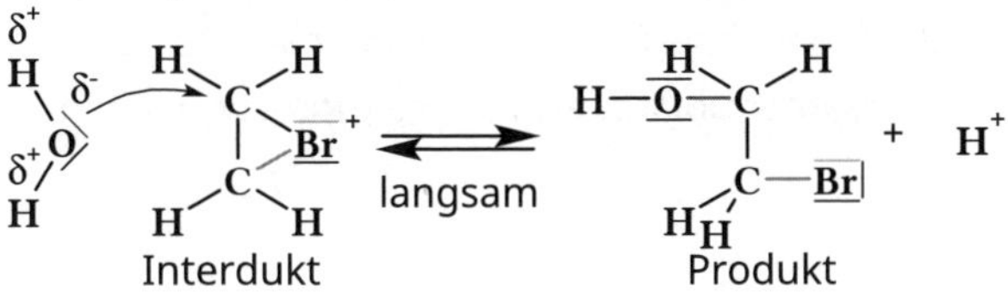

Seite 138 und 139

B3:

Die Reaktion von Bromwasser mit 2,3-Dimethylbut-2-en verläuft 13-mal schneller als die von Bromwasser mit Ethen. Demnach sollte die Entfärbung des Bromwassers durch gasförmiges 2,3-Dimethylbut-2-en in einem Dreizehntel der Zeit für die Reaktion von Ethen mit Brom zu beobachten sein (150 s : 13 = 11,53 s), also in ca. 12 Sekunden.

B4:

Der +I-Effekt der Methyl-Gruppe wird durch die unterschiedlichen Elektronegativitäten der an den Bindungen beteiligten Atome verursacht: EN(**C**) = 2,5; EN(**H**) = 2,1. Aufgrund dieser Elektronegativitätsdifferenz ist jede der drei **H–C** Bindungen polarisiert, wobei das Kohlenstoff-Atom die Partialladung δ^- trägt. Wenn die Methyl-Gruppe an ein anderes Kohlenstoff-Atom gebunden ist, wird die Bindungspolarisation aus den drei **H–C** Bindungen auf die benachbarte **C–C** Bindung übertragen, d.h. die Methyl-Gruppe als Ganzes wirkt elektronenschiebend (+I-Effekt).

B5:

Tertiäre Carbenium-Ionen sind am stabilsten, weil die positive Ladung am Kohlenstoff-Atom durch die +I-Effekte von drei Alkyl-Gruppen abgeschwächt (nicht „ausgeglichen") wird.

Auswertung zu INFO1 a):

Die Konzentration der Lösung von Brom in Wasser ist gleich der von Brom in PER. Auch die Ethen-Konzentration wird aufgrund des konstanten Gasstroms gleich gehalten.

Hinweis: Streng genommen ist sicher die Konzentration des Ethens beim Versuch mit der Brom-PER-Lösung größer, da sich Ethen z.T. in PER lösen wird. Dies führt allerdings nicht zur Verfälschung der Ergebnisse. Es zeigt vielmehr, dass die Reaktion von Ethen mit Brom in PER viel langsamer abläuft als die Reaktion von Ethen mit Brom in Wasser.

Auswertung zu INFO1 b):

Aus den Beobachtung lässt sich schließen, dass Ethen mit Brom, das in Wasser gelöst ist, viel schneller reagiert als mit Brom, das in PER gelöst ist. Weiterführend kann vermutet werden, dass die Polarität des Lösemittels von Brom die Reaktionsgeschwindigkeit der Bromierung von Ethen beeinflusst.

Auswertung zu INFO1 c):

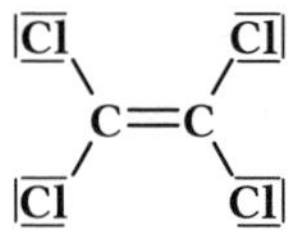

Tetrachlorethen ist eine ungesättigte Verbindung mit einer Kohlenstoff-Kohlenstoff-Doppelbindung. Eine Reaktion mit Bromwasser (Entfärbung) ist bekannt als Nachweis von ungesättigten Verbindungen. Danach ist eigentlich eine Entfärbung des Bromwassers beim Schütteln mit PER zu erwarten.

Die Beobachtungen bei V2 zeigen aber keine Entfärbung, sondern lediglich Verlagerung der Färbung von der wässrigen Phase in die PER-Phase. Dies deutet auf ein Ausbleiben einer Reaktion hin.

Auswertung zu INFO1 d):

Vor dem Schütteln befindet sich Brom in der wässrigen Phase. Nach dem Schütteln ist die PER-Phase rotbraun gefärbt. Das Brom hat sich nun in PER gelöst. Die bessere Löslichkeit von Brom in einem hydrophoben Lösemittel kann mit Struktur-Eigenschaftsbeziehungen erklärt werden. Zwischen den Brom-Molekülen und den Tetrachlorethen-Molekülen können sich VAN-DER-WAALS-Kräfte ausbilden. Zwischen den unpolaren Brom-Molekülen und den polaren Wasser-Molekülen können sich dagegen keine anziehenden Wechselwirkungen ausbilden.

Auswertung zu INFO2 a):

Isobuten-Moleküle bilden bei der Protonierung relativ stabile tertiäre Carbenium-Ionen. Bei der Protonierung von Ethen-Molekülen müssten sich die instabilen, sehr reaktiven und damit wenig stabilen primären Carbenium-Ionen bilden, eine Polymerisation über Carbenium-Ionen ist daher auszuschließen.

Auswertung zu INFO2 b):

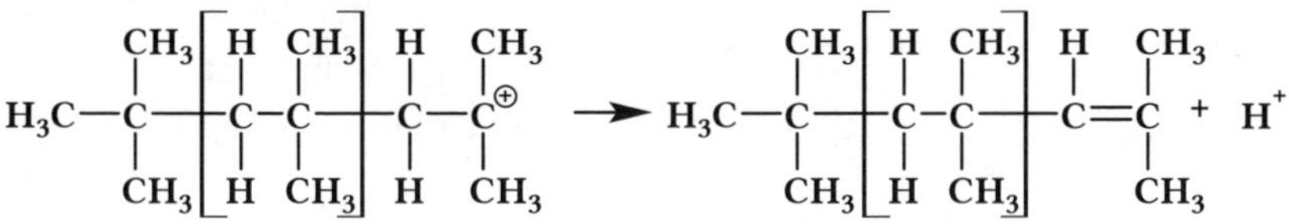

Bei der Abspaltung eines Protons bildet sich eine Kohlenstoff-Kohlenstoff-Doppelbindung aus. Jedes Polyisobuten-Molekül hat danach an einem Ende eine Doppelbindung, sodass die Bromwasserprobe positiv ausfällt.

A1:

In der Interhalogenverbindung Bromchlorid ist die Chlor-Brom-Bindung aufgrund des Elektronegativitätsunterschieds von Chlor und Brom bereits polarisiert. Die Brom-Brom-Bindung im Brom-Molekül bei der Bromaddition muss dagegen erst durch Annäherung an die Doppelbindung polarisiert werden. Dadurch verläuft der erste Reaktionsschritt zum Tradukt bei der Addition von Bromchlorid schneller.

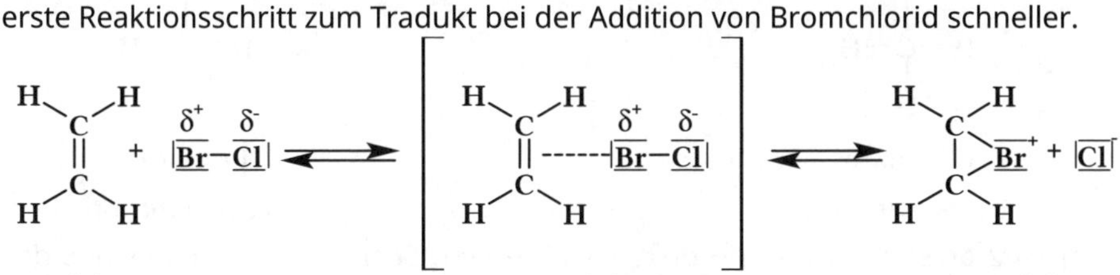

Edukt — Tradukt — Interdukt

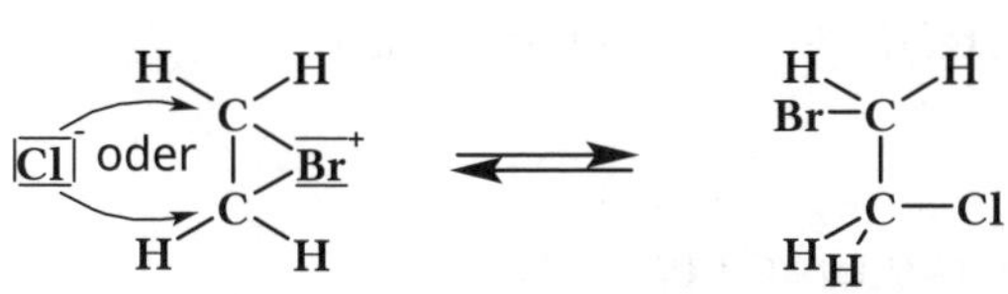

A2:

a)

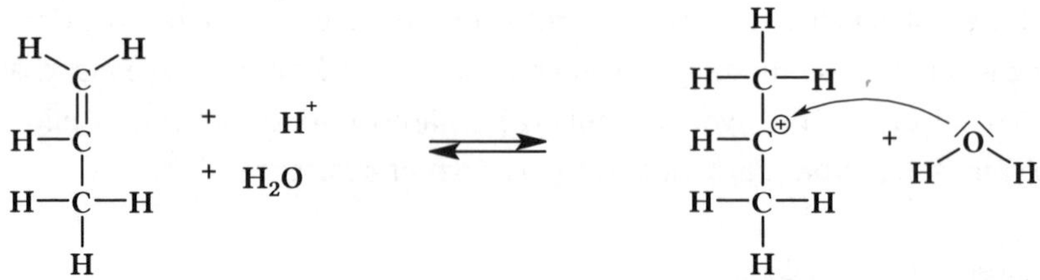

Interdukt (sekundäres Carbenium-Ion)

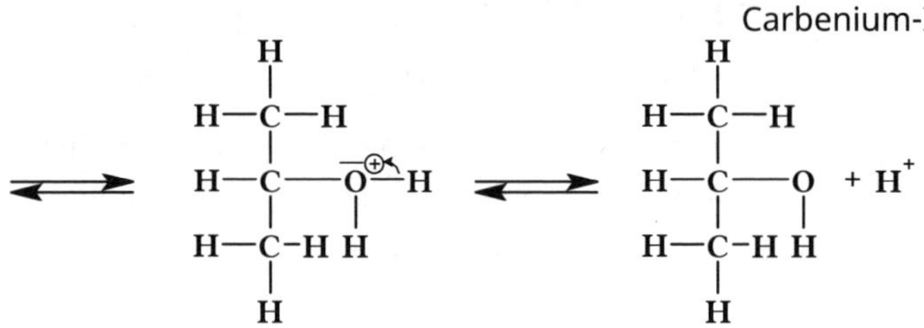

b)

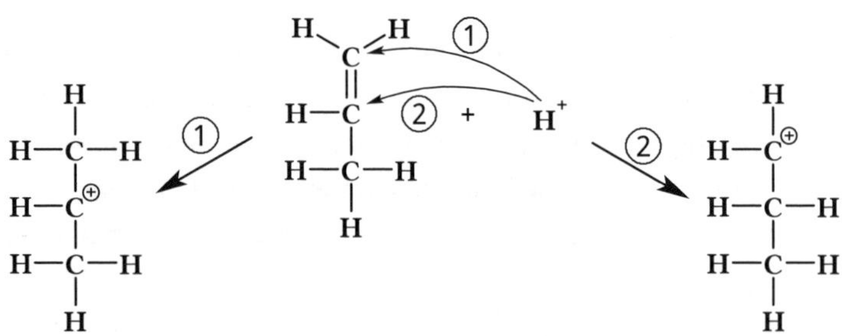

sekundäres Carbenium-Ion

primäres Carbenium-Ion

Propan-2-ol ist das Hauptprodukt, da im ersten Schritt des Mechanismus das sekundäre Carbenium-Ion gebildet wird, das energetisch stabiler ist als das primäre Carbenium-Ion, das sich bilden müsste, um Propan-1-ol zu erhalten.

Seite 140 und 141

B1:

Es handelt sich um eine einfache Rückflussapparatur, da ein Teil der Ethanol-Dämpfe im Erlenmeyerkolben bzw. im Glasrohr aufgrund der Luftkühlung von außen kondensiert und in den Erlenmeyerkolben zurückfließt.

B2:

Es wird das Kohlenstoff-Atom nucleophil angegriffen, an dem das Brom-Atom gebunden ist, weil es aufgrund der Elektronegativitätsunterschiede die stärkste positive Partialladung hat.

B3:

Der erste Schritt im Reaktionsmechanismus ist die Bildung eines Carbenium-Ions (bei den sekundären und tertiären Halogenalkanen). Je stabiler das gebildete Carbenium-Ion ist, um so schneller ist die Reaktion.

Je energetisch stabiler das Carbenium-Ion ist, umso kleiner ist die Aktivierungsenergie für diesen Reaktionsschritt. Damit ist dieser Schritt geschwindigkeitsbestimmend.

Auswertung a):

V1: Das Gasvolumen in der Apparatur dehnt sich aus und füllt kontinuierlich den Kolbenprober mit einem farblosen Gas.

Am Rand des Erlenmeyerkolbens setzt sich ein weißer Feststoff ab, der sich bei Zugabe von Wasser löst. Bei Zugabe von Silbernitrat-Lösung zu der wässrigen Lösung bildet sich ein weißer Niederschlag.

Die Bromwasserprobe mit dem Gas aus dem Kolbenprober fällt positiv aus.

V2: Das 2-Brom-2-methylpropan setzt sich unten im Reagenzglas als kugelförmiger Tropfen ab. Beim Schütteln verringert sich das Volumen des Tropfens allmählich, bis dieser vollständig verschwunden ist.

Das *p*H-Papier zeigt eine saure Reaktion der wässrigen Lösung an. Bei Zugabe von Silbernitrat bildet sich ein weißer Niederschlag.

Auswertung b):

Es wurden Bromid-Ionen $\mathbf{Br^-}$ nachgewiesen. Sie geben mit Silbernitrat-Lösung einen weißen Niederschlag aus Silberbromid $\mathbf{AgBr}$.

Auswertung c):

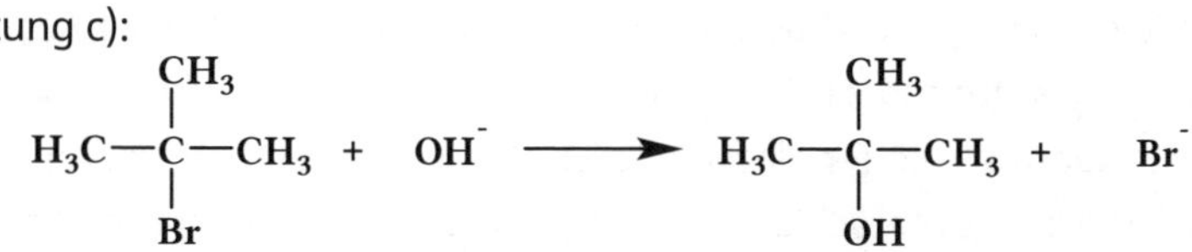

2-Methylpropan-2-ol
(*tert.*-Butanol)

Auswertung d):
Der positive Ausfall der Bromwasserprobe zeigt die Existenz einer ungesättigten Kohlenwasserstoff-Verbindung an. Es wurde ein Molekül mit einer Kohlenstoff-Kohlenstoff-Doppel- oder Kohlenstoff-Kohlenstoff-Dreifach-Bindung gebildet.

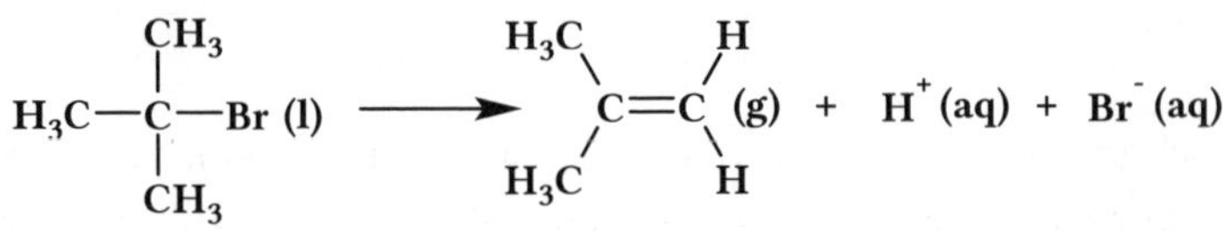

(*Hinweis*: In der Aufgabenstellung des 1. Drucks der 1. Auflage ist ein Fehler, denn es handelt sich nicht um eine Dehydratisierung sondern um eine „Dehydrohalogenierung".)

Auswertung e):
Wenn ein Wasser-Molekül formal ein Hydroxid-Ion abspaltet, bleibt ein Proton übrig, das in wässriger Lösung Oxonium-Ionen bildet. Diese bewirken die saure Reaktion der wässrigen Lösung und führen zur Rotfärbung des Indikatorpapiers.

Seite 142

B1:
Es muss immer mit gleicher Geschwindigkeit gerührt werden, weil das Reaktionsgemisch zunächst heterogen ist (das Halogenalkan ist nicht wasserlöslich). Durch das gleiche Rühren wird gewährleistet, dass die Verteilung des Halogenalkans im Wasser jeweils (in etwa) gleich ist und so die gleiche Chance zur Reaktion mit Wasser besteht.

Auswertung a) und b):
Die genauen Messwerte hängen u.a. von der angelegten Spannung, von der Rührgeschwindigkeit und von dem verwendeten Leitfähigkeitsprüfer ab und werden daher hier nicht angegeben. *Zur Orientierung*: Die Stromstärke steigt bei der Reaktion mit 2-Brom-2-methyl-propan deutlich schneller an als bei der Reaktion aus V2. Die Steigung ist zunächst größer und wird zum Ende der Versuchsdauer kleiner. Bei den sekundären Halogenalkanen ist die Steigung deutlich kleiner und zeigt keinen so deutlichen Unterschied zu Beginn und zum Ende des Versuchs.

Auswertung c):

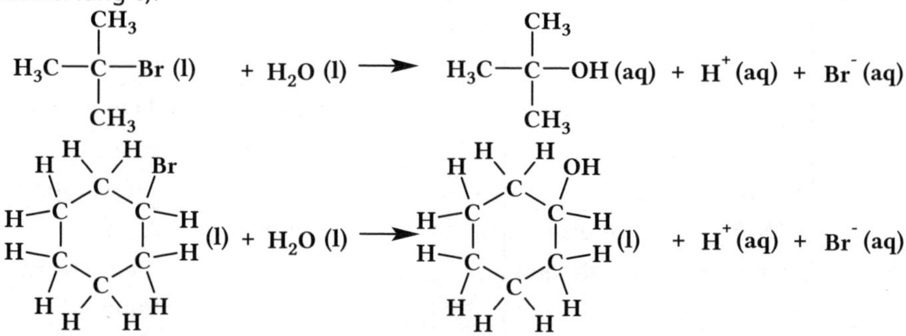

Die Protonen ließen sich durch Rotfärbung von *p*H-Indikatorpapier nachweisen. Die Bromid-Ionen können durch Zugabe von Silbernitrat als weißer Niederschlag ausgefällt und damit nachgewiesen werden.

Seite 143

B2:

Bei der Destillation wird der niedrigsiedende Ether abdestilliert. Das Abdestillieren des Produkts bewirkt, dass sich kein Gleichgewicht einstellen kann. Die Reaktion verläuft solange, bis eines der Edukte verbraucht ist.

A1:

Bei einer Eliminierung erfolgt die Abspaltung eines niedermolekularen Teilchens aus einem Edukt, während bei der Kondensation das niedermolekulare Teilchen insgesamt aus mindestens zwei Edukten abgespalten wird, so dass die beiden Edukte nach der Reaktion über eine neue funktionelle Gruppe verbunden sind.

A2:

a)

Verweis	Edukte	Reaktions-bedingungen	gebildetes Carbenium-Ion	Produkte	Reaktionstyp
S. 138 INFO 2	2-Methyl-propen	Aluminiumtri-chlorid als Katalysator	*tert.*-Butyl-Kation	Polyisobuten	kationische Polymerisation

Verweis	Edukte	Reaktionsbedingungen	gebildetes Carbenium-Ion	Produkte	Reaktionstyp
S. 140 V1	2-Brom-2-methylpropan	ethanolische Kalilauge, Wärme	*tert.*-Butyl-Kation	2-Methylpropen bzw. 2-Methylpropan-2-ol	Eliminierung bzw. Substitution
S. 141 B4	2-Methylpropan-2-ol	Schwefelsäure als Katalysator		2-Methylpropen	Eliminierung/ Dehydratisierung

b) Bei den verschiedenen Reaktionen findet jeweils eine Eliminierung statt. Bei der Verwendung des Halogenalkans ist der erste Schritt die Bildung des Carbenium-Ions, während sich bei Verwendung des Alkohols nach Anlagerung eines Protons ein Wasser-Molekül abspalten muss. Der nächste Schritt ist dann bei beiden Reaktionen identisch.

Betrachtet man die notwendigen Schritte für die Herstellung der Edukte, ist das Halogenalkan durch die radikalische Substitution zugänglich. Der Alkohol erfordert einen weiteren Syntheseschritt. Allerdings sind bei der Gewinnung aus dem Halogenalkan weitere Chemikalien nötig. Bei Verwendung der Halogenalkane fallen Kopplungsprodukte an, die in dem Verbundsystem der chemischen Industrie verwertet werden müssen.

Da das Isobuten jeweils gasförmig anfällt, ist eine Trennung von dem Reaktionsgemisch in beiden Fällen unproblematisch.

A3:

Um nur Pent-2-en zu erhalten, muss von Pentan-3-ol ausgegangen werden. Nimmt man an, dass sich als Interdukt das sekundäre Carbenium-Ion bildet, dann entsteht bei der Eliminierung eines Protons in beiden Fällen Pent-2-en. Wenn man Pentan-2-ol einsetzt, erhält man ein Gemisch aus Pent-1-en und Pent-2-en.

$$H_3C-CH_2-\underset{\underset{OH}{|}}{CH}-CH_2-CH_3(l) \longrightarrow H_3C-CH_2-CH{=}CH-CH_3(l) + H_2O(l)$$

Seite 144 und 145

B1:

EN(**O**) = 3,5; EN(**C**) = 2,5.

Die Elektronegativitätsdifferenz zwischen Sauerstoff und Kohlenstoff ist danach gleich 1.

B2:

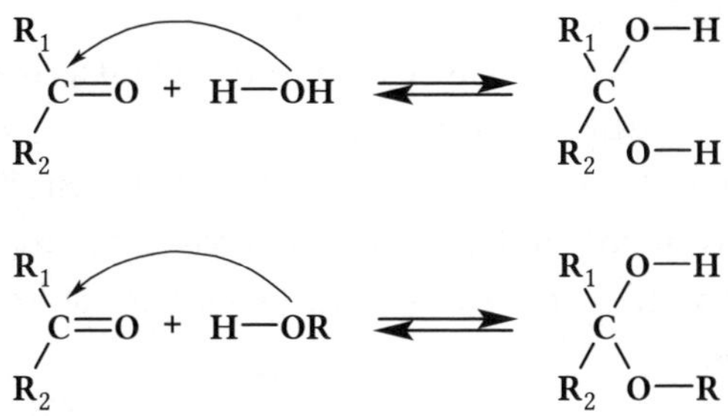

B3:

Die Masse des Schaleninhalts bei V2 nimmt nicht zu, nur das Volumen nimmt zu. Die Masse nimmt sogar eher ab, weil ein Teil des freiwerdenden Kohlenstoffdioxids (vgl. Reaktionsgleichung unten in B4) entweicht.

B4:

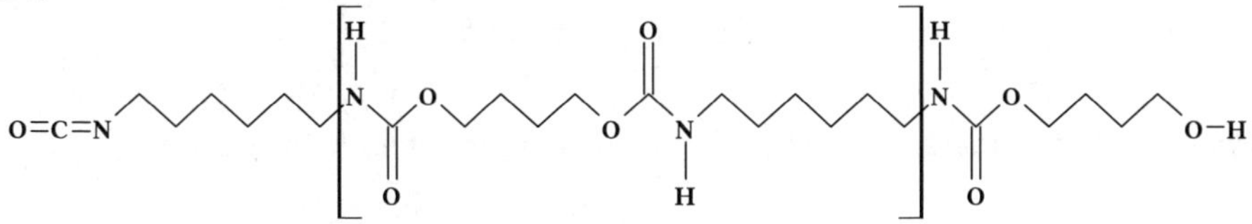

B5:

Gemeinsamkeit:

Die Halbacetale aus B5 und das Halbacetal aus B2 haben als gemeinsames Strukturelement die Acetal-Gruppe. Die Acetal-Gruppe besteht aus einem Kohlenstoff-Atom, an das eine Hydroxy-Gruppe gebunden ist, das mit einer Bindung direkt mit einem organischen Rest oder einem Wasserstoff-Atom verknüpft ist und das über ein Sauerstoff-Atom an einen weiteren organischen Rest gebunden ist:

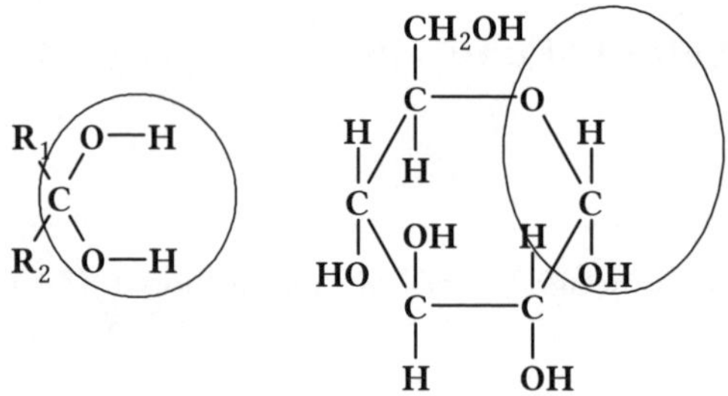

Unterschiede:

- Die Halbacetale aus B5 bestehen aus ringförmigen Molekülen, die Moleküle des Halbacetals aus B2 ist nicht ringförmig.
- Die Halbacetale aus B5 enthalten an dem Acetal-Kohlenstoff-Atom auch ein gebundenes Wasserstoff-Atom, das Acetal-Kohlenstoff-Atom des Halbacetals aus B2 ist direkt an zwei organische Reste (in diesem Fall Kohlenwasserstoff-Reste) gebunden.

B7:
offene Aufgabe

Auswertung a):
Reaktionsgleichung

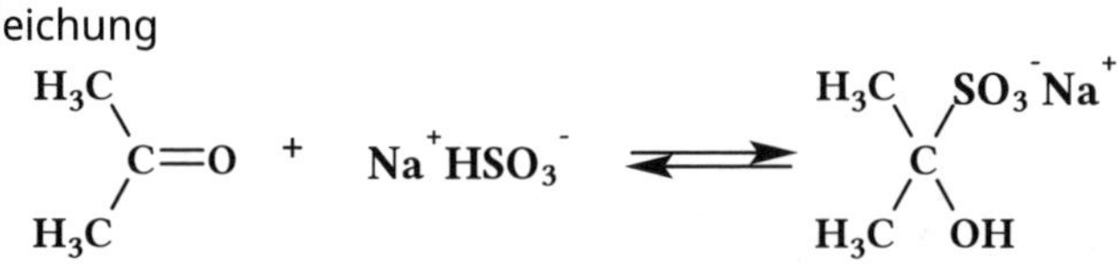

Hinweis: Die genauere Valenzstrichformel des organischen Anions lautet:

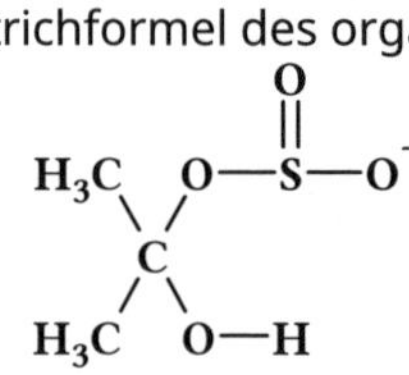

Auswertung b):
Bei Zugabe von angesäuertem Wasser läuft folgende Reaktion ab, bei der sich Aceton zurückbildet:

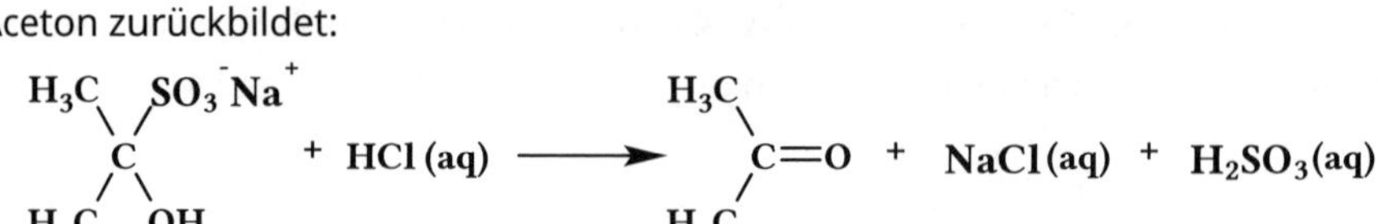

Auswertung c):
Das Kohlenstoff-Atom aus der Isocyanat-Gruppe –**N=C=O** ist für einen nucleophilen Angriff besonders gut geeignet, weil es durch die Nachbarschaft der beiden stark elektronegativen Atome, das Sauerstoff- und das Stickstoff-Atom, eine stark ausgeprägte positive Teilladung hat. Bei der in B4 formulierten Reaktion erfolgt der nucleophile Angriff jeweils durch ein Sauerstoff-Atom aus einer Hydroxy-Gruppe, das selbst eine ausgeprägte negative Partialladung hat.

Auswertung d):
Damit die in B4 formulierte Reaktion zu Makromolekülen führt, muss jedes der beiden Edukt-Moleküle an beiden Enden fähig sein, sich an ein anderes Molekül zu binden. Beide Edukte müssen demnach je zwei funktionelle Gruppen haben.

Auswertung e):
Die Spuren von Wasser sind notwendig, damit sich nach der in B4 (untere Zeile) angegebenen Reaktionsgleichung Kohlenstoffdioxid bilden kann, das das Polyurethan aufschäumt.

A1:
Gemeinsamkeiten:
- Beide Moleküle sind Makromoleküle.
- Beide Moleküle sind linear.

Unterschiede:
- Das PMMA-Molekül enthält nur Kohlenstoff-, Wasserstoff- und Sauerstoff-Atome, das PU-Molekül enthält auch Stickstoff-Atome.
- Das PMMA-Molekül enthält als Seitengruppen Methyl- und Methacrylat-Gruppen, das PU-Molekül enthält keine Seitengruppen.
- Die Hauptkette des PMMA-Moleküls besteht nur aus Kohlenstoff-Atomen, im PU-Molekül sind auch Sauerstoff- und Stickstoff-Atome in der Hauptkette enthalten.

Seite 146 und 147

B1:

Makromoleküle für Textilien dieser Art sollten so beschaffen sein, dass aus ihnen dünne, reißfeste und hautverträgliche Filamente gesponnen werden können. Das sollte bei linearen Makromolekülen, zwischen denen starke intermolekulare Anziehungskräfte zustande kommen, möglich sein.

B2:

Man erkennt an der violetten Farbe, dass die wässrige Phase unten ist. Die alkalische, wässrige Lösung färbt den Indikator Phenolphthalein rot-violett.

B3:

1. Das Polyamid aus B4 enthält im Gegensatz zu Schafwolle keinen gebundenen Schwefel.
2. Beim Verbrennen des Polyamids (vgl. B4) bleibt keine Asche zurück.

B4:

Es müssen zwei verschiedene Lösemittel eingesetzt werden, weil das eine Edukt aus LV1 (Diamin) wasserlöslich ist, aber nicht löslich in Heptan, das andere Edukt (Sebacinsäuredichlorid) ist wasserunlöslich, aber löslich in Heptan.

B5:

offene Aufgabe

B6:

offene Aufgabe

B7:

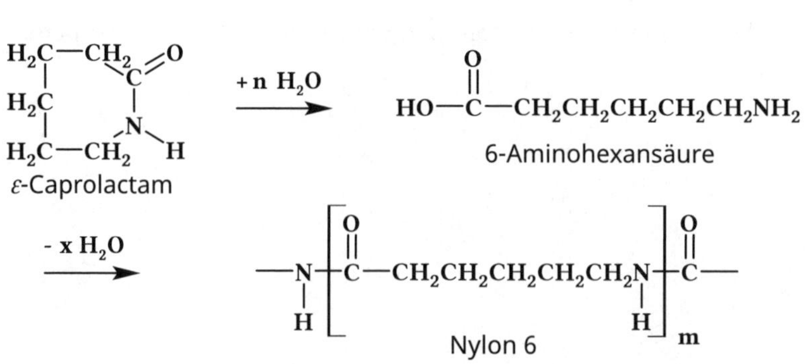

Auswertung a):
Es handelt sich um eine Polykondensation, weil die Monomer-Einheiten zu Makromolekülen verbunden werden, indem bei jeder neuen Verknüpfung aus funktionellen Gruppen der Monomere jeweils ein kleines Molekül abgespalten wird.

Auswertung b):
Die Reaktion aus LV1 läuft nur an der Phasengrenze ab, weil die Edukt-Moleküle nur an dieser aufeinandertreffen.

Auswertung c):
Bei einer Polykondensation an der Phasengrenze reagiert das eingesetzte Edukt nur dann vollständig, wenn das Produkt fortlaufend von der Phasengrenze entfernt wird.

Auswertung d):
Bei LV1 ist es günstig, die wässrige Phase alkalisch anzusetzen, weil dadurch die gebildete Säure (Chlorwasserstoff) sofort neutralisiert und aus dem System entfernt wird (vgl. B4).

Auswertung e):

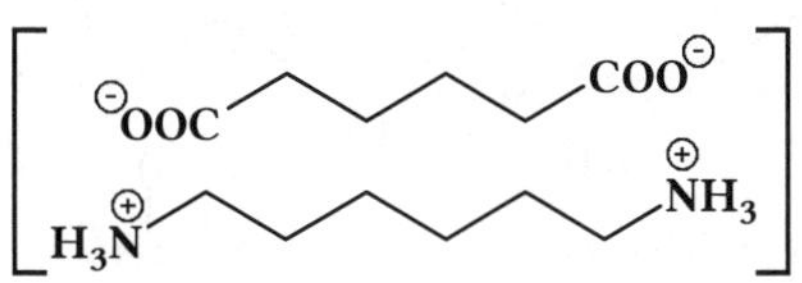

Auswertung f):
Bei LV1 und V2 wird die Technik der Entfernung eines Reaktionsprodukts aus dem Reaktionsgemisch angewandt, um das Gleichgewicht auf die Seite der Produkte zu verschieben. Bei LV1 wird die gebildete Säure (Chlorwasserstoff) durch Neutralisation in der alkalischen, wässrigen Phase entfernt, bei V2 wird das Reaktionsprodukt Wasser durch Erhitzen entfernt.

Auswertung g):
Wolle, Seide und Polyamide haben in der Hauptkette der Makromoleküle Peptid-Gruppen. Während Wolle und Seide Proteine sind, also aus ca. 20 verschiedenen Aminosäure-Resten aufgebaut sind, sind in einem Polyamid-Makromolekül in der Regel Einheiten aus einem Edukt-Monomer (beispielsweise bei Nylon 6, vgl. B7) oder

aus zwei Monomeren (beispielsweise Nylon 6.6, vgl. Textspalte S. 147) verknüpft. Wolle und Seide enthalten auch Cystein-Bausteine mit Schwefel, synthetische Polyamidfasern dagegen nicht.

A1:

a) Bei Nylon 6.6 wird das Polyamid-Makromolekül aus zwei Monomeren aufgebaut, bei Nylon 6 aus nur einem Monomer ...
b) ... entsprechend enthält eine Repetiereinheit in den Makromolekülen von Nylon 6.6 je einen Adipinsäure- und einen Hexandiamin-Rest, die über eine Peptid-Gruppe miteinander verknüpft sind; eine Repetiereinheit in einem Makromolekül von Nylon 6 besteht nur aus einem 6-Aminohexansäure-Rest in dem keine Peptid-Gruppe vorkommt.
c) „6.6“ steht für die Anzahl der Kohlenstoff-Atome in den beiden Monomeren von Nylon 6.6: Sowohl das Adipinsäure-Molekül als auch das 1,6-Diaminohexan-Molekül enthält 6 Kohlenstoff-Atome. Die „6“ bei Nylon 6 steht ebenfalls für die Anzahl der Kohlenstoff-Atome im Monomer dieses Polyamids: Auch das 6-Aminohexansäure-Molekül enthält 6 Kohlenstoff-Atome.

A2:

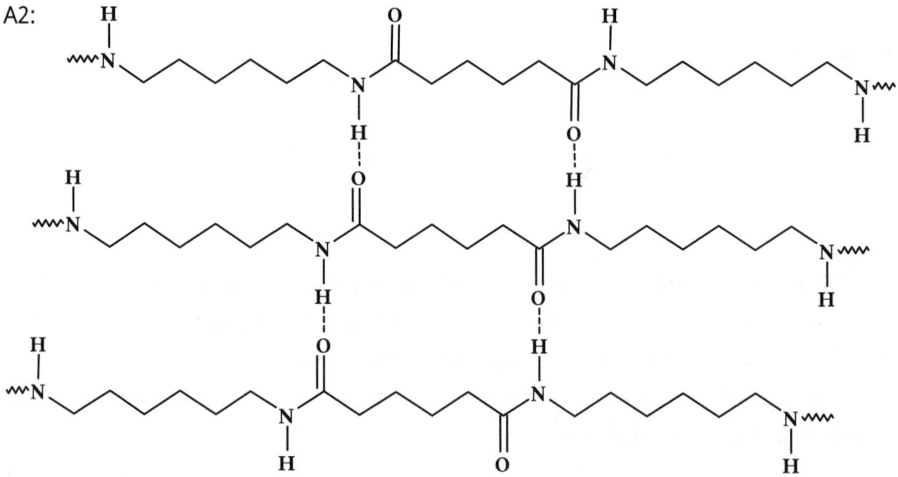

Seite 148 und 149

B1:
Fasern, die für Bekleidungstextilien geeignet sind, sollen reißfest, körperfreundlich (u.a. ungiftig, weich, feuchtigkeitsaufnehmend und -abgebend) und pflegeleicht (u.a. waschbar und bügelfrei oder -fest) sein.

B2:
offene Aufgabe

B3:
a) Bei Mineralwässern haben Flaschen aus PET folgende Vorteile: Sie sind leichter und nicht zerbrechlich. Nachteile gibt es keine, denn Flaschen aus PET sind ebenso wie Flaschen aus Glas „Mehrwegflaschen“. Nach mehrfacher Verwendung lässt sich das Material PET ebenso wie das Material Glas recyclen.
b) Bei hochprozentigen Spirituosen könnte es bei PET-Flaschen zur partiellen Auflösung des Materials kommen. Daher sind Glasflaschen in diesem Fall günstiger.

B4:

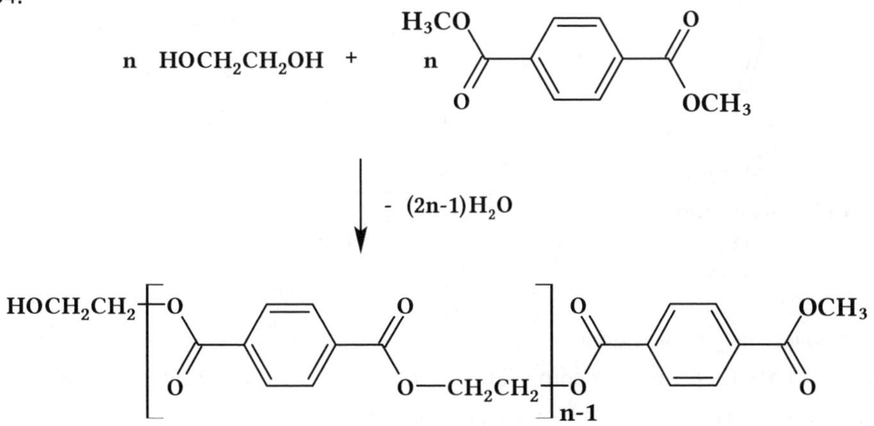

B5:
Die Monomere, aus denen der Polyester hergestellt werden kann, sind *Z*-Butendisäure (*cis*-Butendisäure) und Ethandiol.

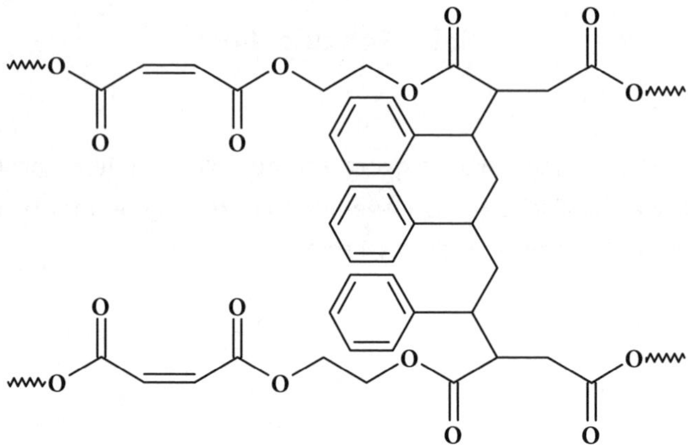

B6:

Materialien aus linearen Makromolekülen sind spinnbar, weil sich die linearen Makromoleküle beim Pressen durch die Spinndüse relativ leicht in eine parallele Anordnung orientieren lassen.

Hinweis: Die parallele Ausrichtung beim Spinnen geschieht nur teilweise. Sie wird beim anschließenden Strecken der Fasern fortgesetzt.

Auswertung a):

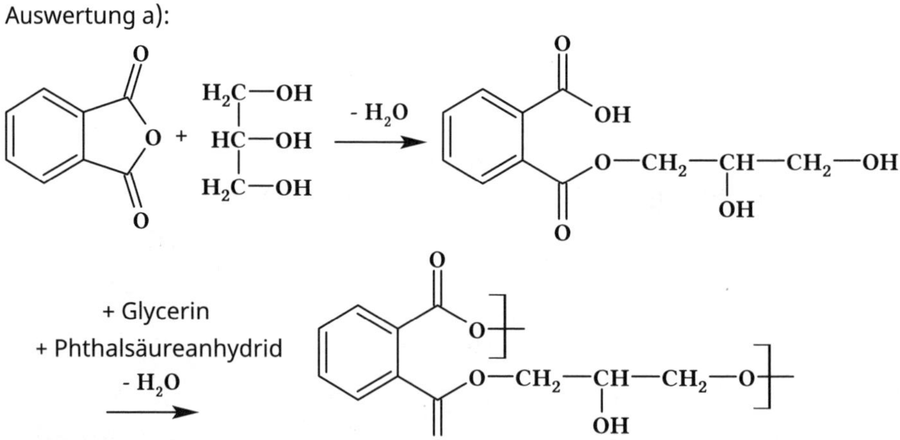

Eine vollständige Polymerisierung sorgt für Verknüpfungen an allen drei Hydroxy-Gruppen des Glycerins und somit für eine dreidimensionale vernetzte Struktur des Makromoleküls, welche das Merkmal eines Duroplasts ist.

Auswertung b):

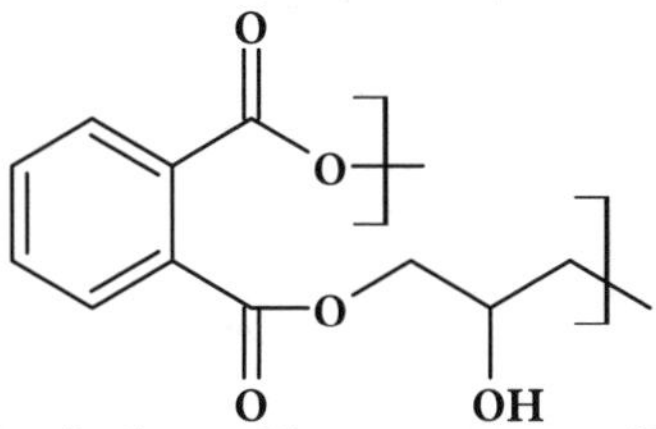

Die Aussagekraft dieser Gerüstformel ist genauso groß wie die der Halbstrukturformel von a).

A1:

Gemeinsamkeiten zwischen Polykondensation und Polymerisation:

- Beide Reaktionstypen führen zu Makromolekülen.
- Bei beiden Reaktionstypen geht man in der Regel von nur einem oder zwei Edukten aus, den Monomeren.
- Die Makromoleküle aus diesen Polyreaktionen sind aus sich streng periodisch wiederholenden Struktureinheiten, den Monomer-Resten, aufgebaut.

Unterschiede zwischen Polykondensation und Polymerisation:

- Bei der Polykondensation tritt ein Kopplungsprodukt (z. B. Wasser, Ammoniak oder Chlorwasserstoff) auf, bei der Polymerisation gibt es kein Kopplungsprodukt.
- Bei einer Polykondensation geht man in der Regel von zwei verschiedenen Edukten aus, bei einer Polymerisation nur von einem.
- In dem Edukt vieler Polymerisationen liegt jeweils eine Kohlenstoff-Kohlenstoff-Doppelbindung vor, in den Edukten der Polykondensationen nicht.
- Die Hauptketten der Polymere aus Polymerisationen bestehen in der Regel ausschließlich aus Kohlenstoff-Atomen, in der Hauptkette der Makromoleküle aus Polykondensationen kommen auch andere Atome vor.

A2:

Die intermolekularen Wechselwirkungen bei Polyamid-Molekülen beruhen auf Wasserstoffbrückenbindungen zwischen den Peptid-Gruppen **–NH-CO–** benachbarter Makromoleküle. Sie sind stärker als die Wechselwirkungen zwischen Polyester-Molekülen, bei denen keine Wasserstoffbrückenbindungen möglich sind. Die Reißfestigkeit von Polyamidfasern sollte daher größer sein als die von Polyesterfasern.

Seite 150 und 151

B1:

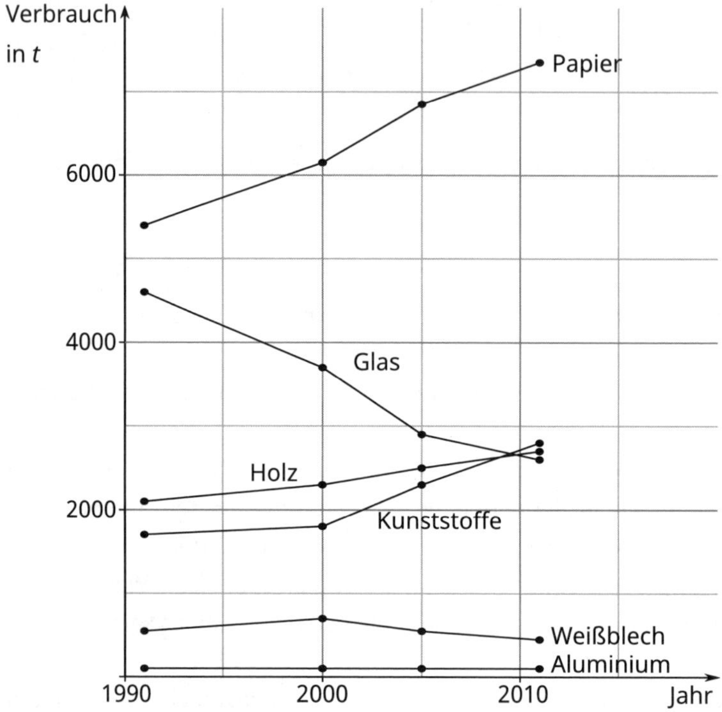

Der Verbrauch an Glas und Weißblech ist seit 1991 zurückgegangen, der Verbrauch an Aluminium, Papier und Holz gestiegen. Am stärksten hat der Verbrauch an Kunststoffen zugenommen.

B2:

Neben den Vorteilen, die Kunststoffe allgemein als Verpackungsmaterial bieten, ist ein Vorteil von aus nachwachsenden Rohstoffen hergestellter PLA, dass keine fossilen Ausgangsstoffe zu ihrer Herstellung verwendet werden. Außerdem ist beim Abbau die Kohlenstoffdioxid-Bilanz neutral: Bei der Verbrennung des PLA wird nur genau die Menge an Kohlenstoffdioxid freigesetzt, die auch bei der Herstellung der Polymilchsäure aus Stärke von der Pflanze aufgenommen wurde. Ein weiterer Vorteil, der sich bei längerer Verwendung einer Verpackung aus PLA allerdings auch als Nachteil auswirken kann, ist die biologische Abbaubarkeit des Kunststoffes.

B3:

Das Dilactid-Molekül entsteht aus zwei Milchsäure-Molekülen, indem die Carboxy-Gruppe des einen Milchsäure-Moleküls mit der Hydroxy-Gruppe des anderen unter Bildung eines Esters reagiert und umgekehrt. Dabei bildet sich ein sterisch günstiges cyclisches Molekül, dessen Ring aus sechs Atomen besteht.

B7:

offene Aufgabe

Auswertung a):

Die Viskosität der Produkte bei den Versuchen V1 und V2 ist deutlich größer als die der Edukte. Die Wasserlöslichkeit der Produkte ist geringer als die der Edukte. Die Zunahme der Viskosität deutet auf eine Vergrößerung der Moleküle hin. Die Abnahme der Wasserlöslichkeit deutet darauf hin, dass die Anzahl der polaren Hydroxy-Gruppen abgenommen hat, wie es z.B. bei einer Polykondensation der Fall ist.

Auswertung b):

Milchsäure-Moleküle enthalten eine Carboxy- und eine Hydroxy-Gruppe. Im Unterschied zu der Polykondensation zwischen einer Dicarbonsäure und einem Diol bei der Polyesterbildung tritt bei der Polykondensation von Milchsäure eine Veresterung zwischen einer Carboxy-Gruppe eines Milchsäure-Moleküls mit der Hydroxy-Gruppe eines weiteren Milchsäure-Moleküls ein. Die Moleküle sind daher über eine Ester-Gruppe verknüpft.

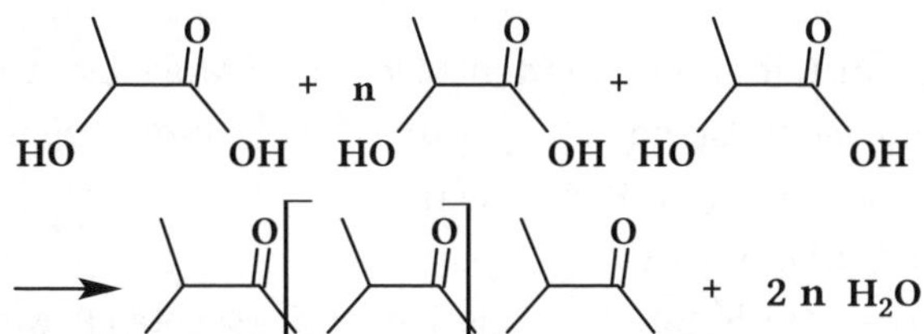

Auswertung c):

Die Wasserlöslichkeit von Milchsäure ist gut, die des Reaktionsproduktes relativ schlecht. Die polaren Carboxy- und die Hydroxy-Gruppen der Milchsäure-Moleküle, die Wasserstoffbrückenbindungen zu Wasser-Molekülen eingehen, haben bei der

Polykondensation zu Polymilchsäure zu Ester-Gruppen reagiert, die deutlich unpolarer sind.

Auswertung d):
Orientierungswerte für eine Titration nach V2:
Es wurden m(Polymilchsäure) = 0,220 g titriert.
Die Konzentration der Natronlauge ist c = 0,1 mol/L.
Der Verbrauch an Natronlauge ist $V(\text{NaOH})$ = 4,2 mL.
Damit ergibt sich für die Stoffmenge an Polymilchsäure:
n(Polymilchsäure) $= n(\text{NaOH}) = c(\text{NaOH}) \cdot V(\text{NaOH})$
$= 0{,}1 \text{ mol/L} \cdot 4{,}2 \text{ mL} = 0{,}00042 \text{ mol} = 0{,}42 \text{ mmol}$
Die mittlere molare Masse der Polymilchsäure ist danach:
M(Polymilchsäure) = m(Polymilchsäure) : n(Polymilchsäure)
$= 220 \text{ mg} : 0{,}42 \text{ mmol} = 523 \text{ g/mol}$
In diesem Fall beträgt die mittlere molare Masse der Polymilchsäure 523 g/mol. Polymilchsäure hat eine endständige Carboxy-Gruppe pro Molekül, sie ist also eine einprotonige Säure und reagiert daher mit Natronlauge im Stoffmengenverhältnis 1:1.

Auswertung e):
Bei der Polykondensation von Milchsäure entstehen verschiedene Polymilchsäure-Moleküle, die sich in ihrer Kettenlänge unterscheiden können. Daher lässt sich nur ein Durchschnittswert für die molare Masse angeben.
Eine Struktureinheit in einem Polymilchsäure-Molekül hat die molare Masse M = 72 g/mol.
Die Anzahl der im Mittel verknüpften Milchsäure-Moleküle ergibt sich ohne Berücksichtigung der endständigen Hydroxy- und Carboxy-Gruppen nach:
N = M(Polymilchsäure) : M(Struktureinheit)
$= 523 \text{ g/mol} : 72 \text{ g/ mol} = 7{,}3$
Im Mittel sind etwa 7 Milchsäure-Moleküle in der untersuchten Polymilchsäureprobe miteinander verknüpft.

Auswertung f):
Bei V3 beobachtet man eine Abnahme der Viskosität des Reaktionsprodukts aus V1, es wird dünnflüssiger. Grund dafür ist die durch das zugetropfte Wasser und die Feuchtigkeit aus der Luft eintretende Hydrolyse der Polymilchsäure.

A1:

Polyglycolsäure:

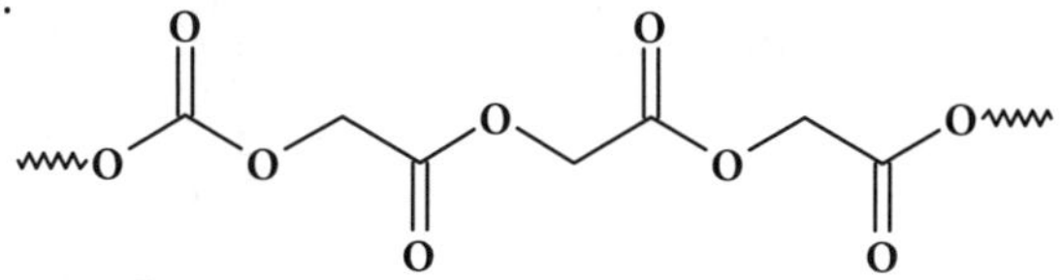

Polyhydroxybutansäure:

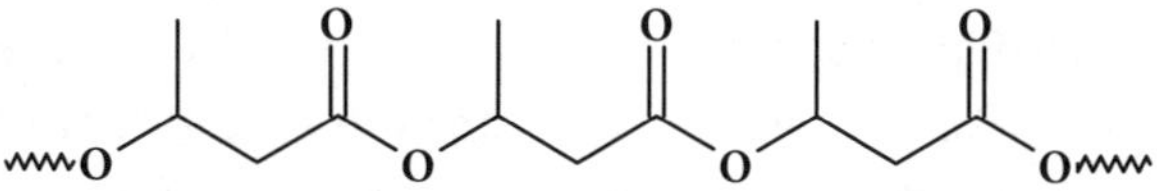

Copolymer aus Polymilchsäure und Polyglycolsäure:

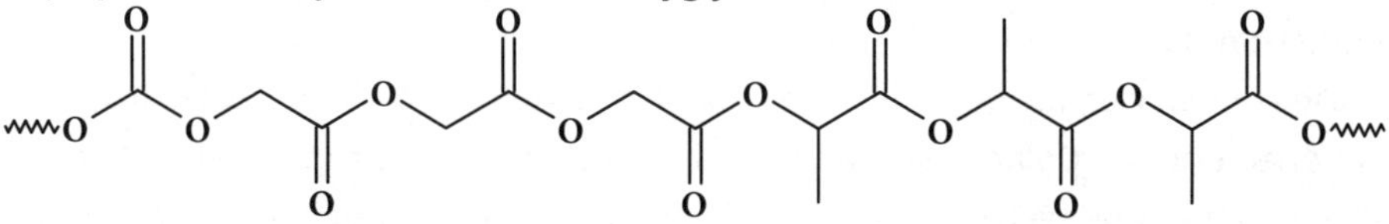

A2:

Dilactid-Moleküle bilden sich aus je zwei Milchsäure-Molekülen unter Abspaltung von je zwei Wasser-Molekülen. Bei der Bildung von Polymilchsäure aus dem Dilactid wird daher kein Wasser mehr abgespalten, daher ist die Bezeichnung Polymerisation für die Bildung von Polymilchsäure aus Dilactid berechtigt. Die Bezeichnung Polykondensation ist ebenfalls berechtigt, da bei der Bildung von Polymilchsäure ausgehend von Milchsäure über das Dilactid Wasser abgespalten wird.

Seite 152 und 153

Auswertung a):

	Chlortrimethylsilan (V1)	**Dichlordimethylsilan (V2)**	**Trichlormethylsilan (V3)**
Heftigkeit der Reaktion	schwach	mittel	stark
Beschaffenheit des Reaktionsgemisches	erst trüb, dann 2 Phasen (flüssig)	2 Phasen (flüssig)	weißer Feststoff + Flüssigkeit
Indikatortest	rot (sauer)	rot (sauer)	rot (sauer)
Test mit Silbernitrat	weißer Niederschlag	weißer Niederschlag	weißer Niederschlag

Auswertung b):

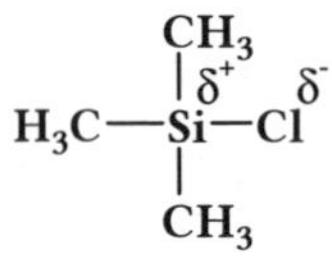

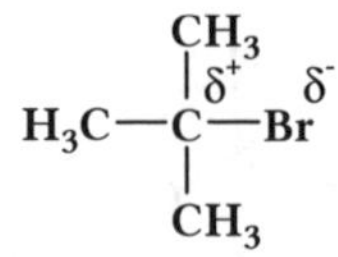

Chlortrimethylsilan   2-Brom-2-methylpropan

ΔEN(**Si–Cl**) = 1,2 ΔEN(**C–Br**) = 0,3

Da die Silicium-Chlor-Bindung stärker polarisiert ist, d.h. die positive Partialladung am Silicium-Atom stärker ausgeprägt ist als am Kohlenstoff-Atom, ist Chlortrimethylsilan reaktiver gegenüber dem Nucleophil Wasser als 2-Brom-2-methylpropan.

Auswertung c):

Zwischen den negativ geladenen Sauerstoff-Atomen des Silikatgerüstes bzw. den Kationen und der polaren Siloxan-Kette im Polydimethylsiloxan-Moleküls können sich Ion-Dipol-Wechselwirkungen ausbilden. Dadurch ordnet sich das Polydimethylsiloxan-Molekül mit der polaren Siloxan-Kette zur Steinoberfläche aus. Die polaren Methyl-Gruppe ragen dadurch in die Luft. Bei einer Belegung des Steins mit einer monomolekularen Schicht des Polydimethylsiloxans wird die Oberfläche unpolar und die Wasser-Moleküle können keine Wechselwirkungen zur unpolaren Oberfläche ausbilden. Die Oberflächenspannung im Wassertropfen bleibt erhalten und der Tropfen behält seine nahezu kugelige Gestalt.

Bei dem unbehandelten Stein kann der Wassertropfen einziehen, da die Wasser-Moleküle Ion-Dipol-Wechselwirkungen zum Silikatgerüst ausbilden kann.

Auswertung d):

offene Aufgabe

A1:

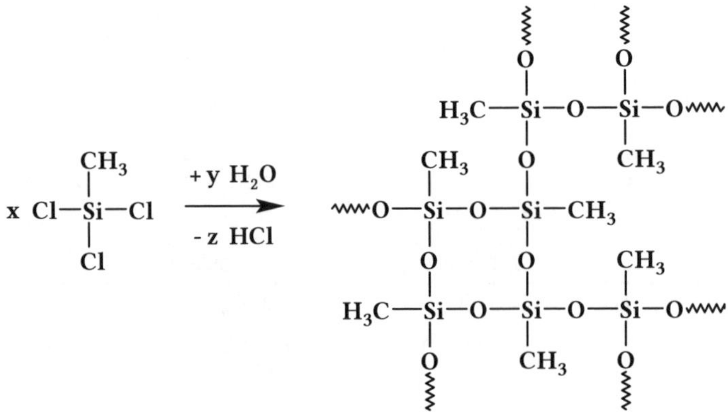

Die Stöchiometrie der Reaktionsgleichung ist aufgrund der dreidimensionalen Vernetzung im Silicon-Makromolekül nicht ausgeglichen.

Seite 158 und 159

B3:

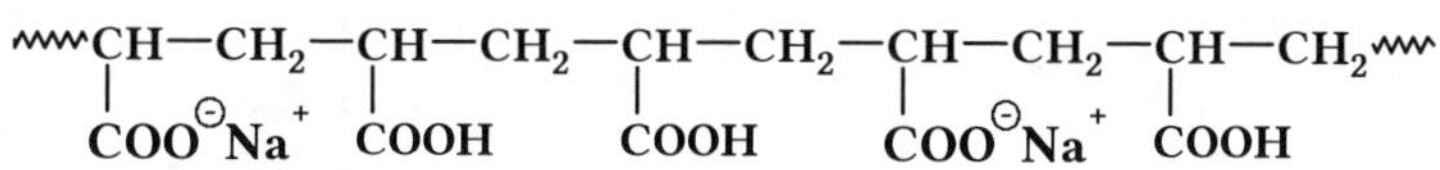

B5:

Wenn auf eine Feucht- eine Trockenperiode folgt, behält die Kabelummantelung insgesamt ihre Form, weil durch den Superabsorber das Wasser festgehalten wird. Wäre das nicht der Fall, würde die Kabelummantelung schrumpfen und die Verbiegung des Kabels bewirken.

B6:

Die Kaliumpermanganat-Lösung wird entfärbt, weil die Permanganat-Anionen MnO_4^- nicht an das Polymernetzwerk gebunden sind. Dagegen bleiben die Kupfer-Kationen Cu^{2+} in ähnlicher Weise wie die Calcium-Ionen (vgl. B4) über elektrostatische Anziehungskräfte im Polymer gebunden.

Auswertung a):

Bei der Härtung werden zunächst im Initiator in den DBPO-Molekülen die Peroxid-Brücken gespalten und zwei Radikale gebildet. Diese greifen die Doppelbindung in den MMA-Molekülen und in den Prepolymer-Molekülen an. Die Reaktion verläuft nach dem Mechanismus der radikalischen Substitution wie auf S. 131 beschrieben. Da die Reaktion ohne anfängliche Wärmezufuhr, aber unter Wärmeabgabe abläuft, handelt es sich um eine exotherme Reaktion mit niedriger Aktivierungenergie.

Auswertung b):

Durch die Hydratisierung der Natrium-Ionen und der Carboxylat-Gruppen quillt das Material. Die Wasser-Moleküle bleiben im Polymernetzwerk eingeschlossen.

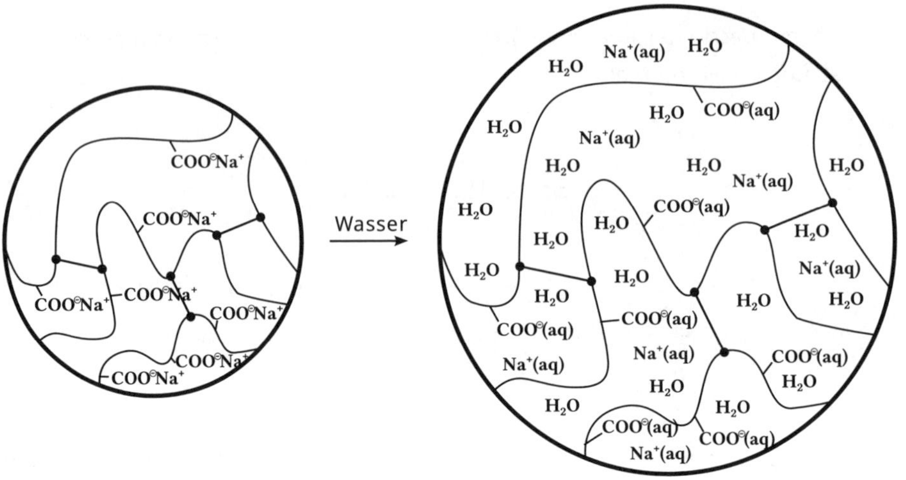

Auswertung c):
Die Calcium-Ionen sind zweifach positiv geladen und können daher innerhalb des Superabsorberpolymers Vernetzungen aufbauen, wodurch das Quellvermögen und somit die Fähigkeit, Wasser aufzunehmen, im Vergleich zu destilliertem Wasser deutlich geringer ausfällt.

A1:

a) Alle drei Monomere sind Derivate des Ethens. Zwei davon enthalten die Vinyl-Gruppe $H_2C{=}CH$-, eines enthält die Methacryl-Gruppe $H_2C{=}C(CH_3)$-. Alle drei Monomere sind Derivate von ungesättigten Carbonsäuren, zwei davon sind Derivate der Propensäure (Acrylsäure) $H_2C{=}CHCOOH$, eines ist Derivat der Methacrylsäure $H_2C{=}C(CH_3)COOH$. Zwei Monomere sind (Methyl)Ester der betreffenden Säuren, eines ist ein Salz der Acrylsäure.
b) Das Polymer des Natriumsalzes der Acrylsäure wird als Polyelektrolyt bezeichnet, weil es makromolekulare Anionen mit vielen negativ geladenen Gruppen (Carboxylat-Gruppen) enthält.

A2:
Im Vergleich zu den vinylischen Monomeren von S. 130 können die Monomere aus Acrylsäuren und Acrylsäure-Derivaten vielfältiger chemisch modifiziert werden, weil aus ihnen alle Derivate der Carboxy-Gruppe erzeugt werden können. Das können z.B. Salze mit verschiedenen Kationen und Ester mit verschiedenen Alkoholen sein.

A3:
Das UV-Licht bewirkt den Start einer Polymerisationsreaktion, die zur Härtung der Zahnfüllung führt. Der Start erfolgt z.B. durch Radikale, die sich aus einem Starter, der in der Mischung für die Zahnfüllung enthalten ist, bei Bestrahlung mit UV-Licht bilden.

A4:
Damit ein polymeres Material als Superabsorber wirkt, also in Wasser quillt, ist es notwendig, dass die Makromoleküle weitmaschig verknüpft sind. Diese Verknüpfungen müssen über Elektronenpaarbindungen zwischen Ketten aus Atomgruppen erfolgen. Das polymere Netzwerk muss ein Polyelektrolyt sein (vgl. A1 b). Das sind notwendige, aber noch nicht hinreichende Bedingungen. Darüber hinaus müssen die Makromolekül-Segmente konformationell beweglich sein, d.h. sie dürfen nicht durch mehrfach geladene Ionen so fest in einer Position zusammengehalten werden, dass Wasser-Moleküle nicht in die Maschen des Netzwerks eindringen können.

A5:
Ein Schwamm gehört nicht zur Stoffgruppe der Superabsorber, da er aufgenommene Flüssigkeit unter Druck wieder abgibt.

Seite 160 und 161

B1:
Offene Aufgabe.
Hinweis: Es sollte herausgearbeitet werden, dass Recycling zwar grundsätzlich sinnvoll ist, allerdings nur dann, wenn die Umwelt nicht zusätzlich durch lange Transportwege des Recyclingguts und möglicherweise umweltschädigende Prozesse während des Recyclingvorgangs in Mitleidenschaft gezogen wird.

B3:
In der Anlage werden durch die fraktionierte Destillation von Pyrolyseölen Benzol, Toluol und Wachs sowie die Pyrolysegase Methan, Ethen, Propen gewonnen. Die Pyrolysegase werden zur Hälfte nach der Destillation aus der Anlage abgeleitet, zur

Hälfte nach Aufheizen in den Wirbelschichtreaktor eingeleitet. Abgase werden aus dem Wirbelschichtreaktor abgeführt, ebenso Ruß, der als Feststoff gesammelt wird.

B4:
Sortenreiner Plastikmüll kann am besten recycelt werden, weil hier am ehesten die monomeren Ausgangsstoffe zurückgewonnen und somit auch die strukturidentischen Stoffe aus dem Plastikmüll wieder hergestellt werden können.

B5:
Damit Ressourcen geschont werden, sollten Gegenstände, bei denen niedrige Anforderungen an die Reinheit gestellt werden, nicht aus frischen Rohstoffen hergestellt werden, sondern immer aus gebrauchtem, höherwertigem zu recycelndem Material.

Auswertung a):
Eine Trennung der drei genannten Kunststoffe kann aufgrund ihrer unterschiedlichen Dichten (vgl. S. 128, B2) geplant werden: PVC sollte in Wasser auf den Boden sinken, PE und PP sollten schwimmen. PVC und PET lassen sich auf diese Weise nicht trennen, da die Dichte von PVC (mit 1,28 g/cm^3) nahezu mit der von PET (mit 1,30 g/cm^3) übereinstimmt.

Auswertung b):
Bei V2 beobachtet man zunächst das Schmelzen des Kunststoffs PMMA, dann das Abdestillieren einer farblosen Flüssigkeit mit charakteristischem Geruch, die Bromwasser entfärbt. Die Flüssigkeit ist Methylmethacrylat MMA.
Reaktionsgleichung der Entfärbung des Bromwassers:

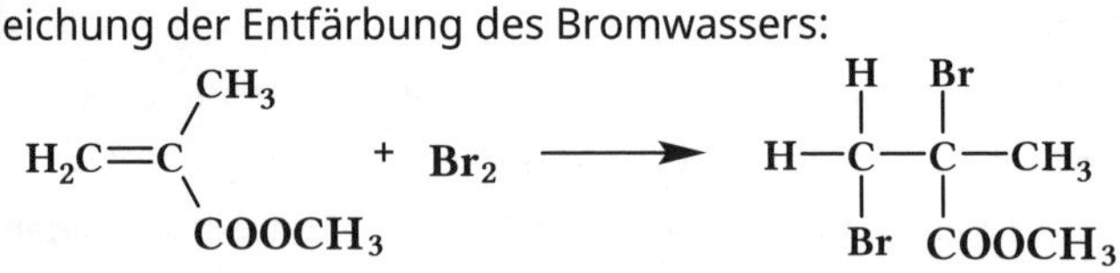

Auswertung c):
Bei der Hydrolyse des Polyethylenterephthalat in LV3 liegt die Terephthalsäure in der alkalischen Lösung gelöst als Anion oder Dianion vor. Erst beim Ansäuern bilden sich Terephthalsäure-Moleküle. Diese mischen sich wegen des unpolaren und starren Benzol-Rests und der symmetrischen Molekülstruktur nur schlecht mit Wasser-Molekülen (trotz der beiden Carboxy-Gruppen). Daher fällt die Terephthalsäure aus.

Auswertung d):

Das zweite Hydrolyseprodukt von PET ist Ethandiol (Ethylenglycol) **$HO\text{-}CH_{2}\text{-}CH_{2}\text{-}OH$**. Die kleinen und flexiblen Moleküle dieses Diols bilden Wasserstoffbrückenbindungen mit Wasser-Molekülen, Ethandiol ist also gut wasserlöslich und wird daher bei LV3 nicht sichtbar.

Auswertung e):

Der Aufwand an Chemikalien und Arbeitsschritten ist bei V2 geringer als bei LV3. Bei V2 erhält man das Monomer, aus dem der Ausgangskunststoff wieder synthetisiert werden kann, bei LV3 wird nur eines der beiden Monomere, die für die Herstellung des Ausgangskunststoffs nötig sind, zurückgewonnen.

A1:

Bei der Verbrennung von Polyethen PE, Polypropen PP, Polystyrol PS, Polymethylmethacrylat PMMA und Polyethylenterephthalat PET entstehen wie bei der Verbrennung von Benzin und Diesel nur Kohlenstoffdioxid und Wasser.

A2:

Verglichen werden das Materialrecycling (Werkstoffrecycling; Umschmelzen, Schreddern, Neupressen), das Rohstoffrecycling (Hydrolyse, Pyrolyse) und das energetische Recycling (Verbrennung).

Sowohl ökonomisch als auch ökologisch ist das „Rohstoffrecycling“ am höchsten (besten) einzustufen, weil man dabei monomere Rohstoffe zurückgewinnt, aus denen neue Kunststoffe synthetisiert werden können. Die Wertschöpfung ist damit am höchsten, die Umweltbelastung am geringsten.

Beim Materialrecycling nehmen die Qualität und der ökonomische Wert des recycelten Kunststoffs i.d.R. ab, aber die Umweltbelastung wird vermieden.

Bei der energetischen Nutzung (Verbrennung) wird auf das stoffliche Recycling vollständig verzichtet, daher ist auch der ökonomische Wert am geringsten. Zudem wird die Umwelt durch Kohlenstoffdioxid und (je nach verbrannten Kunststoffsorten) mit anderen Verbindungen belastet.

Die Bezeichnung „Materialrecycling“ (Werkstoffrecycling) deutet an, dass aus dem gleichen Kunststoff, z.B. aus PVC, neue Gegenstände hergestellt werden, die man beispielsweise durch Umschmelzen und Neugießen oder Schreddern und Neupressen erhalten kann. Bei „Rohstoffrecycling“ gewinnt man z.B. durch Pyrolyse oder Hydrolyse wieder monomere Rohstoffe zurück, aus denen neue Kunststoffe synthetisiert werden können. Das „energetischen Recycling" ist unter stofflichem Gesichtspunkt gar kein Recycling, weil die Kunststoffe dabei verbrannt werden. Die Bezeichnung „energetische Verwertung" wäre zutreffender.

Seite 162 und 163

B5:
Das Beispiel zeigt, dass für Anwendungsprodukte wie z.B. Silicone, die kein gebundenes Chlor enthalten, eine industrielle Chlorchemie notwendig ist, da Vorstufen der Zielprodukte sehr wohl gebundenes Chlor enthalten. So wird auf dem Produktionsweg zu Siliconen zunächst Chlormethan aus Chlorwasserstoff und Methanol gebildet. Dieses wird mit Silicium zu Chlorsilanen umgesetzt. Bei der Hydrolyse von Dichlordimethylsilan wird Chlorwasserstoff abgespalten und man erhält das chlorfreie Zielprodukt Polydimethylsiloxan.

Auswertung a):
Kunststoffe werden in der Automobilindustrie, der Bauindustrie, der Elektroindustrie im Verkehrswesen, in der Medizin, der Landwirtschaft und anderen Bereichen eingesetzt.

Auswertung b):
Bei den in B1 bis B3 dargestellten Anwendungen von Kunststoffen bzw. Synthesefasern haben diese im Vergleich zu anderen Materialien wie Holz, Metall, Glas und Naturfasern u.a. folgende überlegene Eigenschaften:

- Die Innenausstattung des Autos in B1 aus Kunststoffen ist beständiger gegen Feuchtigkeit, bruchfester, leichter, weicher und variabler in der Farb- und Formgebung als z.B. eine Innenausstattung aus Holz, Metall und Leder.
- Die Kabel- und Steckerisolierungen aus Kunststoffen in B2 sind flexibler als Isolierungen aus Glas; sie sind auch elektrisch besser isolierend, feuerfester und beständiger gegen Chemikalien als Isolierungen aus Gummi.
- Die Kunststoffe und Textilfasern beim Extremsportler aus B3 sind elastischer, bruch- und reißfester, chemisch beständiger und optisch attraktiver als entsprechende Teile aus Holz, Metall und Naturfasern.

Auswertung c) und d):
Die Lösungen zu Auswertung c) und d) sind offen. Die Aufgaben können als Anregungen für fächerübergreifendes Arbeiten mit den Fächern Biologie, Geografie, Sozialkunde und Politik sowie für Referate und Facharbeiten dienen.

A1:

a) Für den Industriestandort A wäre es von Vorteil, wenn alle fünf in der Aufgabenstellung genannten Industriebetriebe in der Nähe angesiedelt wären, weil so alle für die Polycarbonat-Anlage notwendigen Ausgangsstoffe wohl am sichersten und günstigsten bereitgestellt werden könnten. Aus der Raffinerie mit Crackanlage würde man Benzol und Propen für das Cumol-Verfahren beziehen, aus der Chlor-Alkali-Elektrolyse Chlor für die Herstellung von Phosgen $COCl_2$, das neben Bisphenol-A das zweite Edukt bei der Herstellung von Polycarbonat ist. Für die Chlor-Alkali-Elektrolyseanlage ist es wiederum von Vorteil, sicher und günstig elektrische Energie zur Verfügung zu haben. Die ist auch notwendig, weil im Rahmen des prozessintegrierten Recyclings von Chlor Salzsäure elektrolysiert wird.
Schließlich könnte man aus der Ammoniakfabrik, in der Synthesegas $H_2 + CO$ hergestellt wird, das für die Synthese von Phosgen benötigte Kohlenstoffmonooxid CO beziehen.
b) Propen müsste in diesem Fall aus einer weiter entfernt liegenden Crackanlage eingekauft und in Drucktankwagen bei über 18 bar per Schienentankwagen transportiert werden.
Hinweis: Benzol, das bei Normdruck bei 80 °C siedet, könnte ebenfalls in Tankwagen, jedoch ohne Überdruck transportiert werden. Da Benzol krebserzeugend ist, bergen Verkehrsunfälle beim Transport große Gefahren für die Bevölkerung und für die Umwelt in sich.

Seite 166 und 167

B1:
Das Prisma zerlegt das weise Licht in die Spektralfarben Rot bis Violett.

B2:
Violett, Hellgrün und Gelb werden nicht absorbiert.

B4:
E ist ein Maß für den absorbierten Strahlungsanteil, weil die Extinktion *E* und der absorbierte Strahlungsanteil nach Definition von *E* (vgl. Gleichung in B4) in einer „je größer-umso größer“ - Relation stehen.
Hinweis: Es handelt sich aber nicht um eine proportionale Abhängigkeit.

B5:
Wenn ein Gegenstand die Eigenfarbe Rot hat, absorbiert er alle Farben von Violett bis Hellgrün, die Farben von Gelb bis Rot nicht. Ein purpurner Gegenstand absorbiert die Farben Grün und Gelb, dagegen Violett, Blau und Rot nicht.

B7:
Nach der gezeigten Darstellung ist die Komplementärfarbe von Rot die additive Mischung (Überlagerung) von Blau, Violett, Hellgrün und Rot.
Hinweis: Es ergibt sich ein Rotton zwischen „Rot“ und „Purpur“.

Auswertung a):
In den Spektren der Lösung treten dort (anstelle der Farbe) Dunkelzonen auf, wo die betreffende Lösung Licht absorbiert. Diese Dunkelzonen treten an unterschiedlichen Stellen auf, weil die verschiedenfarbigen Lösungen unterschiedliche Farben des Spektrums absorbieren.

Auswertung b):
In B2 tritt ein Peak dort auf, wo in B1 eine Dunkelzone ist. Der absorbierte Strahlungsanteil und damit die Extinktion *E* (vgl. Definition in B4) ist dort am größten.

Auswertung c):
Die Komplementärfarbe der gesehenen Farbe ist die additive Mischung (Überlagerung) der von einem farbigen Gegenstand absorbierten Farben.

Auswertung d):

Für $E = 2$ gilt: $\lg \frac{I}{I_0} = 2 \Leftrightarrow \frac{I}{I_0} = 100 \Leftrightarrow I = \frac{1}{100} I_0$

Für $E = 0$ gilt: $\lg \frac{I}{I_0} = 0 \Leftrightarrow \frac{I}{I_0} = 1 \Leftrightarrow I = I_0$

A1:
Wenn die Grundfarben Cyan (Blau), Gelb, Magenta (Rot) und Schwarz in unterschiedlichen Intensitäten übereinander gedruckt werden, können durch subtraktive Farbmischung (vgl. B6) alle Farben für den Leser erzeugt werden.

A2:
Die Aussage trifft zu. Alle Farben, die wir bei Tageslicht sehen, entstehen durch Lichtabsorption und müssen daher im Tageslicht bereits enthalten sein.

Seite 168 und 169

Auswertung a):
Fluoreszenz tritt bei V1, V2, V3 und V4 (während des Bestrahlens mit der UV-Lampe) auf. *Phosphoreszenz* tritt bei V4 (nach Ausschalten der UV-Lampe) auf.
Gemeinsamkeit:
Sowohl Fluoreszenz als auch Phosphoreszenz werden vom Gegenstand selbst ausgestrahlt.
Unterschiede:
Fluoreszenz tritt nur auf, wenn der Gegenstand mit UV-Licht bestrahlt wird. Phosphoreszenz ist das Nachleuchten, das auftritt, nachdem der Gegenstand nicht mehr bestrahlt wird und hält bis zu 10 Sekunden an. Die Farbe des ausgestrahlten Lichts bei der Fluoreszenz ist anders als des der Phosphoreszenz.

Auswertung b):
Fluoreszenz tritt beispielsweise auf, wenn Geldscheine, Kreditkarten, Ausweise oder modische Kleidungsstücke mit UV-Licht bestrahlt werden, aber auch bei einigen Signalfarben auf Verkehrsschildern, Sicherheitskleidung etc., wenn sie mit weißem Licht angestrahlt werden.
Phosphoreszenz ist beispielsweise bei Tafeln zu beobachten, die Fluchtwege in Gebäuden kennzeichnen. Sie leuchten bei Lichtausfall Minuten bis Stunden nach. Auch viele Gegenstände aus Bastel- und Spielwarengeschäften (glow-chalk, glow-pencil etc.) leuchten im Dunkeln längere Zeit nach, wenn sie vorher dem Licht ausgesetzt waren.

Auswertung c):
offene Aufgabe

A1:
Die Desaktivierung des Triplett-Zustandes $\mathbf{T_1}$ kann durch *Phosphoreszenz* $\mathbf{T_1} \rightarrow \mathbf{S_0}$ oder durch verlangsamte *Fluoreszenz* $\mathbf{T_1} \rightarrow \mathbf{S_1} \rightarrow \mathbf{S_0}$ erfolgen. Eine kalte Probe phosphoresziert länger als eine warme, weil die verlangsamte Fluoreszenz, deren erster Schritt $\mathbf{T_1} \rightarrow \mathbf{S_1}$ endotherm verläuft (vgl. B4), gehemmt ist.

A2:
In B4 wird deutlich, dass die Lichtquanten bei der Phosphoreszenz energieärmer sind als bei der Fluoreszenz (die Energiedifferenz beim Elektronenübergang ist geringer). So kommt es, dass bei der Fluoreszenz in V4 b) Lichtquanten aus dem blauen Spektralbereich emittiert werden, bei der Phosphoreszenz dagegen energieärmere Lichtquanten aus dem gelben Bereich.

Seite 170 und 171

B5:
Die Energien der Schwingungszustände innerhalb des elektronischen Grundzustandes liegen so dicht zusammen, dass Übergänge zwischen diesen Zuständen durch Wärmezufuhr oder durch Bestrahlung mit infrarotem Licht angeregt werden können.

Auswertung a):
Der Extinktionskoeffizienz ε ist eine Stoffkonstante für eine gelöste Verbindung in einem bestimmten Lösemittel bei einer bestimmten Wellenlänge λ.

Auswertung b):
Aus der Gleichung $E = \varepsilon \cdot d \cdot c$ und der Angabe, dass E dimensionslos ist, folgt, dass der Extinktionskoeffizient ε beispielsweise die Einheit $m^2 \cdot mol^{-1}$ haben kann (oder eine andere Flächeneinheit pro mol).

A1:

Für die photometrische Bestimmung der Konzentration des blauen Stoffs aus B4 eignet sich die Wellenlänge λ = 580 nm von den drei angegebenen Wellenlängen am besten, weil der Stoff bei dieser Wellenlänge am besten Licht absorbiert.

A2:

Der Kurvenverlauf zeigt, dass die Extinktion zeitlich abnimmt. Das liegt daran, dass der untersuchte farbige Stoff zu einem farblosen Stoff reagiert. Allgemein ist die Extinktion wellenlängenabhängig (vgl. B4). Da bei der beschriebenen Problemstellung die Messung der Extinktion E quantitative Auskunft über die zeitliche Abnahme der Konzentration c des farbigen Stoffes geben soll und die Proportionalität zwischen E und c nach dem LAMBERT-BEER-Gesetz für eine bestimmt Wellenlänge gilt, müssen alle Wertepaare $E - t$ (Extinktion - Zeit) bei der gleichen Wellenlänge λ gemessen werden.

Seite 172

B3:

Die Energie E_1 des absorbierten Lichtquants (Photons) ist größer als die Energie E_2 des emittierten Photons. Entsprechend ist die Wellenlänge λ_1 des absorbierten Lichtquants (Photons) kleiner als die Wellenlänge λ_2 des emittierten Photons. Diese Bilanz kommt dadurch zustande, dass ein Teil der Energie E_1 als Wärme durch Schwingungsrelaxationen (geschlängelte Pfeile in B3) an die Umgebung abgegeben wird.

Auswertung a):

Die Funktion des Gitters ist, das einfallende Licht in seine Spektralfarben aufzuspalten.

Auswertung b):

Der Unterschied ist, dass bei der Vorrichtung aus B2 die UV-Lampe, mit der die Probe zum Fluoreszieren angeregt wird, nicht wie beim Photometer aus B4, S. 166, auf der gleichen Achse mit dem Detektor (in B2 das Auge, in B4, S. 166, die Photozelle) liegt, sondern auf einer Achse, die zur Achse Probe-Detektor senkrecht steht. Das muss so sein, damit beim Detektor nur das von der fluoreszierenden Probe ausgestrahlte Licht ankommt und nicht auch Licht aus der anregenden Lichtquelle.

Auswertung c):
Die Echtfarben-Emissionsspektren der weiß-bläulich fluoreszierenden Proben **1** und **4** enthalten viel Blau, wenig Gelb und wenig Rot, die Probe **3** der orange-gelb fluoreszierenden Probe enthält kein Blau, etwas Grün, viel Gelb und Rot. Der Zusammenhang besteht darin, dass durch additive Farbmischung (vgl. B6, S. 167) der genannten Farben aus den Echtfarben-Emissionsspektren sich jeweils die Farbe, in der die betreffende Probe fluoresziert, ergibt.

Auswertung d):
Der in Auswertung c) dargestellte Zusammenhang trifft auch für die Probe **2** zu. Die Situation ist ganz ähnlich wie bei Probe **3**.

Seite 173

Auswertung a):
Bei der Anregung des Fluoreszenzfarbstoffs aus B4 a) sind all die Spektralfarben des Tageslichts nicht wirksam, deren Wellenlängen größer ist als die des Gelbs, in dem dieser Farbstoff fluoresziert. Demnach ist das rote Licht unwirksam.

Auswertung b):
Wenn wie in V2 (und *Chemie 2000+ Online*) verfahren wird, könnte man erkennen, ob der Fluoreszenzkollektor die Leistung der Solarzelle verbessert, indem man ihre Parameter (Spannung U und Stromstärke I) bei normalem Lichteinfall und bei Lichteinfall aus dem Fluoreszenzkollektor miteinander vergleicht. Das Produkt $U \cdot I$ müsste bei Lichteinfall aus dem Fluoreszenzkollektor größer sein.

A1:
Bei der Fluoreszenz einer Probe erlischt das Leuchten unmittelbar nach dem Ausschalten der Lampe, weil praktisch alle Teilchen (Moleküle), die sich im Moment des Ausschaltens im angeregten $\mathbf{S_1}$-Zustand befanden, in wenigen Nanosekunden, d.h. in wenigen Milliardstel-Sekunden, unter Lichtemission in den Grundzustand $\mathbf{S_0}$ zurückkehren. Das ist viel zu schnell, als dass es mit dem menschlichen Auge wahrnehmbar wäre. Grund dafür ist die extrem kurze mittlere „Lebensdauer" von ca. 10^{-9} s des angeregten $\mathbf{S_1}$-Zustands. Diese gibt an, in welcher Zeit sich die Anzahl der Teilchen, die sich im angeregten $\mathbf{S_1}$-Zustand befinden, nach dem Ausschalten der Lampe halbiert.

Da die mittlere „Lebensdauer" im angeregten $\mathbf{T_1}$-Zustand mit 1 s bis 10 s sehr viel größer als die des angeregten $\mathbf{S_1}$-Zustands ist, findet die Halbierung der Anzahl der angeregten Teilchen im angeregten $\mathbf{T_1}$-Zustand sehr viel langsamer statt, was zur Folge hat, dass bei der Phosphoreszenz nach dem Abschalten der Lampe ein Abklingen des Leuchtens innerhalb einiger Sekunden zu beobachten ist. Beispiel: Wenn beim Ausschalten der Lampe 10^{21} Moleküle im angeregten $\mathbf{T_1}$-Zustand sind, dann sind es nach einer Sekunde „nur noch" die Hälfte, also $5 \cdot 10^{20}$ Moleküle, nach einer weiteren Sekunde noch $2{,}5 \cdot 10^{20}$ Moleküle, nach einer weiteren noch $1{,}25 \cdot 10^{20}$ Moleküle usw. Auf der Stoffebene bedeutet dies, dass mit dem menschlichen Auge ein Abklingen des Leuchtens zu sehen ist.

A2:

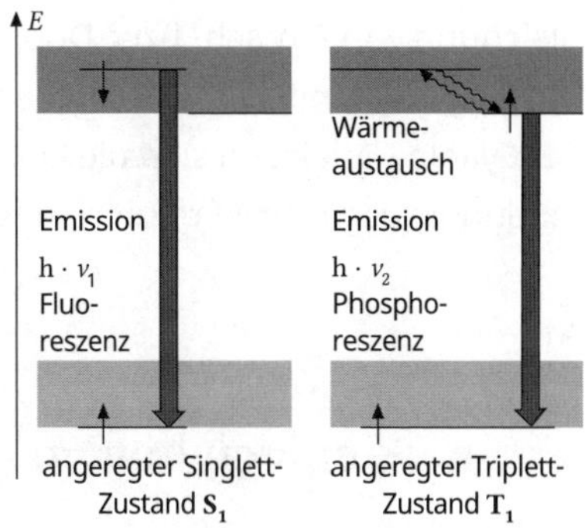

Eine kalte Probe phosphoresziert länger als eine warme, weil bei der warmen Probe ein großer Teil der angeregten Teilchen (Moleküle) aus dem angeregten $\mathbf{T_1}$-Zustand nicht durch Phos-pho-reszenz-Emission $\mathbf{T_1} \rightarrow \mathbf{S_0}$, sondern auf dem Weg $\mathbf{T_1} \rightarrow \mathbf{S_1} \rightarrow \mathbf{S_0}$ in den Grundzustand zurückkehrt. Der Elektronenübergang, bei dem die Licht-emission erfolgt, ist in diesem Fall Fluoreszenz, die viel schneller verläuft als die Phosphoreszenz (vgl. A1). Da der Übergang $\mathbf{T_1} \rightarrow \mathbf{S_1}$ unter Aufnahme von Wärme erfolgt (vgl. geschlängelten, aufsteigenden Pfeil in der nebenstehenden Skizze), wird ist dieser Weg bei einer warmen Probe begünstigt, bei einer kalten verhindert.

A3:

Die emittierte Strahlung ist im Vergleich zur absorbierten stets nach größeren Wellenlängen (kleineren Energien) verschoben, weil ein Teil der Energie der absorbierten Photonen als Wärme abgegeben wird. Die entspricht den beiden geschlängelten, absteigenden Pfeilen in B3 und ist auf die Schwingungsrelaxationen im angeregten $\mathbf{S_1}$-Zustand und im Grundzustand $\mathbf{S_0}$ zurückzuführen. Daher gelten die in B3 angegebenen Ungleichungen zwischen den Wellenlängen und den Energien: $\lambda_2 > \lambda_1$ und $E_2 < E_1$.

Seite 174 und 175

Auswertung a):
Strukturmerkmal aller Farbstoff-Moleküle sind konjugierte Doppelbindungen. Häufige Strukturmerkmale sind: Phenylringe (Sechserringe mit 3 Doppelbindungen), Carbonyl-Gruppen, Amino-Gruppen, Hydroxy-Gruppen.

Auswertung b):
Die Einfachbindung im Butadien-Molekül ist mit 148 pm kürzer als die Einfachbindung in einem Alkan (154 pm), die Doppelbindungen sind etwas länger (134 pm) als die in einem Alken (133 pm). Die Bindungslängen liegen zwischen den Bindungslängen der Einfach- bzw. Doppelbindungen. Dies lässt den Schluss zu, dass eine Angleichung von Einfach- bzw. Doppelbindungen im Butadien-Molekül vorliegt, der Bindungszustand also zwischen einer Einfach- und einer Doppelbindung liegt.
Bei Cyanin-Molekülen sind die Einfach- bzw. Doppelbindungen fast gleich lang, der Bindungsausgleich ist deutlich ausgeprägter als beim Butadien-Molekül.

A1:
Merocyanine:

Cyanine:

Polyene:

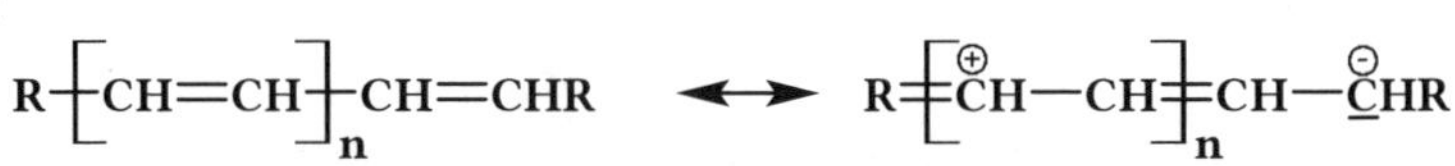

Merocyanine absorbieren kürzerwelliges Licht als Cyanine. Dies lässt sich mit der besseren Elektronendelokalisierung bzw. dem besseren Bindungsausgleich bei den Cyanin-Molekülen erklären. Bei diesen sind beide mesomeren Grenzstrukturen gleichwertig, während bei den Merocyanin-Molekülen die dipolare Grenzstruktur weniger Gewicht hat als die unpolare, denn die Carbonyl-Gruppe **-CH=O** ist eine schwächere Akzeptor-Gruppe als die $\mathbf{CH{=}\overset{\oplus}{N}R_2}$-Gruppe. Merocyanine absorbieren längerwelliges Licht als Polyene. Die bathochrome Verschiebung bei den Merocyaninen wird durch die Amino-Gruppe $\mathbf{R_2N}$- (Donator) und die Carbonyl-Gruppe **-CH=O** (Akzeptor) hervorgerufen. Durch die beiden Gruppen wird eine bessere Elektronendelokalisierung (besserer Bindungsausgleich) als bei den Polyenen erreicht. Die dipolare Grenzstruktur bei den Merocyanin-Molekülen mit der negativen Ladung am Sauerstoff-Atom trägt mehr zur Elektronendelokalisierung bei als im Vergleich die dipolare Grenzstruktur bei den Polyen-Molekülen.

A2:

Indigo-Molekül: Donator-Gruppen sind die in den Ringen gebundenen Amino-Gruppen -**N–H** mit ihrem freien Elektronenpaar am Stickstoff-Atom, Akzeptor-Gruppen sind die Carbonylsauerstoff-Atome. Mesomere Grenzstrukturen:

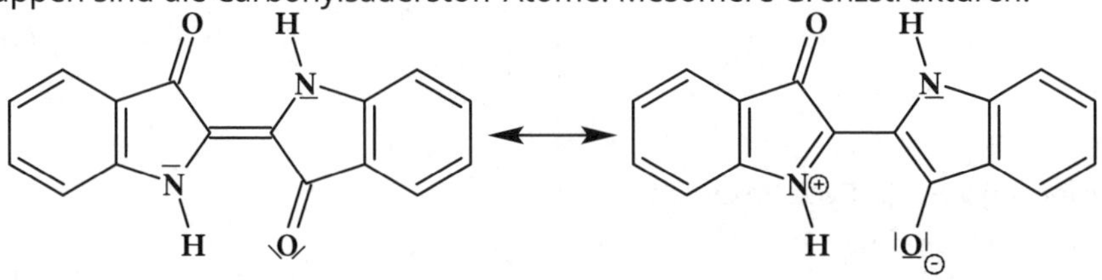

Phenolphthalein-Molekül: Die Donator-Gruppe ist das negative geladene Phenolatsauerstoff-Atom mit seinen freien Elektronenpaaren, die Akzeptor-Gruppe das chinoide Carbonylsauerstoff-Atom des anderen Ringes.

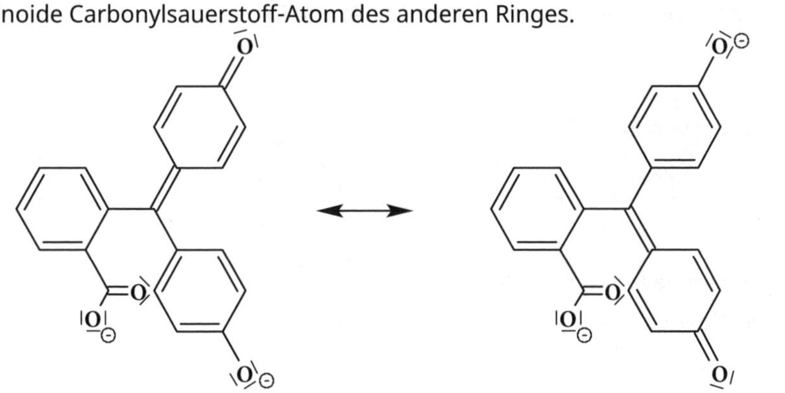

Seite 176 und 177

B1:

Beim Schütteln von Cyclohexan mit Bromwasser wird das Bromwasser entfärbt und die Cyclohexan-Phase färbt sich braun, da sich das unpolare Brom in dem unpolaren Cyclohexan besser löst als in Wasser. Beim Schütteln von Cyclohexen mit Bromwasser wird das Bromwasser entfärbt, die Cyclohexen-Phase bleibt farblos. Wenn sich Brom in Cyclohexen löst, tritt die Addition von Brom-Molekülen an die Doppel-

bindung in den Cyclohexen-Molekülen ein. Diese Entfärbung dient auch als Nachweis für Doppelbindungen.
Beim Schütteln von Benzol mit Bromwasser macht man die gleichen Beobachtungen wie beim Versuch mit Cyclohexan. Dies deutet daraufhin, dass Benzol nicht wie ein Alken reagiert, obwohl das Benzol-Molekül formal drei Doppelbindungen aufweist.

B2:
Hydrierung von Cyclohexen:

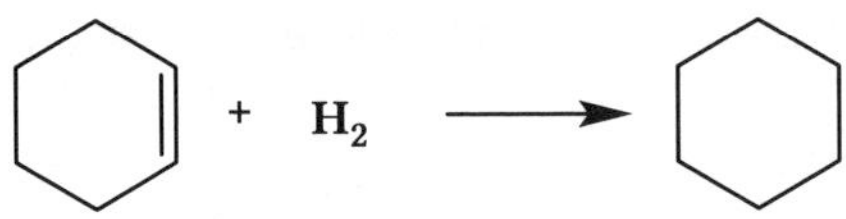

ΔH_H = – 120 kJ / mol

Hydrierung von 1,3-Cyclohexadien:

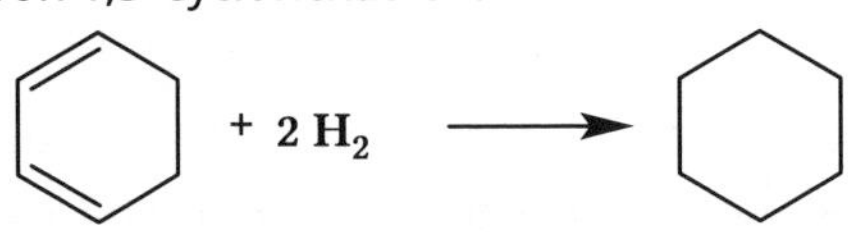

ΔH_H = – 232 kJ / mol

Die gemessene Hydrierungsenthalpie ist um den Betrag von 8 kJ/mol kleiner als die berechnete.

Hydrierung von Benzol:

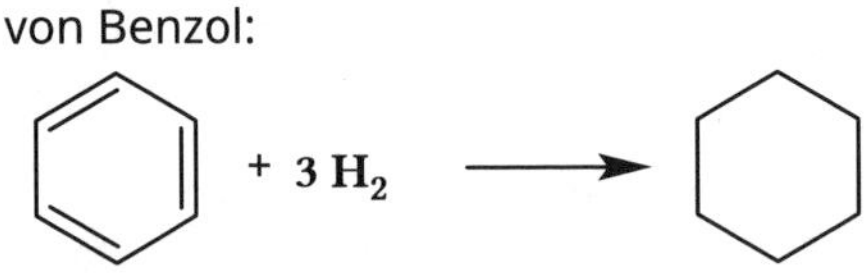

ΔH_H = – 209 kJ / mol

Die gemessene Hydrierungsenthalpie ist um den Betrag von 151 kJ/mol kleiner als die berechnete.

B5:
Die Bindungslängen der Kohlenstoff-Kohlenstoff-Bindungen im Benzol-Molekül sind alle gleich lang, sie sind deutlich kürzer als die der Kohlenstoff-Kohlenstoff-Einfachbindungen in Alkanen und etwas länger als die der Kohlenstoff-Kohlenstoff-Doppelbindungen in Alkenen. Die Bindungslänge der Kohlenstoff-Kohlenstoff-Bindungen im Benzol-Molekül liegt somit zwischen den Bindungslängen der Doppel- und Einfachbindungen.
Die Bindungswinkel betragen 120° wie in Alkenen.

Auswertung a):

Eine Auswahl möglicher Valenzstrichformeln, sowie die Anzahl der möglichen Monobrom- und Dibromderivate:

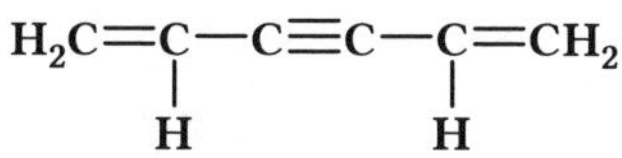

2 Monobromderivate
5 Dibromderivate

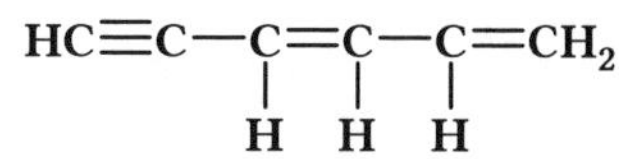

5 Monobromderivate
11 Dibromderivate

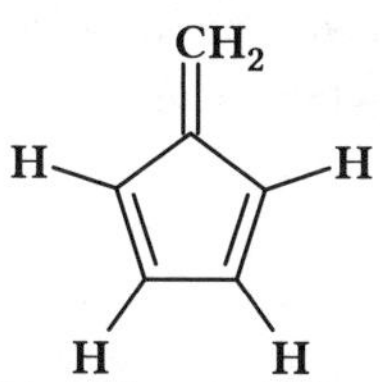

3 Monobromderivate
3 Dibromderivate

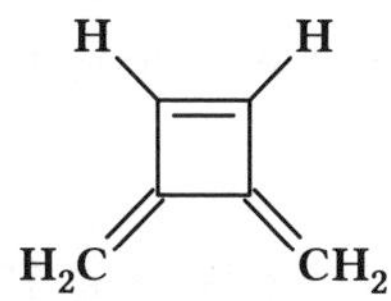

2 Monobromderivate
3 Dibromderivate

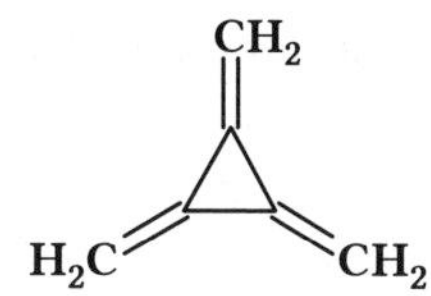

1 Monobromderivat
2 Dibromderivate

Auswertung b):

Die Konstitutionsformel von Kekulé für das Benzol-Molekül mit zwei im Gleichgewicht stehenden Formeln mit je drei Doppelbindungen erklärte nicht, dass Benzol nicht wie ein Alken reagiert. Daher wurden weitere Vorschläge von anderen Forschern gemacht.

Auswertung c):

Die Benzol-Formel nach Dewar enthält Doppelbindungen, kann demnach nicht die im Vergleich zu Alkenen geringere Reaktivität des Benzols erklären. Nach der Dewar-Formel müsste es zwei Monobromderivate und sechs isomere Dibromderivate geben. Dies steht im Widerspruch zu der Tatsache, dass es nur ein Monobrombenzol und drei Dibrombenzole gibt.
Die Benzol-Formel nach Ladenburg enthält keine Doppelbindungen, die geringe Reaktivität könnte mit ihr erklärt werden. Nach der Ladenburg-Formel müsste es ein Monobromderivat und drei Dibromderivate geben, die Isomerenanzahl stimmt mit der tatsächlichen Isomerenanzahl überein.

A1:

Die Mesomerieenergie für 1,3-Cyclohexadien beträgt E_{mes} = – 8 kJ/mol (vgl. B2). Die Mesomeriestabilisierung von 1,3-Cyclohexadien ist sehr viel kleiner als die von

Benzol. Demnach ist die Elektronendelokalisierung nicht so ausgeprägt, wie beim Benzol-Molekül.

A2:

Nach KEKULÉS Vorstellung ist Benzol ein Isomerengemisch aus zwei sich schnell ineinander umwandelnden 1,3,5-Cyclohexatrien-Isomeren. Nach heutiger Vorstellung sind die Elektronen im Ring nicht in drei Doppelbindungen zwischen je zwei Kohlenstoff-Atomen lokalisiert, sondern über den ganzen Ring delokalisiert.

Seite 178 und 179

B2:

Mesomere Grenzstruktur von Pyridin:

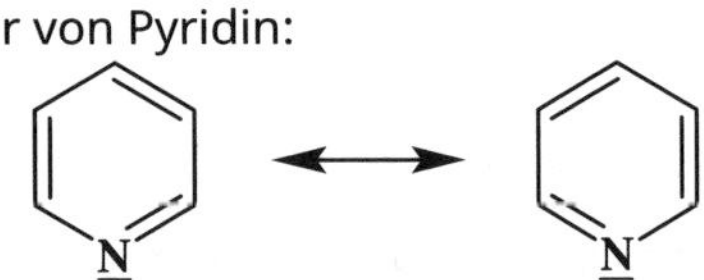

A1:

a) Reaktionsschema für die Bromierung von Pyrrol:

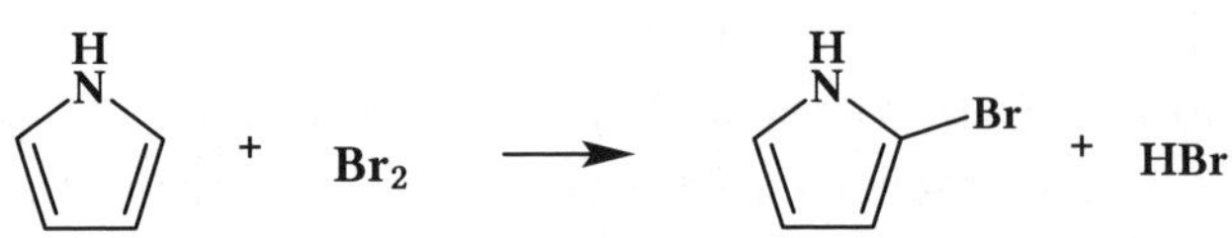

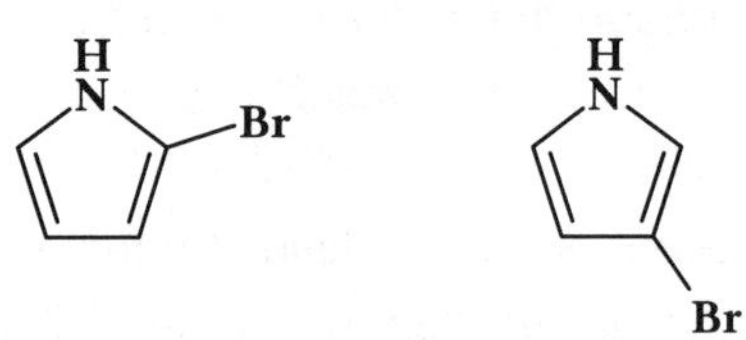

1-Brompyrrol 2-Brompyrrol

Bei der Bromierung von Pyrrol können die beiden isomeren Produkte 1-Brompyrrol und 2-Brompyrrol entstehen.

b) Bei der Bromierung tritt keine Addition, sondern eine Substitution ein, bei der die Doppelbindungen in den Molekülen erhalten bleiben. Dies deutet auf eine Mesomeriestabilisierung des Systems der konjugierten Doppelbindungen im

Pyrrol-Molekül hin und bestätigt den aromatischen Zustand.
Die Bindungslängen der Kohlenstoff-Kohlenstoff-Bindungen sind deutlich kürzer als die der Kohlenstoff-Kohlenstoff-Einfachbindungen in Alkan-Molekülen und länger als Kohlenstoff-Kohlenstoff-Doppelbindungen in Alken-Molekülen, die Bindungslängen der Kohlenstoff-Stickstoff-Bindungen liegen ebenfalls zwischen denen einer Kohlenstoff-Stickstoff-Einfach- und einer Kohlenstoff-Stickstoff-Doppelbindung. Dies bestätigt einen Zustand zwischen Doppel- und Einfachbindungen wie in aromatischen Molekülen.

A2:

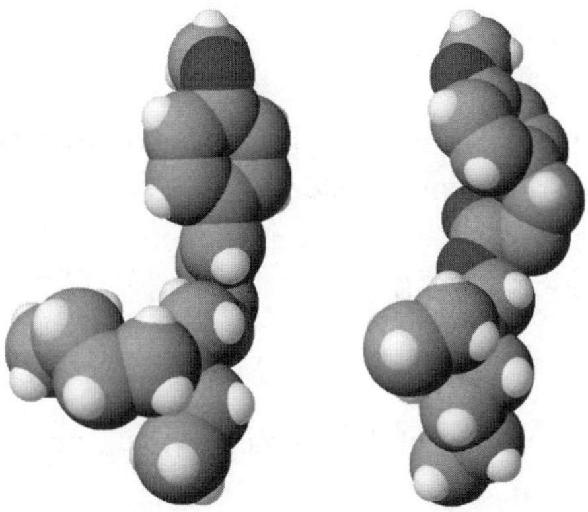

Kalottenmodell der Zimtsäure
links: *E*-Zimtsäure,
rechts: *Z*-Zimtsäure

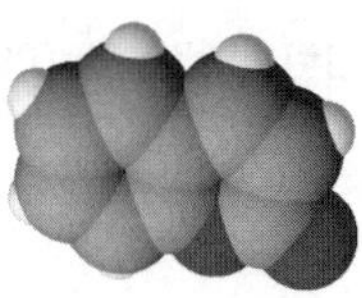

Kalottenmodell des Cumarins

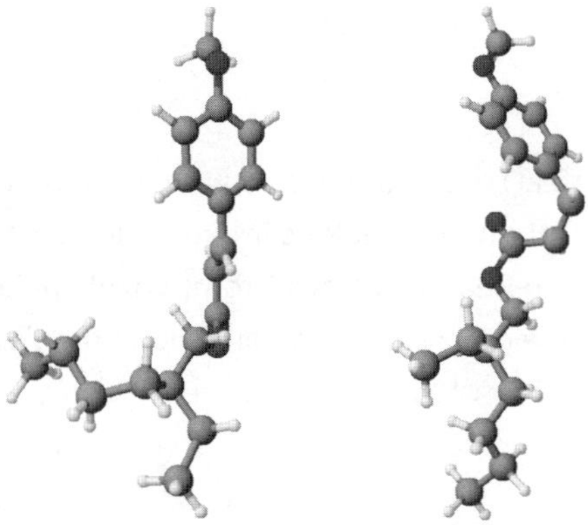

Kugel- und Stäbchenmodell
der Zimtsäure
links: *E*-Zimtsäure,
rechts: *Z*-Zimtsäure

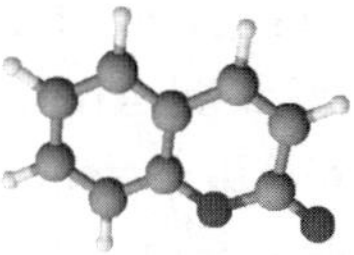

Kugel- und Stäbchenmodell
des Cumarins

Das Cumarin-Molekül ist aufgrund der beiden kondensierten Ringe deutlich starrer als das *E*-Zimtsäure-Molekül mit einem Ring und einem kettenartigen Rest. Daher gibt es für Zimtsäure-Moleküle mehr Schwingungsmöglichkeiten.

Seite 180 und 181

B2:
Die Reaktionen von Benzol zu Nitrobenzol, Cumol, Ethylbenzol und Chlorbenzol sind elektrophile Substitutionen.

Auswertung a):
Der bei der Bromierung von Benzol benötigte Katalysator Eisen(III)-bromid wird im Reaktionsgefäß aus elementarem Eisen und Brom gebildet:

$$2\,Fe + 3\,Br_2 \rightarrow 2\,FeBr_3$$

Auswertung b):
Die Rotfärbung des feuchten Indikatorpapiers zeigt das Vorhandensein einer Säure an, d.h. es ist Bromwasserstoff entstanden.
Die positive BEILSTEIN-Probe mit dem organischen Reaktionsprodukt ist ein Nachweis für Halogene, hier Brom. Bromwasserstoff würde die BEILSTEIN-Probe verfälschen. Daher muss das organische Reaktionsprodukt vorher durch Waschen mit verd. Natronlauge von Bromwasserstoff befreit werden.

A1:
Durch den negativen induktiven (–I-Effekt) des Brom-Atoms wird die Elektronendichte im aromatischen Ring des Brombenzol-Moleküls im Vergleich zu einem Benzol-Molekül erniedrigt. Daher ist die Reaktivität des Brombenzols bei einer elektrophilen Substitution geringer als die des Benzols und erfordert energischere Reaktionsbedingungen.

Seite 182 und 183

Auswertung a):
Bei Zugabe von einem Tropfen Wasser zu wenig festem Phenol, bildet sich eine klare Lösung, bei weiterer Wasserzugabe tritt Trübung ein. Es bildet sich eine Emulsion. Bei der Zugabe von sehr viel Wasser bildet sich wieder eine klare Lösung. Der *p*H-Wert liegt ungefähr bei 4.

Auswertung b):
Der *p*H-Wert einer Ethanol-Lösung liegt bei 7, der einer Essigsäure-Lösung zwischen 2 und 3. Die Säurestärke von Phenol liegt demnach zwischen der von Ethanol und Essigsäure. Die wird durch die pK_s-Werte bestätigt.

Auswertung c):
Beobachtung: Bei Zugabe von Natronlauge zu der Phenol-Wasser-Emulsion bildet sich eine klare Lösung. Bei Zugabe von Salzsäure zu der Lösung bildet sich wiederum eine Emulsion.
Erklärung: Phenol protolysiert in wässriger Lösung nach:

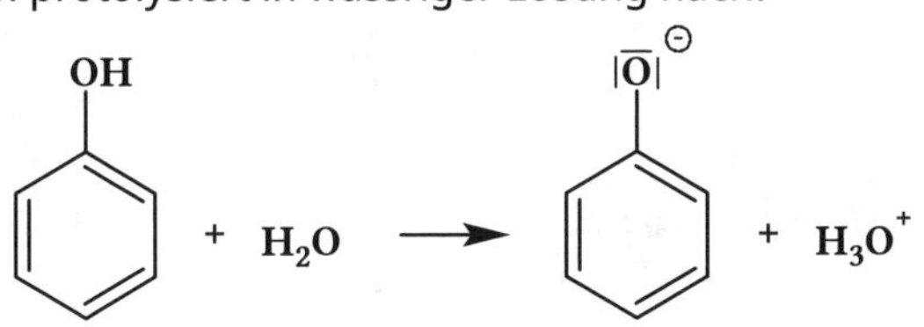

Durch Zugabe von Natronlauge wird die Oxonium-Ionenkonzentration erniedrigt und dadurch wird die Bildung der Phenolat-Ionen begünstigt. Die Phenolat-Ionen sind aufgrund der negativen Ladung polarer und hydrophiler als die ungeladenen Phenol-Moleküle und daher besser in Wasser löslich.
Bei Zugabe von Salzsäure wird die Oxonium-Ionenkonzentration erhöht, wodurch die Rückreaktion von Phenolat-Ionen zu den weniger hydrophilen Phenol-Molekülen begünstigt wird.

Auswertung d):
Das Bromwasser wird durch die bei der Bromierung ablaufende Substitution am aromatischen Ring entfärbt, die entstehende Wasserstoffbromidsäure senkt den *p*H-Wert der Lösung. Das unlösliche Tribromphenol bildet einen Niederschlag.
Mögliche Monobrom- und Dibromphenole:

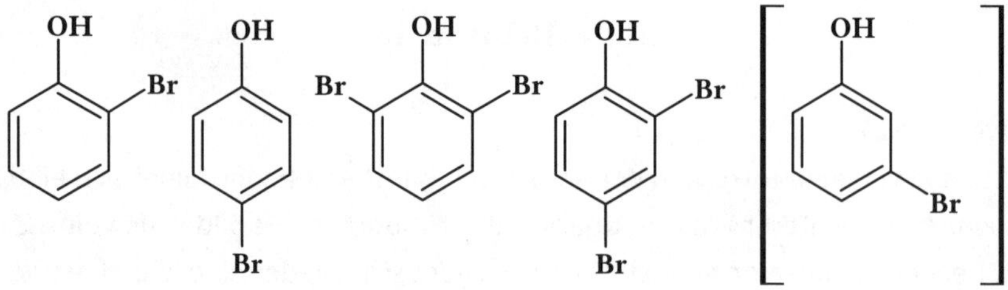

3-Bromphenol, die in Klammern gesetzte Formel, ist möglich, aber sehr unwahrscheinlich.

Auswertung e):

Aus den mesomeren Formen des Phenol-Moleküls geht hervor, dass die Elektronendichte im Ring durch den +M-Effekt der Hydroxy-Gruppe erhöht ist und somit der Angriff bei einer elektrophilen Substitution erleichtert wird. Bevorzugte Angriffspositionen sind die ortho- und para-Stellung.

A1:

Reaktionsmechanismus für die Bromierung von Phenol:

Elektrophiler Angriff des Brom-Moleküls und Bildung des Interduktes (σ-Komplexes):

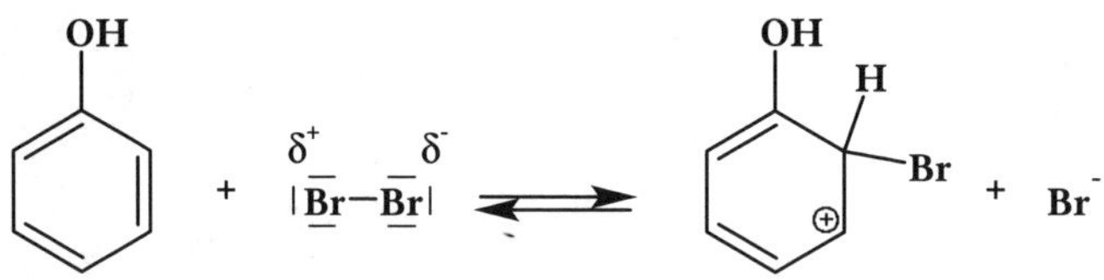

Protonenabspaltung und Rearomatisierung:

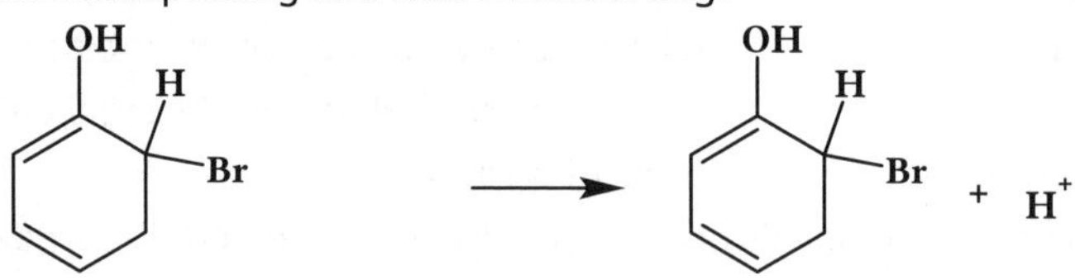

Mesomere Grenzstrukturen für das Interdukt (σ-Komplexes) bei para-Substitution:

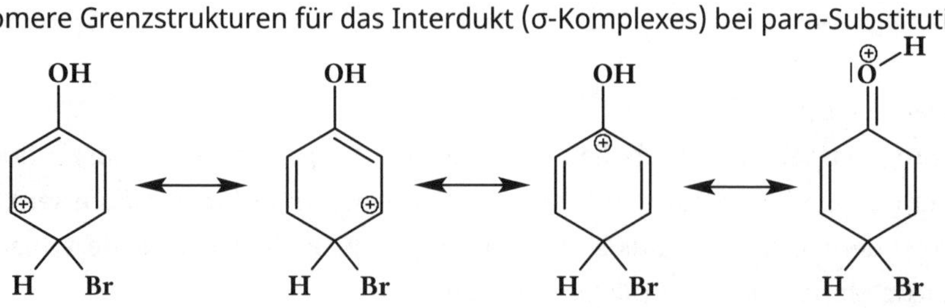

Mesomere Grenzstrukturen für das Interdukt (σ-Komplexes) bei meta-Substitution:

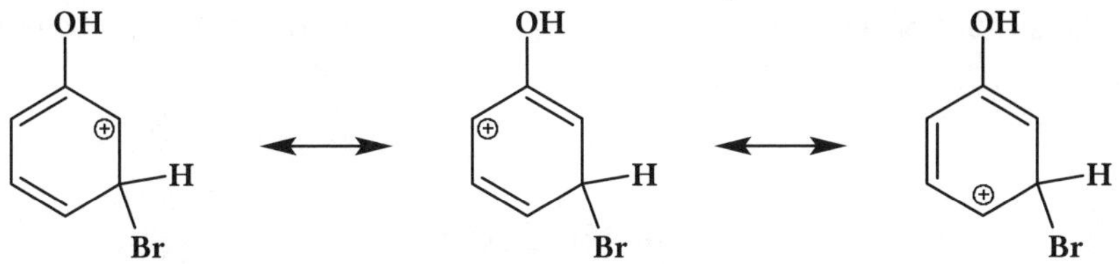

Bei den Interdukten der ortho- und para-Substitution gibt es vier Grenzstrukturen. Bei je einer Grenzstruktur liegt die positive Ladung am Sauerstoff-Atom der Hydroxy-Gruppe. Die positive Ladung ist bei den ortho- und para-Interdukten besser über das ganze Molekül delokalisiert als beim meta-Interdukt. Dies bedeutet, dass das meta-Interdukt energetisch ungünstiger ist als die beiden anderen, weshalb Substitution in ortho- und para-Stellung bevorzugt eintritt.

A2:

Das freie Elektronenpaar des Stickstoff-Atoms im Anilin-Molekül ist in die Mesomerie des aromatischen Rings miteinbezogen. Dadurch wird die Anlagerung eines Protons an das Stickstoff-Atom erschwert, weshalb das Anilin-Molekül bzw. Anilin schwächer basisch als Ammoniak reagiert.

A3:

a) Durch den +M-Effekt der Amino-Gruppe wird die Elektronendichte im aromatischen Ring erhöht. Anilin ist daher einer elektrophilen Substitution wie der Bromierung leichter zugänglich als Benzol.
   Es werden ortho-Bromanilin und para-Bromanilin gebildet. Dies lässt sich mithilfe der mesomeren Grenzstrukturen erklären, die in ortho- und para-Stellung eine höhere Elektronendichte anzeigen als in meta-Stellung.
   Anmerkung: Die Erklärung der Bildung von ortho- und para-Bromanilin über den energetischen Zustand des σ-Komplexes ist zwar präziser, da die Aktivierungsenergie die Geschwindigkeit einer Reaktion und daher die Bildung der Produkte über den energetischen Zustand der Zwischenstufen bestimmt wird. Der Vergleich der ortho-, meta- und para-Interdukte hinsichtlich ihres Energiezustands erfordert das zeitraubende Zeichnen von 11 mesomeren Grenzstrukturen. Mit dem einfacheren Modell über die Elektronendichte im Grund- zustand kann die ortho-/para-Substitution genauso plausibel, dabei kürzer und anschaulicher erklärt werden. Dies entspricht auch dem fachmethodischen Usus, immer das einfachst mögliche Modell zur Erklärung eines Phänomens heranzuziehen.

b) Da das Anilin-Molekül eine Amino-Gruppe enthält, die in diesem Fall als Base fungiert, puffert Anilin das entstehende Wasserstoffbromid **HBr** ab. Somit ändert sich der *p*H-Wert nicht.

Seite 184 und 185

B2:

In beiden Testfeldern reagieren Nitrit-Ionen mit den enthaltenen Reagenzien zum roten Azofarbstoff. Bei Vorhandensein von Nitrit-Ionen, erkennbar durch Rotfärbung des oberen Testfeldes, kann nicht eindeutig erkannt werden, ob die Rotfärbung im Testfeld für den Nitrat-Nachweis auch durch Nitrat-Ionen verursacht wird.

B6:

Die Indikator-Säure von Methylorange hat eine rote Farbe, die Indikator-Base eine gelbe. Die Säure absorbiert längerwelliges Licht als die Base, d.h. die π-Elektronen der Base werden durch energieärmeres Licht angeregt als die der Säure. Wie die mesomeren Grenzstrukturen (vgl. S. 185, B6) zeigen, ist die Delokalisierung bei der Säure besser als bei der Base. Die mesomeren Grenzstrukturen der Säure sind nahezu gleichwertig mit einer Verteilung der positiven Ladung über das ganze Molekül, während bei der Base die unpolare Grenzstruktur ein größeres Gewicht hat als die dipolare Form, die zur Elektronendelokalisierung weniger beiträgt.

B7:

Die rot gezeichnete Absorptionskurve von Methylorange-Lösung mit dem Absorptionsmaximum bei λ = 510 nm ist dem *p*H-Wert 2 zuzuordnen. Es wird grünes Licht absorbiert und der Farbstoff erscheint in der Komplementärfarbe Rot. Die gelbe Absorptionskurve mit dem Absorptionsmaximum bei λ = 460 nm ist entsprechend dem *p*H Wert 10 zuzuordnen (Absorption von blauem Licht, Komplementärfarbe Gelb).

Auswertung a):

Salpetrige Säure entsteht in einer Säure-Base-Reaktion aus den Nitrit-Ionen und den Oxonium-Ionen der Salzsäure:

$$\mathbf{NO_2^- + H_3O^+ \rightleftarrows HNO_2 + H_2O}$$

Auswertung b):

Diazonium-Ion aus Sulfanilsäure:

Auswertung c):

In alkalischer Lösung werden Naphtholat-Ionen gebildet. Das negativ geladene Sauerstoff-Atom übt einen stärkeren +M-Effekt auf das aromatische System des Naphthol-Moleküls aus als die Hydroxy-Gruppe, sodass Naphtholat-Ionen bei einer elektrophilen Substitution reaktiver sind als Naphthol-Moleküle.

Auswertung d):

Naphtholorange:

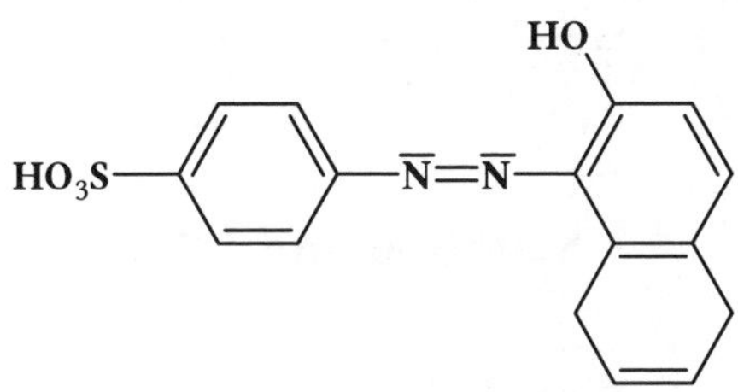

Auswertung e):

Der Nachweis von Nitrit-Ionen beruht auf der Bildung eines roten Azofarbstoffes.

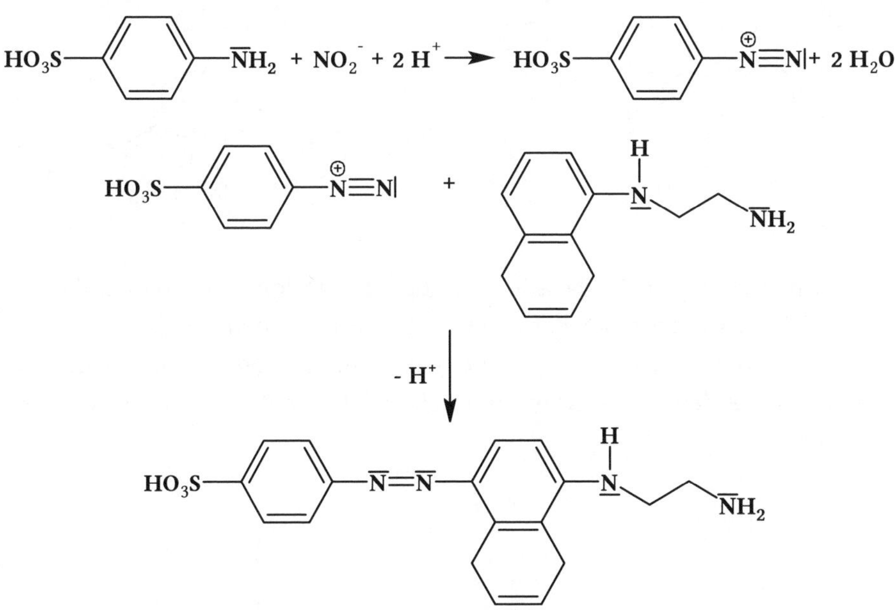

A1:

Reaktionsgleichung für die Protolyse von β-Naphtholorange:

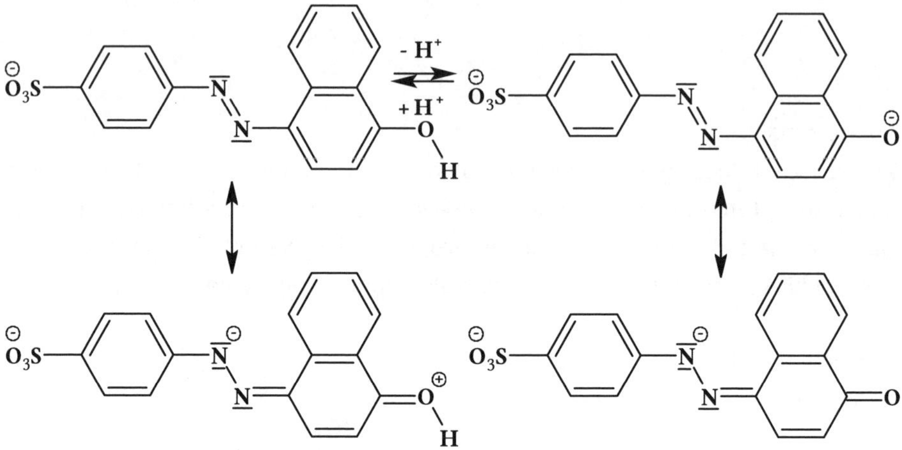

Seite 186 und 187

B4:

Oxidationszahlen im

Indoxyl-Molekül und Indigo-Molekül:

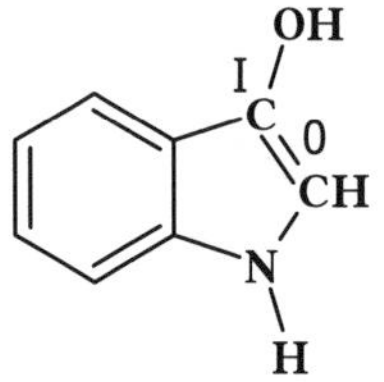

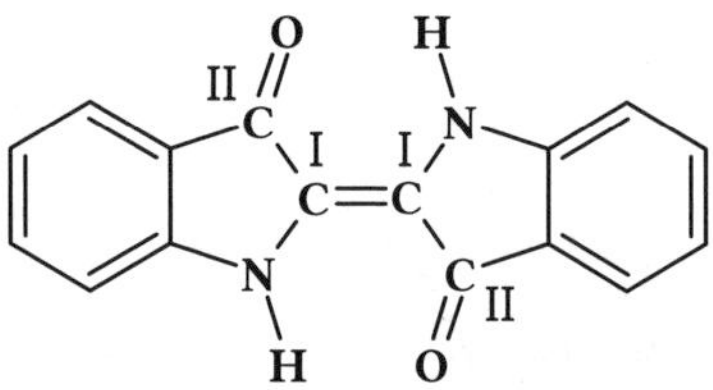

B5:

Der 1. Schritt der Indigo-Synthese ist eine nucleophile Substitution, bei der das Anilin-Molekül als Nucleophil auf das C2-Atom der Chloressigsäure wirkt.

Der 2. Schritt ist eine elektrophile Substitution, bei der die Carboxyl-Gruppe des Zwischenproduktes den aromatischen Ring elektrophil angreift, wobei ein Ringschluss stattfindet.

Auswertung a):

Die Phenolphthalein-Synthese ist eine elektrophile aromatische Substitution. Das elektrophile Teilchen wird aus Phthalsäureanhydrid durch Protonierung mit Schwefelsäure gebildet.

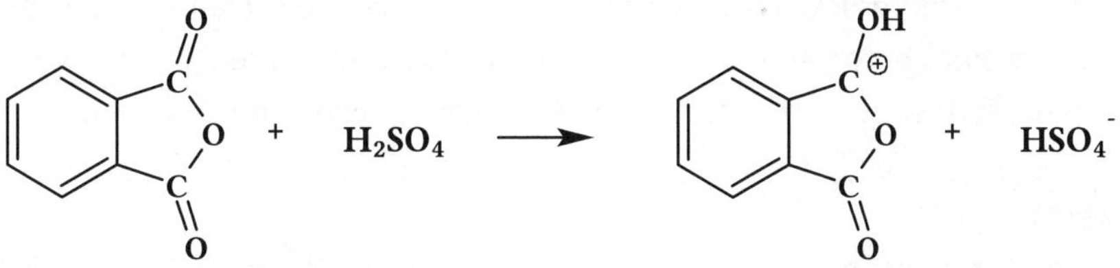

Phenol-Moleküle können in ortho- und para-Stellung zur Hydroxy-Gruppe substituiert werden. Die Substitution erfolgt aus sterischen Gründen in para-Stellung, da das elektrophile Teilchen, das protonierte Phthalsäureanhydrid-Molekül, relativ groß ist.

Auswertung b):

Reaktionsgleichung für die Synthese von Fluoreszein:

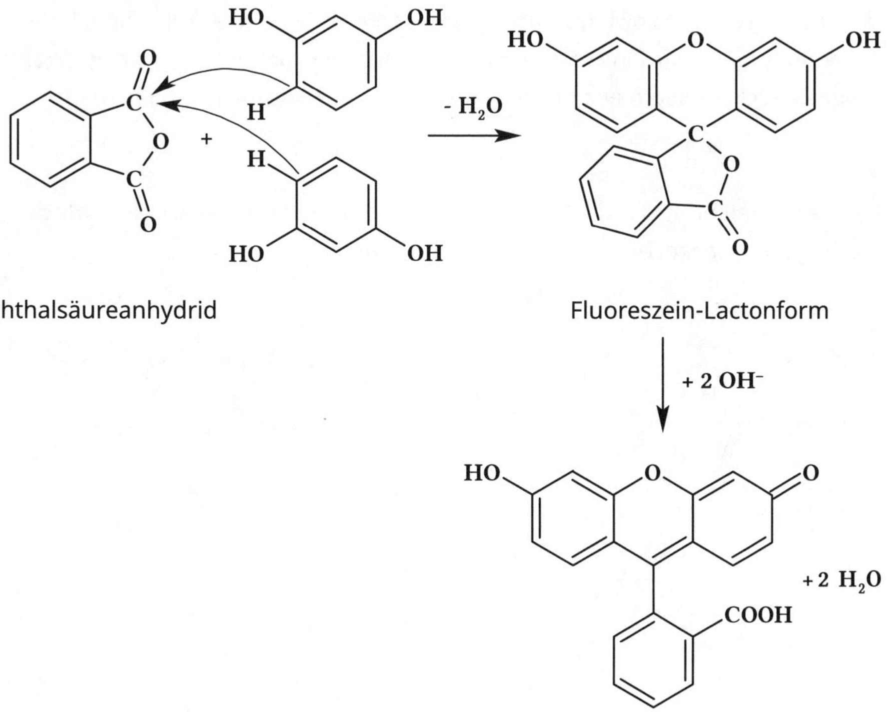

Gemeinsamkeiten bei der Fluoreszein- und Phenolphthalein-Synthese:
elektrophile Substitution an ein Hydroxy-Benzol, elektrophiles Teilchen ist ein Phthalsäureanhydrid-Molekül.
Unterschiede: Beim Fluoreszein-Molekül bildet sich aus den meta-ständigen Hdyroxy-Gruppen eine Etherbrücke unter Abspaltung von Wasser-Molekülen, da die Hydroxy-Gruppen in einer entsprechenden räumlichen Anordnung liegen. Dabei bildet sich ein verknüpfender Sechsring zwischen den beiden Phenyl-Ringen aus.

Auswertung c):
Durch die Addition eines Hydroxid-Ions an das zentrale Kohlenstoff-Atom wird die Elektronendelokalisierung über beide Ringe hinweg unterbrochen wie bei der Lactonform in saurer Lösung. Daher wird die alkalische Phenolphthalein-Lösung allmählich farblos.

Auswertung d):
Das Molekülgerüst von Fluoreszein ist durch die Kondensation von drei Ringen relativ starr. Schwingungen innerhalb des Moleküls sind stark eingeschränkt, sodass es nur wenige Schwingungsniveaus gibt. Wenn diese Moleküle durch Licht angeregt werden, wird nicht die gesamte aufgenommene Energie in Wärme umgewandelt, sondern auch durch Emission eines Lichtquants abgegeben.

A1:
Reaktionsgleichung für die Synthese von Alizarin aus Phthalsäureanhydrid und 1,2-Dihydroxybenzol (Elektrophile Substitution):

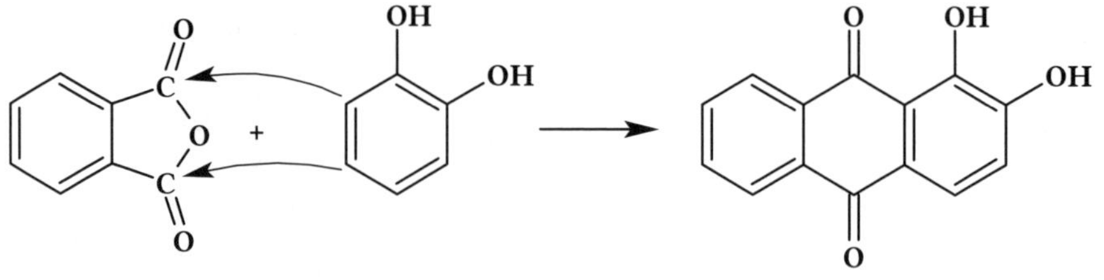

A2:

a)

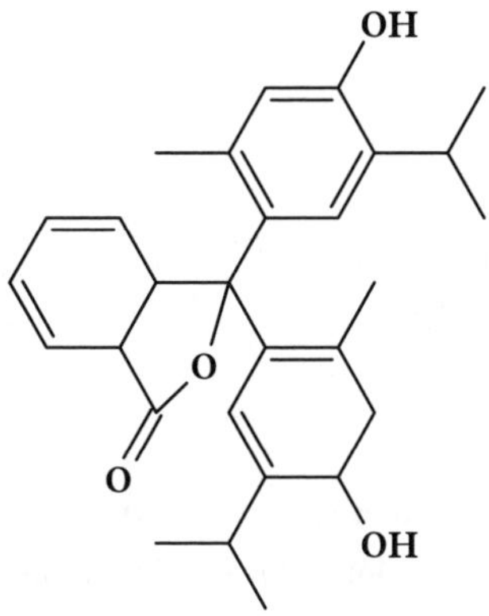

b) Die Indikatoren sind Säure-Base-Paare. Die pK_s-Werte entsprechen den *p*H-Werten der Umschlagsbereiche, da in diesen die Konzentration der Säure und der Base gleich sind. Phenolphthalein ist mit dem Umschlagsbereich von *p*H = 8,3 bis 10,0 die stärkere Säure als Thymolphthalein mit dem Umschlagsbereich von *p*H = 9,0 bis 10,5. Dies lässt sich mit dem +I-Effekt der Alkyl-Gruppen im Thymolphthalein-Molekül erklären, der die Polarisierung der Hydroxy-Gruppe erniedrigt und damit die Abspaltung eines Protons erschwert.

Seite 188 und 189

B1:

Oxidation des Hydrochinon-Dianions:

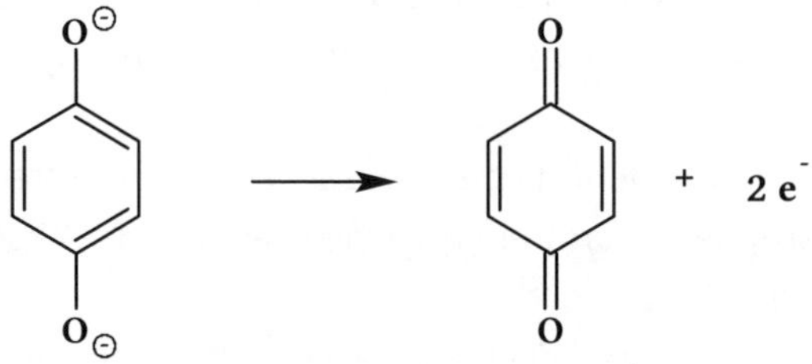

Resorcin kann nicht zu einem meta-Chinon oxidiert werden, da dabei ein instabiles Diradikal entstehen würde:

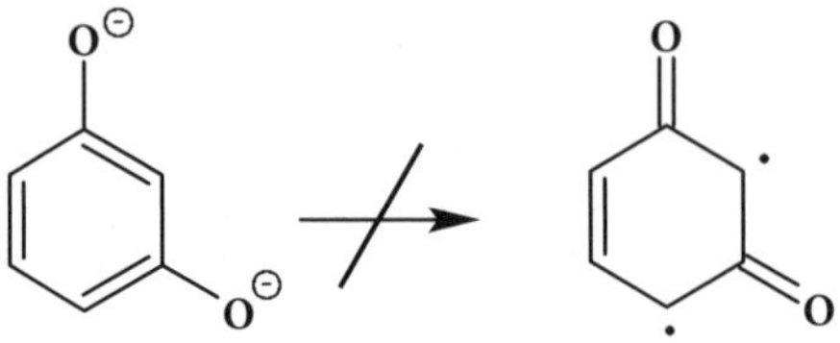

B7:

Die hohe Säurestärke der ortho-Hydroxybenzoesäure kann nicht allein mit dem –I-Effekt der Hydroxy-Gruppe erklärt werden. Als wesentlicher Effekt kommt hinzu, dass das Anion durch eine intramolekulare Wasserstoffbrückenbindung zwischen der Carboxy- und der benachbarten Hydroxy-Gruppe stabilisiert wird, die zur Ausbildung eines sterisch günstigen Sechsrings führt.

A1:

Die freien Elektronenpaare der Hydroxy-Gruppe des Salicylsäure-Moleküls sind an der Mesomerie des Phenyl-Rings beteiligt. Die Hydroxy-Gruppe ist daher hier ein weniger starkes Nucleophil als andere alkoholische Hydroxy-Gruppen. Für die Synthese von Acetylsalicylsäure setzt man aus diesem Grund das reaktivere Essigsäureanhydrid ein, dessen Moleküle wegen der starken positiven Partialladungen an den Kohlenstoff-Atomen leichter nucleophil angegriffen werden können als Essigsäure-Moleküle.

A2:

Aus Methanol und Salicylsäure entsteht Salicylsäuremethylester, Wintergrünöl. In diesem Molekül ist die Carbonsäure-Gruppe der ortho-Hydroxybenzoesäure verestert.

Aspirin, Acetylsalicylsäure, gehört ebenfalls zur Gruppe der Ester. Allerdings dient hier die Hydroxy-Gruppe der ortho-Hydroxybenzoesäure als Alkohol, der mit Essigsäure verestert wird.

Beide Verbindungen sind Ester, die Salicylsäure als Baustein enthalten. Beim Wintergrünöl ist Salicylsäure als Säure an der Esterbildung beteiligt, beim Aspirin dient Salicylsäure als Alkohol.

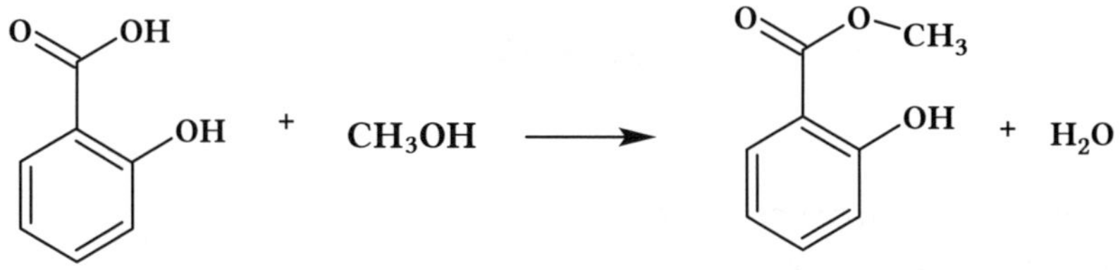

A3:

Synthese von Salicylsäure nach dem KOLBE-SCHMITT-Verfahren:
Das Kohlenstoff-Atom des Kohlenstoffdioxid-Moleküls ist stark positiv polarisiert und greift den Ring elektrophil an.

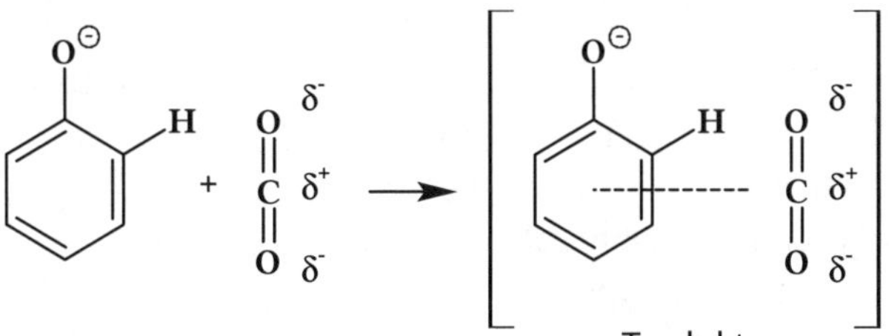

Tradukt

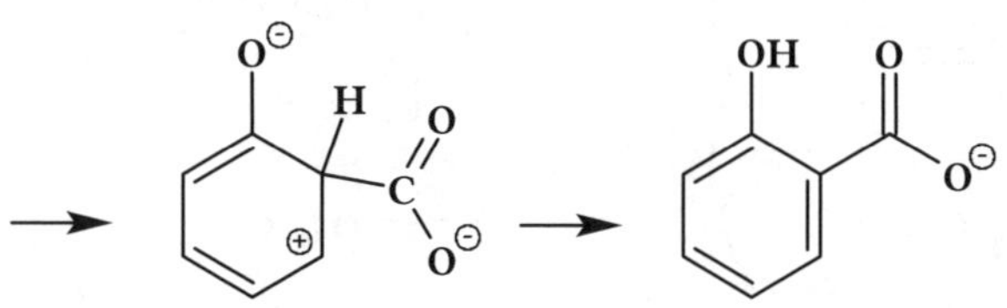

Interdukt Rearomatisierung

Man verwendet hierbei Natriumphenolat anstelle von Phenol, da das Phenolat-Ion reaktiver als das Phenol-Molekül ist. Im Phenolat-Ion liegen ein +M- und ein +I-Effekt vor, welche die Elektronendichte im Ring erhöhen. Daher kann das relativ schwache elektrophile Kohlenstoffdioxid-Molekül eher mit dem Phenolat-Ion reagieren als mit dem Phenol-Molekül, in dem die Hydroxy-Gruppe einen –I-Effekt ausübt.
Man führt die KOLBE-SCHMITT-Synthese unter Druck durch, da die Reaktion mit dem gasförmigen Kohlenstoffdioxid, die unter Volumenverminderung verläuft, nach dem Prinzip von LE CHATELIER bei Druckerhöhung begünstigt wird. Dies führt zu einer höheren Ausbeute an Acetylsalicylsäure.

Seite 191

B1:

Synthese von Natriumdodecylbenzolsulfonat:

1. Alkylierung von Benzol

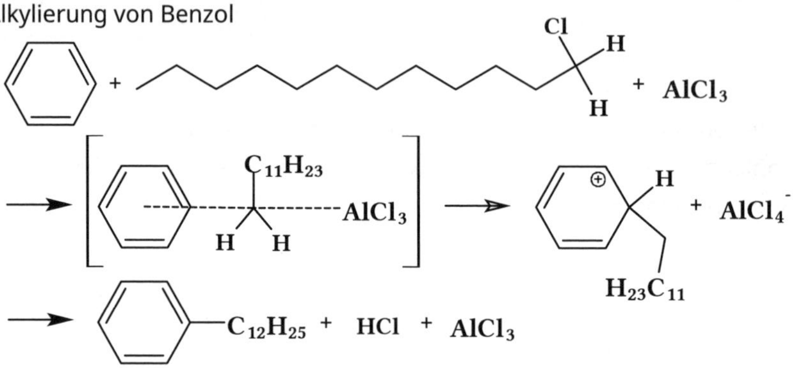

2. Sulfonierung von Dodecylbenzol

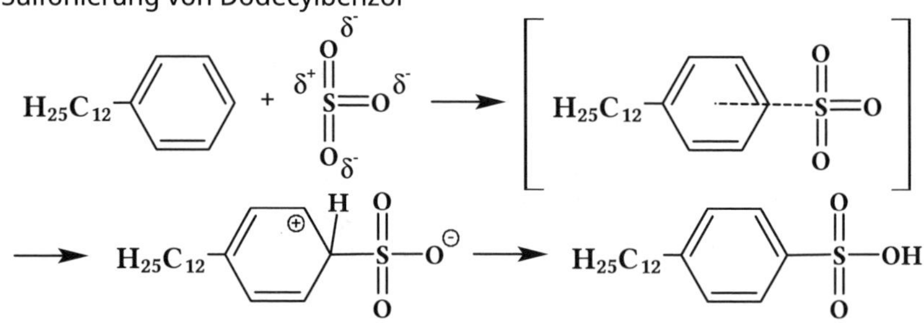

3. Neutralisation von Dodecylsulfonsäure mit Natronlauge

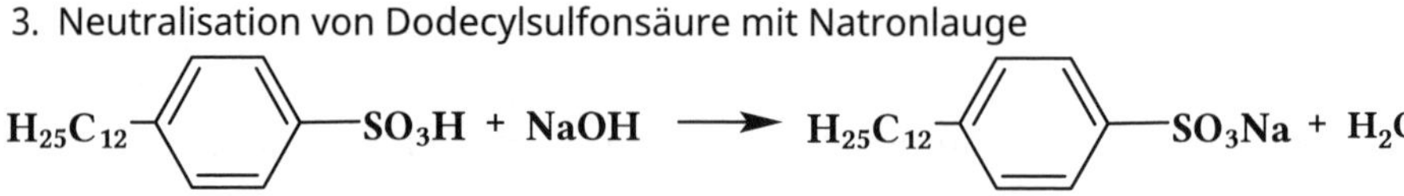

A1:

Mechanismus der FRIEDEL-CRAFTS-Alkylierung

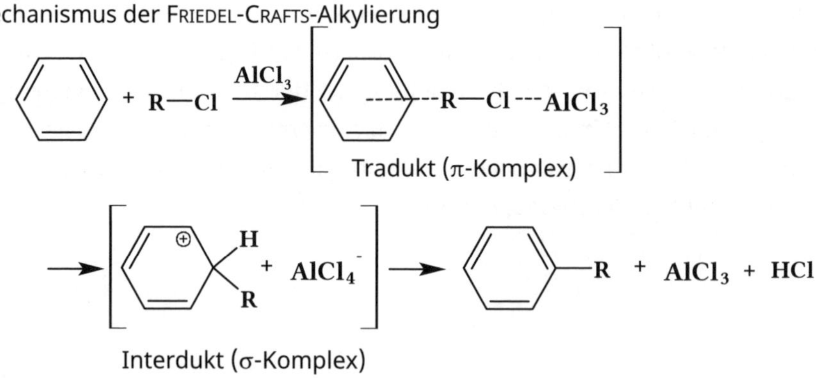

A2:

Reaktionsschritte für die Alkylierung von Benzol mit Propen

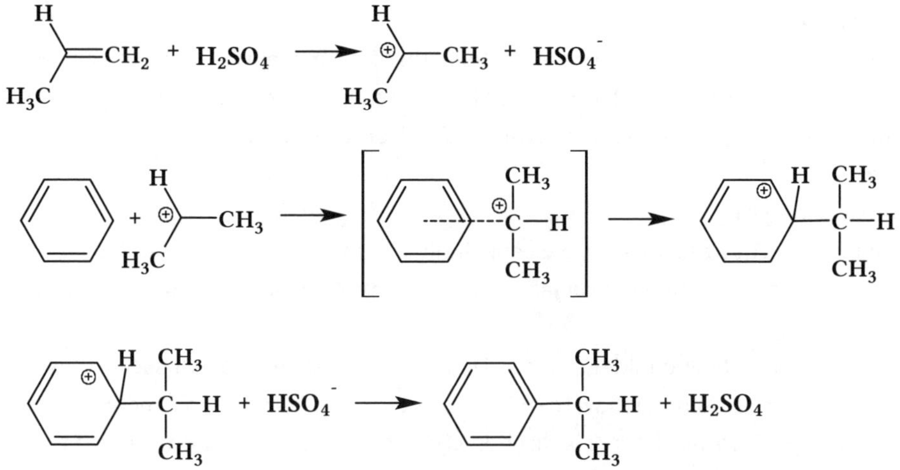

Da das sekundäre Propylcarbenium-Ion wesentlich stabiler als das primäre Propylcarbenium-Ion ist, entsteht ausschließlich Isopropylbenzol (Cumol, 2-Phenylpropan) und kein Propylbenzol (1-Phenylpropan).

A3:

Mechanismus für die Bildung von ortho-Toluolsulfonsäure

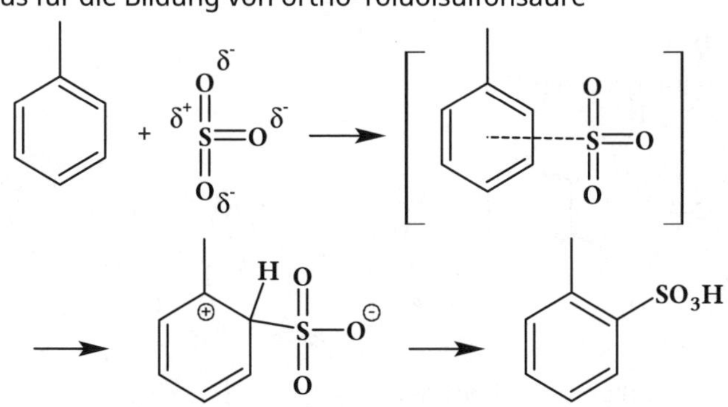

Seite 196 und 197

Auswertung a):
Mit Supracen Blau® G werden Seide, Wolle und Polyacrylnitril angefärbt. Supracen Blau® ist ein kationischer Farbstoff. Es bilden sich salzartige Verknüpfungen zu anionischen Gruppen der Seiden-, Woll- und Polyacrylfaser aus.

Auswertung b):
Indigo ist nicht wasserlöslich, die Leukoindigo-Base (Dianion) dagegen gut wasserlöslich, da sie aufgrund der negativen Ladung im Molekül polarer und hydrophiler ist als Indigo.
In alkalischer Lösung bildet sich das Dianion, das besser wasserlöslich ist als das Molekül. Bei der Reduktion werden Hydroxid-Ionen verbraucht, das Redoxpotenzial von Dithionit-Ionen ist in alkalischer Lösung kleiner als in neutraler, d.h. die Dithionit-Ionen sind in alkalischer Lösung bessere Reduktionsmittel als in neutraler.

Auswertung c):
Auf der Küpe mit der gelösten Leukoindigo-Base erkennt man eine blaue Haut. Diese wird durch schlecht lösliches Indigo gebildet, das an der Grenzfläche zwischen der Lösung und der Luft durch Oxidation von Leukoindigo gebildet wird.

Auswertung d):
Reduktion von Indigo in der Küpe:

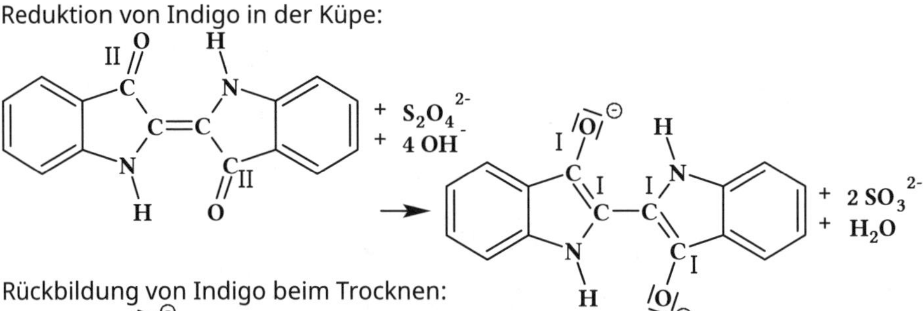

Rückbildung von Indigo beim Trocknen:

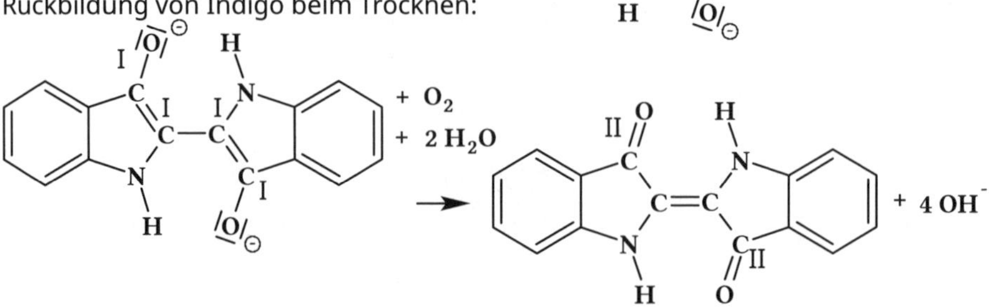

Auswertung e):
Indigo eignet sich nicht zur Direktfärbung, da es aufgrund der intramolekularen Wasserstoffbrückenbindungen im Molekül zwischen den Carbonylsauerstoff-Atomen und den Wasserstoff-Atomen der Amino-Gruppen nicht wasserlöslich ist.

A1:
a) Das Textilfärbemittel hat Indigo zu gelbem, fast farblosem Leukoindigo reduziert. Da dieses aus der Jeans nicht völlig ausgewaschen worden ist, ist beim Trocknen an der Luft wieder blaues Indigo entstanden.
b) Textilentfärber müssen Reduktionsmittel enthalten.

Seite 198

B1:
offene Aufgabe

B2:
Offene Aufgabe.
Ein Vorteil natürlicher Lebensmittelfarben (wie z.B. Carotin, Chlorophyll, Betain, Anthocyane) ist z.B., dass sie gesundheitlich unbedenklich sind, da sie Inhaltsstoffe von Lebensmitteln sind.
Ein Nachteil natürlicher Lebensmittelfarben ist, dass sie mit der Zeit verblassen.
Vorteile synthetischer Lebensmittelfarben sind ein niedriger Preis, eine intensive Farbe und, dass beim Lagern kaum Veränderungen eintreten. Allerdings sind sie möglicherweise gesundheitlich nicht unbedenklich.
Durch das Anfärben soll Lebensmitteln ein appetitliches Aussehen verliehen werden, so soll etwa die Braunfärbung von Marmelade vermieden werden.

B3:

Lebensmittelfarbstoff	Farbstoffklasse	Lebensmittelfarbstoff	Farbstoffklasse
E 100: Curcumin	Polyenfarbstoff, Carbonylfarbstoff	E 132: Indigotin	Indigofarbstoff, Carbonylfarbstoff
E 110: Gelborange S	Azofarbstoff	E 162: Betanin	Cyaninfarbstoff
E 131: Patentblau V	Triphenylmethanfarbstoff		

A1:
In alkalischer Lösung kommt es zur Deprotonierung der Moleküle des Farbstoffes Curcumin, wodurch der Chromophor im Molekül verlängert wird und die Lösung von Curcumin die Farbe ändert.

A2:
Indigotin wird wie Indigo durch Dithionit-Ionen zur fast farblosen Leukobase reduziert, Patentblau V nicht (vgl. *G. Schwedt, Experimente mit Supermarktprodukten, Wiley VCH Verlag, Weinheim 2001, S. 111*).

A3:
Indigotin ist ein Dinatriumsalz, das in alkalischer Lösung Ionen mit geladenen Sulfonat-Gruppen SO_3^- liefert. Diese können salzartige Bindungen zu kationischen Seitengruppen der Wollfaser ausbilden und auf diese Weise direkt auf die Wollfaser aufziehen.

Seite 199

B4:
Beim Färben mit einem Reaktivfarbstoff mit einem Triazin-Rest im Molekül findet eine nucleophile Substitution statt. Das Chlor-Atom des Triazin-Restes wird nucleophil durch die Hydroxy-Gruppe einer Cellulosefaser ersetzt.
Beim Färben mit einem Reaktivfarbstoff mit einem Vinylsulfon-Rest im Molekül findet eine elektrophile Addition an der Kohlenstoff-Kohlenstoff-Doppelbindung der Vinylsulfon-Gruppe statt.

A1:
Mögliche Versuche: 1) Zwischen das Deckblatt (Original) und die Durchschrift (Kopie) wird ein Streifen feuchtes Indikatorpapier gelegt, dann wird mit einem Stift kräftig über diese Stelle geschrieben. 2) Das Bankformular wird getrennt und das Deckblatt a) auf ein weißes Papier und b) auf ein weißes Papier, das zuvor mit angefeuchteter fester Citronensäure eingerieben wurde, gelegt. Dann wird das Deckblatt beschrieben und die untergelegten Papiere werden verglichen.

A2:
Beim Färben mit Reaktivfarbstoffen werden die Farbstoff-Moleküle mit den Faser-Molekülen über Elektronenpaarbindungen verknüpft. Die übrigen Farbstoffe haften über zwischenmolekulare Bindungen an den Fasern.

A3:
Wasser-Moleküle können die Chlor-Atome der Triazin-Reste nucleophil substituieren.

Seite 200 und 201

B1:
Im Anthocyanidin-Molekül-Kation (vgl. B1 im Schülerband) ist die Ebene des Phenyl-Rings zur Ebene der restlichen Kohlenstoff-Atome (des Benzpyran-Systems) verdrillt, weil eine Drehung um die Einfachbindung zwischen dem C2-Atom und dem Phenyl-Ring möglich ist und sich das zu dieser Bindung ortho-ständige Wasserstoff-Atom und die Hydroxy-Gruppe von C3 in der verdrillten Konformation nicht so nahe kommen wie in der ebenen.
Hinweise: Dies lässt sich an einem Molekülmodell oder auch in einer entsprechenden Moleküldarstellung am Computer anschaulich zeigen. Es lässt sich auch zeigen, dass es zur ebenen Anordnung des gesamten Anthocyanidin-Gerüsts kommt, wenn eine Doppelbindung zwischen dem Phenyl-Ring und dem Rest des Moleküls vorliegt, also bei den Strukturen, die in B2 für pH = 7 und pH > 9 angegeben sind.

B2:
Die in B2 bei pH = 7 und pH > 9 angegebenen Grenzstrukturen zeigen, dass das Cyanidin-Molekül und das Cyanidin-Anion im Gegensatz zum Cyanidin-Kation planar gebaut sind. Dadurch ist die Bindungsdelokalisation in diesen beiden Teilchen größer als im Cyanidin-Anion, die Absorptionsmaxima sind zu größeren Wellenlängen verschoben. Im Cyanidin-Anion ist das Absorptionsmaximum im Vergleich zum Cyanidin-Molekül noch einmal zu einer größeren Wellenlänge verschoben, weil im Anion der Bindungsausgleich wegen der ionischen Donator-Gruppe $-\mathbf{O}^-$ im Phenolat-Ion ausgeprägter ist als im Cyanidin-Molekül. Für das Cyanidin-Molekül und das Cyanidin-Anion lassen sich beispielsweise folgende mesomere Grenzstrukturen formulieren:

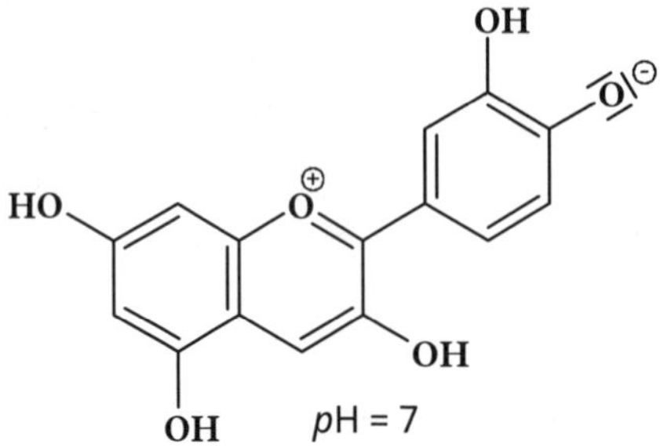

*p*H = 7

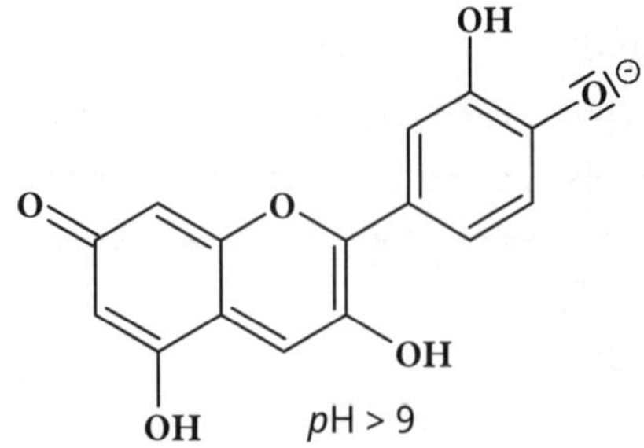

*p*H > 9

Auswertung a):
Die bessere Wasserlöslichkeit der Anthocyane gegenüber der der Anthocaynidine ist auf den Glucose-Rest in den Molekülen der Anthocyane zurückzuführen. Wegen der Hydroxy-Gruppen im Glucose-Rest ist dieser sehr hydrophil (Ausbildung von Wasserstoffbrückenbindungen zu Wasser-Molekülen ist möglich) und erhöht die Wasserlöslichkeit der Anthocyane.

Auswertung b):
Für die Chemiesammlung sind Indikatoren aus Rotkohlsaft auf die Dauer unbrauchbar, weil sie bereits nach wenigen Tagen anfangen zu schimmeln. Bei der Extraktion aus Rotkohl und anderen Pflanzenteilen werden neben Anthocyanen auch andere Naturstoffe, beispielsweise Zucker, extrahiert, darunter auch solche, die bereits nach kurzer Zeit in der wässrigen Lösung chemisch reagieren, beispielsweise oxidiert werden.

Auswertung c):
Bei V2 wird mit der unsensibilisierten Titandioxid-Photoelektrode nur bei Bestrahlung mit violettem Licht (nicht aber mit grünem und rotem Licht) eine Spannung gemessen. Das ist damit zu erklären, dass nur Photonen des violetten Lichts (vgl. dazu B1, S. 166) ausreichend Energie von $E > 3{,}1$ eV besitzen, um im Titandioxid-Korn Elektronen aus dem Valenzband ins Leitungsband anzuheben. Der weitaus größte Teil des sichtbaren Spektrums bleibt dabei ungenutzt.

Auswertung d):
Bei V2 werden nach der Sensibilisierung die Titandioxid-Photoelektrode mit Anthocyanen aus dem Himbeersaft auch bei Bestrahlung mit grünem und mit rotem Licht Spannungen gemessen. Die Photoelektrode ist jetzt auch für Licht mit Wellenlängen $\lambda > 388$ nm empfindlich.

Auswertung e):
Offene Aufgabe.
Hinweis: Die Schritte in der Animation sind selbsterklärend. Bei der Erläuterung ist darauf zu achten, dass die Fachbegriffe richtig zum Einsatz kommen und dass zwischen der Teilchen- und der Stoffebene unterschieden wird.

Seite 202 bis 207
KOMPETENZEN TRAINIEREN

A1:
Wenn eine Folie aus thermoplastischem Polypropylen PP gedehnt wird, gleiten die PP-Makromoleküle aneinander vorbei und richten sich dabei teilweise parallel aus. Beim Nachlassen der Zugkraft bleiben sie in diesem Zustand, weil es keine Kräfte gibt, die sie wieder in den ursprünglichen Zustand zurückführen.
Beim Dehnen von elastischem Gummi bauen sich Rückhohlkräfte auf, weil die Makromolekül-Hauptketten durch Quervernetzungen verbunden sind, die beim Dehnen bestehen bleiben, sich aber beim Verschieben der Makromolekül-Fragmente gegeneinander deformieren. Sobald die von außen angewendete Dehnkraft aufhört zu wirken, gelangt das gesamte deformierte Makromolekül-Netzwerk aufgrund der Rückholkräfte in seine ursprüngliche Lage zurück.

A2:
Polyethen PE ist (wie jedes andere polymere Material aus linearen Makromolekülen) umso fester, je länger die Makromoleküle sind, also je höher der Polymerisationsgrad ist. Die Festigkeit wird durch die zwischenmolekularen Kräfte, in diesem Fall VAN-DER-WAALS-Kräfte, bestimmt. Die sind umso größer, je länger die Makromoleküle sind.

A3:
Die Oligomere von Ethen, Propen und Isobuten sind Flüssigkeiten aus unpolaren Molekülen und lösen sich daher nicht in Wasser, aber in Benzin, das ebenfalls aus unpolaren Molekülen besteht.

A4:

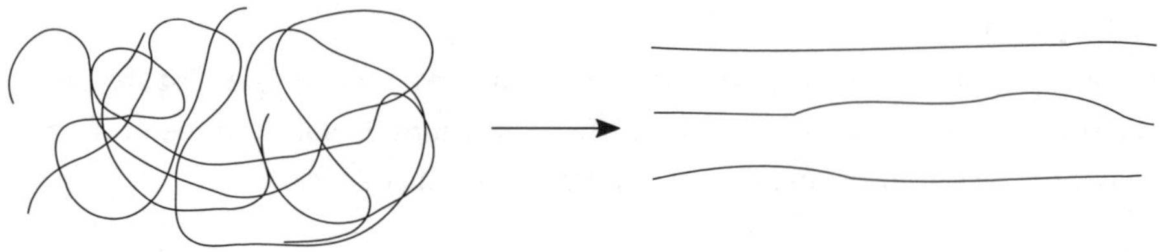

Im Polyethen liegen die Makromoleküle zunächst ungeordnet vor. Zwischen den Makromolekülen wirken VAN-DER-WAALS-Kräfte. Beim Verstrecken werden diese aufgehoben und die Makromoleküle können aneinander vorbeigleiten. Wie auch beim Rohnylon (vgl. A12) kommt es beim Verstrecken zu einer parallelen Ausrichtung der Polyethen-Makromoleküle und damit zur Ausbildung von teilkristallinen Bereichen. An diesen wird das Licht gestreut und der PE-Streifen wird milchig-trüb. Im gestreckten Zustand werden zwischen den Makromolekülen erneut VAN-DER-WAALS-Kräfte ausgebildet, wodurch die zunehmende Reißfestigkeit erklärt werden kann.

A5:

a) Kunststoff, der durch Polymerisation entsteht:
   Edukt: Propen (V)
   Hinweis: Auch Propensäure (VI) ist richtig.
   Kleinstmöglicher Ausschnitt aus dem Makromolekül:

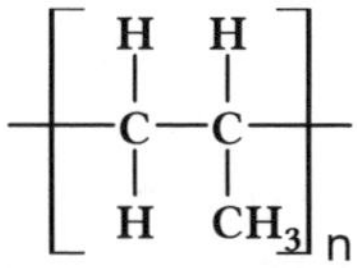

b) Thermoplastischer, durch Polykondensation hergestellter Kunststoff, der beim Verbrennen nicht stark rußt:
   Edukte: 1,6-Diaminohexan (II) und Hexandisäure (III)
   Hinweis: Wegen der letztgenannten Bedingung kommen Edukte mit Phenyl-Ringen wie z.B. meta-Dihydroxybenzol (IV) zur Bildung eines Polyesters nicht in Frage.
   Kleinstmöglicher Ausschnitt aus dem Makromolekül:

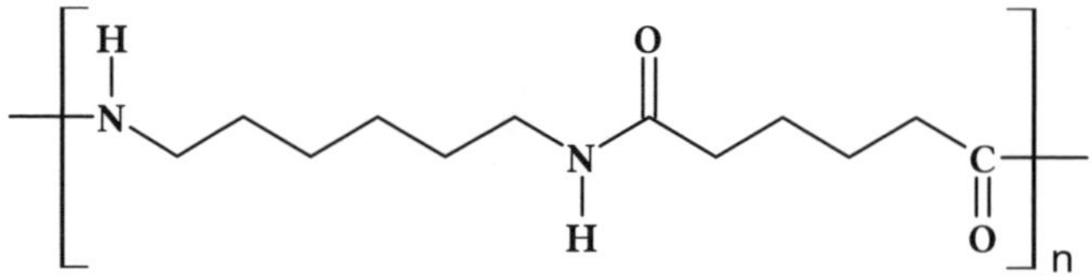

c) Duroplastischer, durch Polykondensation gebildeter Kunststoff, aber kein Polyester:
Edukte: meta-Dihydroxybenzol (IV) und Methanal (IX)
Kleinstmöglicher Ausschnitt aus dem Makromolekül:

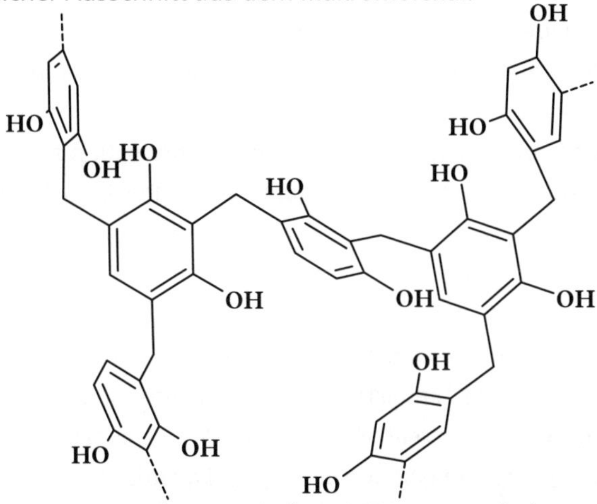

Um die Vernetzung anzudeuten, sind zwei Kettenausschnitte gezeichnet, die über eine kürzestmögliche Verbindung verknüpft sind.

d) Polyurethan-Schaumstoff mit vielen Poren:
Edukte: Butan-1,4-diisocyanat (VIII) und Glycerin (I), sowie Wasser (VI) (zur Bildung von Poren durch Kohlenstoffdioxid – Entstehung bei der Reaktion mit Isocyanat-Gruppen)
Kleinstmöglicher Ausschnitt aus dem Makromolekül:

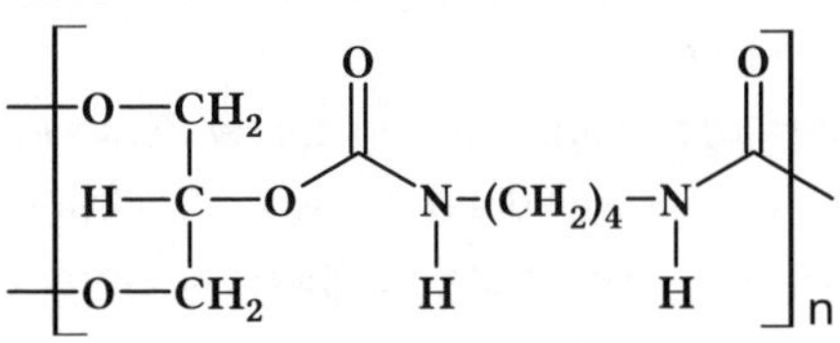

e) Polycarbonat:
Edukte: Phosgen (X) und m-Dihydroxybenzol (IV).
Hinweis: Da das übliche Bisphenol A nicht unter den in der Aufgabe angebotenen Edukten vorkommt, muss ein anderes Diol gewählt werden.
Kleinstmöglicher Ausschnitt aus dem Makromolekül:

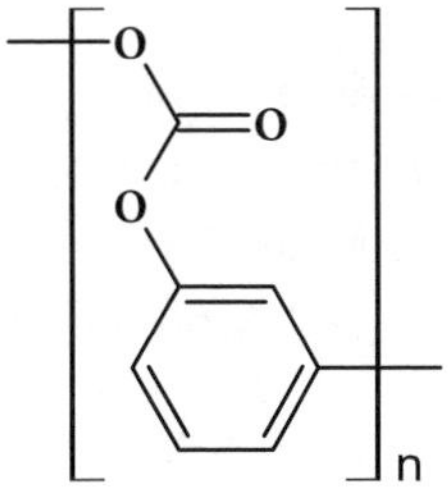

A6:

Hinter Plexiglas aus reinem PMMA wird man eher braun als hinter Normalglas, weil Normalglas weniger UV-Licht durchlässt als PMMA. Den Kurven aus B1 kann man entnehmen, dass Normalglas (Kurve 3) erst ab $\lambda > 400$ nm 90 % des Lichts durchlässt, PMMA (Kurve 2) dagegen bereits ab $\lambda > 320$ nm.
Alle Plexiglas®-Sorten, die weniger UV-Licht durchlassen als reines PMMA, enthalten verschiedene UV-Absorber.
Hinweis: Diese werden dem Monomer vor der Polymerisation zugesetzt – vgl. dazu verschiedene Versuche in den Online-Ergänzungen zu Plexiglas, S. 130, unter *Chemie 2000+ Online*.

A7:

Allgemein gilt: Die Makromoleküle in einer Probe haben nicht alle die gleiche molare Masse, weil sie aus unterschiedlich vielen Monomer-Einheiten bestehen. Grund dafür ist, dass die Wachstumsreaktion (3) nach unterschiedlich vielen eingebauten Monomer-Einheiten durch Reaktionen des Typs (4) gestoppt wird. Die Makroradikale **M·** sind also dann, wenn sie die Abbruchreaktionen eingehen, unterschiedlich lang. Auch ist das Polymer in etwa doppelt so lang und hat entsprechend auch die doppelte Masse, wenn der Abbruch nicht nach einer Reaktion $\mathbf{M\cdot} + \mathbf{\cdot R} \longrightarrow \mathbf{M{-}R}$, sondern nach $\mathbf{M\cdot} + \mathbf{\cdot M} \longrightarrow \mathbf{M{-}M}$ erfolgt.

a) Höhere Starter-Konzentrationen bewirken, dass mehr Radikale gebildet werden und somit mehr Ketten gestartet werden. Je mehr Ketten aber in einer gegebenen Monomer-Probe gestartet werden, desto kürzer fallen sie aus, weil die Monomer-Menge begrenzt ist. Es bilden sich Polymere mit niedrigen molaren Massen.
b) Bei höheren Temperaturen bilden sich in kurzer Zeit mehr Radikale als bei niedrigeren Temperaturen, weil die thermische Spaltung des Starters schneller erfolgt. Die Folgen sind die gleichen wie unter a) beschrieben.

A8:

Für die Aufbewahrung von Säuren und Laugen sind Behälter aus Polymilchsäure und Nylon 6.6 nicht geeignet. In sauren und alkalischen Lösungen kommt es zur hydrolytischen Spaltung von Ester- bzw. Amid-Gruppen in den Polymilchsäure- bzw. Nylon 6.6-Makromolekülen.

A9:

a) Verglichen werden das *Materialrecycling* (Werkstoffrecycling; Umschmelzen, Schreddern, Neupressen), das *Rohstoffrecycling* (Hydrolyse, Pyrolyse) und das *energetische Recycling* (Verbrennung).
Sowohl ökonomisch als auch ökologisch ist das „Rohstoffrecycling" am höchsten (besten) einzustufen, weil man dabei wieder monomere Rohstoffe zurückgewinnt, aus denen neue Kunststoffe synthetisiert werden können. Die Wertschöpfung ist damit am höchsten, die Umweltbelastung am geringsten.
Beim Materialrecycling nehmen die Qualität und der ökonomische Wert des recycelten Kunststoffs i.d.R. ab, aber die Umweltbelastung wird vermieden.
Bei der energetischen Nutzung (Verbrennung) wird auf das stoffliche Recycling vollständig verzichtet, daher ist auch der ökonomische Wert am geringsten. Zudem wird die Umwelt durch Kohlenstoffdioxid und (je nach verbrannten Kunststoffsorten) mit anderen Verbindungen belastet.
Die Bezeichnung „Materialrecycling" (Werkstoffrecycling) deutet an, dass aus dem gleichen Kunststoff, z.B. aus PVC, neue Gegenstande hergestellt werden, die man beispielsweise durch Umschmelzen und Neugießen oder Schreddern und Neupressen erhalten kann. Bei „Rohstoffrecycling" gewinnt man z.B. durch Pyrolyse oder Hydrolyse wieder monomere Rohstoffe zurück, aus denen neue Kunststoffe synthetisiert werden können. Das „energetische Recycling" ist unter stofflichem Gesichtspunkten gar kein Recycling, weil die Kunststoffe dabei verbrannt werden. Die Bezeichnung „energetische Verwertung" wäre zutreffender.
b) Es ist zu schade, Abfälle aus Plexiglas® durch Verbrennung zu entsorgen, weil bei Plexiglas® ein Rohstoffrecycling durch Depolymerisation von PMMA relativ leicht durchführbar ist (vgl. V2, S. 160)

A10:

offene Aufgabe

A11:

a) *Gemeinsamkeiten*: Polyadditions- und Polykondensationsreaktionen gehen jeweils von zwei verschiedenen Monomeren aus. Zum Beispiel einem Diol und einer Dicarbonsäure bzw. einem Diol und einem Diisocyanat. Es muss sich dabei jedoch um bifunktionelle oder trifunktionelle Ausgangskomponenten (Monomere) handeln.

Unterschiede: Bei Polykondensationen wird jeweils ein Stoff abgespalten, zum Beispiel Wasser, Chlorwasserstoff oder Ammoniak. Bei Polyadditionen wird kein Stoff abgespalten.

b) Bei der Herstellung von massiven Polyurethanen müssen wasserfreie Alkoholkomponenten eingesetzt werden, um eine Schäumung des Materials zu verhindern. In Gegenwart von Wasser würde nach der Reaktionsgleichung aus S. 144, B4 Kohlenstoffdioxid entstehen, das zur Aufschäumung des Polyurethans führen würde.

A12:

Die Fäden aus Rohnylon werden beim Verstrecken milchig trüb, weil es beim Strecken zur parallelen Ausrichtung der Polyamid-Makromoleküle und damit zur Ausbildung von teilkristallinen Bereichen kommt, an denen das Licht gestreut wird.

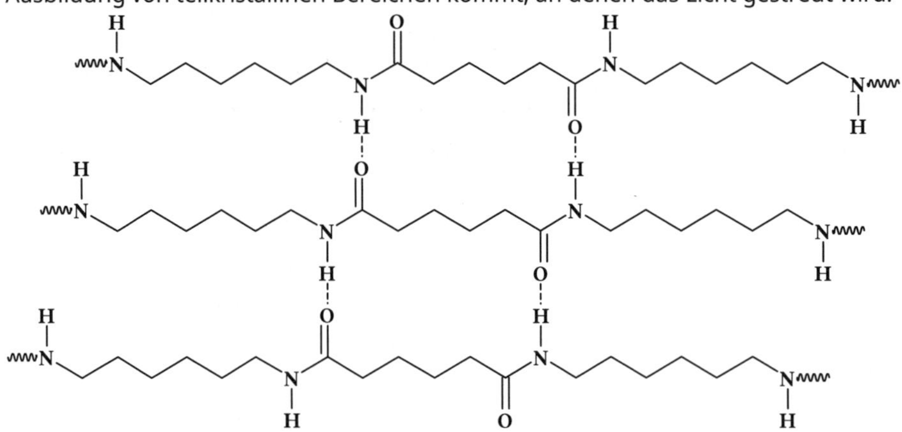

A13:

a) In einer Polykondensationsreaktion reagieren Maleinsäure und Glycol zu einem linearen Polyester, einem hochviskosen Kunststoffvorprodukt:

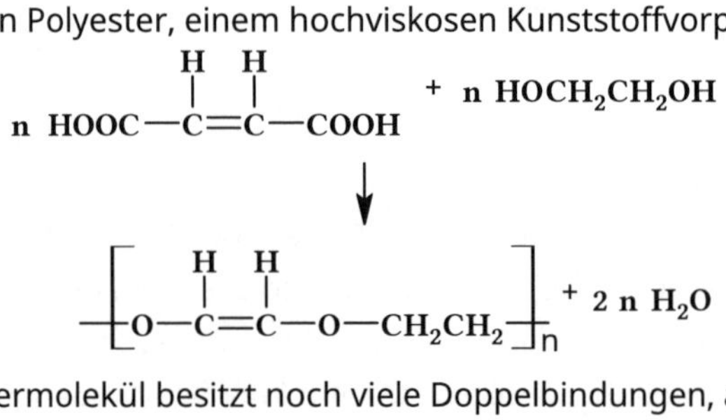

b) Dieses Polymermolekül besitzt noch viele Doppelbindungen, an denen eine Polymerisation einsetzen kann, was zu Vernetzungen der Moleküle untereinander führt. „Löst" man diesen Polyester in Styrol, so ist eine Polymerisation zwischen den Polyester- und den Styrol-Molekülen möglich (Blockpolymerisation). Diese Polymerisation wird durch zugesetzte „Härter", d.h. Radikalbildner, eingeleitet. Das entstehende Makromolekül ist dreidimensional vernetzt, das bedeutet, dass der Kunststoff duroplastisch ist.

c)

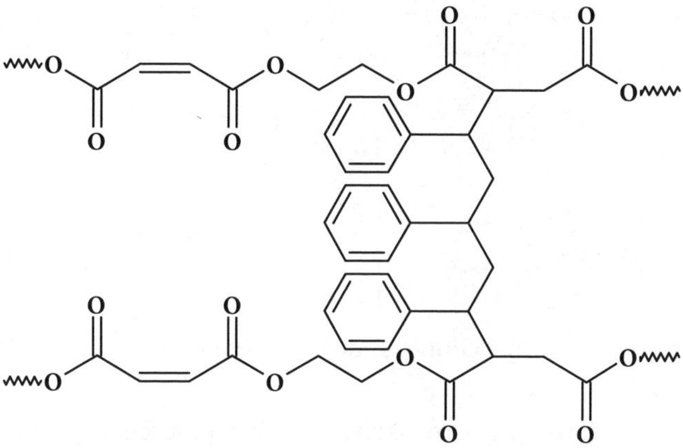

Molekülausschnitt aus dem entstehenden Kunststoff

A14:

Die Nitril-Gruppe ist polarisiert. In einer nucleophilen Substitution kann das positiv polarisierte Stickstoff-Atom das negativ polarisierte Kohlenstoff-Atom der benachbarten Nitril-Gruppe angreifen. Dadurch bildet sich ein sterisch günstiges Sechsring-System aus:

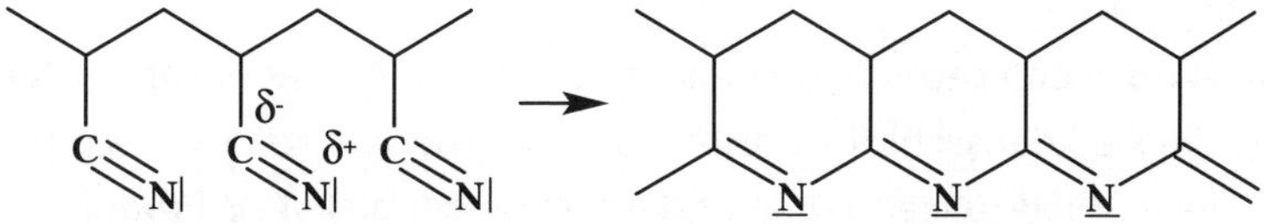

Bei der Dehydrierung von Polymer A zu Black Orion wird das System mit delokalisierten π-Elektronen vergrößert, wodurch das gesamte Molekül energieärmer wird.

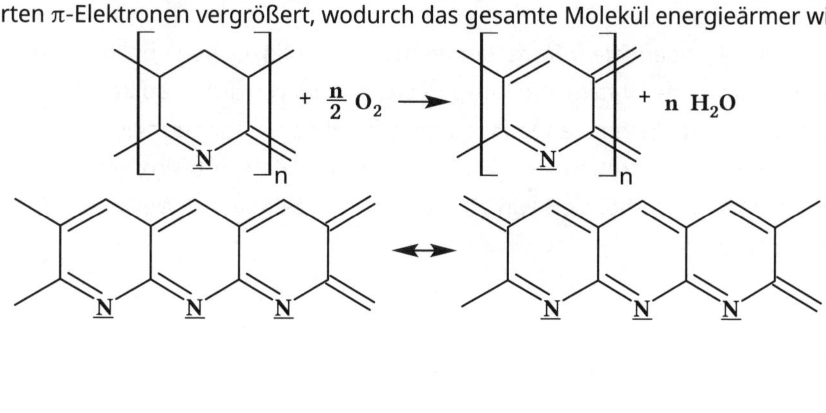

Das entstehende Polymer B ist schwarz, da die Moleküle sehr ausgedehnte Systeme delokalisierter Elektronen enthalten, die energiearmes sichtbares Licht absorbieren.

A15:

a)

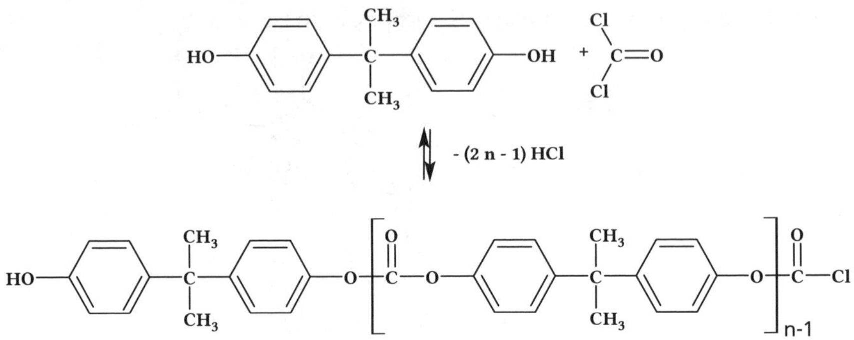

Nach dieser Reaktionsgleichung ist das abgespaltene Produkt Chlorwasserstoff.

b) Wenn die Polykondensation in alkalischer Lösung durchgeführt wird, liegt als Kopplungsprodukt der Kondensation von Bisphenol A und Phosgen am Ende Natriumchlorid vor. Dieses fällt aus, mit der Folge, dass sich das Gleichgewicht auf Seite der Produkte verschiebt, und die unter a) formulierte Polykondensationsreaktion verläuft, bis eines der Edukte vollständig verbraucht ist.

c) Die Addition von Propen an Benzol entspricht einer FRIEDEL-KRAFTS-Alkylierung.
Die Reaktion von Cumol zu Cumolhydroperoxid ist eine Oxidation.
Die Reaktion von Cumolhydroperoxid zu Phenol und Aceton ist eine Spaltung mit Umlagerung.
Die Reaktion von Aceton und Phenol zu Bisphenol A ist eine Kondensation.
Der letzte Reaktionsschritt ist nicht stöchiometrisch formuliert. Es müssten zwei Phenol-Moleküle als Edukt und ein Wasser-Molekül als Produkt eingetragen werden.

d) Offene Aufgabe.
Hinweis: Nachdem die Informationen über die Giftigkeit von Phosgen, ggf. über historische Unfälle mit Phosgen etc. diskutiert wurden, sollte auf jeden Fall auch darauf eingegangen werden, dass Phosgen zur Vermeidung von Unfällen nicht in großen Mengen hergestellt und gelagert wird, sondern nur in dem Maße synthetisiert wird, in dem es auch zeitnah zur Weiterreaktion eingesetzt wird.

A16:

a) 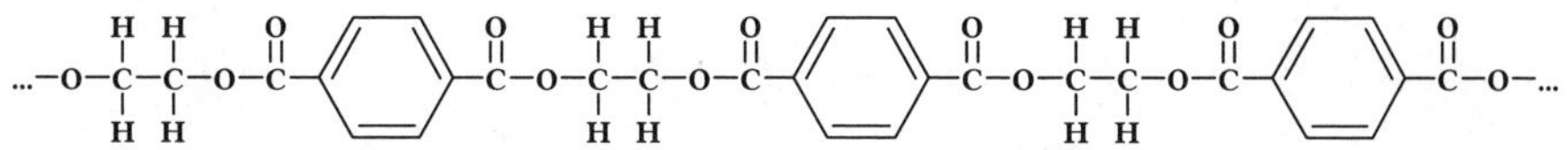

Reaktionsgleichung:

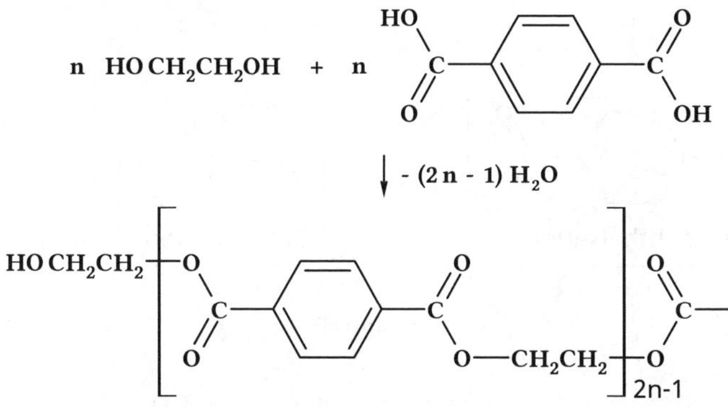

Der Reaktionstyp ist eine Polykondensation, weil aus Edukt-Molekülen mit jeweils zwei funktionellen Gruppen durch Abspaltung kleiner Moleküle (Wasser-Moleküle) Makromoleküle gebildet werden.

b) PET ist ein thermoplastischer Kunststoff, weil er sich beim Erwärmen verformen lässt und diese neue Form beim Abkühlen beibehält. Wie alle Thermoplaste besteht PET aus linearen Makromolekülen (vgl. Modell).

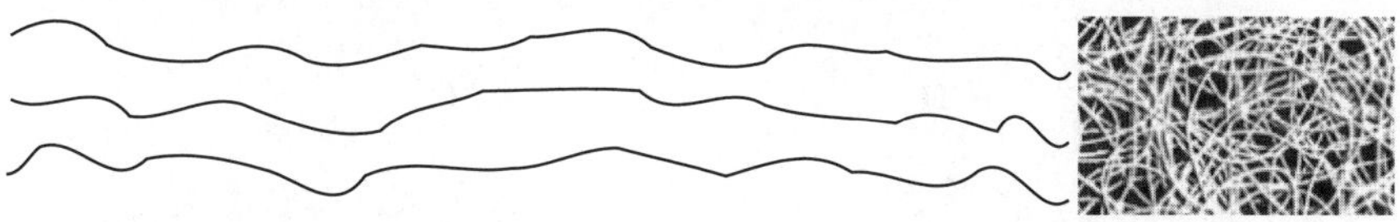

Diese bilden ungeordnete Molekülknäule (vgl. Spaghetti-Modell). Die zwischenmolekularen Kräfte sind so gering, dass sich die Makromoleküle beim erwärmten Material relativ leicht in eine andere Anordnung bringen lassen. Das Material verformt sich dabei und behält im abgekühlten Zustand die neue Form.

c)

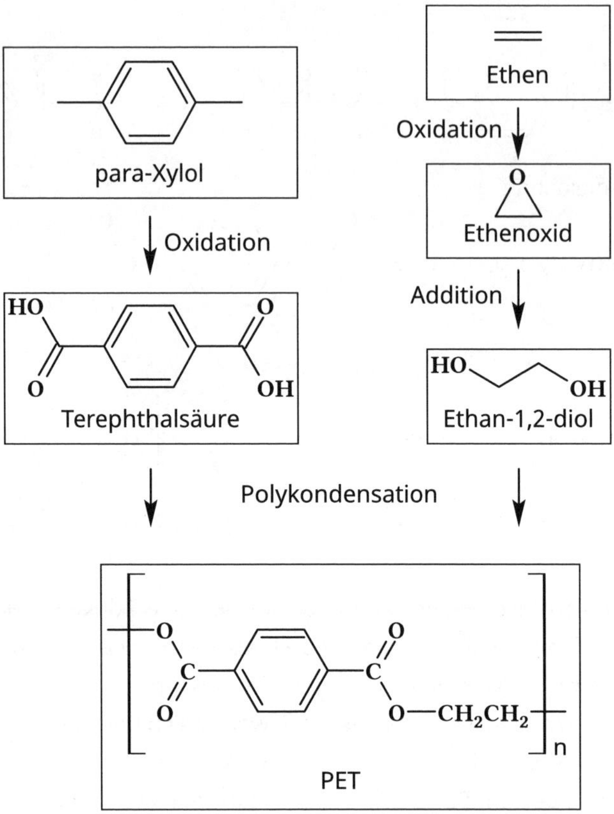
para-Xylol
Oxidation
Terephthalsäure
Ethen
Oxidation
Ethenoxid
Addition
Ethan-1,2-diol
Polykondensation
PET

d)

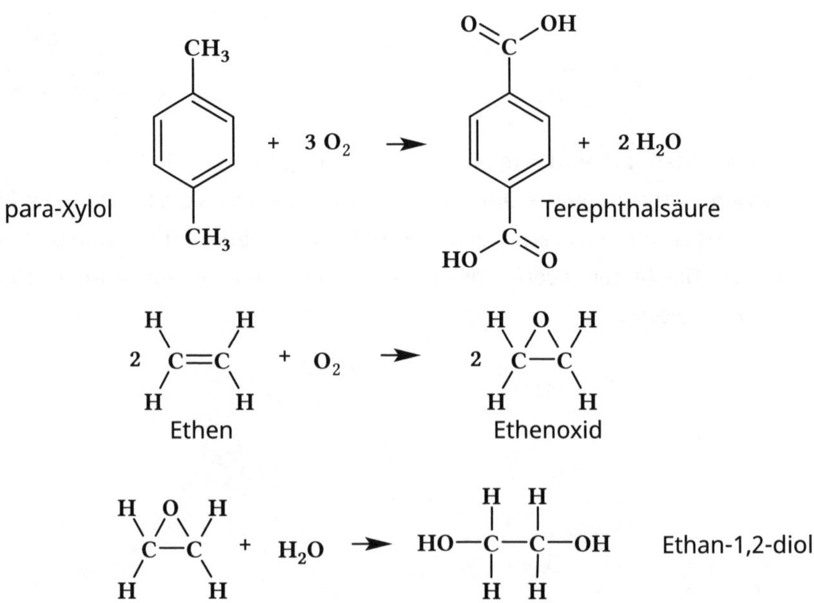
para-Xylol
Terephthalsäure
Ethen
Ethenoxid
Ethan-1,2-diol

e) PET kann durch Hydrolyse in die Ausgangsstoffe (die Monomere) Ethan-1,2-diol und Terephthalsäure zurückgeführt werden Damit besteht die Möglichkeit des *Rohstoffrecyclings*.

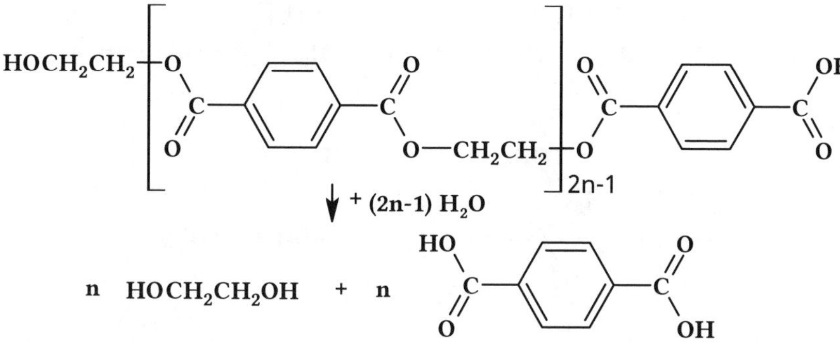

Statt dieser Polyesterhydrolyse kann analog zur Esterverseifung die Polyesterverseifung durchgeführt werden. Das hat den Vorteil, dass die Reaktion schneller und vollständig verläuft. Zu diesem Zweck werden PET-Abfälle mit Natronlauge versetzt und gekocht. Dabei bildet sich zunächst neben Ethan-1,2-diol das Dinatriumsalz der Terephthalsäure. Daraus setzt man durch Ansäuerung, z.B. mit Salzsäure, die Terephthalsäure frei:

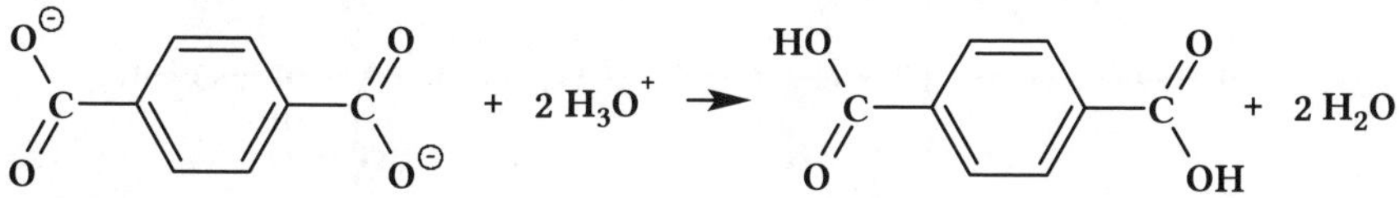

f) Mit PET kann *Rohstoffrecycling* (vgl. e), aber auch *Werkstoffrecycling* und *energetische Verwertung* durchgeführt werden. Allgemein ist Rohstoffrecycling sowohl ökonomisch als auch ökologisch besser einzustufen als Werkstoffrecycling und energetische Verwertung, weil man dabei wieder monomere Rohstoffe zurückgewinnt, aus denen neue Kunststoffe synthetisiert werden können. Die Wertschöpfung ist damit am höchsten, die Umweltbelastung am geringsten (vgl. auch Lösung zu A9).

A17:

a) Synthese 1:

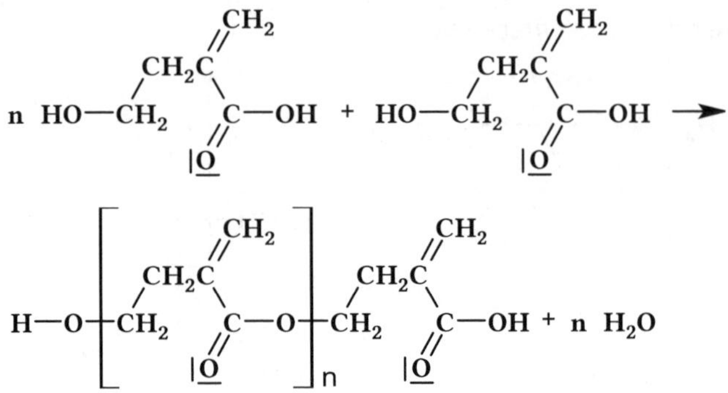

Synthese 2:

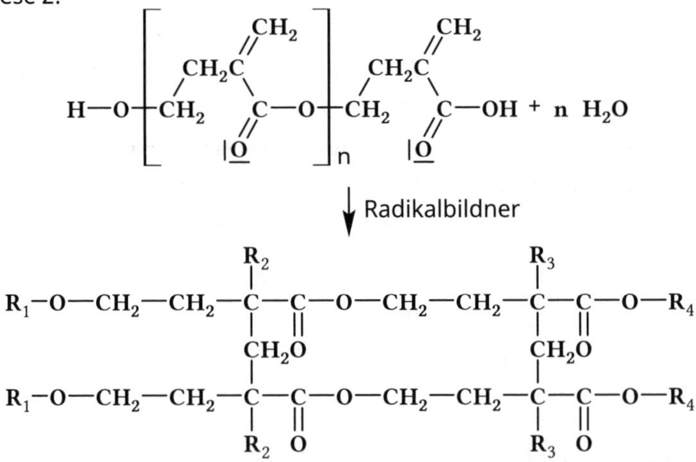

b) Das Polykondensat aus 4-Hydroxy-2-methylenbutansäure (Synthese 1) zeigt thermoplastisches Verhalten, da es aus linearen Makromolekülen besteht, zwischen denen nur zwischenmolekulare Kräfte wirken, die durch Erwärmung überwunden werden können. Es ist ein Thermoplast.
Das Produkt nach Zugabe von Radikalbildnern (Synthese 2) ist ein nicht verformbares Polymer, da es aus dreidimensional vernetzten Makromolekülen aufgebaut ist. Es ist ein Duroplast. Duroplastische Kunststoffe erweichen beim Erwärmen nicht, da die langen Ketten durch kovalente Bindungskräfte aneinandergebunden sind.

A18:

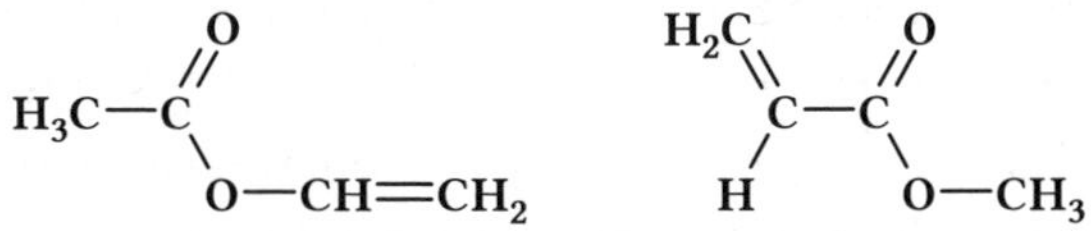

Es handelt sich hierbei um eine Gerüstisomerie, da sich der Aufbau des Kohlenstoff-Gerüsts des Vinylacetat-Moleküls von dem des Methylacrylat-Moleküls unterscheidet.

A19:
In den Makromolekülen des Butylkautschuks sind weniger Kohlenstoff-Kohlenstoff-Doppelbindungen enthalten als im Naturkautschuk, weil Naturkautschuk zu 100 % aus Polyisopren besteht, während im Butylkautschuk nur 1 % bis 3 % Monomereinheiten aus Isopren enthalten sind. Im Naturkautschuk enthält jede Monomereinheit noch eine Kohlenstoff-Kohlenstoff-Doppelbindung, im Butylkautschuk nur 1 % bis 3 % der Monomereinheiten. Da Kohlenstoff-Kohlenstoff-Doppelbindungen reaktiver sind als Kohlenstoff-Kohlenstoff-Einfachbindungen, ist anzunehmen, dass Butylkautschuk chemikalienbeständiger ist.

A20:
offene Aufgabe

A21:
Farbstoff-Moleküle haben als gemeinsames Strukturmerkmal Chromophore, d.h. ein Gerüst aus Atomen, die über konjugierte Doppelbindungen, d.h. Einfach- und Doppelbindungen im Wechsel, verknüpft sind. Darüber hinaus enthalten Farbstoff-Moleküle oft auch auxochrome Gruppe, die als Elektronen-Donatoren oder Elektronen-Akzeptoren wirken. In Molekülen mit Chromophoren und auxochromen Gruppen ist der Energieunterschied zwischen dem höchsten mit Elektronen besetzten und dem niedrigsten unbesetzten Energieniveau relativ klein, sodass die Elektronen durch Absorption von sichtbarem Licht angeregt werden können.
β-Carotin verdankt seine Farbigkeit einem Chromophor, der sich über den größten Teil des β-Carotin-Moleküls ausdehnt, Polyethen-Moleküle enthalten keinen Chromophor, daher ist Polyethen farblos.

A22:

Bei der durch Lichtabsorption zustande gekommenen Farbe eines Objekts ist die gesehene Farbe im Lichtspektrum der Lampe, die das Objekt anstrahlt, enthalten. Bei der durch Lichtemission zustande gekommenen Farbe eines Objekts ist die gesehene Farbe im Lichtspektrum der Lampe, die das Objekt anstrahlt, nicht vorhanden.

Im ersten Fall (Farbigkeit durch Lichtabsorption) werden die Teilchen (z.B. die Moleküle) des Objekts durch Absorption von Lichtquanten elektronisch angeregt. Die aufgenommene Energie wird in Wärme umgewandelt. Im zweiten Fall (Farbigkeit durch Lichtemission) werden elektronisch angeregte Teilchen des Objekts durch Emission von Lichtquanten desaktiviert. Davor müssen elektronisch angeregte Zustände erzeugt werden. Das kann durch Absorption von energiereichen Strahlen (z.B. UV-Licht), durch exergonische chemische Reaktionen oder durch elektrische Gleichspannung erfolgen.

A23:

Curcumin liegt in zwei tautomeren Formen vor, wobei die unten angegebene Enol-Form in nur sehr geringem Anteil vertreten ist:

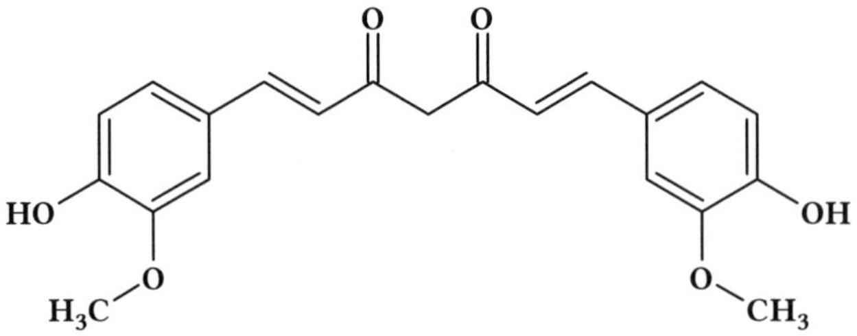

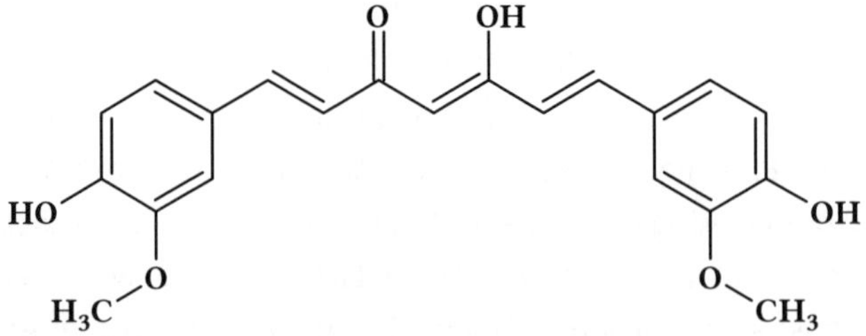

In alkalischer Lösung findet eine Deprotonierung statt, bei der vermutlich das Proton von der enolischen Hydroxy-Gruppe extrahiert wird. Dadurch bildet sich ein Anion, in dem der Chromophor über das gesamte Molekül-Ion ausgedehnt ist. Das erklärt die Verschiebung der Farbe von Gelb nach Orange.

A24:

Für die Absorption von Licht sind in organischen Molekülen in der Regel Systeme aus konjugierten Doppelbindungen, die Chromophore, verantwortlich. Polyene sind konjugierte lineare Kohlenwasserstoffe, Cyanine sind Diamine. Bei Cyanin-Molekülen ist der Bindungsausgleich zwischen Doppel- und Einfachbindungen wesentlich stärker als bei Polyen-Molekülen, weil bei Cyanin-Molekülen die Amino-Gruppe von dem einen Molekülende und die Amino-Gruppe von dem anderen auxochrom bzw. antiauxochrom wirkt. Daher absorbieren Cyanin-Moleküle von gleicher Länge wie die entsprechender Polyen-Moleküle Lichtquanten größerer Wellenlänge (niedrigerer Energie).

A25:

a) Die Hydrierung von Benzol zu Cyclohexan konnte mit der von KEKULÉ vorgeschlagenen Formel erklärt werden, denn an die nach KEKULÉ drei Doppelbindungen pro Benzol-Molekül können drei Wasserstoff-Moleküle addiert werden.
b) Aus a) ergibt sich das Stoffmengenverhältnis $n(\mathbf{C_6H_6}) : n(\mathbf{H_2}) = 1:3$.
c) Dieser experimentelle Befund lässt sich nicht mit der KEKULÉ-Formel mit drei isolierten Doppelbindungen erklären.
d) Auch diese Tatsache steht im Widerspruch zu der KEKULÉ-Formel, denn mit ihr müsste es zwei isomere ortho-Dibrombenzole geben:

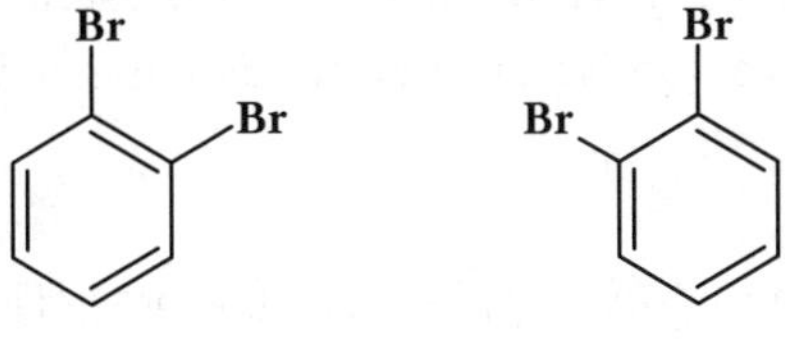

A26:

Es existieren folgende vier aromatischen Kohlenwasserstoffe mit der Summenformel $\mathbf{C_8H_{10}}$:

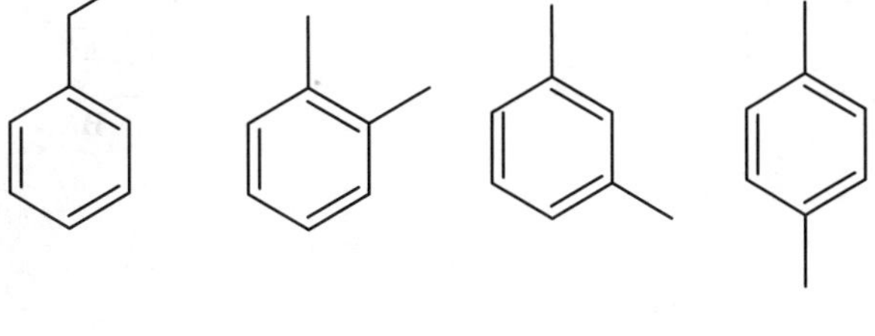

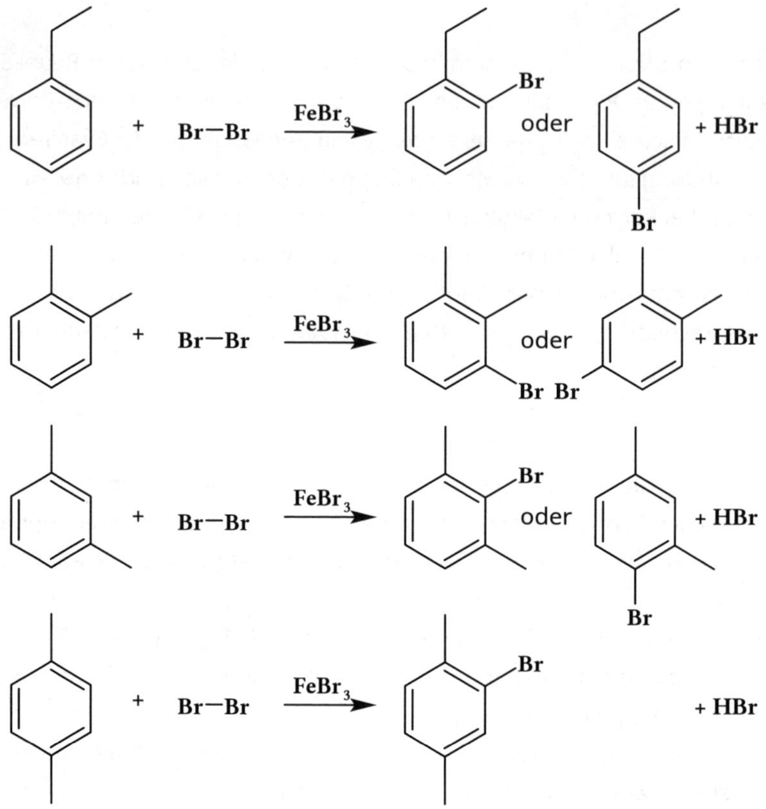

Nur 1,4-Dimethylbenzol reagiert mit Brom bei Anwesenheit von Eisenbromid zu einem einzigen Monobromderivat. Daher handelt es sich bei A um 1,4-Dimethylbenzol.

Auch bei der Reaktion von 1,4-Dimethylbenzol mit Brom bei Lichteinwirkung entsteht nur ein Monobromsubstitutionsprodukt:

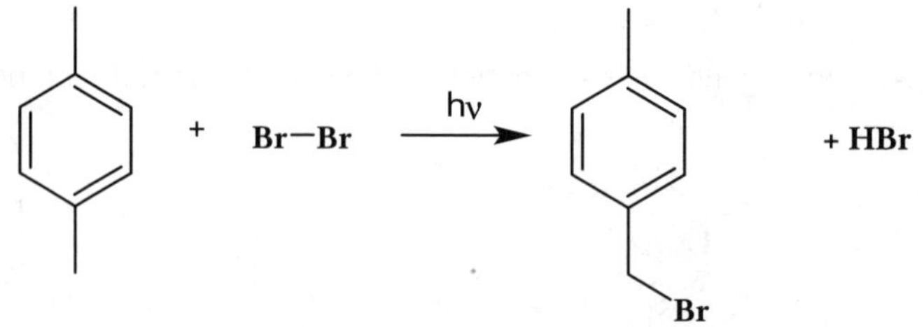

A27:

Benzylalkohol wird durch eine nucleophile Substitution aus Benzylchlorid gewonnen:

Die Merkmale für die Bezeichnung dieses Reaktionstyps sind die Atombilanz (Substitution) und der Reaktionsmechanismus (nucleophiler Angriff im reaktionsgeschwindigkeitsbestimmenden Schritt). Das Wasser-Molekül ist der nucleophile Angreifer, das Chlorid-Ion ist die Abgangsgruppe.

Durch Oxidation entsteht aus Benzylalkohol Benzaldehyd:

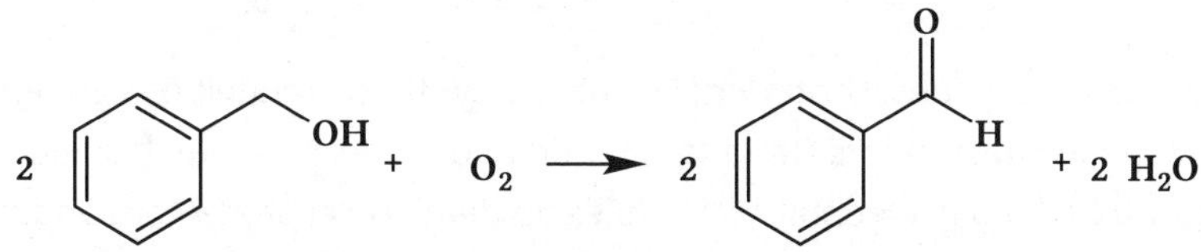

Der Bezeichnung für diesen Reaktionstyp liegt das Redox-Konzept zugrunde (Änderung der Oxidationszahl an einem Kohlenstoff-Atom).

Der Benzaldehyd kann durch eine weitere Oxidation zu Benzoesäure umgesetzt werden:

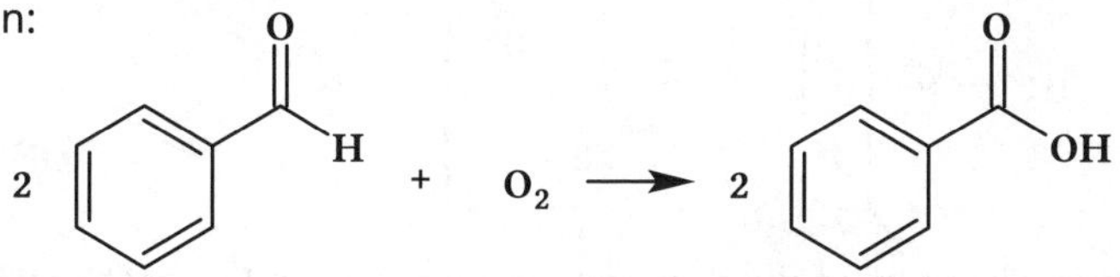

A28:

a) Bei der Reaktion von Nitrobenzol mit Chlor handelt es sich um eine elektrophile Substitution. Da die Nitro-Gruppe den Ring durch ihren -M-Effekt desaktiviert und in meta-Stellung dirigiert (in ortho- und para-Stellung ist die Elektronendichte geringer, vgl. mesomere Grenzstrukturen), wird nur in meta-Position substituiert.

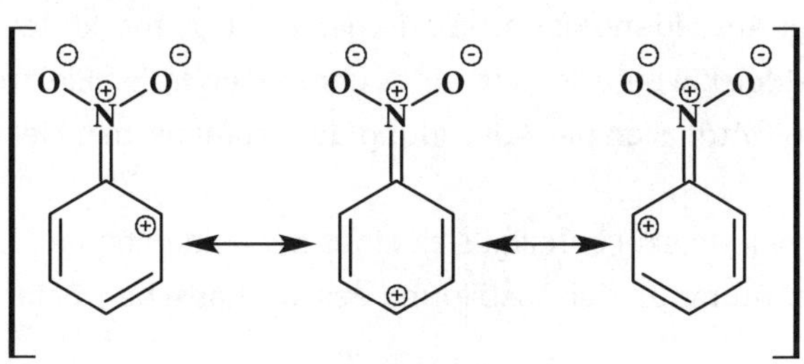

Synthese:

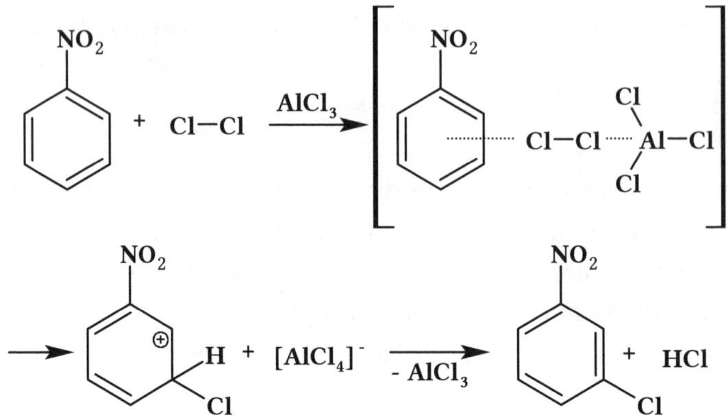

b) Im zweiten Reaktionsschritt der Nitrophenolsynthese handelt es sich um eine nucleophile Substitution. Das angreifende Hydroxid-Ion ist durch seine negative Ladung nucleophil, weshalb es an dem Kohlenstoff-Atom angreift, an dem das Chlor-Atom gebunden ist:

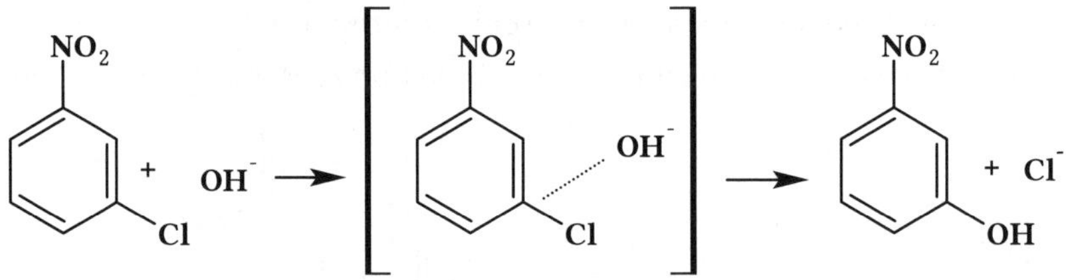

c) meta-Nitrophenol kann nicht durch direkte Nitrierung von Phenol hergestellt werden, da die Hydroxy-Gruppe des Phenol-Moleküls einen Zweitsubstituenten in ortho- oder para-Stellung dirigieren wurde, sodass man ortho-Nitrophenol und para-Nitrophenol erhielte.

A29:

a) Beim Pyrrol-Molekül beteiligt sich das freie Elektronenpaar des Stickstoff-Atoms an der Ausbildung des aromatischen Elektronensextetts.
Beim Furan-Molekül beteiligt sich eines der beiden freien Elektronenpaare des Sauerstoff-Atoms an der Ausbildung des aromatischen Elektronensextetts.
Beim Thiophen-Molekül beteiligt sich eines der beiden freien Elektronenpaare des Schwefel-Atoms an der Ausbildung des aromatischen Elektronensextetts.

Beim Pyridin-Molekül bilden die drei Elektronenpaare aus den Doppelbindungen im Ring das aromatische Elektronensextett. Das freie Elektronenpaar des Stickstoff-Atoms beteiligt sich daran nicht.

b) Da das freie Elektronenpaar des Stickstoff-Atoms im Pyrrol-Molekül an dem aromatischen Elektronensextett beteiligt ist, können Protonen nur unter Aufhebung des energetisch günstigen aromatischen Zustandes addiert werden. Pyrrol ist daher eine sehr viel schwächere Base als Pyridin, bei dessen Molekülen das freie Elektronenpaar des Stickstoff-Atoms nicht am aromatischen Elektronensextett beteiligt ist.

c) offene Aufgabe

   Hinweis: Es soll vermutet werden, dass die Siedetemperaturen von Benzol und Thiophen sehr nahe liegen. Eine Recherche im Internet ergibt sehr schnell die Siedetemperaturen von Benzol (80,1 °C) und Thiophen (84 °C).

A30:

a) Es handelt sich um eine doppelte elektrophile Substitution, weil an zwei Phenol-Molekülen jeweils ein Wasserstoff-Atom durch einen anderen Substituenten ersetzt wird. Das elektrophil angreifende Teilchen ist in beiden Fällen das Phthalsäureanhydrid-Molekül. Eines der beiden Kohlenstoff-Atome aus der Anhydrid-Gruppe fungiert dabei als elektrophiler Angreifer. Durch die zwei benachbarten Sauerstoff-Atome sind beide Kohlenstoff-Atome partial positiv geladen und elektrophil. Sie können daher das Phenol-Molekül angreifen, sodass es zu einer elektrophilen Substitution kommt. Aus sterischen Gründen erfolgt diese an den Phenol-Molekülen jeweils in para-Stellung.

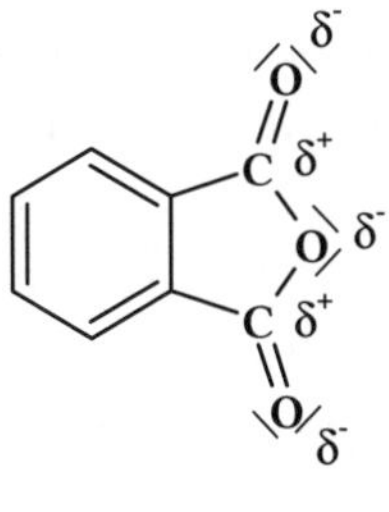

b)

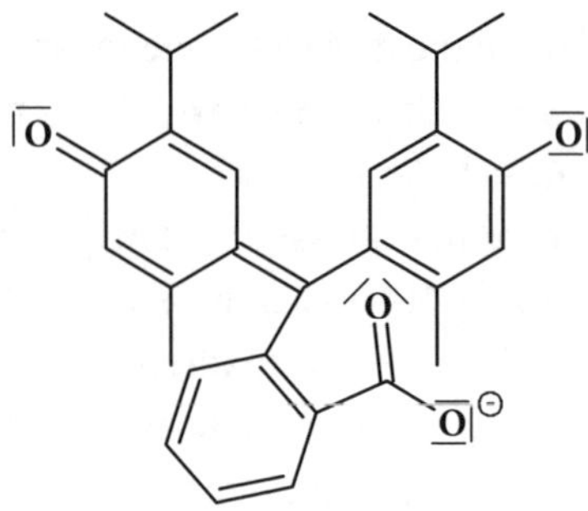

A31:

Berechnung der Masse des Benzols, das von der Rauchergruppe an die Luft abgegeben wird: $m(\text{Benzol}) = 3 \cdot 4 \cdot (100 - 20)\ \mu g = 960\ \mu g\ (1\ \mu g = 10^{-6}\ g)$

Berechnung der Massenkonzentration β, die für diese Menge nicht überschritten werden soll:

$\beta(\text{Benzol aus Rauch}) = \beta(\text{Grenzwert}) - \beta(\text{vorhandenes Benzol})$

$= 5\ \mu g/m^3 - 0{,}003\ mg/m^3 = (5 - 3)\ \mu g/m^3 = 2\ \mu g/m^3$

Berechnung des zur Verfügung stehenden Volumens V:

$\beta = m : V$, also $V = m : \beta = 960\ \mu g : 2\ \mu g/m^3 = 480\ m^3$

Das den Rauchern zur Verdünnung der Benzolkonzentration zur Verfügung stehende Luftvolumen beträgt 960 m^3, wobei zur Vereinfachung der Rechnung nicht reale Verhältnisse angenommen wurden (z.B. gleichmäßige Vermischung). Zu beachten ist dabei, dass Benzol nicht der gefährlichste Bestandteil des Zigarettenrauches ist.

A32:

a) Im Methylenbau-Kation (links) erstreckt sich die Bindungsdelokalisation über das gesamte System aus den drei Ringen und den beiden Stickstoff-Atomen außerhalb der Ringe. Dagegen ist die Bindungsdelokalisation im Leukomethylenblau-Kation (rechts) auf jeweils einen Benzol-Ring und das Stickstoff-Atom an dem Ring begrenzt.

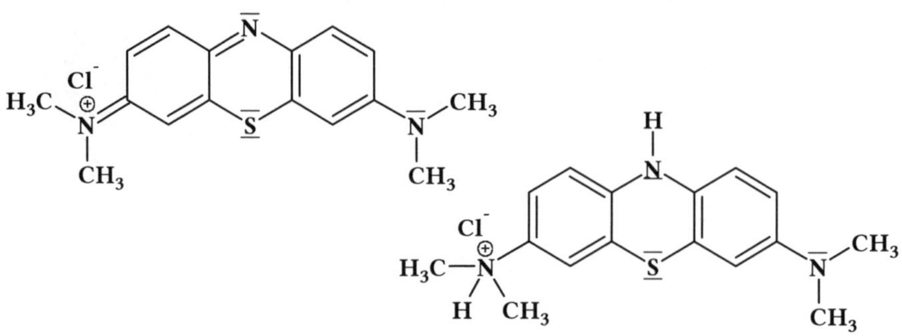

Im Energiestufenmodell (vgl. S. 169) entspricht das einer geringeren Energiedifferenz ΔE zwischen der höchsten besetzten und der niedrigsten unbesetzten Energiestufe beim Methylenbau-Kation gegenüber dem Leukomethylenblau-Kation.

Methylenbau absorbiert demnach energieärmeres, längerwelliges Licht aus dem sichtbaren Bereich und erscheint daher farbig. Leukomethylenblau absorbiert energiereicheres, kürzerwelliges Licht aus dem UV-Bereich und erscheint daher farblos.

b) Methylenblau ist weder Azofarbstoff noch Triphenylmethanfarbstoff, weil in seiner Molekülstruktur keine Azo-Gruppe –N=N– und auch keine Triphenylmethyl-Gruppe $-C(C_6H_5)_3$ einhalten ist.

c) An den beiden markierten Atomen ist die Oxidationszahl beim Leukomethylenblau-Kation (rechts) im Vergleich zum Methylenblau-Kation (links) jeweils um 1 kleiner. Das entspricht einer reduzierten Form.

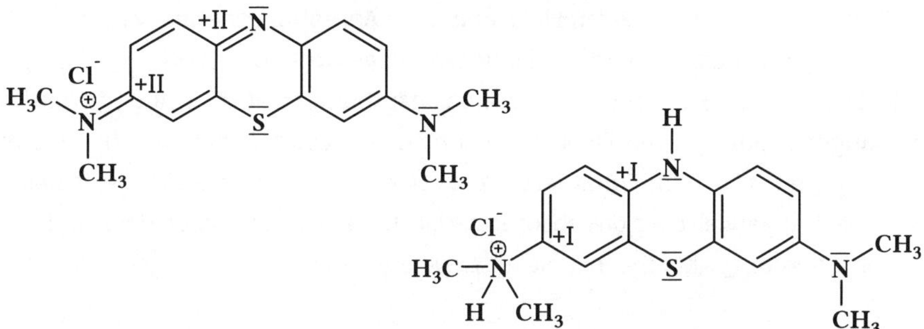

d) Leukomethylenblau (farblos) reagiert mit dem Sauerstoff der Luft zu Methylenblau (blau). Die Reaktionsgleichung dieser Oxidation lautet:

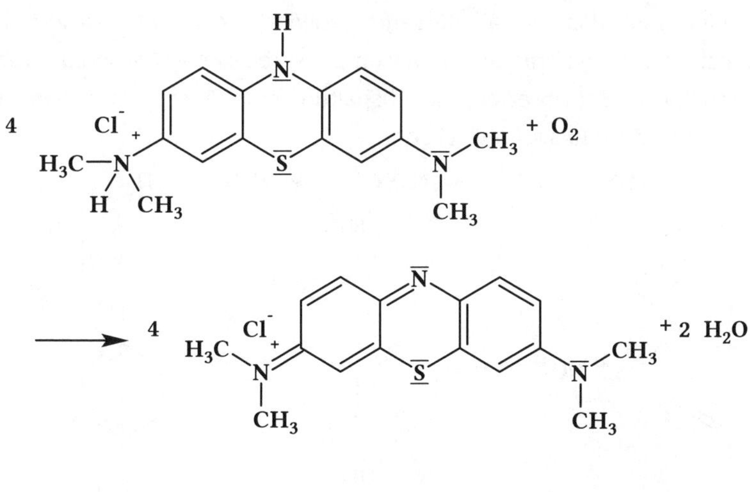

A33:

a) Die beiden Ringe des Fluoreszein-Moleküls, an die die Hydroxy-Gruppen (bzw. die geladenen Phenolatsauerstoff-Atome) gebunden sind, werden elektrophil von Brom-Molekülen substituiert. Die Bromierung erfolgt in ortho-Stellung zur Hydroxy-Gruppe, da die Hydroxy-Gruppe aufgrund ihres +-M-Effekts den Zweitsubstituenten in para- und ortho-Stellung dirigiert. Da die para-Stellung nicht zur Verfügung steht, erfolgen die Substitutionen bei beiden Ringen an den jeweils zwei ortho-Positionen. Die Hydroxy-Gruppe aktiviert die beiden Ringe für eine elektrophile Substitution, der dritte Ring, der keine Hydroxy-Gruppe (bzw. geladenes Phenolatsauerstoff-Atom), sondern eine desaktivierende Ester-Gruppe trägt, wird nicht substituiert.
b) Die rote Lösung von Eosin-Dianionen absorbiert blaugrünes Licht, also längerwelliges Licht als die orangefarbene Lösung von Fluoreszein-Dianionen, die blaues Licht absorbiert. Die Brom-Atome im Eosin-Molekül erweitern das System der delokalisierten Elektronen. Die Anregungsenergie wird dadurch geringer, sodass der Farbstoff längerwelliges Licht absorbiert.
c) Lösungen von Fluoreszein-Dianionen absorbieren blaues Licht und emittieren längerwelliges grünes Licht, die Lösungen von Eosin-Dianionen absorbieren blaugrünes Licht und emittieren rotes Licht. Das emittierte Licht ist in beiden Fällen längerwellig als das absorbierte Licht. Dies beruht darauf, dass ein Teil des absorbierten Lichts durch Molekülschwingungen in Wärme umgewandelt wird.

A34:

a) Der 1. Schritt bei der Nitrierung von Tyrosin ist der elektrophile Angriff eines Nitronium-Ions, das aus Salpetersäure gebildet wird, an die Tyrosin-Moleküle. Es entsteht über ein Tradukt ein mesomeriestabilisiertes Carbenium-Ion als Interdukt. Im 2. Schritt erfolgt die Abspaltung eines Protons aus dem Carbenium-Ion und die Rearomatisierung.

$$HNO_3 + H^+ \rightarrow H_2NO_3^+ \rightarrow NO_2^+ + H_2O$$

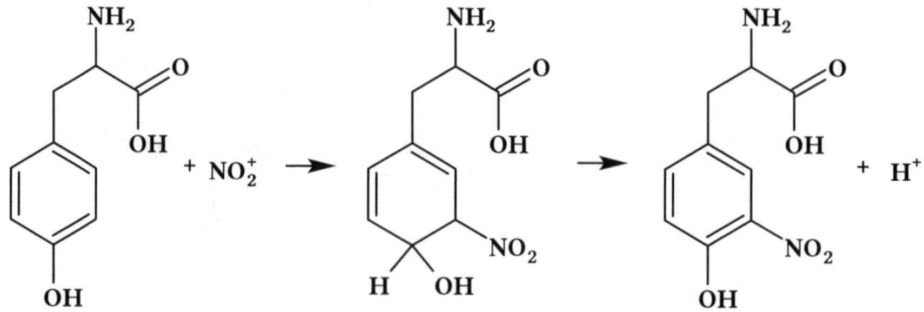

b)

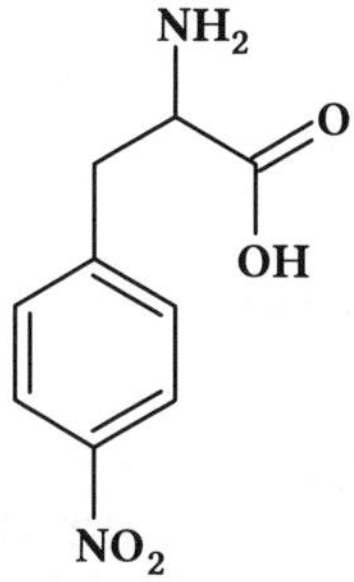

gelbes Nitrierungsprodukt aus Phenylanalin

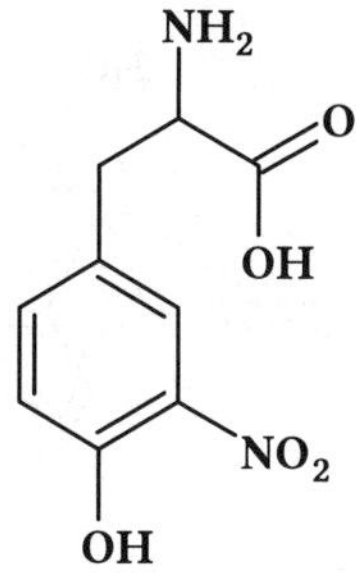

gelbes Nitrierungsprodukt aus Tyrosin

Phenylalanin bzw. das Phenylalanin-Molekül wird überwiegend in ortho- oder in para-Stellung zum Alkyl-Rest mit Amino- und Carboxy-Gruppe substituiert. Aus sterischen Gründen ist die para-Stellung bevorzugt.
Tyrosin bzw. das Tyrosin-Molekül wird in ortho- oder para-Stellung zur Hydroxy-Gruppe substituiert. Da die para-Position besetzt ist, erfolgt die Substitution in ortho-Stellung.

A35:
Die Synthese von Gelborange S, einem Azofarbstoff, erfolgt in zwei Schritten: Der 1. Schritt ist die Diazotierung des Eduktes Sulfanilsäure, der 2. Schritt die Azokupplung des Diazonium-Ions aus Sulfanilsäure mit der Kupplungskomponente 2-Naphthol-6-sulfonsäure.
Bei der Diazotierung wird Sulfanilsäure in eine gekühlte Lösung von Natriumnitrit in verdünnte Salzsäure gegeben.

Diazotierung:

$$NaNO_2 + H_3O^+ \longrightarrow HONO + Na^+ + H_2O$$

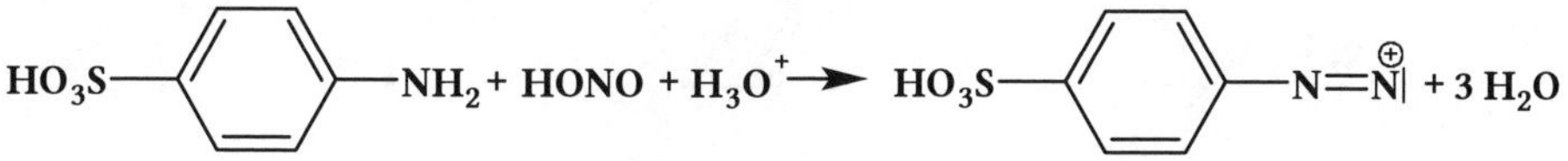

Azokupplung:

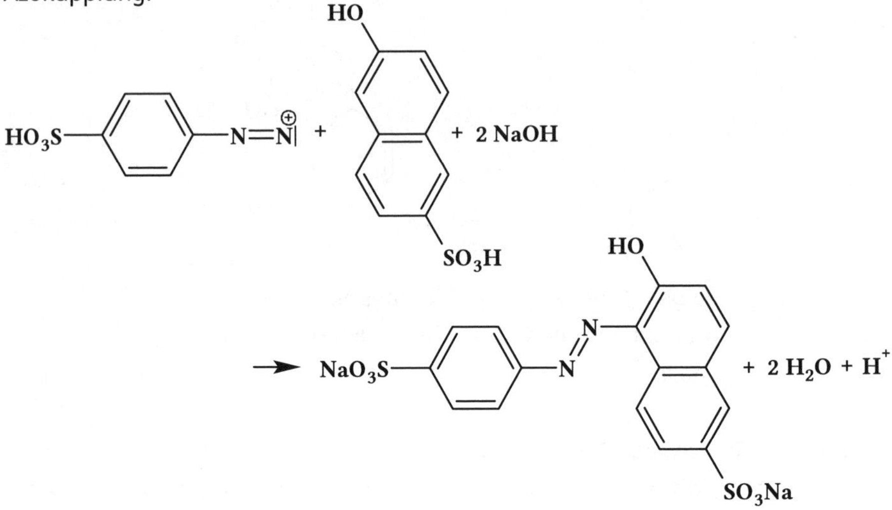

A36:

a) In Salzsäure gelöste Sulfonamide reagieren mit Natriumnitrit zu Diazonium-Ionen:

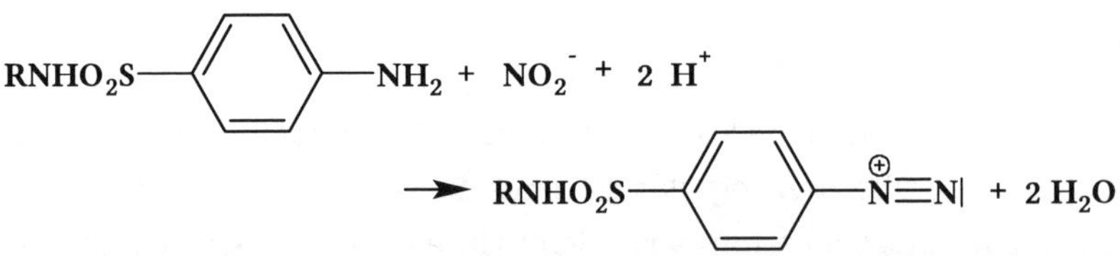

Die Diazonium-Ionen können mit der Kupplungskomponente *β*-Naphthol reagieren, wobei *β*-Naphthol in *α*-Stellung elektrophil substituiert wird:

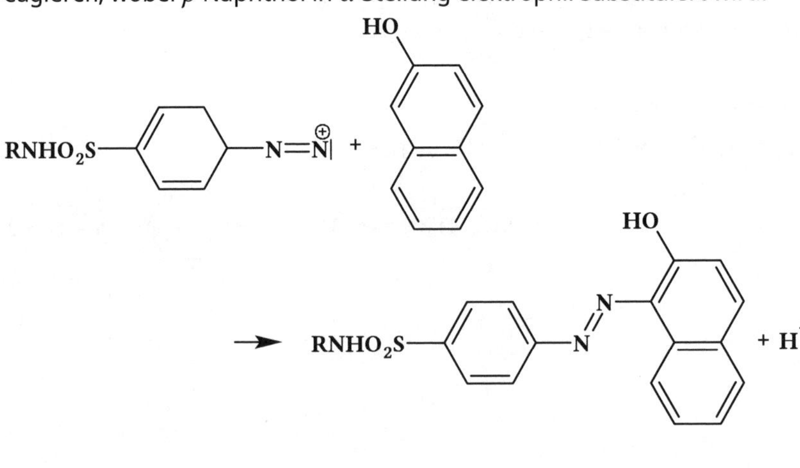

Durch Diazotierung und Azokupplung entsteht ein Produkt, das ein ausgedehntes System konjugierter Dopplebindungen im Molekül besitzt und daher sichtbares Licht absorbieren kann und farbig erscheint.

b) Der Nachweis ist nicht spezifisch, da auch andere aromatische Amine entsprechend reagieren können.

A37:

Es gibt drei sinnvolle Grenzstrukturen für das Naphthalin-Molekül:

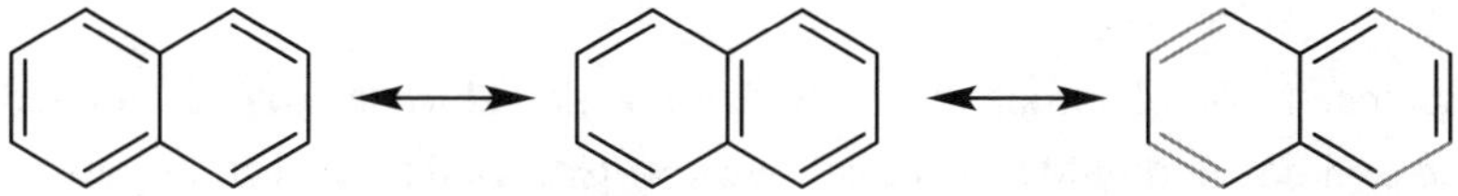

Die vier Kohlenstoff-Kohlenstoff-Bindungen, bei denen in zwei von drei Grenzstrukturen Doppelbindungen auftauchen, sind kürzer als die anderen. Sie haben höheren „Doppelbindungscharakter". Bindungen, die nur in einer Grenzstruktur eine Doppelbindung aufweisen, sind länger (sie haben mehr „Einfachbindungscharakter"). Die vier kürzesten Bindungen sind in der rechten Grenzstruktur grau markiert. *Hinweis*: Die „kurzen" Bindungen im Naphthalin-Molekül sind 137 pm lang, die anderen zwischen 139 pm und 142 pm (1 pm = 10^{-12} m).

Kapitel 4:
Naturstoffe – Neue Materialien

Seite 214 und 215

B2:
offene Aufgabe

B7:
Das Fructose-Molekül enthält eine Keto-Gruppe, das Glucose-Molekül eine Aldehyd-Gruppe und das Endiol-Molekül zwei Hydroxy-Gruppen sowie (im Gegensatz zum Glucose- und Fructose-Molekül) eine Kohlenstoff-Kohlenstoff-Doppelbindung.

Auswertung a):
Versuchsbeobachtungen (Stichworte):
V1: Braunfärbung des untersuchten Feststoffes, Abscheidung von Wassertröpfchen an der Rggl.-Wand
V2: löslich in Wasser, nicht löslich in Heptan
V3: Bildung eines Silberspiegels
V4: Bildung eines rotbraunen Niederschlags (B2)
V5: charakteristische Rotfärbung (B3)
V6: offene Aufgabe (*Hinweis*: Farbabgleich mit Farbskala der Verpackung)

Auswertung b):
Wasserfreies, weißes Kupfer(II)-sulfat $\mathbf{CuSO_4}$ färbt sich bei Kontakt mit Wasser blau: Es bildet sich Kupfer(II)-sulfat-Pentahydrat $\mathbf{CuSO_4 \cdot 5\ H_2O}$. Handelt es sich bei den Tröpfchen um Wasser, sollte sich mit weißem Kupfer(II)-sulfat eine Blaufärbung erkennen lassen.

Auswertung c):
B4 und B5 von S. 215 zeigen, dass die Moleküle der in V2 untersuchten Stoffe relativ klein sind (keine Makromoleküle) und mehrere Hydroxy-Gruppen enthalten. Diese Moleküle können mit Wasser-Molekülen sehr gut Wasserstoffbrückenbindungen ausbilden; mit unpolaren Heptan-Molekülen kommt es dagegen nicht zu anziehenden Wechselwirkungen. Daher sind die Stoffe gut löslich in Wasser und unlöslich (sehr schlecht löslich) in Heptan.

Auswertung d):

Reduktion: $2\ Ag^+ + 2\ e^- \rightarrow 2\ Ag$

Oxidation: $R{-}CHO + 3\ OH^- \rightarrow R{-}COO^{\ominus} + 2\ H_2O + 2\ e^-$

Gesamtreaktion: $R{-}CHO + 2\ Ag^+ + 3\ OH^- \rightarrow R{-}COO^{\ominus} + 2\ Ag + 2\ H_2O$

Auswertung e):

A1:

Da die FEHLING-Lösung alkalisch ist, isomerisiert Fructose bei längerem Erhitzen nach dem Schema aus B7 zu Glucose, die das positive Ergebnis der FEHLING-Probe bewirkt.

A2:

Sind ca. 100 mg Glucose pro 100 mL Blut gelöst, so ist im Blut eines erwachsenen Mannes bei 70-fachem Volumen die 70-fache Menge an Glucose gelöst: 7 g.

Seite 216 und 217

B2:

Weitere chirale Körperteile sind Füße, Ohren, Augenbrauen, Nasenflügel, Pobacken und Gesichtshälften.

B5:

Bei Weinsäure gibt es nicht vier Stereoisomere, weil das Weinsäure-Molekül eine innere Spiegelebene hat (B5).

Auswertung a):

Der geometrische Würfel, bei dem alle Flächen gleich sind, ist kein chirales Objekt, weil der Würfel selbst mehrere Spiegelebenen besitzt. Dagegen ist der Spielwürfel, dessen Flächen unterschiedlich gekennzeichnet sind, ein chirales Objekt.

Auswertung b):

Das Milchsäure-Molekül hat ein asymmetrisches Kohlenstoff-Atom* (vgl. Formeln):

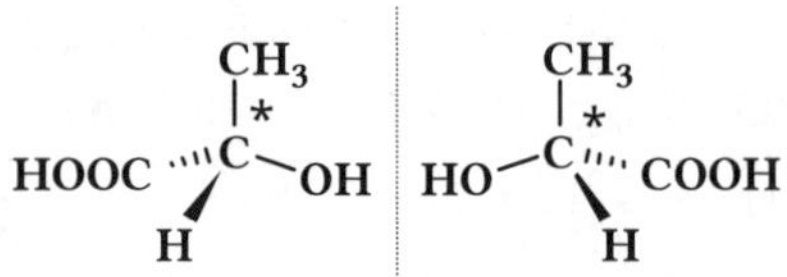

Die beiden Strukturformeln verhalten sich wie Objekt und Spiegelbild zueinander. Es gibt also zwei Enantiomere der Milchsäure (rechtsdrehende und linksdrehende Milchsäure).

Auswertung c):

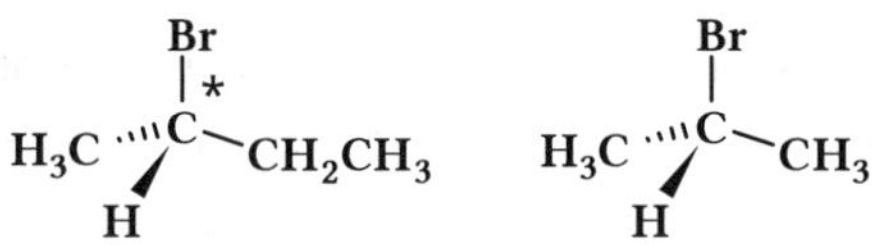

Im 2-Brombutan-Molekül (links) gibt es ein asymmetrisches Kohlenstoff-Atom*, daher ist das Molekül chiral. Im 2-Brompropan-Molekül ist kein asymmetrisches Kohlenstoff-Atom vorhanden, daher ist das Molekül nicht chiral.

Auswertung d):

Die Lösung zu dieser Auswertung wird offen gelassen. Die möglichen Beispiele reichen von den Enantiomeren der Glucose über die der Milchsäure bis zu denen des Contergans.

Seite 218 und 219

B2:

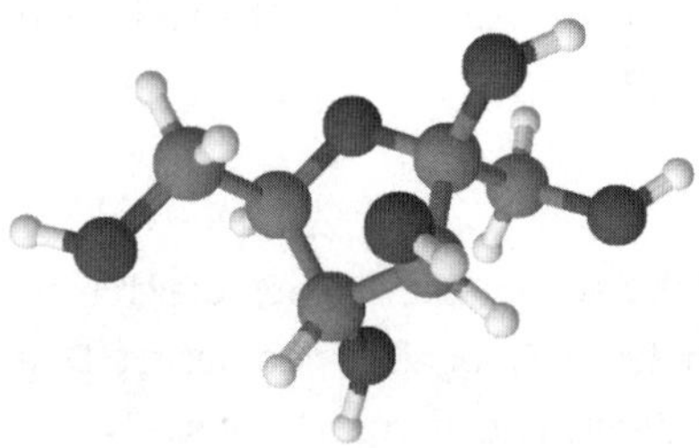

B3:

Mit der Ausbildung eines intramolekularen Halbacetals nimmt das kettenförmige D-Glucose-Molekül (mit vier asymmetrischen Kohlenstoff-Atomen) eine Ringstruktur ein, die ein zusätzliches asymmetrisches Kohlenstoff-Atom (C1) aufweist. Die beiden durch die intramolekulare Halbacetalbildung entstandenden Isomere („Anomere“) des Glucose-Moleküls unterscheiden sich damit nur in ihrer Konfiguration am Kohlenstoff-Atom C1. Die Position der Hydroxy-Gruppen an C1 und C2 ist bei α-D-Glucose *Z*, bei β-D-Glucose *E*.

B4:

In den vereinfachten HAWORTH-Projektionsformeln stehen

- die schwarzen Striche ohne Atomsymbole an den Enden für Hydroxy-Gruppen OH^- und
- der schwarze Strich mit einem endständigen Punkt für eine Hydroxymethyl-Gruppe CH_2OH.

Auswertung a):

Der rote Pfeil aus B3 im Buch (hier dunkelgrau) zeigt eine Elektronenverschiebung an (nucleophiler Angriff durch das freie Elektronenpaar am Sauerstoff-Atom der Hydroxy-Gruppe auf das carbonylische Kohlenstoff-Atom), der grüne Pfeil (hier hellgrau) die Verschiebung des Wasserstoff-Atoms vom Sauerstoff-Atom der Hydroxy-Gruppe auf das Sauerstoff-Atom der Carbonyl-Gruppe.

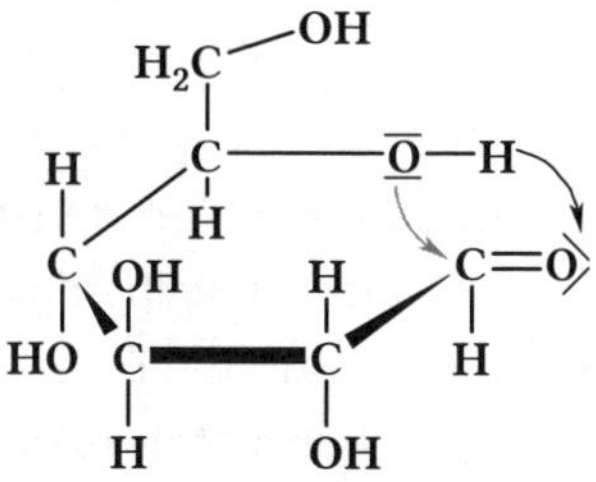

Auswertung b):

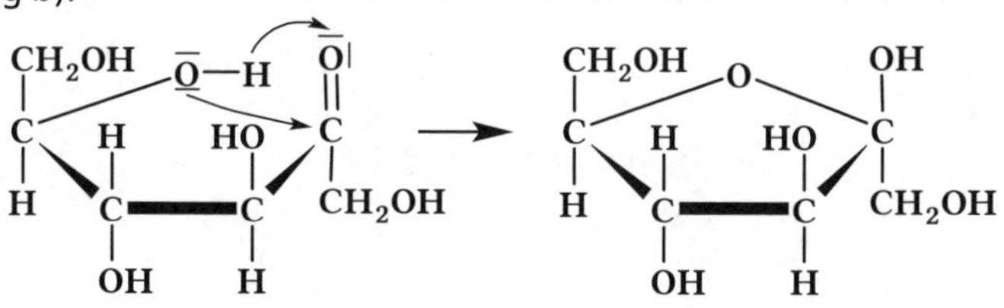

Auswertung c):

Es kann auch bei der Glucose zur Bildung eines Fünferrings kommen, wenn die Hydroxy-Gruppe vom C4-Kohlenstoff-Atom (vgl. B3 im Buch) mit der Carbonyl-Gruppe zum ringförmigen Halbacetal reagiert.

A1:

Formel eines Trehalose-Moleküls:

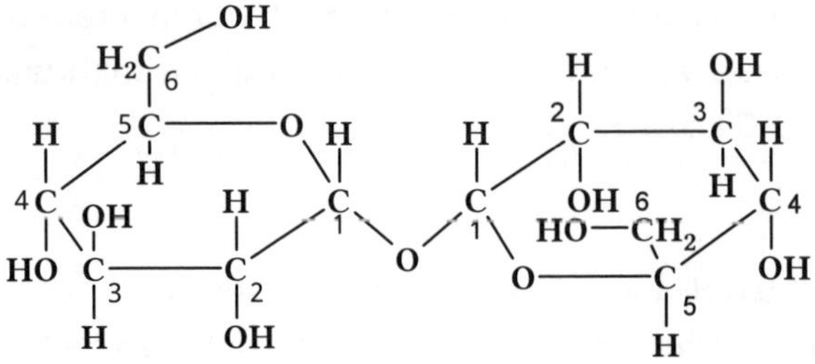

Wie im Saccharose-Molekül sind hier die beiden Monomere über ihre halbacetalischen Hydroxy-Gruppen miteinander verknüpft mit der Folge, dass die latenten Carbonyl-Gruppen beider Monosaccharid-Einheiten durch die glycosidische Bindung blockiert sind. Die FEHLING-Probe sollte daher bei Trehalose negativ ausfallen.

A2:

In Disaccharid-Molekülen mit 1,2-verknüpften Monomer-Einheiten sind die Atome in einer anderen Reihenfolge miteinander verbunden als in Disaccharid-Molekülen mit 1,4 verknüpften Einheiten, es liegen also unterschiedliche Konstitutionen vor. Bei Disaccharid-Molekülen mit 1,4-verknüpften Glucose-Einheiten kann es unterschiedliche Konfigurationen geben: Die 1,4-Verknüpfung kann zwischen D-Glucose-Monomeren in α-Form ausgebildet sein (α-Glycosid: Maltose-Molekül) oder zwischen D-Glucose-Monomeren in β-Form (β-Glycosid: Cellobiose-Molekül).

Seite 220 und 221

B5:

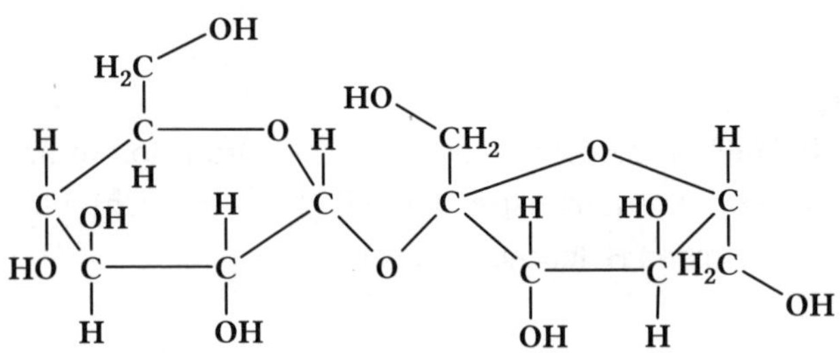

Auswertung a):
Aus dem Verkohlen von Saccharose (Haushaltszucker) bei LV1 durch die stark wasserziehende Schwefelsäure kann man folgern, dass in Saccharose-Molekülen die Atomsorten Kohlenstoff, Wasserstoff und Sauerstoff gebunden sind, wobei Wasserstoff und Sauerstoff im gleichen Atomzahlenverhältnis enthalten sind wie in Wasser. Das Ergebnis unterstützt also die Bezeichnung „Kohlenhydrate".

Auswertung b):
Die FEHLING-Probe mit Saccharose fällt erst beim Sieden mit Salzsäure positiv aus. Grund dafür ist, dass die in den Saccharose-Molekülen „maskierte" Aldehyd-Gruppe aus den Glucose-Resten erst nach der Hydrolyse des Disaccharid-Moleküls und der Ringöffnung im Glucose-Molekül seine reduzierende Wirkung auf das FEHLING-Reagenz entfalten kann.

Auswertung c):
Die Glucose-, Fructose- und Saccharose-Moleküle enthalten jeweils mehrere Hydroxy-Gruppen, die Wasserstoffbrückenbindungen mit Wasser-Molekülen bilden können. Daher sind Glucose, Fructose und Saccharose sehr gut wasserlöslich.

Auswertung d):
Zuerst werden die Zuckerrüben gewaschen und zerkleinert. Aus den Rübenschnitzeln werden Saccharose und andere lösliche Bestandteile mit Wasser extrahiert, die ausgelaugten Rübenschnitzel werden als Viehfutter verwendet. Um gelöste Begleitstoffe aus dem Rohsaft zu entfernen, wird dieser mit Kalkmilch (Calciumhydroxid-Suspension) und Kohlenstoffdioxid behandelt. Dann wird die Lösung durch Eindampfen eingedickt. Die Saccharose kristallisiert als Rohzucker aus dem Dicksaft aus und wird durch Zentrifugieren vom verbleibenden Sirup, aus dem die Melasse für Viehfutter gewonnen wird, abgetrennt. Aus dem Rohzucker wird durch erneutes Lösen, Behandlung mit Aktivkohle und erneutes Auskristallisieren der gereinigte Kristallzucker gewonnen.

Auswertung e):
Aus Kalkmilch und Kohlenstoffdioxid bilden sich Calciumcarbonat-Partikel, an denen die Begleitstoffe anhaften. Dabei handelt es sich um Biomasse, die zusammen mit dem Calciumcarbonat ein gutes Düngemittelgemisch (insbesondere für saure Böden) darstellt.

Auswertung f):
offene Aufgabe

A1:
Die sehr gute Wasserlöslichkeit von Saccharose beruht darauf, dass ein Saccharose-Molekül mit Wasser-Molekülen mehrere Wasserstoffbrückenbindungen ausbilden kann. In einer gesättigten Saccharose-Lösung können auch Wasserstoffbrückenbindungen zwischen mehreren Saccharose-Molekülen untereinander und zusätzliche Wasserstoffbrückenbindungen zu Wasser-Molekülen entstehen. Bei Natriumchlorid ist die Hydratation von Natrium- und Chlorid-Ionen für die Löslichkeit verantwortlich. In einer gesättigten Natriumchlorid-Lösung sind alle Wasser-Moleküle für die Hydratation von Ionen aufgebraucht. Kommen noch mehr Ionen hinzu, so vereinigen sie sich in einem Ionengitter und das feste Salz fällt aus der Lösung aus.

A2:
Da Stärke-Moleküle nur aus Glucose-Resten bestehen, kann bei der Hydrolyse von Stärke nicht Saccharose als Zwischenprodukt auftreten, da deren Moleküle aus einem Glucose- und einem Fructose-Rest zusammengesetzt sind. Dagegen tritt bei der Hydrolyse von Stärke das Disaccharid Maltose als Zwischenprodukt auf, dessen Moleküle aus je zwei Glucose-Resten bestehen.

Seite 222 und 223

B3:
Das erste (linke) Modellpaar liefert die Information, dass der Stoff Stärke die Struktur unregelmäßiger Körner, der Stoff Cellulose die von Fasern hat.
Das zweite (mittlere) Modellpaar liefert die Information, dass Stärke-Moleküle aus vielen, miteinander kettenförmig verknüpften sechsgliedrigen Ringen bestehen, und dass die Makromolekülkette spiralförmig gewunden ist. Cellulose-Moleküle bestehen ebenfalls aus vielen, miteinander kettenförmig verknüpften sechsgliedrigen Ringen, aber die Makromolekülketten sind nicht spiralförmig gewunden, sondern gestreckt, sodass mehrere Ketten parallel zueinander verlaufen.
Das dritte Modellpaar liefert die Information, dass die sechsgliedrigen Ringe in Stärke- und Cellulose-Molekülen je ein Sauerstoff-Atom enthalten, und dass in

Stärke-Molekülen α-Glucose-Bausteine, in Cellulose-Molekülen β-Glucose-Bausteine jeweils 1,4 glycosidisch miteinander verknüpft sind.

B4:

Mit dem Lichtmikroskop sind Vergrößerungsfaktoren bis zu 2.000 und mit dem Elektronenmikroskop bis zu 1.000.000 möglich.

Die zu erkennenden Strukturen, Körner bei Stärke und Fasern bei Cellulose, haben sehr verschiedene Größen. Die Körner der Stärke sind etwa um den Faktor 2.000 vergrößert, die Fasern der Cellulose etwa um den Faktor 1.000.000.

Auswertung a):

Der Nachweis fällt bei Cellulose negativ aus, weil die Cellulose-Moleküle anders als die Stärke-Moleküle nicht spiralförmig gewunden, sondern linear sind. Iod-Moleküle können folglich nicht in (Spiralwindungen der) Makromoleküle eingelagert werden.

Auswertung b):

Offene Aufgabe.

Eine Möglichkeit ist, aus zerkleinerten Weizen- bzw. Maiskörnern mit heißem Wasser Stärke zu extrahieren und dann die Probe mit LUGOL'scher Lösung gemäß V2 durchzuführen.

Auswertung c):

Nach längerem Kochen (6 bis 10 min) fällt der Stärke-Nachweis bei V3 negativ aus, der Glucose-Test dagegen positiv. Die Erklärung dafür ist, dass die Stärke unter katalytischer Einwirkung der Salzsäure zu Glucose hydrolysiert. Reaktionsgleichung:

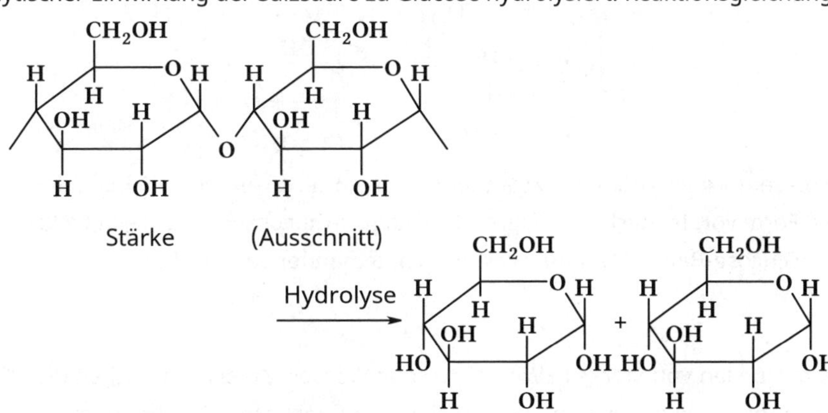

α-D(+)-Glucose

Auswertung d):
Zwischen den Hydroxy-Gruppen der Stärke-Moleküle und den Hydroxy-Gruppen der Glycerin-Moleküle können sich Wasserstoffbrückenbindungen ausbilden.

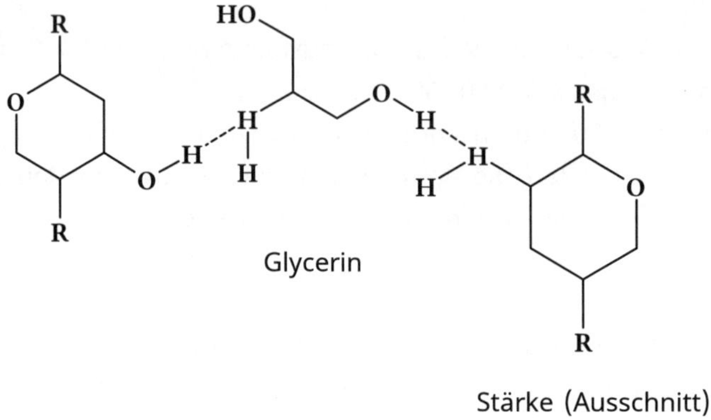

Strukturausschnitt

Glycerin lagert sich dabei zwischen die Stärke-Moleküle ein und verhindert so, dass sich die Makromoleküle der Stärke geordnet aneinanderlagern können. Dadurch wird die Bildung von Stärkekristallen eingeschränkt.

A1:
offene Aufgabe

A2:

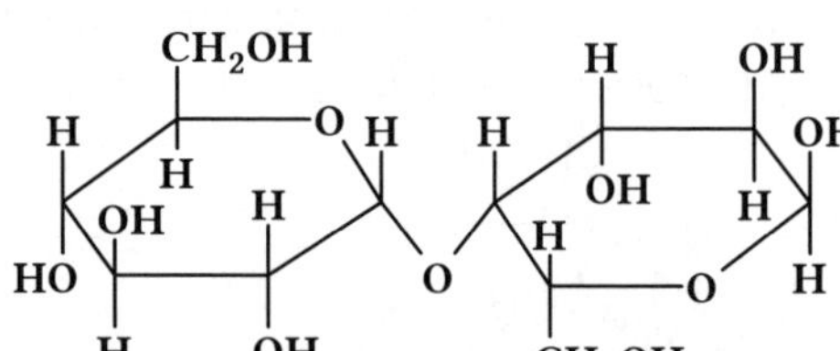

In diesem 1,4-verknüpften Disaccharid liegt ein Glucose-Baustein in α-, der andere in β-Form vor. In Stärke sind ausschließlich α-D-Glucose-Bausteine, in Cellulose nur β-D-Glucose-Bausteine 1,4-glycosidisch miteinander verknüpft.

A3:
Beim Quellen von Stärke in Wasser werden Wasser-Moleküle zwischen die Stärke-Makromoleküle eingelagert, was zu einer Volumenvergrößerung (dem „Quellen“)

führt. Auf der Teilchenebene bilden sich Wasserstoffbrückenbindungen zwischen den Hydroxy-Gruppen der Glucose-Bausteine und den Wasser-Molekülen aus. Der entstandene Brei ist klebrig und kann z. B. als Kleber für Gegenstände aus Papier oder Holz verwendet werden. Die Stärke-Moleküle sind im Brei beweglicher als in der festen Stärke und können auch an rauen Oberflächen aus Papier oder Holz gut in Kontakt mit deren Cellulose-Molekülen von der Oberfläche kommen. Sie bilden mit diesen wiederum Wasserstoffbrückenbindungen aus. Nach dem Verdunsten des Wassers werden so beispielsweise zwei Papierstreifen über Stärke-Moleküle verklebt.

Seite 224 und 225

B1:
Kohlenhydrate sind die Produkte der Photosynthese. Im tropischen Wald entstehen große Mengen an Kohlenhydraten, da hier sehr gute Bedingungen für die Photosynthese herrschen: Wasser, Kohlenstoffdioxid und Sonnenlicht sowie große Flächen aus grünen, zu Photosynthese fähigen Blättern.
Vereinfacht lässt sich die Bildung von Kohlenhydraten bei der Photosynthese wie folgt darstellen:

$$6\,CO_2(g) + 6\,H_2O(l) \xrightarrow{h\nu} C_6H_{12}O_6(s) + 6\,O_2(g)$$

B2:
Es kann eine Vielzahl an Stoffen getestet werden, z. B. verschiedene Papiersorten wie Schreibpapier, Filterpapier, Papierhandtücher etc.

B3:
offene Aufgabe

B4:
An den Formeln der Alkalicellulose und des Cellulosexanthogenats ist zu erkennen, dass es sich um Ionenverbindungen handelt. Da Ionen in Wasser hydratisiert werden, sind diese Verbindungen wasserlöslich.

Auswertung a):
Beim Iod-Stärke-Nachweis kommt es zur Einlagerung von Iod-Molekülen in die Stärkespiralen, wobei sich die typisch dunkelblau bis schwarzen Einlagerungskomplexe bilden. Der Hauptunterschied zum Cellulose-Nachweis liegt darin, dass bei letzterem auch Zink-Komplexe mit den Hydroxy-Gruppen der Cellulose sowie mit den Triiodid-Ionen I_3^- (Triiodid-Komplexen) gebildet werden.

Auswertung b):
Die Einsatzmöglichkeiten von Baumwolle sind sehr groß, da sich Baumwolle bei Raumtemperatur und auch bei hohen Temperaturen sehr beständig gegen Salzsäure, Natronlauge sowie Oxidations- und Reduktionsmittel zeigt. Lediglich die mit Salzsäure behandelten Stoffproben nehmen nach dem Trocknen eine leichte Gelbfärbung an, die weitere Beschaffenheit, d.h. Steifheit des Gewebes, Reißfestigkeit und Weichheit des Stoffs, gleicht der der unbehandelten Stoffprobe. Baumwolle ist also ein für viele Zwecke geeignetes Material, z.B. auch für Arbeitsschutzkleidung, und kann beliebig oft gewaschen werden.
Hinweis: Es bietet sich an, hier den Unterschied zu Wolle, die aus tierischen Fasern (Proteinfasern) besteht, anzusprechen.

Auswertung c):
Sowohl Stärke als auch Cellulose hydrolysieren unter saurer Katalyse beim Kochen zu Glucose.
Die Hydrolyse verläuft bei Stärke schneller und unter milderen Bedingungen als bei Cellulose. Bei Stärke erfolgt die Hydrolyse bereits bei Zugabe von verdünnter Salzsäure in eine Stärke-Lösung (vgl. S. 222, V3), Cellulose muss zuerst in Schwefelsäure, w = 80 %, gelöst werden. Für die Hydrolyse wird anschließend verdünnt (vgl. S. 224, LV4).

A1:
Lineare Glucoseketten entstehen durch glycosidische Verknüpfung vieler einzelner Glucose-Moleküle. Bei den wichtigen Polysacchariden Stärke, Cellulose und Glycogen liegt meist eine 1,4-glycosidische Verknüpfung der Monomere vor.
Bei der Cellulose erlaubt die β-1,4-glycosidische Verknüpfung der monomeren β-D-Glucose-Moleküle die Ausbildung von Wasserstoffbrückenbindungen zwischen den Makromolekülketten. Sie verhindern eine spiralförmige Verdrillung der

Molekülketten, bewirken und stärken so die Ausbildung der linearen Ketten (Mikrofibrillen).
Bei der Stärke bestehen die Makromoleküle dagegen aus α-D-Glucose-Molekülen und sind α-1,4-glycosidisch miteinander verknüpft. Dadurch ist eine Stabilisierung zu linearen Ketten über Wasserstoffbrückenbindungen zwischen den Makromolekülsträngen nicht möglich und die Glucoseketten sind spiralförmig verdrillt.
Es bietet sich an, die β- bzw. α-1,4-glycosidische Verknüpfung mittels Molekülbaukasten nachzuvollziehen.

A2:
Die Holzcellulosefaser besteht aus festen Faserbündeln, die durch Wasserstoffbrückenbindungen stabilisiert sind. Die Regeneratfaser unterscheidet sich von der ursprünglichen Faser chemisch gesehen nicht. Es sind nur nicht mehr die gleichen Faserstränge über Wasserstoffbrückenbindungen miteinander verknüpft. Durch das Pressen durch Spinndüsen und anschließendes Verstrecken erhält man gleichmäßig geformte, gestreckte und feste Fasern.

A3:
offene Aufgabe

Seite 226 und 227

Aufgabe:

a) Im Flash-Baustein Cyclodextrine aus *Chemie 2000+ Online* können fünf Bausteine angeclickt werden. Der erste davon heißt „β-Cyclodextrin – ein cyclisches Oligosaccharid“. Darin wird zunächst deutlich, dass das β-Cyclodextrin-Molekül ein Ring aus sieben Glucose-Einheiten ist. Die Struktur kann in verschiedenen Modellen (Kugel-Stäbchen-, Kalotten- und Oberflächenmodell mit elektrostatischem Potenzial) veranschaulicht und interakiv bewegt werden. In allen Modellen wird deutlich, dass der Hohlraum im inneren des Moleküls als „Wirt“ für Moleküle geeigneter Größe fungieren kann.
b) Jedes der folgenden vier Modelle hat gewisse Vor- und Nachteile:
Im *Stäbchen-Modell* ist die Verknüpfung der Atome deutlich zu erkennen. Auch die Bindungslängen und die -winkel sind maßstabsgetreu dargestellt. Es ist nicht sofort erkennbar, welche Atome (**C**-, **H**-, **O**-Atome) wo sitzen.

Im *Kugel-Stäbchen-Modell* ist die räumliche Anordnung der Atome ebenfalls zu erkennen, allerdings nicht so übersichtlich und einfach wie im Stäbchen-Modell. Dafür sind aber alle Atomarten eindeutig gekennzeichnet: Kohlenstoff grau, Wasserstoff weiß und Sauerstoff rot.
Auch im *Kalotten-Modell* sind die entsprechenden Atomarten eindeutig zu erkennen, allerdings ist ihre geometrische Anordnung nicht so einfach sichtbar wie in den bisher genannten Modellen. Ein Vorteil dieser Darstellung ist aber, dass darin die Raumerfüllung sehr gut sichtbar wird.
Die ist auch im *Oberflächenmodell mit elektrostatischem Potenzial* sehr gut erkennbar, wobei hier zusätzlich die Ladungsdichte farblich dargestellt ist. Allerdings sind in diesem Modell weder die Art der Atome noch ihre genaue geometrische Anordnung zu erkennen.

c) Beim Versuch mit Cyclodextrin und Phenolphthalein tritt eine unerwartete Beobachtung ein: Die wässrige Phenlophthalein-Lösung gibt in Gegenwart von Cyclodextrin selbst bei deutlich alkalischem *p*H-Wert nicht die charakteristische Pinkfärbung.
d) Vgl. Arbeitsblätter unter der angegebenen Adresse online.
e) offene Aufgabe
f) Da es sich bei Cyclodextrinen um Oligomere der Glucose handelt, sollte es möglich sein, Cyclodextrine zu hydrolysieren, zum Beispiel säurekatalysiert. Genau das wird in DiSiDoCy > Cyclodextrine > Versuche > Struktur und Eigenschaften > 3. Hydrolyse beschrieben.

Seite 228 und 229

B1:
Fleisch enthält insgesamt viel mehr Glutamat als Gemüse (Ausnahme: Bohnen). Allerdings ist im Fleisch der Anteil des freien (ungebundenen) Glutamats viel geringer als im Gemüse.

B5:
In Schritt 2 greift das Wasser-Molekül nucleophil an einem Kohlenstoff-Atom an, das durch Doppelbindung an ein Sauerstoff-Atom (Carbonyl-Gruppe) und durch eine Einfachbindung an ein zweites Sauerstoff-Atom gebunden ist. Dadurch ist

dieses Kohlenstoff-Atom elektrisch partiell positiv geladen und für den Angriff durch ein Nucleophil besonders gut geeignet.

Auswertung a):
Ein Dünnschichtchromatogramm zu V1 ist in B3 dargestellt. Darin kann man erkennen, dass Glutaminsäure Glu in den Hydrolyseprodukten von Glutathion (Tripeptid: Glu-Cys-Gly) und von Parmesankäse enthalten ist.

Auswertung b):
Die Auftrennung der drei Aminosäuren aus den Glutathion ist gut. Dagegen ist die Auftrennung der Hydrolyseprodukte aus Parmesan nicht so deutlich, weil in Parmesankäse weitere Aminosäuren vorliegen.

Seite 230 und 231

B2:
Die α-Helices werden in der Superhelix durch zwischenmolekulare Kräfte zwischen den einzelnen α-Helices (in B2 durch den roten und den blauen Strang dargestellt) zusammengehalten. Als solche zwischenmolekularen Kräfte können prinzipiell alle in B6 angegebenen Wechselwirkungen und Bindungen (Wasserstoffbrückenbindungen, Ionenbindungen, VAN-DER-WAALS-Kräfte und Disulfid-Brücken) auftreten, weil die Aminosäure-Reste **R** der α-Helix nach außen zeigen (vgl. B4).

B3:
Nach den in B3 formulierten Reaktionen werden beim Öffnen der Disulfid-Brücken zwei Wasserstoff-Atome **H** (nicht Wasserstoff-Ionen H^+) aus zwei Ammoniumthioglycolat-Ionen an eine Disulfid-Einheit aus dem Protein-Molekül übertragen. Dabei kommt es zur Spaltung des ursprünglichen Protein-Moleküls in zwei Protein-Moleküle mit je einer Thiol-Gruppe **–SH**.
Beim Schließen werden nach der in B3 formulierten Reaktion erneut zwei Wasserstoff-Atome **H** aus den Thiol-Gruppen der beiden Protein-Moleküle an ein Wasserstoffperoxid-Molekül übertragen; dabei schließen sich die beiden Protein-Reste wieder zu einem Protein-Molekül mit einer Disulfid-Brücke zusammen.

B4:
An den Wasserstoffbrücken sind jeweils das Wasserstoff-Atom und das Sauerstoff-Atom einer Peptid-Gruppe beteiligt.

B5:
Die Wasserstoffbrücken (vgl. auch Lösung zu B4) bilden sich bei der β-Faltblattstruktur zwischen benachbarten Polypeptidketten aus. Die Ursache der zickzackförmigen Faltung liegt wiederum in der Verdrillung der Ebenen benachbarter Peptid-Gruppen in einer Peptidkette (vgl. S. 229, B4).

B6:
Die stärkste der gezeigten Wechselwirkungen ist die kovalente Bindung in der Disulfid-Brücke, gefolgt von der Ionen- und der Wasserstoffbrückenbindung. Der schwächste Typ von Wechselwirkungen sind die VAN-DER-WAALS-Kräfte.

Auswertung a):
Bei der Fönfrisur werden Wasserstoffbrücken zwischen Aminosäure-Resten der Polypeptidketten geöffnet und geschlossen. Beim Fönen werden Wasser-Moleküle, die in den feuchten Haaren über Wasserstoffbrücken an die Aminosäure-Reste gebunden sind, entfernt. Dadurch kommt es zu Wasserstoffbrücken zwischen den Aminosäure-Resten. Werden die Haare wieder feucht, schieben sich erneut Wasser-Moleküle zwischen die Aminosäure-Reste, die vorher durch Wasserstoffbrücken gebunden waren.

Auswertung b):
Wird die Fönfrisur durch Spray oder Gel stabilisiert, so setzt sich ein hauchdünner, wasserabweisender Polymerfilm über die Haare. Wasser-Moleküle können dadurch nicht so leicht an jene Stellen treten, an denen beim Fönen Wasserstoffbrücken zwischen den Aminosäure-Resten der Polypeptidketten ausgebildet wurden.

Auswertung c):
„An anderer Stelle" heißt, dass ein Cystein-Rest, der vor dem Öffnen der Disulfid-Brücken an einen bestimmten anderen Cystein-Rest gebunden war, nach dem Schließen der neuen Disulfid-Brücken an einen anderen Cystein-Rest gebunden ist.

A1:
Beim Makromolekül aus B4 handelt es sich um intramolekulare Wasserstoffbrücken, bei den Makromolekülen aus B5 um intermolekulare (vgl. auch Lösungen zu den Aufgaben in B4 und B5).

A2:
Blei- und Kupfer-Ionen können mit Aminosäure-Resten aus Protein-Molekülen stabile Komplexe bilden. Dadurch verändert sich die Tertiärstruktur des Proteins (Enzyms), in der es als Katalysator wirksam werden kann. Auch Alkohol kann die Tertiärstruktur von Proteinen stark und irreversibel verändern, beispielsweise durch Veresterung von Carboxy-Gruppen aus Aminosäure-Resten in Protein-Molekülen.

Seite 232 und 233

B2:
Die Tatsache, dass Blut auch bei Raumtemperatur und ohne Zusatz von anderen Stoffen (im Gegensatz zu Eiklar) schnell gerinnt, ist auf eine rasche Veränderung von Tertiär- und Quartärstrukturen zurückzuführen. Die besondere Struktur der Proteine, der Luftsauerstoff oder Enzyme, die das Gerinnen katalysieren, könnten dafür verantwortlich sein.
Hinweis: Vgl. auch B4 und die Lösung dazu.

B4:
Fibrinogen wird vor der Analyse des Blutplasmas entfernt, damit das Plasma während der Analyse nicht gerinnt.

Auswertung a):
Denaturierung (Gerinnung) von Eiklar in V1:
Beim Erhitzen denaturiert Eiklar zu einer festen, weißen Masse, die von gebratenen Spiegeleiern bekannt ist. Bei Zugabe von Salzsäure, Natronlauge oder Eisen(III)-chlorid-Lösung zu Eiklar bilden sich Flocken, die sich nach und nach zu einer gallertartigen Masse vereinigen.

Denaturierung (Gerinnung) von Milch in V2:
Bei der Zugabe von Essigsäure zu Milch bilden sich weiße Klümpchen in der Milch, die im Glaswollefilter vom Rest, einer hellen Flüssigkeit (der Molke), getrennt werden können.

Auswertung b):
Zwischen den Aminosäure-Resten können folgende Kondensationsreaktionen stattfinden: Veresterungen zwischen Carboxy-Gruppen und Hydroxy-Gruppen (z.B. zwischen Glutaminsäure- und Serin-Resten), Etherbildung zwischen zwei Hydroxy-Gruppen (z.B. zwischen Tyrosin- und Threonin-Resten), Amidbildung zwischen Carboxy- und Amino-Gruppen (z.B. zwischen Asparaginsäure- und Lysin-Resten) und Bildung von Anhydriden zwischen zwei Carboxy-Gruppen (z.B. zwischen Asparaginsäure- und Glutaminsäure-Resten). Durch diese Reaktionen ändert sich die Tertiärstruktur des Proteins (Denaturierung).

Auswertung c):
In V3 wird festgestellt, dass extrahiertes Chlorophyll in Lösung bei Bestrahlung mit UV-Licht fluoresziert, das Chlorophyll in den zerschnittenen Blättern jedoch nicht. Die Aussage aus der Aufgabenstellung in Auswertung c) wird damit durch das Experiment bestätigt.

A1:
Die Modelle (Zick-Zack-Linien) aus B6 ermöglichen durch ihre Einfachheit die Darstellung sehr großer molekularer Bereiche unter Wahrung der Verhältnisse bei Bindungslängen und -winkeln. Durch unterschiedliche Färbung können auch unterschiedliche Moleküle oder Ionen hervorgehoben werden. Darin werden aber wiederum andere strukturelle Merkmale, beispielsweise die α-Helix-Segmente in einer Polypeptidkette, nicht so klar deutlich, wie bei den Bändern in B3. Wie in B3, B5 und B6 zu erkennen ist, kombiniert man oft verschiedene Darstellungsweisen (Bänder und Zick-Zack-Linien), um zweckgebunden aussagekräftige Modelle zu erzeugen.

A2:
Globuline sind wasserlöslich, Skleroproteine nicht, da nur bei den makromolekularen Einheiten der (kugelförmigen) Globuline hydrophile Gruppen nach außen zeigen, also Wasserstoffbrückenbindungen mit Wasser-Molekülen ausbilden können. Bei

den gestreckten Makromolekülen der Skleroproteine ziehen sich die polaren und ionischen Gruppen zwischen den einzelnen Molekülketten gegenseitig an.

A3:

a) Esterbrücken können zwischen Aminosäure-Resten aus Asparaginsäure- oder Glutaminsäure- (diese Reste enthalten Carboxy-Gruppen) und Serin-, Threonin- oder Tyrosin-Molekülen (diese Reste enthalten Hydroxy-Gruppen) gebildet werden.
b) Peptidbrücken können zwischen Aminosäure-Resten aus Asparaginsäure- oder Glutaminsäure- (diese Reste enthalten Carboxy-Gruppen) und Lysin- oder Arginin-Molekülen (diese Reste enthalten Amino-Gruppen) gebildet werden.
c) Etherbrücken können zwischen Aminosäure-Resten aus Serin-, Threonin- oder Tyrosin-Molekülen (diese Reste enthalten Hydroxy-Gruppen) gebildet werden.

A4:

Durch Zugabe von Säure zu einem Protein können Carboxylat-Gruppen $-\mathbf{COO}^{\ominus}$ und Amino-Gruppen $-\mathbf{NH_2}$ zu Carboxy-Gruppen $-\mathbf{COOH}$ bzw. Ammonium-Ionen $-\mathbf{NH_3^+}$ protoniert werden. Dadurch kommt es zu Änderungen bei Ionenbindungen (vgl. S. 201, B6) und Wasserstoffbrückenbindungen zwischen Aminosäure-Resten in einem Protein-Molekül und somit zur Denaturierung des Proteins.

Seite 234 und 235

B1:

Offene Aufgabe.

Die DNA-Fragmente des Täters (T) und der am Tatort gefundenen Spuren (S) stimmen hinsichtlich ihrer Molekülgröße überein. Sie zeigen nach der elektrophoretischen Auftrennung identische Laufstrecken. Dass die DNA-Spuren nicht vom Opfer selbst stammen können, beweist der genetische Fingerabdruck des Opfers, dessen entsprechende DNA-Fragmente eine geringere Molekülmasse aufweisen. Der Täter ist somit identifiziert.

B3:
Anhand der Formeln in B5 kann man erkennen, dass die DNA-Fragmente Anionen sind. Daher wandern sie im elektrischen Feld zum Pluspol.

B5:
offene Aufgabe

A1:
Die Wahrscheinlichkeit, dass zwei Menschen bei 10 Wiederholungen in einem Minisatelliten den gleichen genetischen Fingerabdruck haben, beträgt 1 : 10. Untersucht man 10 Minisatelliten, so ergibt sich eine Wahrscheinlichkeit von 1 : 10.000.000.000 (1 : 10 Milliarden). Damit ist nahezu ausgeschlossen, dass zwei Menschen identische Fingerabdrücke haben (vgl. Weltbevölkerung im Jahr 2005 etwa 6,5 Milliarden).

A2:
offene Aufgabe

Seite 236 und 237

B1:
Fett- und Ölbrände dürfen nicht mit Wasser gelöscht werden. Wasser hat eine größere Dichte als Fette und Öle und sinkt zunächst unter die brennende Fett-/Ölschicht. Dabei wird es über seine Siedetemperatur erhitzt, verdampft und reißt beim Verdampfen brennendes Fett oder Öl mit sich, was zu einer großen Stichflamme führt. Durch Unterbindung der Sauerstoffzufuhr durch Abdecken kann das verhindert werden.

B2:
Das Lösemittel wird im Rundkolben erhitzt, verdampft und kondensiert bei ausreichender Hitze am Rückflusskühler, von dem es dann in das Pflanzenmaterial tropft. Mit der Zeit füllen sich Extraktionshülse und Heberohr mit Lösemittel. Sobald das Heberohr bis zum Scheitelpunkt gefüllt ist, läuft das Lösemittel aus dem Kühler zurück in den Rundkolben (Prinzip der kommunizierenden Röhren). Das zurück-

laufende Lösemittel enthält das gelöste Fett/Öl, das sich nach mehrmaliger Wiederholung des Vorgangs im Rundkolben anreichert.

B4:
In Fett-Molekülen gebundene Fettsäuren sind immer Moleküle mit einer geraden Anzahl von Kohlenstoff-Atomen und langen Kohlenwasserstoff-Ketten. Aus der Tabelle wird ersichtlich, dass Butterfett hohe Gehalte an Palmitin- und Ölsäure aufweist, in Olivenöl mehr als zwei Drittel der Fettsäuren aus Ölsäure bestehen und in Kokosfett Laurinsäure fast die Hälfte der Fettsäuren ausmacht.
Eine umfassende Tabelle über die Fettsäurezusammensetzung zahlreicher Fette/Öle findet man auf der Homepage der „Deutschen Gesellschaft für Fettwissenschaft, DGF": http://www.dgfett.de/material/fszus.htm (letzter Zugriff: 07.12.2012).

B5:
Offene Aufgabe.
Hinweis: Bei der Beantwortung soll herausgestellt werden, dass die Aufnahme von zu viel Fett mit der Nahrung, v. a. von Fett mit gesättigten Fettsäure-Resten, gesundheitlich bedenklich ist. Allerdings sind Fette auch lebensnotwendige Nahrungsbestandteile, da sie als Lösemittel für viele nicht wasserlösliche Nährstoffe und Vitamine dienen, die dem Körper so erst zugänglich gemacht werden können.

Auswertung a):
In beiden Fällen wird mithilfe eines Lösemittels extrahiert. V1 ist wesentlich einfacher und schneller durchzuführen. In V1 wird dekantiert, in der Soxhlet-Apparatur gewonnenes Extrakt wird i. d. R. anschließend destilliert. Allerdings ist die Ausbeute an Fett/Öl in der Apparatur aus B2 höher als in V1, da durch die Konstruktion der Soxhlet-Apparatur immer wieder frisches Lösemittel auf das Pflanzenmaterial gegeben wird und eine kontinuierliche Extraktion über einen deutlich längeren Zeitraum erfolgt.

Auswertung b):
Die verschiedenen Fette lösen sich nicht im polaren Lösemittel Wasser, sehr gut jedoch im unpolaren Heptan. Das legt die Vermutung nahe, dass Fett-Moleküle im Wesentlichen aus unpolaren Teilen (den langen Alkyl-Resten) bestehen.

Auswertung c):

Die Schmelztemperatur des Reinstoffs Stearinsäure liegt bei 69 °C, die Fette haben einen Schmelzbereich. Die Stearinsäure-Portion schmilzt schneller als die Fett-Portionen, die über ein größeres Temperaturintervall hinweg flüssig werden.

Hinweis: Falls vorhanden, können die Schülerinnen und Schüler auch in jedes Reagenzglas ein Thermometer stecken und die Schmelzbereiche so genauer bestimmen.

Auswertung d):

Aus dem Fett entstehen neben Glycerin die Natriumsalze der Fettsäuren Stearinsäure, Palmitinsäure und Ölsäure: Natriumstearat, Natriumpalmitat und Natriumoleat.

Diese Salze entfalten beim Schütteln mit Wasser ihre Tensid-Wirkung und bilden Schaum.

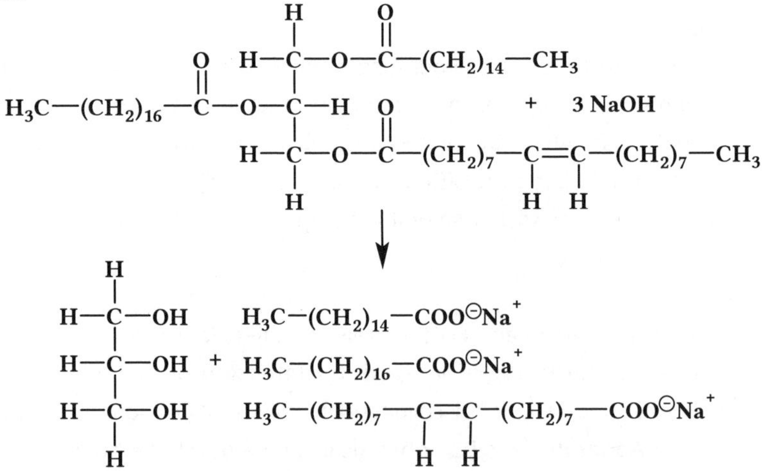

Auswertung e):

Glycerin (Propan-1,2,3-triol) reagiert zu Acrolein (Propenal) und Wasser:

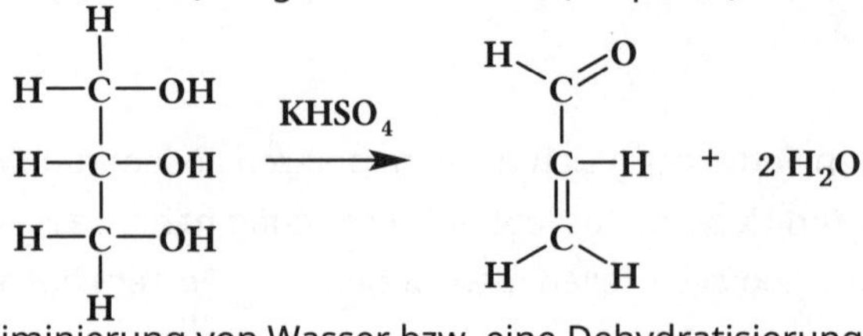

Es findet eine Eliminierung von Wasser bzw. eine Dehydratisierung statt, wobei pro Glycerin-Molekül zwei Wasser-Moleküle abgespalten werden.

A1:
offene Aufgabe

A2:
Fette sind nicht wasserlöslich, da sie Triester langkettiger Fettsäuren sind. Die langen unpolaren Alkylketten in den Fettsäure-Resten sind Ursache für die schlechte Löslichkeit in polaren Lösemitteln. Nach der alkalischen Esterspaltung liegen Glycerin und die Natriumsalze der Fettsäuren vor. Glycerin ist aufgrund seiner drei Hydroxy-Gruppen im Molekül wasserlöslich, bei den Fettsäure-Salzen überwiegt hingegen der unpolare Charakter der Alkylketten, weshalb auch hier eine Löslichkeit nur in unpolaren Lösemitteln gegeben ist.

A3:
Sechs verschiedene Fett-Moleküle sind möglich:

Glycerin-Rest	Mögliche Fettsäurekombinationen					
H_2C—	FS1	FS1	FS1	FS2	FS1	FS2
HC—	FS1	FS1	FS2	FS2	FS2	FS1
H_2C—	FS1	FS2	FS2	FS2	FS1	FS2

Seite 238 und 239

B1:
Olivenöl besteht zu ca. 15 % aus ungesättigten, zu ca. 75 % aus einfach gesättigten und zu weniger als 10 % aus mehrfach ungesättigten Fettsäure-Resten. Sonnenblumenkernöl besteht zu ca. 12 % aus ungesättigten, zu ca. 43 % aus einfach gesättigten und zu ca. 45 % aus mehrfach ungesättigten Fettsäure-Resten. Während der Anteil an gebundenen ungesättigten Fettsäuren bei beiden Ölen ungefähr gleich ist, enthält Sonnenblumenkernöl deutlich mehr gebundene mehrfach ungesättigte Fettsäuren als Olivenöl.

B2:
Wie auch aus B4 erkennbar ist, unterscheiden sich die Stearinsäure-Moleküle und die Ölsäure-Moleküle nicht durch die Länge der Kohlenstoff-Kette und die Carboxy-Gruppe. Ein Ölsäure-Molekül hat aber eine Doppelbindung zwischen den Kohlenstoff-Atomen 9 und 10 und somit zwei Wasserstoff-Atome weniger als ein

Stearinsäure-Molekül. Daraus resultiert eine gewinkelte Molekül-Gestalt bei Ölsäure-Molekülen.

B3:

Mit zunehmender Zahl von Doppelbindungen in den Molekülen sinkt die Schmelztemperatur der Fettsäuren.
Die Länge der Moleküle bzw. deren molare Masse und die Anzahl an Doppelbindungen bedingen die Schmelztemperatur einer Fettsäure. Je größer die molare Masse ist, desto höher ist die Schmelztemperatur. Im Falle der vier betrachteten Fettsäure-Moleküle sind die Unterschiede in den molare Massen recht gering (Unterschied von 6 g/mol zwischen Stearinsäure und Linolensäure). Die Ausführungen zu den Schmelztemperaturen können daher hier auf die Betrachtungen der Doppelbindungen beschränkt werden:
Ölsäure besitzt eine, Linolsäure zwei und Linolensäure drei *Z*-ständige Doppelbindungen im Molekül. Durch den daraus resultierenden „Knick" in den Kohlenwasserstoff-Ketten der Fettsäure-Moleküle wird die Möglichkeit zur Ausbildung von Van-der-Waals-Kräften zwischen benachbarten Fettsäure-Molekülen behindert (vgl. auch B5). Während zwischen zwei benachbarten Ölsäure-Molekülen Van-der-Waals-Kräfte zwischen der Carboxy-Gruppe und der Doppelbindung (neuntes Kohlenstoff-Atom) bzw. zwischen der endständigen Methyl-Gruppe (achtzehntes Kohlenstoff-Atom) und der Doppelbindung (zehntes Kohlenstoff-Atom) wirksam werden können, ist es bei der Linolensäure nur noch der Bereich zwischen der Carboxy-Gruppe und der ersten Doppelbindung (neuntes Kohlenstoff-Atom).
Allgemein gilt: Je mehr Doppelbindungen im Molekül vorhanden sind, desto schwächer sind die zwischenmolekularen Wechselwirkungen untereinander und desto niedriger ist die Schmelztemperatur der entsprechenden Fettsäure, da weniger Energie zum Überwinden dieser Kräfte notwendig ist. Darum sinken die Schmelztemperaturen von 70 °C für die Stearinsäure über 16 °C für die Ölsäure über – 4 °C für die Linolsäure bis hin zu – 11 °C für die Linolensäure.

Auswertung a):

Bromwasser enthält gelöstes Brom. Wird Bromwasser zu Heptan gegeben, so geht die Braunfärbung von der wässrigen in die organische Phase über. Die unpolaren Brom-Moleküle sind besser im unpolaren Heptan löslich.
Gibt man Schweineschmalz und Speiseöl in Heptan, lösen sich diese Fette. Im Versuch entfärbt sich nach kurzer Zeit auch die jeweilige organische Phase. Je nach

verwendetem Öl ist die Entfärbung unterschiedlich schnell zu beobachten. Die Brom-Moleküle binden an die in den ungesättigten Fettsäure-Resten enthaltenen Doppelbindungen.
Schweineschmalz enthält zu ca. 50 % ungesättigte Fettsäure-Reste, Sonnenblumenöl hingegen ca. 88 %. Bei Verwendung von Sonnenblumenöl entfärbt sich die Probe schneller.

Auswertung b):
Ölsäure-Moleküle enthalten jeweils eine Doppelbindung, an die die beiden Brom-Atome eines Brom-Moleküls addieren können:

$$C_{17}H_{33}COOH + Br_2 \rightarrow C_{17}H_{33}Br_2COOH$$

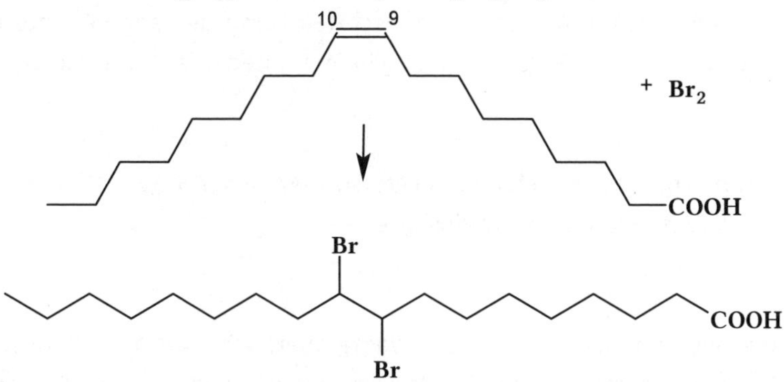

A1:
Bei der Hydrierung eines Fettes mit drei Linolsäure-Resten werden pro Fett-Molekül zwölf Wasserstoff-Atome addiert:

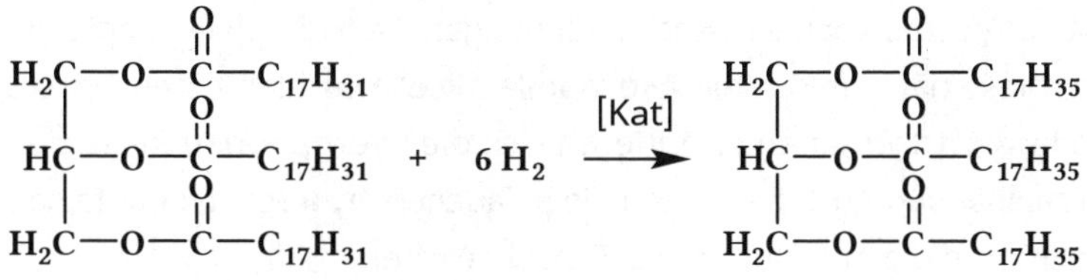

Ausschnitt aus einem gebundenen Linolsäure-Rest:

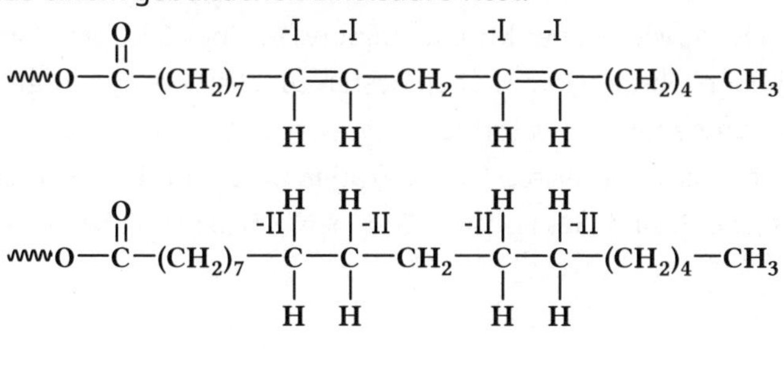

Seite 240 und 241

B1:

Das Bild zeigt links die Edukte Palmin-Fett, Natriumhydroxid-Plätzchen und destilliertes Wasser. Auf der Petrischale befindet sich das erhaltene Produkt, die Seife. Auf dem Bild ist erkennbar, dass die Seife, die nach der Herstellung zunächst unter laufendem Wasser abgespült und dann auf eine Petrischale gegeben wurde, das *p*H-Papier türkisblau färbt. Weiterhin abgebildet ist ein Becherglas mit Wasser, in das eine kleine Menge der hergestellten Seife gegeben wurde. Nach dem Rühren ist nun eine Schaumschicht sichtbar.
Aus diesen Beobachtungen können zwei Eigenschaften von Seife abgeleitet werden. Erstens reagiert Seife mit Wasser alkalisch (Färbung des angefeuchteten *p*H-Papiers), zweitens bilden Seifen in Lösung beim Rühren oder Schütteln Schaum.

B2:

Die Summenformel des abgebildeten Fettsäure-Anions ist $\mathbf{C_{16}H_{31}O_2^{\ominus}}$. Modellhaft dargestellt ist das Anion der Palmitinsäure.

B3:

Tensid-Teilchen orientieren sich an der Wasseroberfläche wie in B3 dargestellt mit den hydrophilen Köpfen in das polare Wasser und den hydrophoben Resten in die unpolare Luft. Micellen entstehen, wenn die Tensid-Teilchen in wässrige Umgebung z.B. durch Schütteln eingebracht werden. Befinden sich Fetttröpfchen im Wasser (Emulsion), so tauchen die hydrophoben Reste der Tensid-Teilchen in das ebenfalls hydrophobe Fetttröpfchen ein. Nach außen ragen die hydrophilen Köpfe der Tensid-Teilchen. Diese nach außen hin hydrophile Micelle verbleibt stabil im wässrigen Milieu. Ohne Fetttröpfchen orientieren sich die hydrophoben Reste der Tensid-Teilchen zueinander. Auch hier ragen die geladenen, hydrophilen Köpfe nach außen und stabilisieren die Anordnung der Tensid-Teilchen.
Befindet sich Fett auf der Faser, lässt es sich durch Zugabe von Seifenlösung von der Faser ablösen. Wie bei der Micellenbildung in einer Emulsion lagern sich die Tensid-Teilchen mit ihren hydrophoben Resten zum Fett und mit ihren hydrophilen Köpfchen zur umgebenden wässrigen Phase an. Dabei kommt es zur Umhüllung des Fetttröpfchens. Die meisten Fasern tragen polare funktionelle Gruppen, bei Baumwollfasern z.B. sind dies Hydroxy-Gruppen. Bei der Umhüllung des Fetttröpf-

chens kommt es zur elektrostatischen Abstoßung zwischen der Faser und der sich bildenden Micelle. Als Folge löst sich der Fetttropfen von der Faser.

Auswertung a):
In V2 liegt zunächst eine geschlossene Schicht des aufgestreuten Pulvers vor. Die Zugabe eines Tropfens Seifenlösung bewirkt, dass der Pulverfilm aufbricht und die Pulverschicht ringförmig an den Rand der Petrischale auseinanderdriftet. In V1 bleibt der Wassertropfen auf dem Baumwolltuch sichtbar, der Tropfen Seifenlösung benetzt den Stoff und wird von ihm aufgesogen. Wie auch aus der Animation aus *Chemie 2000+ Online* ersichtlich, bewirken die Wasserstoffbrückenbindungen zwischen den Wasser-Molekülen, dass Wasser eine Oberflächenspannung hat. Diese ist für die schlechte Benetzbarkeit des Baumwollstoffs in V1 und den zunächst unversehrten Pulverfilm in V2 verantwortlich. Aus beiden Versuchen ist abzuleiten, dass Seifenlösungen die Oberflächenspannung des Wassers herabsetzen, was zu einem Auseinanderdriften der geschlossenen Pulverschicht und zu einer Benetzung der Faser führt.

Auswertung b):
Bei V3 bildet sich mit Calciumhydrogencarbonat-Lösung am wenigsten Schaum, ein käsiger, schmieriger Feststoff, die Kalkseife entsteht. Für den Waschvorgang bedeutet dies, dass ein Teil des verwendeten Waschmittels als Enthärter dient, bevor es zu einer Waschwirkung kommen kann. Daher ist bei harten Waschwässern eine höhere Dosis Waschmittel notwendig.

Auswertung c):
Das Tensid dient als Emulgator. Tenside stabilisieren Emulsionen und verhindern so die Entmischung der beiden ineinander nicht löslichen flüssigen Phasen.

A1:
Durch Seife lässt sich der Schmutz gut von der Faser entfernen, dessen Teilchen unpolar sind und die somit gut im Inneren der Micellen stabilisiert werden können.

A2:
Die Dosierung hängt vom Verschmutzungsgrad der Wäsche und von der Härte des Waschwassers ab. Die Wasserhärte ist regional verschieden. Je härter ein Wasser ist, desto mehr Calcium- und Magnesium-Ionen enthält es, die zunächst Kalkseifen

bilden: Die Tensid-Moleküle können nicht waschwirksam werden. Das wird in V3 deutlich, bei dem die Schaumhöhe in der Calciumhydrogencarbonat-Lösung am geringsten war. Außerdem erkennt man aus B4, dass bei einem hohen Verschmutzungsgrad eine größere Menge Waschmittel notwendig ist, da mehr Schmutzteilchen von der Faser abgelöst und in Micellen gehalten werden müssen.
Eine zu niedrige Dosierung hätte zur Folge, dass gegebenenfalls lediglich das Waschwasser enthärtet, nicht aber der Schmutz von der Faser gelöst würde.

Seite 242 und 243

B1:
Die abgebildeten Lampen könnten für Zimmerleuchten, Scheinwerfer, Schlüsselanhänger, Laserpointer, Kontrollleuchten etc. bestimmt sein.

B2:
Der Glühdraht (Wolframdraht) hält länger, weil er ständig dadurch regeneriert wird, dass sich abgedampftes Wolfram zu Wolframhalogenid verbindet und bei dessen Thermolyse am heißen Draht dort wieder abgesetzt wird.

B3:
Indem die Lebensmittel mit Licht einer bestimmten Farbkomposition (vgl. Spektrum der Lampe in B3) bestrahlt werden, erscheinen bestimmte Farben in den Lebensmitteln intensiver als andere. Man wählt die Spektren der Lampen so aus, dass die appetitlichen Farben besser zur Wirkung kommen.

B4:
Die zusätzliche Energie der von den Quecksilber-Atomen **Hg** übertragenen UV-Quanten wird in Wärme umgewandelt. Auch Leuchtstoffröhren erwärmen sich bei langer Funktionsdauer, allerdings bei Weitem nicht so stark wie Lampen mit Glühdraht.

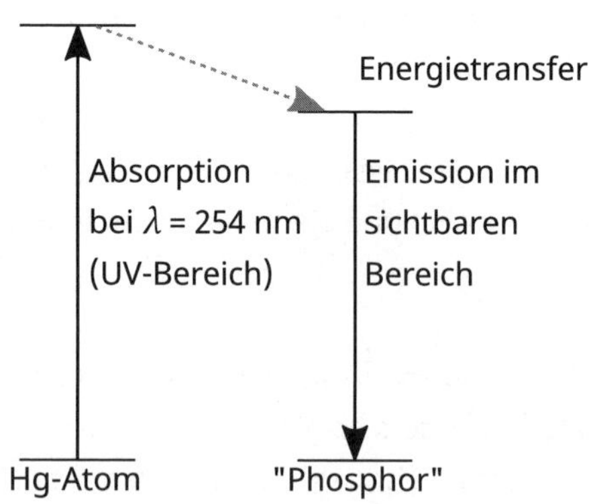

B6:
Die in Klammern angegebenen Elemente Europium und Terbium sind Lanthanoide (Seltenerdelemente).

B7:
Die Energie E_1 eines Quants mit $\lambda_1 = 172 \text{ nm}$ (UV-Bereich) ist:

$$E_1 = \frac{h \cdot c}{\lambda_1} = \frac{6{,}626 \cdot 10^{-34}\,\text{J} \cdot \text{s} \cdot 3 \cdot 10^{8}\,\text{m} \cdot \text{s}^{-1}}{172 \cdot 10^{-9}\,\text{m}} = 11{,}557 \cdot 10^{-19}\,\text{J}$$

Die Energie E_2 eines Quants mit $\lambda_2 = 600 \text{ nm}$ (oranger Bereich des sichtbaren Spektrums – vgl. B5) ist:

$$E_2 = \frac{h \cdot c}{\lambda_2} = \frac{6{,}626 \cdot 10^{-34}\,\text{J} \cdot \text{s} \cdot 3 \cdot 10^{8}\,\text{m} \cdot \text{s}^{-1}}{600 \cdot 10^{-9}\,\text{m}} = 3{,}313 \cdot 10^{-19}\,\text{J}$$

Damit ist bewiesen, dass die Energie eines UV-Quants mit $\lambda_1 = 172 \text{ nm}$ ausreicht, um zwei sichtbare, beispielsweise zwei orange, Quanten mit $\lambda_2 = 600 \text{ nm}$ zu erzeugen.

Auswertung a):
Die Glühwendel würde in einem mit Luft gefüllten Glaskolben schneller durchbrennen, weil das heiße Metall (die Glühwendel) durch den Sauerstoff der Luft zum Metalloxid oxidiert würde. In einem mit Argon oder Stickstoff gefüllten Kolben findet keine Reaktion des Metalls statt, da weder das Edelgas Argon noch der sehr reaktionsträge Stickstoff das Metall aus der Glühwendel oxidieren kann.

Auswertung b):

	UV-Lampe mit λ = 366 nm	**UV-Lampe mit λ = 254 nm**
Bestrahlung der Innenschicht durch das Glas der Leuchtröhre	---	---
Direkte Bestrahlung der Innenschicht der Leuchtröhre	---	Fluoreszenz (keine Phosphoreszenz)

Erklärung der Ergebnisse: Die Innenbeschichtung kann nur durch durch kurzwelliges UV-Licht (λ = 254 nm) zur Fluoreszenz gebracht werden. Das Glas der Röhre absorbiert kurzwelliges UV-Licht.

Auswertung c):
Die Innenbeschichtung löst sich nicht in Heptan und Aceton, löst sich aber allmählich in Wasser und wird schnell durch Säure (und Lauge) abgelöst und teilweise umgesetzt. Daraus kann geschlossen werden, dass die Innenbeschichtung aus anorganischen Verbindungen besteht.

Auswertung d):
Die Bezeichnung "Phosphore" ist in doppelter Hinsicht irreführend. Erstens phosphoresziert die Beschichtung nicht (sie fluoresziert) und zweitens enthält die Beschichtung in aller Regel keinen gebundenen Phosphor.

Auswertung e):

$$\mathbf{W + I_2 \rightarrow WI_2} \quad \Delta H_R < 0$$

$$\mathbf{WI_2 \rightarrow W + I_2} \quad \Delta H_R > 0$$

A1:
Beide Beschichtungen liefern zwar Licht mit verschiedenen Wellenlängen aus dem sichtbaren Bereich, jedoch kein weißes Licht. Das Licht der Beschichtung A hat einen grün-blauen Stich, das aus der Beschichtung B einen gelb-orangen. Die Mischung aus den Beschichtungen A und B liefert die additive Mischung an Licht, dessen Spektrum sich über den gesamten sichtbaren Bereich erstreckt und insgesamt weiß erscheint.

A2:
Ein Objekt erscheint uns in der Farbe, die durch Überlagerung der vom Objekt nicht absorbierten, aber von der Lampe ausgestrahlten Farben entsteht. Wenn ein Objekt z.B. im weißen Licht einer Lampe gelb erscheint, absorbiert es den blauen Teil des weißen Lichts, die anderen Farben überlagern sich zum gesehenen Gelb (vgl. auch B5 auf S. 167). Wenn dasselbe Objekt aber mit einer Lampe bestrahlt wird, die nur blaues Licht emittiert, dann erscheint das Objekt schwarz, d.h. im Extremfall sehen wir es nicht.

Seite 244 und 245

B1:

Da Sauerstoff als Oxidationsmittel an der Reaktion teilnimmt, verläuft die Reaktion umso heftiger, je mehr Sauerstoff vorhanden ist. In reinem Sauerstoff ist die Konzentration um das Fünffache höher, was die hohe Intensität des Leuchtens erklärt.

B3:

Aus B2 (und B4 von S. 169) wird deutlich, dass die Energie des abgestrahlten Lichts von der Größe der Energielücke zwischen der höchsten besetzten Energiestufe und der niedrigsten unbesetzten Energiestufe abhängt. Diese Energie ist in B2 durch den gelben Pfeil dargestellt. Je größer die Energie des abgestrahlten Lichts, desto kleiner die Wellenlänge und desto stärker blauverschoben ist die Farbe des emittierten Lichts. In Bildteil a) ist ein orangefarbenes Leuchten zu sehen, was auf die Emission von Licht im Wellenlängenbereich um 630 nm schließen lässt. In Bildteil b) ist ein blaues Leuchten zu sehen, was auf die Emission von Licht im Wellenlängenbereich um 460 nm hindeutet (vgl. Spektrum in B5 von S. 167).

B5:

Da eine Oxidation die Abgabe von Elektronen ist, handelt es sich bei der in Bildteil a) dargestellten Extraktion eines Elektrons aus der höchsten besetzten Energiestufe um eine Oxidation. Analog ist die Injektion eines Elektrons in die niedrigste unbesetzte Energiestufe eine Reduktion. Da die Energiestufen sich auf ein Molekül beziehen, findet innerhalb des Moleküls also eine intramolekulare Redoxreaktion statt. In Bildteil b) ist das daraus resultierende Elektron-Loch-Paar dargestellt. Dieses rekombiniert wie in Bildteil c) angedeutet, wobei man auch diesen Prozess erneut als intramolekulare Redoxreaktion betrachten kann, da ein Elektron aus der (ehemals) niedrigsten unbesetzten Energiestufe an die (ehemals) höchste besetzte Energiestufe abgegeben wird. In a) wird die niedrigste unbesetzte Energiestufe reduziert und die höchste besetzte Energiestufe oxidiert, in Bildteil c) wird die (ehemals) niedrigste unbesetzte Energiestufe oxidiert und die (ehemals) höchste besetzte Energiestufe reduziert.

B6:

Der hohe Preis des Ruthenium-Komplexes spielt eine untergeordnete Rolle, da der Komplex durch die in B6 dargestellte Reaktionsfolge immer wieder regeneriert, im

Nettoumsatz also nicht verbraucht wird. Das wesentlich kostengünstigere EDTA hingegen wird irreversibel verbraucht (Opferdonor).

Auswertung a):
Der Luftsauerstoff ist notwendig, damit die Chemolumineszenz-Reaktion stattfinden kann. Im stark alkalischen Medium und aprotischen Lösemittel genügt er als Oxidationsmittel für die Oxidationsreaktion von Luminol. In anderen Chemolumineszenz-Reaktionen mit Luminol ist das stärkere Oxidationsmittel Wasserstoffperoxid notwendig.
Die Beobachtung, dass das Leuchten erst sichtbar wird, wenn der Kolbeninhalt kräftig geschwenkt wird und dadurch in Kontakt mit dem umgebenden Luftsauerstoff kommt, lässt Rückschlüsse darauf zu, dass der Luftsauerstoff für das Entstehen des Leuchtens notwendig ist. Eine weitere Beobachtung, die dies stützt, ist, dass das Leuchten immer schwächer wird, wenn der Kontakt mit dem Luftsauerstoff bei Stehenlassen des Kolbens geringer wird. Durch erneutes Schwenken wird dann wieder neuer Luftsauerstoff zugeführt.

Auswertung b):
Da für die Reaktion Sauerstoff notwendig ist, müsste man für ein Löschen der Lumineszenz den Sauerstoff aus dem Kolben austreiben. Das gelingt, wenn man Stickstoff einleitet. Ein erneutes Starten könnte man dann durch Einleiten von Sauerstoff in den Kolben herbeiführen.

Auswertung c):
Das Zustandekommen von Lumineszenz in LV1 lässt sich mithilfe der Abbildungen B2 und B4 erläutern. B4 stellt stark vereinfacht den Ablauf der Oxidation von Luminol dar. Als Produkt wird das 3-Aminophthalat-Dianion im angeregten Zustand gebildet. Unter Abgabe von blauem Fluoreszenzlicht deaktiviert es und geht in den elektronischen Grundzustand über. B2 zeigt eine Chemolumineszenz-Reaktion im Energiestufenmodell. Das Edukt (hier: Luminol) liegt im elektronischen Grundzustand S_0 vor. Es geht eine chemische Reaktion ein (hier: die Oxidation im stark alkalischen Medium) und bildet ein Produkt im elektronisch angeregten Singlett-Zustand S_1 (hier: das angeregte 3-Aminophthalat-Dianion). Unter Abgabe von Lichtenergie des Produkts $h \cdot \nu$ geht das Produkt schließlich in seinen Grundzustand S_0 über und liegt energetisch niedriger als das Edukt. Es handelt sich um eine exotherme Reaktion, bei der die Energie auch in Form von Lichtenergie abgegeben wird.

Auswertung d):

Das Leuchten findet in der Elektrolyt-Lösung in unmittelbarer Nähe der Scherfolie statt. Es leuchtet also nicht die Scherfolie, wie der Name suggeriert (dazu wäre eine wesentlich höhere Spannung nötig), sondern ein Stoff in der wässrigen Phase. Bei eingeschalteter Rührung werden kontinuierlich neue zu oxidierende Stoffe, d.h. der Luminophor Tris-(1,10(phenanthrolin-)ruthenium(II)-chlorid und der Opferdonor EDTA, an die Scherfolie transportiert, es kommt zu einem kontinuierlichen Leuchten.

Auswertung e):

Das "leuchtende" Scherblatt ist mit dem Pluspol der Batterie verbunden. Beim Umpolen leuchtet entsprechend die andere, nun mit dem Pluspol verbundene Scherfolie. Bei Elektrolysen findet an diesem Pol eine Oxidation statt. In diesem Fall werden sowohl der Luminophor als auch der Opferdonor oxidiert (vgl. B6):

$$[Ru(phen)_3]^{2+} \rightarrow [Ru(phen)_3]^{3+} + e^-$$
$$EDTA \rightarrow EDTA_{OX} + e^-$$

Auswertung f):

Vergleich der Reaktion von LV1 mit der Verbrennung von Eisenwolle:

- Es handelt sich jeweils um exotherme Reaktionen, wobei bei LV1 ein Teil der angegebenen Energie als Lichtenergie frei wird (Chemolumineszenz).
- Es finden jeweils Oxidationsreaktionen statt. Während es sich bei der Verbrennung von Eisenwolle um eine schnelle Reaktion handelt, findet bei LV1 eine langsame Oxidation statt.
- Bei der Verbrennung von Eisenwolle findet die Oxidation schnell statt, da hier Wärme zugeführt wird, LV1 findet bei Raumtemperatur statt.

Vergleich von LV1 und V2:

- Bei beiden Versuchen wird kaltes Licht erzeugt.
- Das kalte Licht entsteht jeweils durch eine Oxidation.
- Während der Erzeugung von kaltem Licht bei LV1 lediglich eine chemische Reaktion zugrunde liegt, also Chemolumineszenz generiert wird, ist das kalte Licht bei V2 Folge einer elektrischen Spannung und chemischer Reaktionen, es handelt sich um Elektrochemolumineszenz.
- Bei diesen Versuchsanordnungen kommt das Leuchten bei LV1 zum Erliegen, wenn das Oxidationsmittel Sauerstoff verbraucht ist, bei V2, wenn die oxidierbaren Stoffe, insbesondere der Opferdonor EDTA, verbraucht sind.

A1:
Der Multimedia-Baustein veranschaulicht die in B5 dargestellten Prozesse. Sie können über die Steuerung der Buttons die Animation anhalten und somit Momentaufnahmen erzeugen, die die einzelnen Schritte wiedergeben.

Seite 246 und 247

B6:
Metalle sind keine geeigneten Materialien, da hier aufgrund der Überlappung von Valenzband und Leitungsband keine Bandlücke existiert. Nach einer Anregung würde es zu keiner Lumineszenz kommen, sondern zu strahlungsloser Desaktivierung. Ähnliches ist der Fall bei organischen Molekülen, bei denen die Energiestufen sehr dicht beieinander liegen (vgl. S. 171).

B7:
Im Bereich der Straßenbeleuchtung wird der ökonomische Nutzen am Beispiel LED-bestückter Ampeln deutlich:
Da LEDs mit einem Kunststoff-Gehäuse versehen sind, sind sie wesentlich robuster gegenüber Vandalismus und damit weniger wartungsintensiv. Zudem werden bei Ampeln eine Vielzahl von Leuchtdioden für jede Farbe verwendet. Funktioniert eine davon nicht mehr, so ist dies für die Gesamtleuchtkraft unerheblich. Eine defekte Glühbirne in herkömmlichen Ampeln muss sofort ausgewechselt werden, die entsprechende Farbe ist nicht mehr erkennbar, was auch zu einem Sicherheitsrisiko bzw. zu Behinderungen des Verkehrsflusses führen kann.
LEDs haben eine stärkere Leuchtkraft als Glühbirnen und sind auch bei ungünstigen Sichtverhältnissen (z.B. niedrig stehender Sonne) besser erkennbar. Dies sowie die schnellen Ansprechzeiten führen zu größerer Verkehrssicherheit.

Auswertung a):
Die Ansprechzeiten anorganischer Leuchtdioden sind extrem kurz. So ist in V1 sofort nach Erreichen der Betriebsspannung ein Leuchten zu sehen, beim leuchtenden Scherblatt von S. 244 hingegen erst zeitlich verzögert. Aufgrund der geringen Ansprechzeiten anorganischer Leuchtdioden verspricht man sich bei der Verwendung bei Warnleuchten, Ampeln und Verkehrsschildern eine Steigerung der Verkehrssicherheit.

Auswertung b):
Bei den in V2 beobachtbaren Spektren handelt es sich um Linienspektren. Im Vergleich zum Linienspektrum des Wasserstoffs sind die Linien allerdings weniger scharf, so dass man auch von schmalen Banden sprechen kann. Das Licht ist daher nur annähernd monochromatisch.
Die Farben der Linien entsprechen denen der ausgestrahlten Lichtfarbe, es handelt sich um Echtfarben-Emissionsspektren.

Auswertung c):
Da das emittierte Licht nur annähernd monochromatisch ist, sollte zur Ermittlung der Wellenlänge nach der Musterrechnung unter B3 der Abstand b vom Mittelpunkt der Bande ausgehend bestimmt werden.
Aus den Messwerten ergeben sich nach Einsetzen in Rechenschritt b) aus B5 die folgenden Wellenlängen:

LED	rot	blau	gelb	grün	orange
Wellenlänge λ in nm	662	479	619	527	624

Hinweis zu B1: Die rote LED ist die LED auf der Platine, die im Bild oben links zu sehen ist. Rechts unten ist lediglich eine rot ummantelte LED auf die Platine gelötet, die anzeigt, dass Spannung angelegt wird.

Auswertung d):
Je weiter die Farbe der Lumineszenz in Richtung Rot verschoben ist, desto größer ist die ermittelte Wellenlänge, je weiter sie in Richtung Blau verschoben ist, desto kleiner ist die Wellenlänge. Gemäß dem Rechenschritt c) aus B5 lassen sich die folgenden Werte für die Bandlücken ermitteln:

LED	rot	blau	gelb	grün	orange
Bandlücke E_g in eV	1,87	2,59	2,00	2,35	1,99

Mit zunehmender Größe der Bandlücke lassen sich die LEDs folgendermaßen ordnen: rot < orange < gelb < grün < blau

Auswertung e):
Je größer die Wellenlänge des emittierten Lichts ist, desto kleiner ist die Bandlücke. Diese Beziehung ist auch aus der Gleichung zur Umrechnung der Wellenlänge in den entsprechenden Wert für die Bandlücke in B4 ersichtlich, da hier ein reziprokes Verhältnis vorliegt.

A1:
Beim roten Licht einer LED handelt es sich um annähernd monochromatisches Licht (vgl. V2). Das wahrgenommene Licht ist emittiertes Licht, das bei der Rekombination von Elektron-Loch-Paaren im Halbleitermaterial erzeugt wird. In B7 auf S. 167 hingegen wird verdeutlicht, wie rotes Licht aufgrund der Absorption der weiteren Bestandteile des Tageslichts erzeugt wird. Der rote Farbeindruck entsteht also auf zwei völlig verschiedene Weisen.

A2:
Vergleicht man Glühbirne, leuchtendes Scherblatt und anorganische LEDs als mögliche Lichtquellen, so werden die Vorteile der Verwendung von anorganischen Leuchtdioden deutlich. Die Leuchtkörper sind energieeffizienter als Glühbirnen, da sie eine geringere Betriebsspannung benötigen und keine Energie in Form von Wärme verloren geht. Das leuchtende Scherblatt hat ebenfalls den Vorteil, dass eine niedrige Spannung benötigt wird und wenig Energie ungenutzt bleibt. Hier kommt aber der entscheidende Nachteil zum Tragen, dass es zu einem Stoffumsatz kommt. Ein Leuchtkörper bestehend aus einer solchen "nassen" Zelle müsste also gewartet werden, wobei Opferdonor nachgefüllt und die Zelle immer wieder versiegelt werden müsste. Anorganische LEDs hingegen sind wenig wartungsintensiv, da hier auch kein Stoffumsatz erfolgt und es sich um "trockene" Zellen handelt.

	Glühbirne	**leuchtendes Scherblatt**	**anorganische LED**
Wie entsteht das Licht	Glühen der metallischen Wolframwendel	Elektrochemolumineszenz	Elektrolumineszenz
Art des Lichts?	"heißes" Licht	kaltes Licht	kaltes Licht
Chemische Umsetzung?	keine	Opferdonor wird verbraucht	keine
Energieumsatz	Großteil der Energie geht ungenutzt als Wärme verloren	kein erkennbarer Energieverlust	kein erkennbarer Energieverlust
Betriebsspannung	220 V	4,5 V	9–12 V, teils weniger

Seite 248 und 249

B1:

Die Dotierung beeinflusst die Wellenlänge des absorbierten Lichts, da mit ihr eine Veränderung der Größe der Bandlücke einhergeht. Eine n-Dotierung bewirkt ein Absinken der Lage der Unterkante des Leitungsbandes, eine p-Dotierung eine Anhebung der Lage der Oberkante des Valenzbandes. In beiden Fällen wird die Größe der Bandlücke kleiner.
Die Wellenlänge ist umgekehrt proportional zur Größe der Bandlücke. Durch eine Dotierung wird Licht größerer Wellenlängen absorbiert, also energieärmeres Licht aus dem sichtbaren Bereich der elektromagnetischen Strahlung.

B2:

Bei der p-Dotierung kommt es zur Bildung eines positiven „Lochs" oder Elektronenfehlstelle. Die zur Dotierung verwendeten Bor-Atome stammen aus der dritten Hauptgruppe des PSE. Damit haben sie über ein Valenzelektron weniger als die Silicium-Atome aus der vierten Hauptgruppe. Da die Bor-Atome die Gitterplätze von Silicium-Atomen ersetzen, befinden sich an diesen Stellen im Gitter dann Elektronenfehlstellen.

A1:

Der erste Elementarprozess am p/n-Übergang in einer Silicium-Solarzelle und die Vorgänge am p/n-Übergang in einer LED sind prinzipiell gleich, wobei das Elektron-Loch-Paar unterschiedlich generiert wird. Die Folgeprozesse sind unterschiedlich:

	LED	**Solarzelle**
1. Schritt	Erzeugung eines Elektron-Loch-Paares / elektronisch angeregten Zustands	
	Anlegen einer Spannung: Injektion eines Elektrons vom Minuspol in das Leitungsband und Extraktion eines Elektrons aus dem Valenzband an den Pluspol	Einstrahlung von Licht geeigneter Energie: Anregung eines Elektrons aus dem Valenzband in das Leitungsband
2. Schritt	Rekombination von Elektron und Loch, dabei Emission von Licht mit der Bandlücke entsprechender Wellenlänge	Separation von Elektron und Loch, die Elektronen wandern in Richtung Anode und in den äußeren Stromkreis ab, die Löcher in Richtung Kathode (vgl. S. 80)

A2:

Aus der Beziehung $E = h \cdot \nu = h \cdot c : \lambda$ ergibt sich zwischen Wellenlänge und Bandlücke der Zusammenhang $\lambda = 1240 : E_g$.
Mit LEDs der Zusammensetzung $GaAs_xP_{1-x}$ kann Licht der Wellenlängen zwischen 886 nm und 539 nm ausgestrahlt werden. Das entspricht einem Teil des für unser Auge unsichtbaren Bereichs des infraroten Lichts und dem sichtbaren Licht Rot bis hin in den grünen Bereich.

Seite 250 und 251

B1:

Alle Verbindungen in B1 enthalten konjugierte Doppelbindungen in den Molekülen. Es handelt sich bei allen Verbindungen um Polymere. Bis auf Polyacetylen enthalten sie aromatische Systeme in den Molekülen. Die Moleküle von Polythiophen und Polypyrrol enthalten Heteroaromaten. Polyacetylen, Poly(p-phenylen) und Poly(p-phenylenvinylen) zählen zu den Kohlenwasserstoffen. Als einziges Makromolekül verfügt MEH-PPV über eine Seitenkette.

B2:

Offene Aufgabe.
Flexible OLEDs könnten z.B. überall da eingesetzt werden, wo Leuchtflächen auf gekrümmten oder sogar flexiblen Untergründen gewünscht sind, zur Beleuchtung nicht planarer Fassaden, bei Design-Lampen, flexiblen Displays in Fernsehern, Laptops und Smartphones.

B3:

Vergleich des Aufbaus anorganischer und organischer LEDs

	Anorganische LEDs	**Organische LEDs**
Material	anorganische Halbleiter	organische Moleküle
Rekombination	p/n-Übergang	organische Emitterschicht
Größe	wenige mm²	auch großflächig

Anorganische LEDs bestehen aus Halbleiter-Materialien, im einfachsten Fall aus einem Sandwich aus einer p- und einer n-dotierten Halbleiterschicht. Am p/n-Übergang erfolgt die Rekombination und Emission von Licht. Bei organischen LEDs liegt im einfachsten Fall eine Emitterschicht einer organischen elektrolumineszierenden

Verbindung vor, z.B. Poly(p-phenylenvinylen), PPV (vgl. B1). Innerhalb dieser Emitterschicht kommt es zur Wanderung der Elektronen und Löcher aufeinander zu und schließlich zur Rekombination.

B4:
Die Komponenten der Selbstbau-OLED entsprechen den in B3 dargestellten. Als Träger wird eine Platte leitfähiges Glas verwendet und als Emitterschicht wird durch Spincoating die makromolekulare Substanz Superyellow, die ein Derivat von PPV ist, aufgebracht. Anstelle der Kathode aus Aluminium wird jedoch die flüssige Legierung Galinstan verwendet, die in einen Hohlraum in einer Klebeband-Schicht injiziert, mit einer Kupfer-Zuleitung verbunden und mit einem weiteren Streifen Klebeband verschlossen wird.

B5:
Superyellow ist ein Copolymer, da es aus drei verschiedenen Monomer-Sorten hergestellt wird.

Auswertung a):
Dort, wo ein Kontakt zwischen der Emitterschicht und den Galinstan-Tropfen ist, kommt es zur Emission von Licht. Die Form dieser Kontaktfläche bestimmt demzufolge auch die Form der lumineszierenden Fläche.

Auswertung b):
Vor dem Betrieb der Zelle besteht die Emitterschicht aus einem homogenen transparenten, gelben Film. Die Galinstan-Kontakte sind silbrig glänzend, wie bei einem Spiegel. Nach dem Betrieb der Zelle kann man an den Stellen, an denen die Zelle Licht emittiert, innerhalb der Emitterschicht winzige dunkle Flecken beobachten, die auf eine chemische Degeneration der Emitter-Substanz zurückzuführen sind. Ebenso überziehen sich die Galinstan-Tropfen an den Rändern trüb, was auf eine Oxidation der Metall-Legierung hinweist.
Aus diesen Beobachtungen kann man schließen, dass eine einfache unversiegelte Zelle, wie sie im Schulversuch hergestellt wurde, nur kurzlebig ist.

A1:

OLEDs und LEDs im Vergleich

Gemeinsamkeiten:

- Emission von kaltem Licht
- hohe Effizienz
- ansteuerbar durch niedrige Spannungen
- Durch Wahl der anorganischen Materialien bzw. der organischen Monomere können gezielt Leuchtdioden gewünschter Farbe hergestellt werden.

Unterschiede:

- Für OLEDs werden organische, für LEDs anorganische Materialien werden verwendet.
- Anorganische LEDs sind unempfindlicher gegen chemische Degradierung.
- LEDs sind begrenzt auf relativ kleine Leuchtflächen, OLEDs können auf sehr große Flächen aufgebracht werden.
- Die Herstellung anorganischer LEDs ist wegen des Aufdampfens des Halbleitermaterials mittels Gasphasenepitaxie aufwendiger, organische Emitterschichten für OLEDs können sogar per Druckverfahren auf einen Träger aufgebracht werden.
- OLEDs können auch auf flexible Träger aufgebracht werden und eignen sich für den Einsatz in flexiblen Anwendungsprodukten.

A2:

Superyellow eignet sich als Emitter, weil es ein Derivat der Poly-p-phenylenvinylene (PPV) ist, das zu den organischen, halbleitenden Polymeren gehört.

A3:

Bei der Selbstbau-OLED ist die Verwendung von flüssigem Galinstan sinnvoller als die von Aluminium, da die flüssige Legierung einen guten Kontakt zur Emitterschicht ausbilden kann und durch Aufbringen mit einer Spritze leicht handhabbar ist.

A4:

Wenn man in V1 die Spannung langsam von 0 V auf 9 V hochregelt, müsste ab einem bestimmten Schwellenwert zunächst eine schwache, später eine stärkere Lumineszenz sichtbar werden.

Seite 252

A1:
Alle in der Aufgabenstellung genannten Verbindungen sind makromolekulare organische Werkstoffe.
Der wichtigste Unterschied ist:
Im Makromolekül des P3HT sind aromatische Thiophen-Ringen miteinander zu einer Kette verknüpft. Die Verknüpfung ist so angelegt, dass die Hauptkette des P3HT-Makromoleküls ausschließlich aus konjugierten Kohlenstoff-Kohlenstoff-Doppelbindungen besteht, die in den Thiophen-Ringen enthalten sind (vgl. Formel auf S. 252, linke Spalte).
In den Makromolekülen von Polyethen PE (vgl. S. 128), Polyethylenterephthalat PET (vgl. S. 148) und Polyisopren (vgl. S. 127) liegen in der jeweiligen Hauptkette keine durchgehend konjugierten Kohlenstoff-Kohlenstoff-Doppelbindungen vor. Lediglich die PET-Makromoleküle enthalten aromatische Benzolringe mit konjugierten Kohlenstoff-Kohlenstoff -Doppelbindungen. Diese Ringe sind aber jeweils über mehrere Atome hinweg miteinander verbunden, zwischen denen es nur Einfachbindungen gibt.

A2:
Der strukturelle Unterschied zwischen den Ketten der PDOT- und PSS-Makromoleküle ist der gleiche, der auch in A1 beschrieben wurde: Die Hauptkette im PDOT-Molekül besteht ausschließlich aus konjugierten Kohlenstoff-Kohlenstoff-Doppelbindungen, die Hauptkette im PSS-Molekül enthält keine konjugierten Kohlenstoff-Kohlenstoff-Doppelbindungen.

Seite 253

A1:
Offene Aufgabe.
Hinweis: Bei den *all carbon solar cells* kommen neben Fulleren-Derivaten auch Graphene und Kohlenstoff-Nanoröhrchen zum Einsatz, also alle drei nanostrukturierten Modifikationen des Kohlenstoffs.

A2:
Durch intensivere Solarenergienutzung (z.B. Autoantrieb durch Solarstrom, Schiffe und Flugzeuge mit Solarsegeln etc.) kann Mobilität nachhaltiger werden, weil die fossilen Ressourcen unseres Planeten geschont und für nachfolgende Generationen erhalten werden. Gleichzeitig könnte so die Klimaänderung gebremst werden, sodass die Hoffnung bestände, dass die gewohnten Lebensräume für zukünftige Generationen erhalten bleiben.
Inwiefern die Mobilität durch Solarenergienutzung auch kostengünstiger werden kann, ist nicht sicher zu prognostizieren, weil die dafür notwendigen Entwicklungskosten nur schwer abschätzbar sind.

Seite 254 und 255

B3:
Hält man einen dritten Polarisationsfilter zwischen a) zwei ungekreuzte und b) zwischen zwei gekreuzte Polarisationsfolien, so kann man die folgenden Beobachtungen machen:

a)

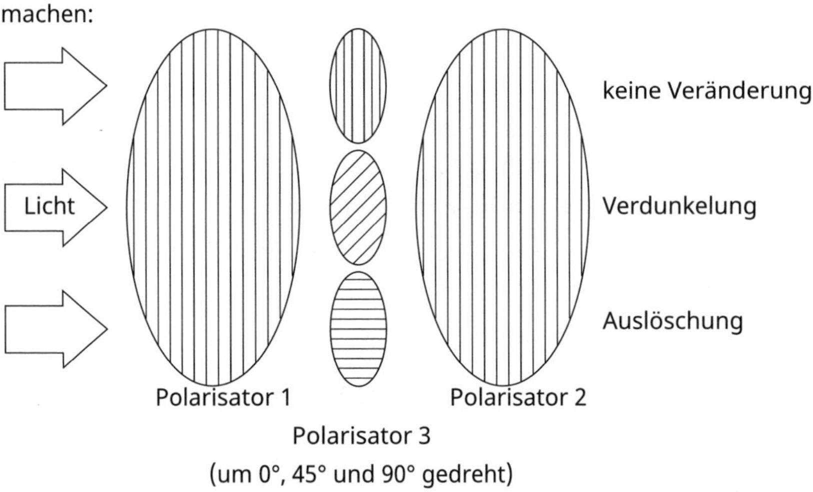

Bei ungekreuzten Polarisatoren stimmen im ersten Fall die Ebenen aller drei Filter miteinander überein, Ergebnis: maximale Helligkeit. Im zweiten Fall kommt es zu einer Abschwächung der Helligkeit, da der Polarisationsfilter nur einen Teil des Lichts passieren lässt und davon wiederum ein Teil durch den zweiten Polarisator gelangt. Im dritten Fall kommt es zur Auslöschung, da bereits kein Licht durch den mittleren Polarisator gelangt.

b)

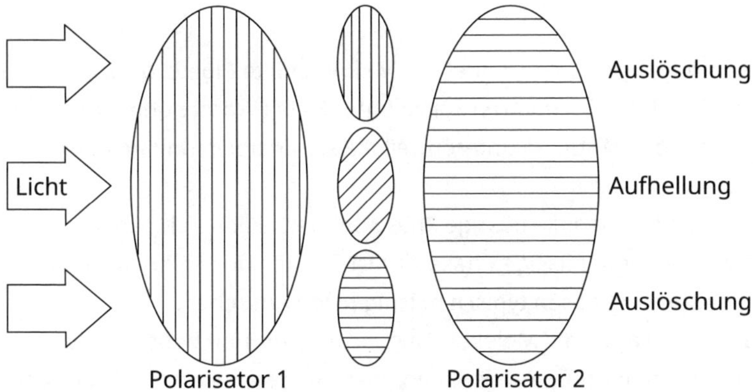

Polarisator 3
(um 0°, 45° und 90° gedreht)

Bei gekreuzten Polarisatoren kommt es nur dann zu einer Aufhellung, wenn der Winkel der Drehung des dritten Filters keinem der beiden anderen Polarisatoren entspricht. In diesem Fall kann ein Teil des Lichts den dritten Polarisator passieren und davon wiederum ein Teil den zweiten Polarisator. Es kommt insgesamt zu einer Aufhellung.

B4:

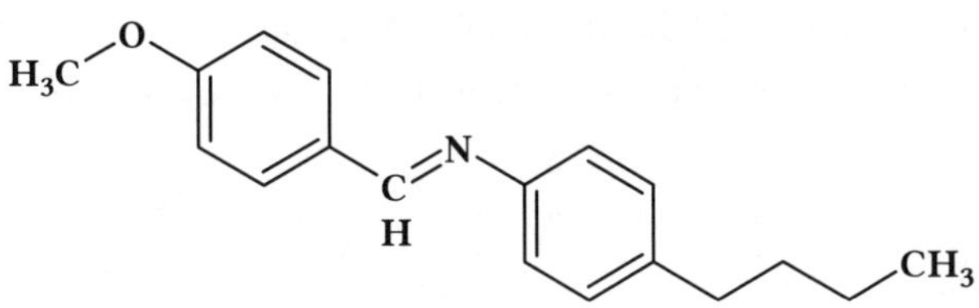

E-Isomer

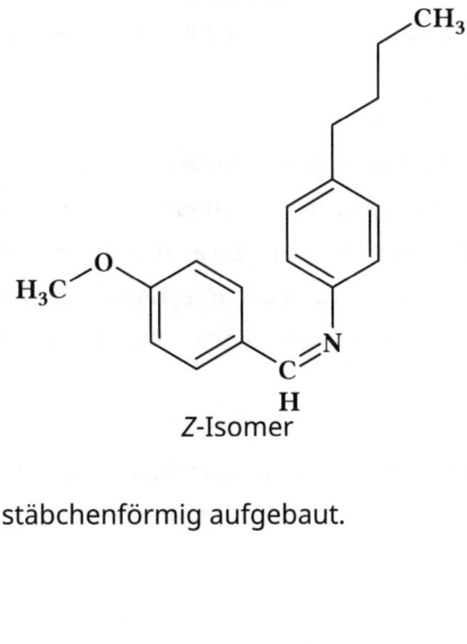

Z-Isomer

Das *E*-Isomer ist eher stäbchenförmig aufgebaut.

B5:

B5 zeigt eine zugeschmolzene, mit etwas MBBA gefüllte Pipete, die zunächst erhitzt und anschließend mit der unteren Spitze unter kaltes Wasser gehalten wurde. Entsprechend liegt das MBBA im unteren Teil flüssig-kristallin und im oberen Bereich flüssig vor.

Die flüssig-kristalline und die flüssige Phase unterscheiden sich bereits optisch voneinander, während die flüssige Phase klar ist, hat die flüssig-kristalline Phase das für flüssig-kristalline Phasen typisch milchig trübe Aussehen.

In der Flüssigkeit liegen die Moleküle ungeordnet vor und befinden sich in ständiger Bewegung. In der flüssig-kristllinen Phase liegen die Moleküle entlang einer Vorzugsrichtung angeordnet. Sie befinden sich jedoch nicht in einem Gitter, sondern statistisch verteilt und ebenfalls in ständiger (jedoch etwas langsamerer) Bewegung.

B6:

Die Schmelzkurve von MBBA weist im Vergleich zur Schmelzkurve einer Probe, die nicht im flüssig-kristallinen Zustand vorliegt, zwei Phasen auf. Diese liegen bei den für die Schmelz- und Klärtemperatur charakteristischen Werten. Während dieses Zeitintervalls gehen alle Moleküle in den flüssig-kristallinen bzw. flüssigen Zustand über. Die Klärtemperatur wird manchmal auch als "zweite Schmelztemperatur" bezeichnet.

Auswertung a):

MBBA schmilzt bei 20 °C zu einer leichtbeweglichen, trüben, schwach gelben Flüssigkeit und wird beim Klärpunkt von 47 °C eine klare, gelbe Flüssigkeit.

Auswertung b):

Wie in B3 gezeigt kann das linear polarisierte Licht bei parallelen Polarisationsfiltern auch den zweiten Filter passieren, da dessen Polarisationsebene der Schwingungsebene des Lichts entspricht. Bei gekreuzten Polarisatoren hingegen ist der zweite Polarisator um 90° gedreht und die Polarisationsebene entspricht nicht mehr der Schwingungsebene des linear polarisierten Lichts, es kommt zur Auslöschung.

Auswertung c):

Bei den getesteten Flüssigkeiten ist ausschließlich bei MBBA eine Aufhellung zwischen den gekreuzten Polarisatoren zu beobachten. Je nach Druck, mit dem die

Objektträger zusammengehalten werden, ist die Flüssigkeitsschicht unterschiedlich dick und es kommt zu einem changierenden Farbspiel. Beim Glimmerplättchen ist an den Kanten ein buntes Farbspiel, an der Fläche des Plättchens eine Aufhellung zu beobachten. Daher kann man nicht sagen, dass die Bildung von Farbmustern vom Aggregatzustand des untersuchten Stoffs bestimmt wird.

Auswertung d):
Nur im flüssig-kristallinen Zustand kommt es beim MBBA zur Aufhellung bzw. zum Farbenspiel. Die flüssig-kristalline Phase von MBBA liegt im Temperaturintervall von 20 °C und 47 °C. Erhitzt man in V3 das MBBA-Sandwich mit dem Fön, so tritt am Klärpunkt beim Übergang in die flüssige Phase Auslöschung ein. Beim Abkühlen erkennt man das Erreichen der Klärtemperatur und damit den Übergang zurück in den flüssig-kristallinen Zustand daran, dass das Farbenspiel wieder eintritt.
Aus V4 ist ersichtlich, dass MBBA zwischen 20 °C und 47 °C eine milchig trübe Flüssigkeit und über der Klärtemperatur von 47 °C eine klare, gelbe Flüssigkeit ist. Das Farbenspiel in V3 ist also nur zu erkennen, wenn die Probe im Sandwich eine Temperatur unter 47 °C hat. Mit dem Verschwinden bzw. Wiedererscheinen des Farbenspiels muss die Temperatur über- bzw. unterschritten sein.

Seite 256 und 257

B2:

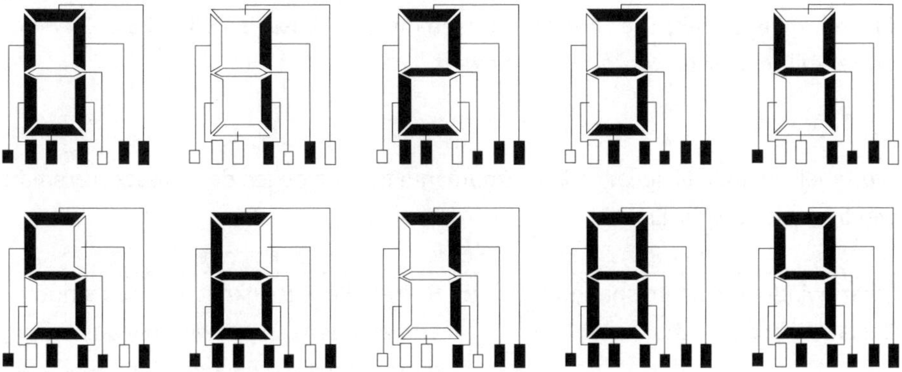

B4:

In B4 sind die Bereiche des Displays schwarz, in denen kein Subpixel leuchtet, also der Bildteil oben links. Der Bereich, in dem die Subpixel in den drei Farben Rot, Grün und Blau leuchten, erscheint im Display weiß, also der Bildteil oben rechts. Der untere Bildbereich, wo die Subpixel in den Farben Blau und Grün leuchten, erscheint auf dem Display hellblau.

A1:

Eine Hinterleuchtung mit weißem Licht ist notwendig, da die LCDs lediglich wie spannungsgesteuerte Lichtventile wirken, nicht aber selbst leuchten, wie es bei den OLEDs der Fall ist.

A2:

Das transparente, leitfähige ITO-Glas wird benötigt, um die Flüssigkristallschicht elektrisch "anzusprechen". Durch Anlegen einer elektrischen Spannung richten sich die Flüssigkristall-Moleküle parallel zum elektrischen Feld aus, so dass zu einer Abdunkelung bis hin zur Auslöschung kommt. Es kann kein Metall verwendet werden, da das Display transparent bleiben muss.

A3:

Im spannungslosen Zustand wird das Licht entlang der Helix der flüssig-kristallinen Moleküle gedreht und passiert den zweiten gekreuzten Filter. Eine Sonnenbrille könnte je nach Orientierung der Gläser zu einem verdunkelten Bild führen. Ist Spannung angelegt, kommt es durch Wegfall der Helix zu einer Auslöschung an der zweiten Polarisationsfolie des Displays. Hier hat eine Sonnenbrille mit polarisierenden Gläsern keinen Effekt. Die Situation ist dann die gleiche wie bei B3, S. 254, wenn der dritte (mittlere) Filter um 90° gedreht wird.

A4:

Die Tabelle enthält einige mögliche Argumente für und gegen den Einsatz von smart windows als Fenster-Ersatz.

Vorteile	Nachteile
Smart windows sind im spannungslosen Zustand transparent.	Sollten die Flüssigkristalle nach längerer Zeit aus dem smart window auslaufen, hätte man ein schwarzes Fenster, da die Polarisationsfolien um 90° gegeneinander verdreht sind.

Vorteile	Nachteile
Smart windows können durch Regelung der angelegten Spannung in den verschiedensten Grauabstufungen getönt werden.	Manuell bewegliche Jalousien erfordern keinen Energieverbrauch (sind aber reparaturanfällig).
Der Stromverbrauch ist gering und könnte durch Kopplung mit Solarzellen erzeugt werden.	Die Entsorgung von Displays und anderen Anwendungsprodukten, die Flüssigkristalle enthalten, ist noch nicht ausgereift.
Durch Abdimmen könnten im Sommer große Mengen an durch Klimaanlagen anfallende Kosten gespart werden.	Die Herstellung großflächiger ITO-Gläser bereitet derzeit noch Schwierigkeiten, zudem zeichnen sich große ITO-Flächen derzeit noch durch große Schaltzeiten aus.

A5:

Durch Verunreinigungen kommt es im Allgemeinen zu einer Gefrierpunktserniedrigung und einer Siedepunktserhöhung, das Temperaturintervall, in dem das Gemisch flüssig vorliegt, wird damit vergrößert. Bei Mischungen verschiedener flüssig-kristalliner Substanzen kommt es analog zu einem größeren Temperaturintervall, in dem die Mischung im flüssig-kristallinen Zustand vorliegt. Das ist für Anwendungsprodukte essentiell, die die flüssig-kristalline Phase nutzen, da diese in unseren Breitengeraden gewöhnlich Temperaturschwankungen zwischen – 10 °C und + 40 °C ausgesetzt sein können.

Seite 258 und 259

B2:

Der Unterschied der "intelligenten Folie" zur Lösung in V1 ist, dass in der Folie Spiropyran- und Merocyanin-Moleküle in einem makromolekularen Feststoff (Polystyrol) immobilisiert sind, während sie in der Lösung frei beweglich sind.

B3:

Begründung ohne Orbitalmodell: Je ausgedehnter der Chromophor (oder die Bindungsdelokalisation oder das System der konjugierten Doppelbindungen) ist,

desto größer ist die Wellenlänge des absorbierten Lichts. Merocyanin absorbiert bei einer größeren Wellenlänge, weil im Merocyanin-Molekül der Chromophor über das ganze Molekül ausgedehnt ist, im Spiropyran-Molekül dagegen nur über jeweils eine Molekülhälfte.
Begründung mit dem Orbitalmodell: Je ausgedehnter die delokalisierten π-Molekülorbitale (π-MO) sind, desto geringer ist die Energiedifferenz zwischen dem höchsten besetzten und dem niedrigsten unbesetzten MO, desto größer also die Wellenlänge des absorbierten Lichts. Beim Merocyanin-Molekül sind die delokalisierten π-MO ausgedehnter als beim Spiropyran-Molekül.

B4:
Laut Zeichnung wird zur Anregung von A Licht mit λ_1 = 450 nm, also blaues Licht, benötigt, für die Anregung von B Licht mit λ_2 = 600 nm, also rotes Licht. Daher kann man das System mit Rotlicht von B nach A schalten, aber nicht umgekehrt.

B5:
Beim Schalten findet eine *E*-*Z*-Isomerisierung statt.

Auswertung a):
Bei der Bestrahlung mit Licht färbt sich die Lösung in V1 blau, im Dunkeln entfärbt sie sich spontan innerhalb von ca. 30 s zu farblos bzw. leicht gelblich. diese Farbänderungen sind durch die Angaben in der Aufgabenstellung unter B3 zu erklären und deuten darauf hin, dass unter Lichtbestrahlung die Isomerisierung von A nach B erfolgt und im Dunkeln die Isomerisierung von B nach A.

Auswertung b):
Das Spiropyran A und das Merocyanin B aus B3 haben die gleiche Summenformel $C_{19}H_{18}O_3N_2$, es handelt sich also um Isomere.

Auswertung c):
Die bei Lichtbestrahlung ablaufenden Reaktionen, d.h. bei V1 bis V3 die Blaufärbung der Lösung, sind photochemische Reaktionen, die in der Dunkelheit ablaufenden Reaktionen, d.h. die Entfärbung bei V1 bis V3, sind thermische Reaktionen.

Auswertunng d):
Da die Blaufärbung der gekühlten Lösung in V3 genauso schnell verläuft wie bei der Lösung unter Raumtemperatur, kann man schließen, dass die photochemische Reaktion keine thermische Aktivierungsenergie hat (oder eine nur sehr geringe).

Auswertung e):
Da die Rückfärbung von Blau nach Farblos auf der „intelligenten Folie" in B2, S. 258, thermisch verläuft, ist anzunehmen, dass die blaue Zeichnung durch Erwärmen (z.B. durch Eintauchen in warmes Wasser) schnell gelöscht und durch Abkühlen (z.B. im Kühlschrank) lange gespeichert werden kann.

A1:
Die Sauerstoff-Atome aus dem Ringmolekül wechselwirken mit dem Alkalimetall-Ion über ihre freien Elektronenpaare (der Kronenether verhält sich wie ein mehrzähniger Ligand). Nach außen hin ist der Komplex lipophil, weil die unpolaren Ethyliden-Reste $–CH_2CH_2–$ den äußeren Rand des Komplexes (des sogenannten Wirt-Gast-Komplexes) bilden.

A2:
Die Definitionsgleichungen für $K_{h\nu}$ und K_{Δ} aus B4 zeigen, dass die Konstante direkt proportional zu c(B), d.h. der Konzentration des blauen Merocyanins, und umgekehrt proportional zu c(A), d.h. der Konzentration des farblosen Spiropyrans, ist. Da erst bei Lichtbestrahlung blaues Merocyanin gebildet und im photostationären Zustand erhalten wird, ohne Licht jedoch wieder zerfällt, gilt die in der Aufgabenstellung angegebene Ungleichung $K_{h\nu} > K_{\Delta}$.

Seite 260

Auswertung:

Versuchsbedingungen	Verhalten der Spiropyran-Lösung	Verhalten der intelligenten Folie
Bestrahlung mit UV-Licht	Sehr schnelle Blaufärbung zunächst auf der Seite des Rggl., auf die die Lichtquelle gerichtet ist, schnell ist dann die ganze Lösung blau gefärbt.	Schnelle Blaufärbung der Bereiche der Folie, die mit dem UV-Licht bestrahlt wurden.

Versuchsbedingungen	Verhalten der Spiropyran-Lösung	Verhalten der intelligenten Folie
Lagerung in Dunkelheit nach UV-Bestrahlung	Innerhalb von einer Minute entfärbt sich die blaue Lösung und wird vollständig farblos.	Eine Verblassung der Blaufärbung ist erst nach einigen Minuten deutlich sichtbar, die vollständige Entfärbung der Folie dauert in Abhängigkeit der Intensität der Färbung mindestens zehn Minuten.
Bestrahlung mit Halogenlampen z.B. Diaprojektor	Je nach Intensität und Spektrum der Lampen färbt sich die Lösung/Folie langsam oder schnell blau.	
Bestrahlung mit farbigem Licht	Die Blaufärbung stellt sich nur bei energiereicherem farbigem Licht mit Wellenlängen von λ < 400 nm ein, also bei blauem und violettem Licht.	
Bestrahlung der blau gefärbten Folie mit farbigem Licht	Die Blaufärbung verblasst bei Bestrahlung mit gelbem bzw. grünem Licht nicht signifikant schneller als bei Lagerung in Dunkelheit.	Die Blaufärbung verblasst bei punktueller Bestrahlung mit gelbem, grünem oder auch weißem Licht z.B. einer LED-Taschenlampe im bestrahlten Bereich. Das Licht muss Anteile aus dem Wellenlängenbereich 500 nm <λ< 680 nm enthalten.
Bestrahlung bei tiefen Temperaturen	Die Blaufärbung stellt sich genauso schnell ein wie bei Bestrahlung der Lösung/Folie bei Raumtemperatur.	
Anschließende Lagerung in Dunkelheit	Die Blaufärbung der Lösung/Folie verblasst bei andauernder Kühlung nicht.	
Bestrahlung bei höheren Temperaturen	Die blau gefärbte Lösung/Folie entfärbt sich innerhalb weniger Sekunden und damit viel schneller als bei Raumtemperatur.	

A1:

Im photostationären Gleichgewicht überlagern sich folgende Gleichgewichtsreaktionen: Spiropyran-Moleküle werden durch Absorption eines Lichtquants angeregt

und reagieren zu Merocyanin. Gleichzeitig läuft die exotherme Reaktion ab, in der Merocyanin-Moleküle im Grundzustand zu Spiropyran-Molekülen reagieren.
Das System befindet sich im photostationären Gleichgewicht, wenn in einem bestimmten Zeitintervall genauso viele Spiropyran-Moleküle angeregt werden, die zu Merocyanin reagieren, wie Merocyanin-Moleküle über den thermischen Reaktionsweg zu Spiropyran-Molekülen reagieren.

A2:
Die Verteilung der Kugeln in den Behältern ist konstant, da ab einem gewissen Zeitpunkt die Zahl der Kugeln, die aus einem Behälter in einen anderen Behälter überführt werden, gleich groß ist wie die Zahl der Kugeln, die neu in einen Behälter eingetragen werden. Es handelt sich um ein dynamisches System, aber die Verteilung der Kugeln nach Ablauf eines Schrittes ändert sich nicht.

A3:
a)

Reaktionsverlauf im Energieprofil	**Simulation auf der Ebene des Teilchenmodells**
Energieminimum von Spiropyran im Grundzustand	Behälter 1
Energiestufe von Spiropyran im elektronisch angeregten Zustand	Behälter 2
Energieminimum von Merocyanin im Grundzustand	Behälter 3
Einstrahlung eines Lichtquants und Anregung des Teilchens in den elektronisch angeregten Zustand von Spiropyran	Turbine in Betrieb
Relaxation des Teilchens in das Energieminimum des elektronisch angeregten Zustands, Rückkehr in den Grundzustand und das Energieminimum von Merocyanin	Abfluss von Kugeln aus Behälter 2 in Behälter 3
Aktivierungsenergie für die exotherme Reaktion von Merocyanin nach Spiropyran	Schaufelrad im Rohr zwischen Behälter 3 und Behälter 1

b) Bestrahlt man eine heiße Folie, dann stellt sich nur eine schwache Blaufärbung ein. Die Temperaturerhöhung bewirkt hier die Begünstigung der exothermen Reaktion von Merocyanin nach Spiropyran. Das Gleichgewicht liegt also verstärkt auf der Seite des Spiropyrans.
In der Simulation bedeutet das eine intensivere Arbeit des Schaufelrads

zwischen Behälter 3 und Behälter 1 und damit eine höhere Umschaufelung der Kugeln in Behälter 3 je Schritt.
Die Bestrahlung bei tieferen Temperaturen führt zu einer intensiven Blaufärbung, die konstant bleibt.
Auf der Ebene der Simulation entspricht eine Temperaturerniedrigung eine geringere Zahl an Kugeln, die in einem Schritt mit dem Schaufelrad aus Behälter 3 in Behälter 1 transportiert werden.
Eine Temperaturänderung bewirkt auf der Modellebene keine Änderung bei der Arbeit der Turbine, also der elektronischen Anregung von Spiropyran, und dem Abfließen von Kugeln aus Behälter 2 in Behälter 3.

Seite 261

B2:

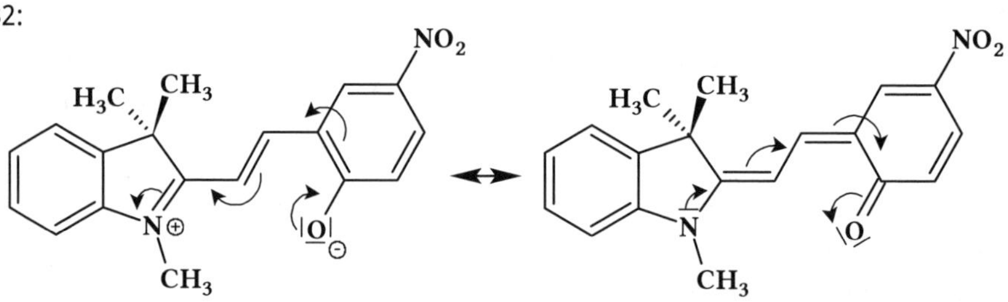

A1:

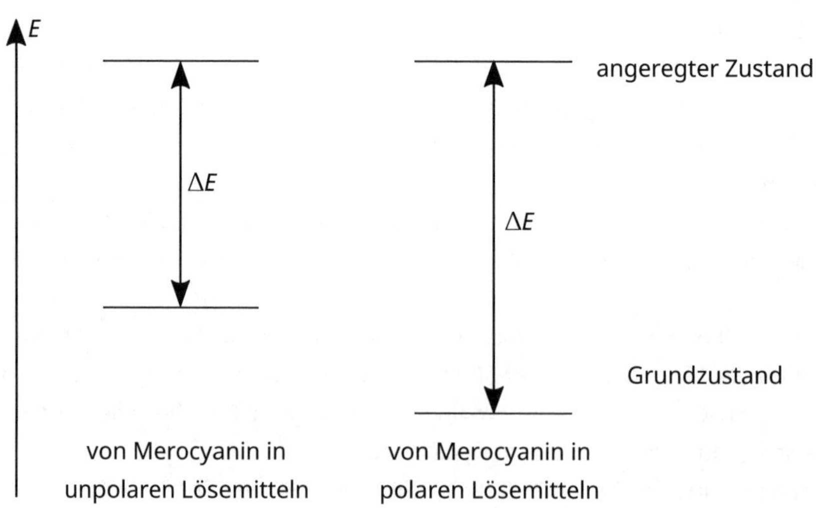

Seite 262 und 263

B1:

Der Farbstoff E 160 befindet sich in vielen Lebensmitteln. Oft verbirgt er sich unter den Namen Provitamin A (hauptsächlich in Multivitamin-Säften) oder ist als Farbstoff Carotin (z.B. Butter, Margerine) zu finden. In Butter, Margerine, Käse und Multivitamin-Säften bewirkt er die auffällig gelblich-orange Färbung.

B2:

Da *β*-Carotin ein Kohlenwasserstoff aus unpolaren Molekülen ist, löst es sich am besten in unpolaren Lösemitteln wie Benzol oder Toluol, mäßig in organischen, weniger oder mehr polaren Lösemitteln (Aceton, Diethylether, Ethanol) und sehr schlecht in Wasser.

B3:

Bei V4 färbt sich die Probe ohne Zusatz von *β*-Carotin innerhalb von wenigen Sekunden violett, die mit *β*-Carotin erst nach mehreren Minuten (vgl. B3). Da die Violettfärbung durch die Bildung von elementarem Iod $\mathbf{I_2}$ verursacht wird, folgt, dass der Zusatz von *β*-Carotin diese Bildung verhindert. Die Bildung von Iod $\mathbf{I_2}$ verläuft über Iod-Radikale **I·**, die durch lichtgetriebene homolytische Spaltung der **C–I**-Bindungen aus dem Tetraiodethen-Molekül $\mathbf{I_2C{=}CI_2}$ gebildet werden. *β*-Carotin wirkt als Radikalfänger für Iod-Radikale, da es diese an Kohlenstoff-Kohlenstoff-Doppelbindungen addiert.

B4:

Die Summenformel von *β*-Carotin ist $\mathbf{C_{40}H_{56}}$.
Der Chromophor im *β*-Carotin-Molekül dehnt sich über 22 Kohlenstoff-Atome aus.

B5:

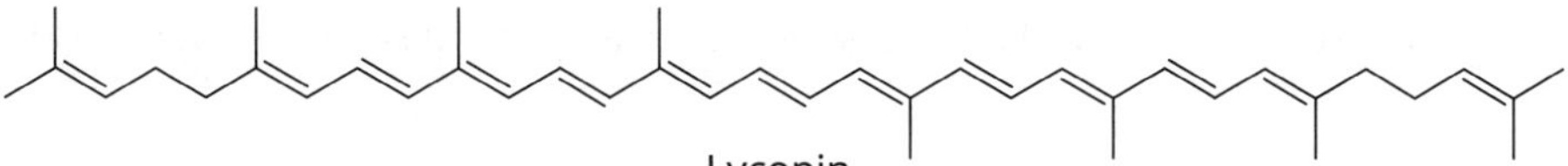

Lycopin

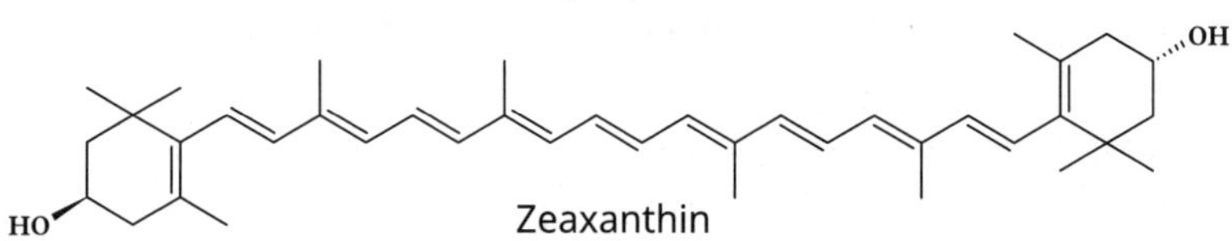

Zeaxanthin

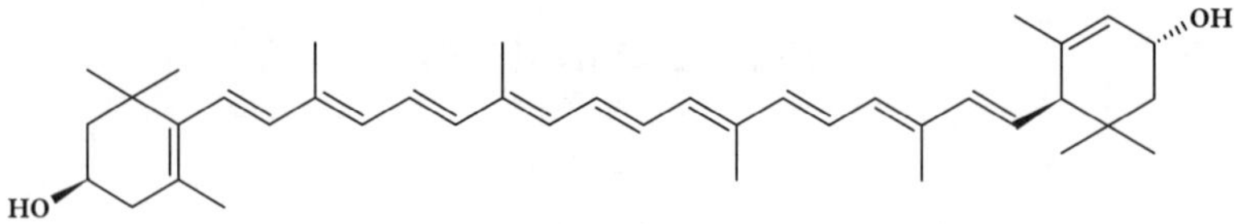

Lutein

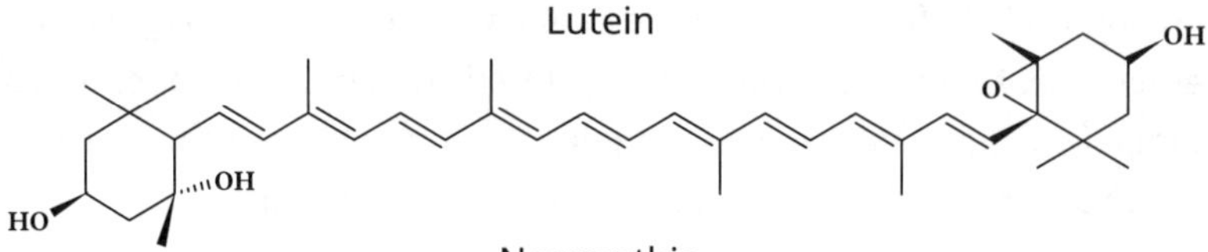

Neoxanthin

B7:

Bei diesen Reaktionen bleicht die Farbe aus, weil der Chromophor im β-Carotin-Molekül zerstört wird (das System der konjugierten Doppelbindungen wird unterbrochen).

Auswertung a):

Da auf einem polaren Trägermaterial (Kieselgel) mit einem Fließmittel aus vorwiegend unpolaren Molekülen (vgl. Versuchsbeschreibung) chromatographiert wird, läuft diejenige Komponente aus dem aufzutrennenden Gemisch am weitesten mit, die aus unpolaren Molekülen besteht. Das ist β-Carotin (oberster, gelber Fleck auf dem DC). Die Moleküle der anderen genannten Komponenten (Chlorophylle, Xanthophylle etc.) sind mehr oder weniger polar. Die einzelnen Komponenten sind umso polarer, je weiter unten auf dem DC sie als bunte Flecke erscheinen.

Auswertung b):

Bei den mit β-Carotin getränkten und mit verschiedenen Lichtfarben bestrahlten Filterpapieren in V4 wird beobachtet, dass die gelbe Farbe am Filterpapier bei Bestrahlung mit Blaulicht stark ausbleicht und bei Rotlicht gar nicht. Bei den anderen Farben des Lichts, mit dem bestrahlt wird, liegt der Grad der Ausbleichung dazwischen. Damit wird der erste Satz aus dem Auswertungstext "Nur absorbiertes Licht kann chemisch genutzt werden" bestätigt, denn das gelbe absorbiert blaues Licht.

Auswertung c):

- Abspaltung eines Iod-Radikals (Photolyse der **C**–**I**-Bindung)

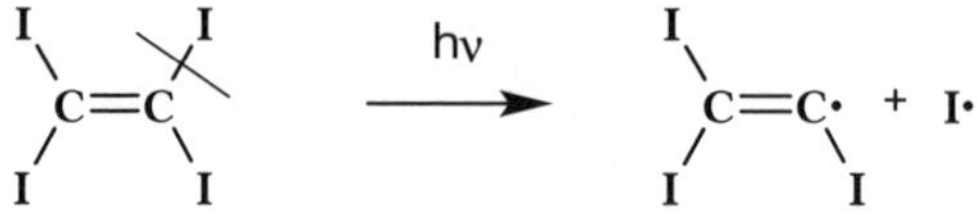

- Bildung von Iod
  $I\cdot + I\cdot \rightarrow I_2$
- Iod-Radikale werden von β-Carotin eingefangen

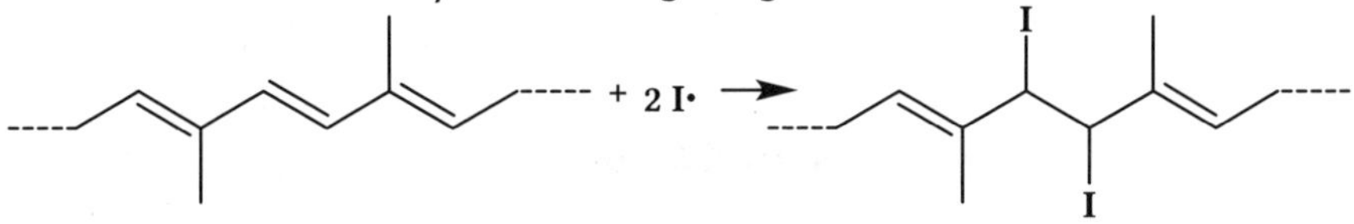

A1:
offene Aufgabe

Seite 264 und 265

B4:
offene Aufgabe

Auswertung a):
Die Fluoreszenzlöschung in V1 kann durch diejenigen Prozesse von S. 263 erklärt werden, bei denen Chlorophyll-Moleküle aus dem elektronisch angeregten Singlett-Zustand $^{1}\mathbf{Chl}^{*}$ in den Grundzustand $^{1}\mathbf{Chl}$ zurückkehren, ohne dass dabei Photonen emittiert werden. Das ist der Fall, wenn die Prozesse aus den Gleichungen (4), (5) und (6) hintereinander ablaufen.

$^{1}\mathbf{Chl}^{*} \rightarrow {}^{3}\mathbf{Chl}^{*}$ (blattschädigende Weiterreaktionen) (4)

$^{3}\mathbf{Chl}^{*} + {}^{1}\mathbf{Car} \rightarrow {}^{3}\mathbf{Car}^{*} + {}^{1}\mathbf{Chl}$ (5)

$^{3}\mathbf{Car}^{*} \rightarrow {}^{1}\mathbf{Car}$ (6)

Auswertung b):
Die oben angegebenen Reaktionsgleichungen (4), (5) und (6) erklären auch die Beobachtungen in V2:
Durch die Zusammenwirkung von Chlorophyll-Molekülen im elektronisch angeregten Triplett-Zustand $^{3}\mathbf{Car}^{*}$ und Sauerstoff-Molekülen werden die Stoffe aus dem Blatt geschädigt, d. h. chemisch abgebaut. Davon ist auch das Chlorophyll selbst betroffen. In V2 erfolgt der Abbau des rot fluoreszierenden Chlorophylls tatsächlich in dem Bereich des Filterpapiers, der mit starkem Licht bestrahlt wurde (vgl. B2). Allerdings ist der Fleck, auf den β-Carotin aufgetragen wurde, nicht so stark geschädigt, denn hier ist noch rot fluoreszierendes Chlorophyll zu sehen (vgl. B2).

Hier wurde ^{3}**Chl*** nach der Gleichung (5) abgefangen, d.h. seine Energie wurde auf ^{1}**Car** übertragen und das dabei gebildete ^{3}**Car*** kehrt durch Schwingungsrelaxation nach Gleichung (6) in den Grundzustand zurück.

Seite 266 und 267

B1:
Die Aussagekraft des Schnelltests ist relativ begrenzt, da das von der Handlampe ausgestrahlte UV-Licht Licht der Wellenlänge 254 nm, also Teil der UV-C-Strahlung ist (vgl. S. 267, B4). Mit diesem Test lässt sich die Schutzwirkung nur in Bezug auf diese Wellenlänge prüfen. Das die Haut erreichende und schädigende Licht liegt aber im UV-B- und UV-A-Bereich. Die für Sonnenschutzpräparate verwendeten UV-Filter haben ihre Absorptionsmaxima sinnvollerweise in diesem Bereich der UV-Strahlung. Die Testmethode, die den Vorteil hat, einfach und schnell durchführbar zu sein, liefert aber dennoch einige wichtige übertragbare Erkenntnisse (vgl. V2 und V3).

B2:
Alle drei UV-Filter sind eher schlecht in Wasser, recht gut aber in unpolaren Lösemitteln wie z.B. in Öl löslich, da ihre Moleküle überwiegend unpolare Molekülstrukturen aufweisen. Die Extinktion ist das Maß für die Absorptionsfähigkeit einer Probe. Ein hoher Extinktionskoeffizient bedeutet, dass eine Probe einen großen Teil des eintreffenden Lichts absorbiert. Eine Substanz, die als Breitbandfilter geeignet wäre, müsste einerseits Absorptionskurven mit hohen Extinktionskoeffizienten haben und andererseits über einen weiten Wellenlängenbereich UV-Strahlung absorbieren bzw. mehrere Absorptionsmaxima haben.

B3:
Im Folgenden sind nur einige Punkte genannt, die Liste kann jeweils beliebig erweitert werden.
Vorteile:

- Stimulation der körpereigenen Vitamin-D-Synthese
- Förderung der persönlichen Stimmung und Agilität

Nachteile:
- Gefahr von Sonnenbrand und dessen Folgen
- Sonnenstich
- langfristig Schädigung der Augen
- frühzeitige Hautalterung

Schutzmaßnahmen gegen UV-Strahlung:
- sachgemäße Verwendung von Sonnenschutzmitteln
- leichte, langärmelige Kleidung und entsprechende Beinbekleidung, ggf. Kleidung mit eingebautem Lichtschutzfaktor tragen
- längere Aufenthalte in der prallen Sonne, insbesondere mittags vermeiden
- Sonnenbrille mit eingebautem UV-Schutz (lediglich dunkle Gläser sind kontraproduktiv) tragen
- Kopfbedeckung verwenden

B4:
Wie aus B2 ersichtlich haben die handelsüblichen organischen UV-Filter Absorptionsmaxima in relativ engen Wellenlängen-Bereichen. Die die Erde erreichende Strahlung deckt aber den UV-B- und UV-A-Bereich ab. Dieses breite Spektrum kann nur durch eine sinnvolle Mischung von UV-Filtern abgedeckt werden, die ihre Absorptionsmaxima über diesen Bereich verteilt haben. So wäre es z.B. sinnvoll in einer Mischung u.a. Eusolex 9020 ($\lambda_{max} \approx 357$ nm) und Eusolex 6300 ($\lambda_{max} \approx 298$ nm) zu verwenden, nicht aber nur Eusolex 323 ($\lambda_{max} \approx 303$ nm) und Eusolex 6300 ($\lambda_{max} \approx 298$ nm), dere Absorptionskurven fast deckungsgleich sind.

B5:
a) Die Absorptionskurve von Ozon ist im nahen UV-C-Bereich deckungsgleich mit der von DNA. Ein Abbau der Ozonschicht hätte die Folge, dass auch UV-C-Strahlung die Erde erreicht, die nachhaltig DNA-Schäden hervorrufen könnte.
b) Die Absorptionskurve eines optimalen UV-Filters (oder Gemischs mehrerer UV-Filter) müsste alle Bereiche des UV-Lichts abdecken.

Auswertung a):
Da man das verschieden stark ausgeprägte Absorptionsvermögen der Sonnenschutzpräparate untersuchen möchte, kommt als Trägermaterial nur Material infrage, das selbst kein UV-Licht absorbiert. Glas absorbiert UV-Licht, PE-Folie hingegen nicht. Daher ist die PE-Folie das Trägermaterial der Wahl.

Auswertung b):
Je stärker die Schwärzung, desto größer ist die Absorption der UV-Strahlung. Bei der in B1 abgebildeten Probe 3 (LSF 30) ist die Absorption stärker als bei Probe 1 (LSF 12) und Probe 2 (LSF 18). Produkte mit hohem LFS schirmen das UV-Licht stärker ab. Die Art des Sonnenschutzprodukts (Lotion, Öl oder Creme) hat keinen Einfluss auf die Schutzwirkung.

Auswertung c):
Wird mehrfach oder länger mit Wasser gespült, so nimmt die UV-Abschirmung auch etwas ab. Für einen Badeurlaub ergibt sich daraus als Konsequenz, dass man nach dem Baden erneut Sonnencreme auftragen sollte. Hier kommt als weiterer Faktor der Abrieb des Sonnenschutzmittels beim Abtrocknen hinzu.

Auswertung d):
In V4 werden 30 mL Wasser und 10 mL Sojaöl verwendet. Es handelt sich also eher um eine O/W-Emulsion, sodass eher von Sonnenlotion als von Sonnencreme gesprochen werden sollte. Gibt man in eine Suchmaschine die entsprechenden Namen der verwendeten Substanzen als Suchbegriffe ein, so gelangt man auf verschiedene Seiten zu Kosmetik-Inhaltsstoffen. Hier findet man bezüglich der Funktionen z.B. folgende Informationen:

- Tegomuls: O/W-Emulgator
- Cetylalkohol: W/O-Emulgator und Konsistenzgeber
- Eusolex 2292: UV-Absorber (vgl. B2)
- D-Panthenol: spendet und bindet Feuchtigkeit, unterstützt den Aufbau neuer Hautzellen
- Aloe Vera: Feuchtigkeitsspender, Immunsystem stärkend
- Heliozimt: Konservierungsmittel
- Parfumöl: Duftstoff

Seite 268 und 269

B2:
Bei den organischen Pigmenten fallen als Strukturmerkmale jeweils mehrere aromatische Ringe auf. Beim Kupfer-Phthalocyanin sind es vier Benzolringe, die jeweils mit einem Pyrrolring kondensiert sind. Die vier Pyrrolringe sind wiederum

über vier Stickstoff-Atome zu einem größeren Ring (einem Porphyrinring) verbunden. Beim Perylen-Pigment sind fünf Benzolringe aneinander kondensiert.

B3:
Der Verdünner macht das Gemisch flüssig, sodass es aufgetragen werden kann. Beim Trocknen verdunstet der Verdünner. Das Bindemittel bleibt nach dem Trocknen im Lack. Die Teilchen des Bindemittels sind im getrockneten Film untereinander verbunden und betten die Pigment-Teilchen in eine feste Matrix (den festen Lackfilm) ein.

B4:
Effektpigmente werden bei Designerartikeln und in Kosmetika eingesetzt. In der Natur gibt es Käfer, Fische und andere Tiere mit Effektpigmenten in einigen Körperteilen.

B5:
Offene Aufgabe.
Hinweis: Die Erklärung findet sich im Text auf *Chemie 2000+ Online*.

Auswertung a):
Alle verwendeten Pigmente sind laut Definition eines Pigments (vgl. Aufgabenstellung) unlöslich im angewandten Medium, dem Verdünner. Es handelt sich um folgende Pigmente: in V1-V2: rotes und gelbes Eisenoxid (ggf. auch andere Pigmente aus B2); in V3: Titandioxid (Rutil) und Bariumsulfat; in V4: Metallglitter.
Anhand der Modelle für die beiden Metalloxide aus B2 ($\mathbf{Fe_2O_3}$ und $\mathbf{TiO_2}$) kann man erklären, dass sich die Partikel zwar gut in Wasser verteilen (Wasserstoffbrückenbindungen zwischen den Hydroxy-Gruppen von der Partikeloberfläche zu den Wasser-Molekülen), es sich aber nicht um eine richtige Lösung handelt, sondern um eine Suspension, in der die winzigen Pigmentteilchen in der flüssigen Phase schweben. In unpolaren organischen Lösemitteln klumpen die beiden Oxide aus, weil die Oxid-Partikel stärker untereinander wechselwirken als mit den Molekülen des Lösemittels.
Die organischen Pigmente aus B2 verteilen sich in unpolaren oder schwach polaren organischen Lösemitteln besser als in Wasser. Auch hier handelt es sich nicht um "molekulare Lösungen" sondern um Suspensionen aus Pigment-Teilchen in der Flüssigkeit. In Wasser verteilen sich diese Pigmente schlecht.

Auswertung b):

Die in B3 formulierte Härtung verläuft über radikalische Zwischenstufen. Es ist kein Starter notwendig, weil Sauerstoff aus der Luft mit den ungesättigten Molekülen aus dem Leinöl reagiert und das dabei gebildete Zwischenprodukt (Hydroperoxid) in Radikale spaltet. Diese reagieren mit weiteren ungesättigten Molekülen aus dem Leinöl. Es kommt zur Ausbildung von netzwerkartigen Makromolekülen.

Auswertung c):

Über *Chemie 2000+ Online* (Adresse: http://www.chemiedidaktik.uni-wuppertal.de/ > *Chemie 2000+ Online* > *Chemie 2000+ Band 3* > S. 268f.) findet man die Brechungsindices *n*. (*Hinweis*: Für den Brechungsindex wird in der Literatur das gleiche Größenzeichen wie für die Stoffmenge verwendet.) Auf dieser Internetseite werden weitere Versuche zum Deckvermögen von Pigmenten beschrieben.

$n(\mathbf{TiO_2}\text{-Rutil}) = 2{,}7$ $n(\mathbf{BaSO_4}) = 1{,}64$

Wegen des größeren Brechungsindex hat das Titandioxid (Rutil) ein besseres Deckvermögen als Bariumsulfat.

Auswertung d):

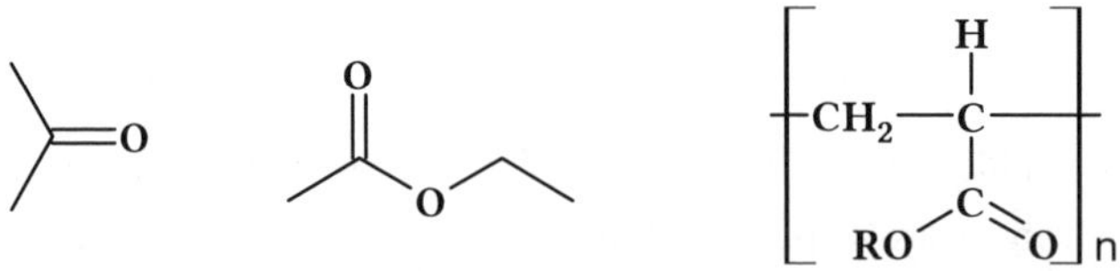

Aceton Essigsäureethylester Polyacrylat

Da im Polyacrylat-Film nach dem Verdunsten des Verdünners (Aceton oder Essigsäureethylester) winzige Plättchen aus Metall eingebettet sind (vgl. B3), kommt es, wie in B5, oben rechts, angedeutet, zur Reflexion des Lichts. Die Plättchen sind allerdings nicht alle parallel angeordnet wie in B5.

A1:

Die LC (Liquid Crystals) -Pigmente bestehen aus organischem Material, die Perlglanzpigmente aus anorganischem. Daher können LC-Pigmente besser in organische Polymere wie Polyolefine, Polyester und Polycarbonate eingearbeitet werden.

A2:
Bei einem Lack ist Lichtschutz notwendig, weil der Lack i.d.R. dem Licht exponiert ist und dieses (insbesondere wenn es auch UV-Anteile enthält) zur Rissbildung im Lack führt. (Organische Moleküle können unter Einfluss von Licht gespalten werden.) Zugesetzte Lichtschutzmittel wirken prinzipiell so, dass sie Licht absorbieren und die Energie des absorbierten Lichts in Wärme umwandeln. Dadurch wird das organische Material vor Abbau geschützt.

Seite 270 und 271

B3:
Die Chromophore in einem Chlorophyll-Molekül und in einem β-Carotin-Molekül sind etwa gleich lang, weil sich die Systeme der konjugierten Doppelbindungen über etwa gleich viele Atome erstrecken. Beim β-Carotin-Molekül ist der Chromphor linear und erstreckt sich über 22 Kohlenstoff-Atome. Beim Chlorophyll-Molekül ist der Chromophor dagegen cyklisch. Es handelt sich um einen großen Cyklus, der vier kleinere Cyklen (Fünferringe mit je einem Stickstoff-Atom) enthält, die über je eine $-\mathrm{CH}-$ Gruppe verknüpft sind.
Hinweis: Diese Beschreibung der Topologie der Chromophore reicht aus; die Nennung der Pyrrol-Ringe, des Porphyrin-Systems und des Magnesium-Komplexes ist nicht erforderlich.

B4:
Die Energie der UV-Strahlen wird in Wärme umgewandelt.

B5:
Die Hinreaktion verläuft nur bei Lichtbestrahlung, weil die in B5 formulierte Redoxreaktion endergonisch ist. Die Energie der Lichtquanten wird genutzt, um den Elektronentransfer vom Donator D zum Akzeptor A anzutreiben.

Auswertung a):
Man erkennt bei V1 am Schatten auf dem Fluoreszenzschirm, dass Titandioxid (Anatas) UV-Licht absorbiert.

Auswertung b):
Titandioxid (Anatas) erscheint farblos bzw. weiß, weil es kein Licht des sichtbaren Spektrums (zwischen Rot und Blau) absorbiert, sondern nur energiereicheres Licht. Als Sonnenschutzmittel eignet es sich jedoch, weil die Absorption laut Angaben aus der Aufgabenstellung im nahen UV-Bereich liegen müsste.
Hinweise: Genau genommen entsprechen die angegebenen 3,2 eV violettem Licht mit λ = 387 nm im Grenzbereich zwischen dem sichtbaren und dem UV-A-Bereich.

Auswertung c):
Das entfärbte Gemisch aus V2 färbt sich beim Stehenlassen im Dunklen spontan wieder blau, weil die in der Aufgabenstellung formulierte Reaktion dann rückwärts verläuft. Sie ist exergonisch (kann also spontan verlaufen) und die dafür notwendigen Edukte (Leukomethylenblau und Sauerstoff) sind beide vorhanden.

Auswertung d):
Aus der Tatsache, dass das entfärbte Methylenblau aus V3 und die Flecken aus V4 weder unter oxidativen noch unter reduktiven Bedingungen wieder die ursprünglichen Farben annehmen, kann man schließen, dass die farbgebenden Moleküle (bzw. Molekül-Ionen) bei der photokatalytischen Oxidation tiefgreifende chemische Veränderungen erlitten haben, bei der die Chromophore in diesen Molekülen unumkehrbar zerstört wurden. Das könnte beim Methylenblau-Kation beispielsweise die Öffnung des mittleren Rings sein.
Hinweis: Nach ausreichender Reaktionszeit kann auch das Produkt der vollständigen Oxidation der Kohlenstoff-Atome, Kohlenstoffdioxid, nachgewiesen werden.

A1:
offene Aufgabe

Seite 272 und 273

A1:
Offene Aufgabe.
Hinweis: Folgende Begriffe und etwaige Erläuterungen sind zu erwarten:

- *Recyceln*: Rückführen von gebrauchten Stoffen zur Wiederverwendung oder -verwertung

- *Membranen*: Undurchlässige oder selektiv durchlässige Trennwände zwischen verschiedenen Reaktionskammern
- *Elektroden*: Elektrisch leitende oder halbleitende Materialien, die von Elektrolyt-Teilchen Elektronen aufnehmen oder an sie abgeben können
- *Brennstoffzellen*: Elektrochemische Spannungs- und Stromquellen, in denen die Energie aus der Oxidation eines Brennstoffs, z.B. Wasserstoff, direkt in elektrische Energie umgewandelt wird
- *Lithium-Ionen-Akkumulatoren*: Moderne Akkumulatoren, bei denen Lithium-Ionen an den Elektroden wechselweise interkaliert und freigesetzt werden
- *Nanoagglomerate*: Zusammenballungen aus Nanopartikeln, die teilweise durch Elektronenpaarbindungen verbunden sind
- *Langlebige Energiespeicher*: Energiereiche, stabile Stoffe, z.B. Wasserstoff, Kohlenwasserstoffe, Alkohole oder Kohlenhydrate, aus denen bei Einleitung ihrer Oxidation Energie verfügbar gemacht werden kann
- *Nano-Kohlenstoff*: Nanostrukturierter Kohlenstoff, dessen Teilchen in mindestens einer räumlichen Ausdehnung kleiner als 100 nm sind. Es gibt drei Klassen von Nano-Kohlenstoff: Fullerene, Nanoröhrchen und Graphene.
- *Nanotechnologie*: Moderne Technologie, die auf Eigenschaften von und Vorgängen mit nanostrukturierten Materialien basiert
- *Viren*: Krankheitserregende Nano-Partikel aus organischen Stoffen, i.d.R. Proteinen, die sich in Wirtsorganismen stark vermehren können
- *Blut-Hirn-Schranke*: Trennwand (Membran, Filter) zwischen dem Blutkreislauf und dem Gehirn, die verhindert, dass Krankheitserreger aus dem Blut ins Gehirn eindringen

ABITURTRAINING

Seite 274
Acetylsalicylsäure - Eigenschaften und Herstellung

A1:

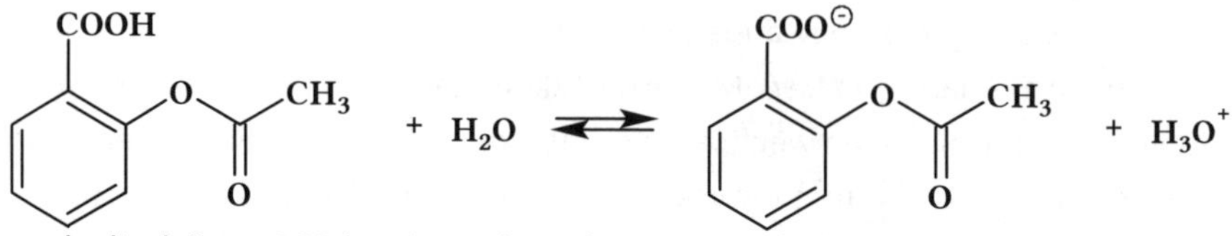

Acetylsalicylsäure ASS ist eine schwache Säure, d.h. bei dem oben formulierten Protolysegleichgewicht liegen die Edukte in wesentlich höheren Anteilen vor als die Produkte. Da auf der Produktseite Oxonium-Ionen stehen, verschiebt sich das Gleichgewicht umso stärker nach links, je höher die Oxonium-Ionenkonzentration, also je niedriger der *p*H–Wert ist. Da aber das Edukt in dieser Reaktion, die ASS, schwer wasserlöslich ist und das Produkt, das ASS-Anion, durch Hydratation in Lösung geht, löst sich bei *p*H = 5,5 mehr ASS als bei *p*H = 3.
Der Geruch nach Essig entsteht, wenn die ASS nach folgender Reaktionsgleichung mit der Feuchtigkeit aus der Luft reagiert und dabei hydrolytisch gespalten wird:

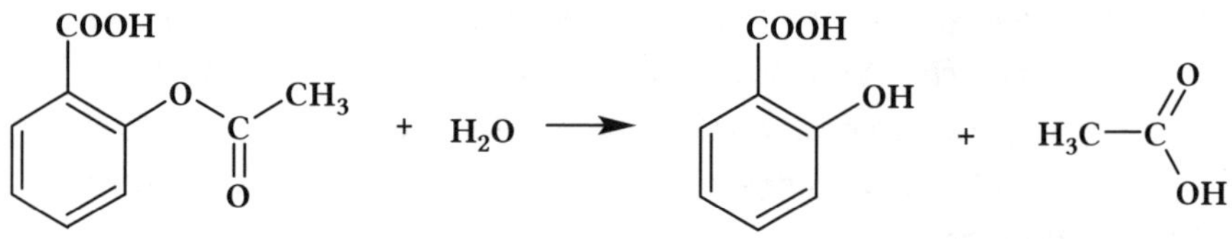

ASS Salicylsäure Essigsäure

Das Gemisch aus Essigsäure und Salicylsäure ist wesentlich stärker sauer als ASS und daher magenschädlich. Außerdem sind die physiologischen Wirkungen (schmerzstillend, entzündungshemmend, antithrombotisch) bei der Salicylsäure viel geringer als bei der ASS.

A2:

Der Reaktionstyp der Synthese von ASS aus Salicylsäure und Essigsäureanhydrid ist eine Veresterung, eine Kondensation. Sie kann auch als nucleophile Substitution oder als nucleophile Addition angesehen werden.

Reaktionsgleichung:

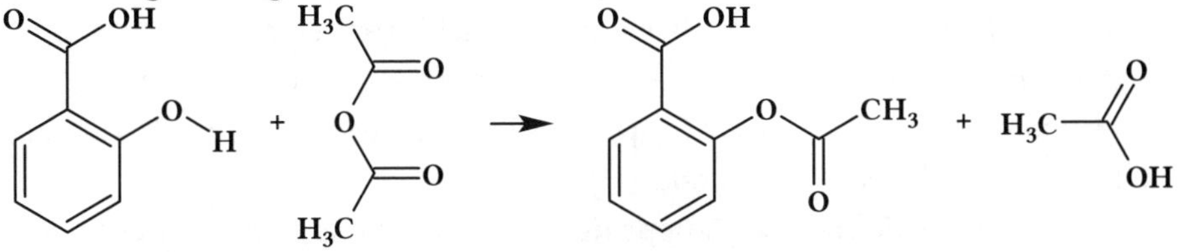

Zwischen der Carboxy-Gruppe und der Hydroxy-Gruppe können sich aufgrund der sterischen Anordnung intramolekulare Wasserstoffbrückenbindungen unter Ausbildung eines günstigen stabilen Sechsrings bilden.

A3:

Reaktionsmechanismus:

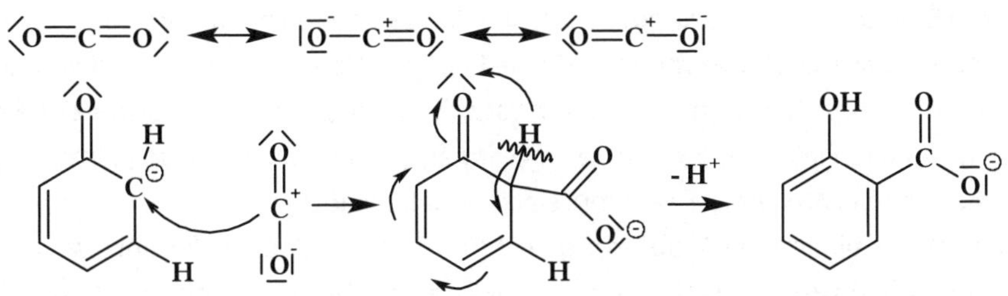

Erklärung:

1. Elektrophiler Angriff des Kohlenstoffdioxid-Moleküls in ortho-Stellung: Das Kohlenstoffdioxid-Molekül ist stark positiv polarisiert und greift den Ring elektrophil an.
2. Intramolekulare Protolyse (Protonenwanderung), Bildung des Salicylat-Ions
3. Rearomatisierung
4. Zugabe von Salzsäure: Bildung von Salicylsäure, Verschiebung des Gleichgewichts nach rechts:

Salicylat-Ion Salicylsäure

Begründung, warum es sinnvoller ist, von Phenolat anstelle von Phenol auszugehen:

- Man verwendet Phenolat anstelle von Phenol, weil das Phenolat-Ion reaktiver als das Phenol-Molekül ist.

- Daher kann das relativ schwach elektrophile Kohlenstoffdioxid-Molekül eher mit dem Phenolat-Ion als mit dem Phenol-Molekül reagieren.
- Das negativ geladene Sauerstoff-Atom des Phenolat-Ions übt einen stärkeren +M-Effekt aus als die Hydroxy-Gruppe des Phenol-Moleküls. Dadurch wird die Elektronendichte im Ring erhöht.
- Außerdem übt die Hydroxy-Gruppe des Phenol-Moleküls einen –I-Effekt aus. Dadurch wird die Elektronendichte im Ring erniedrigt.

A4:
ASS und Salicylsäure sind beide farblos, weil beide nicht im sichtbaren Bereich, sondern nur im UV-Bereich absorbieren. Die Absorptionsspektren aus der Aufgabenstellung bestätigen dies.
Mit dem Energiestufendiagramm aus B3 von S. 169 können die unterschiedlichen Absorptionsmaxima durch unterschiedliche Energiedifferenzen $\Delta E = h \cdot \nu$ zwischen der höchsten besetzten und der niedrigsten unbesetzten Energiestufe erklärt werden. Aus den in der Aufgabenstellung angegebenen Absorptionsmaxima λ_{max} folgt, dass ΔE bei ASS größer sein muss als bei Salicylsäure.
Hinweis: Diese allgemeine Erläuterung reicht aus; eine Erklärung der unterschiedlichen Absorptionsmaxima mithilfe der Strukturen der beiden Moleküle wird in der Aufgabe nicht gefordert.

Seite 275
Ascorbinsäure – ein Antioxidationsmittel und eine Säure

A1:
Die relevanten Oxidationszahlen sind die an den Kohlenstoff-Atomen C2 und C3 aus den beiden Formeln:
Im Ascorbinsäure-Molekül hat jedes der Kohlenstoff-Atome C2 und C3 die OZ +I, im Dehydroascorbinsäure-Molekül hat jedes der Kohlenstoff-Atome C2 und C3 die OZ +II.
Die Bezeichnung Dehydroascorbinsäure zeigt an, dass die Moleküle dieser Substanz aus den Molekülen von Ascorbinsäure abgeleitet werden, wenn ihnen formal Wasserstoff-Atome entzogen werden. Das entspricht einer Dehydrierung.
Die Bezeichnung „Antioxidationsmittel" für Ascorbinsäure bedeutet, dass Ascorbinsäure gegen Oxidationsmittel wirksam ist. Die in der Aufgabenstellung angegebene

Reaktionsgleichung bestätigt diese Eigenschaft, weil darin gezeigt wird, dass Ascorbinsäure-Moleküle die Eisen(III)-Ionen zu Eisen(II)-Ionen reduzieren. Das Oxidationsmittel Eisen(III)-Ionen wird also durch Ascorbinsäure unwirksam gemacht.

A2:

$\mathbf{AscH_2 + 2\ Fe^{3+} + 2\ H_2O \rightleftarrows Asc_{OX} + 2\ Fe^{2+} + 2\ H_3O^+}$

Aus dem im Aufgabentext angegebenen Gleichgewicht ergibt sich die folgende Reaktionsgleichung für das Redoxpaar $\mathbf{AscH_2/Asc_{OX}}$:

$\mathbf{AscH_2 + H_2O \rightleftarrows Asc_{OX} + 2\ H^+}$

Die NERNST-Gleichung für das Redoxpaar lautet also:

$$E = E^0 + \frac{0{,}059}{2}\,\mathrm{V} \cdot \lg \frac{c(\mathbf{Asc_{OX}}) \cdot c^2(\mathbf{H^+})}{c(\mathbf{AscH_2})}$$

Danach ist das Redoxpotenzial E umso höher („positiver"), je höher die Wasserstoff-Ionenkonzentration $c(\mathbf{H^+})$, also je niedriger der pH-Wert ist.

Je saurer die Lösung ist, desto geringer ist die reduzierende Wirkung von Ascorbinsäure und desto weniger gut kann Ascorbinsäure oxidiert werden. Daher ist Ascorbinsäure in sauren Lösungen wie Zitrusfrüchtesäften besonders lange haltbar.

A3:

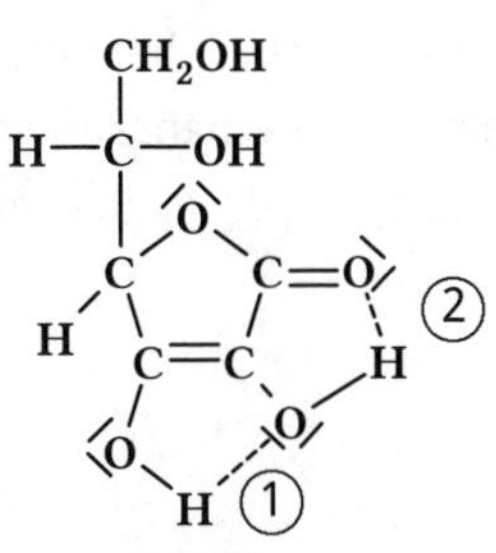

Endiol

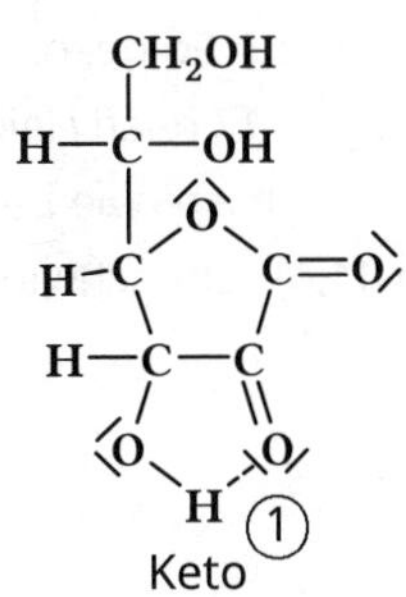

Keto

Bei der Endiol-Form sind die beiden eingezeichneten Wasserstoffbrückenbindungen möglich, bei der Keto-Form nur die eine, weil die Entfernungen zwischen den Wasserstoff-Atomen aus den anderen Hydroxy-Gruppen und dem Sauerstoff-Atom aus der zweiten Keto-Gruppe zu groß sind.

A4:

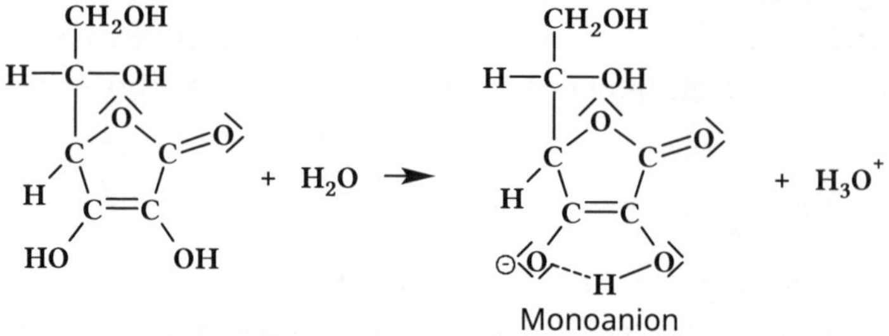

Monoanion

Das Monoanion der Ascorbinsäure wird durch zwei Effekte stabilisiert, durch eine intramolekulare Wasserstoffbrückenbindung und durch die in der INFO angegebene Mesomerie.

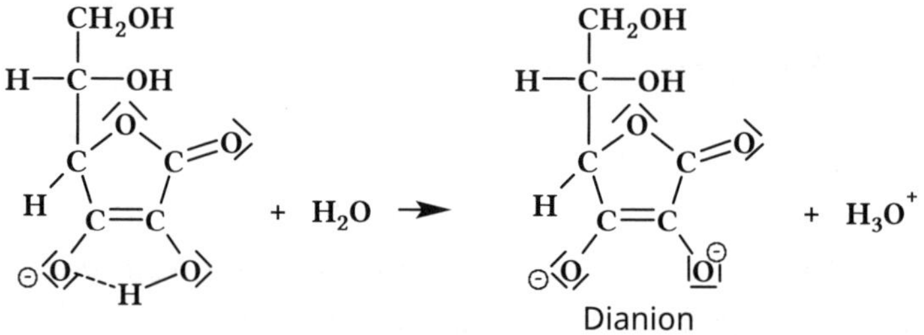

Dianion

Beim Ascorbinsäure-Dianion entfällt die Stabilisierung durch eine intramolekulare Wasserstoffbrückenbindung und die Bindungsdelokalisation durch Mesomerie ist eingeschränkt (sie geht nur über C2 und C1). Außerdem sind Dianionen grundsätzlich instabiler als Monoanionen.

Der große Stabilitätsunterschied zwischen dem Monoanion und dem Dianion der Ascorbinsäure hat zur Folge, dass die erste Protolysestufe bei der Ascorbinsäure entsprechend $pK_s = 4{,}17$ relativ leicht (leichter als bei der Ethansäure, $pK_s = 4{,}76$, aber bei Weitem nicht so leicht wie bei einer starken Säure, $pK_s < 1{,}5$) erfolgt, die zweite dagegen ($pK_s = 11{,}6$) sehr schwer.

A5:

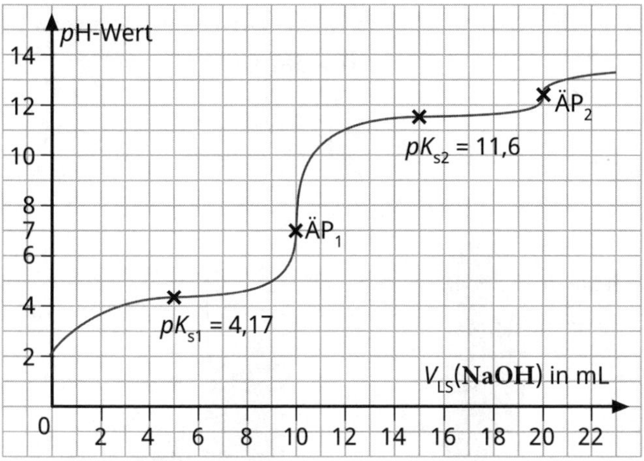

Für die vollständige Neutralisierung von 100 mL Ascorbinsäure, c = 0,1 mol/L, werden 20 mL Natronlauge, c = 1 mol/L, benötigt, weil Ascorbinsäure eine zweiprotonige Säure ist. Die erste Protolysestufe ist also beim Verbrauch von 10 mL Natronlauge abgeschlossen (ÄP1). Im Anfangsbereich verläuft die Titrationskurve ähnlich wie bei der Titration von Ethansäure, der erste Halbäquivalenzpunkt hat den Abszissenwert 5 und den Ordinatenwert pH = pK_s = 4,17. Der Ordinatenwert des ersten Äquivalenzpunktes $ÄP_1$ liegt bereits im alkalischen Bereich und der des zweiten Halbäquivalenzpunktes beim Abszissenwert 15 und dem Ordinatenwert pH = pK_s = 11,6, also im deutlich alkalischen Bereich. Das hat zur Folge, dass der zweite „pH-Sprung", der den eigentlichen Äquivalenzpunkt der Titration kennzeichnet, nicht so hoch ausfallen kann wie der erste pH-Sprung, der „das Ende" der ersten Protolysestufe kennzeichnet.

Als Indikator kommt nur ein Indikator infrage, der bei dem ausgeprägten pH-Sprung am 1. Äquivalenzpunkt bei pH-Wert 7 bis 8 umschlägt. Von den Indikatoren der Tabelle sind Bromthymolblau, Neutralrot und Phenolphthalein geeignet.

Seite 276
*p*H-Wert-Abhängigkeit der Redoxpotenziale verschiedener Redoxpaare

A1:

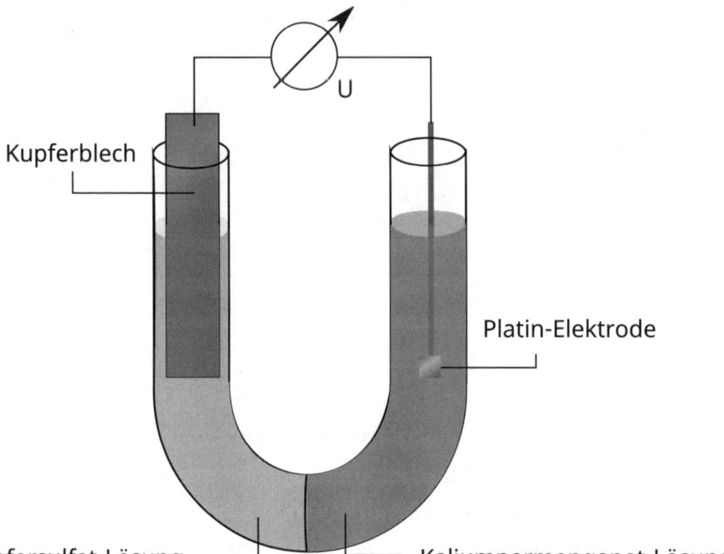

Die Kupfer-Halbzelle bildet in diesem Fall die Donator-Halbzelle und die Kupfer-Elektrode ist der Minuspol der Zelle. Die Permanganat-Halbzelle bildet in diesem Fall die Akzeptor-Halbzelle und die Platin-Elektrode ist der Minuspol der Zelle.

Reaktionen an den Elektroden der beiden Halbzellen:

D: $\mathbf{Cu(s) \rightarrow Cu^{2+}(aq) + 2\ e^-}$

A: $\mathbf{MnO_4^-(aq) + 8\ H_3O^+(aq) + 5\ e^- \rightarrow Mn^{2+}(aq) + 12\ H_2O(l)}$

Die Zellspannung *U* einer galvanischen Zelle berechnet sich allgemein:

$U = E_{\text{Akzeptor-Halbzelle}} - E_{\text{Donator-Halbzelle}}.$

In diesem Fall gilt also: $U = E_{\text{Permanganat-Halbzelle}} - E_{\text{Kupfer-Halbzelle}}$

Die Zellspannung *U* ist also umso größer, je größer das Redoxpotenzial *E* in der Permanganat-Halbzelle ist. Die NERNST-Gleichung für das Redoxpaar in der Permanganat-Halbzelle lautet:

$$E = E^0 + \frac{0{,}059}{5}\,\mathrm{V} \cdot \lg \frac{c(\mathbf{MnO_4^-}) \cdot c^8(\mathbf{H^+})}{c(\mathbf{Mn^{2+}})}$$

Danach geht die Wasserstoff-Ionenkonzentration mit der achten Potenz in die Gleichung ein (allerdings unter dem Logarithmus). Daraus folgt, dass, je höher die Wasserstoff-Ionenkonzentration in der Permanganat-Halbzelle ist, also je niedriger ihr *p*H-Wert ist, desto größer ist das Redoxpotenzial in dieser Halbzelle und desto größer die Spannung *U*.

A2:

Die Kupfer-Halbzelle ist die Donator-Halbzelle, die Permanganat-Halbzelle die Akzeptor-Halbzelle. Für die Zellspannung gilt allgemein: $U = E_A - E_D$.

a) Die erhaltene Spannung beträgt 0,9 V. Also folgt: 0,9 V = E_A – 0,35 V.
   Das Elektrodenpotenzial für die Permanganat-Halbzelle beträgt also:
   E_A = 0,9 V + 0,35 V = 1,25 V.
b) Die erhaltene Spannung beträgt 1,1 V. Also folgt: 1,1 V = E_A – 0,35 V.
   Das Elektrodenpotenzial für die Permanganat-Halbzelle beträgt also:
   E_A = 1,1 V + 0,35 V = 1,45 V.

A3:

Falls die zugetropfte Kaliumpermanganat-Lösung oxidierend auf die Halogenid-Ionen wirkt, also falls die Reduktion von $\mathbf{Mn}$(VII) aus den $\mathbf{MnO_4^-}$-Ionen erfolgt, ist zu erwarten, dass sich die violette Farbe dieser Lösung ändert und sich ein Halogen (Chlor bzw. Brom) bildet, das bereits in niedriger Konzentration durch den Geruch wahrgenommen werden kann.

Um herauszufinden, ob die zugetropfte Kaliumpermanganat-Lösung oxidierend wirkt, müssen die Redoxpotenziale der jeweils beteiligten Redoxpartner bei den angegebenen *p*H-Werten verglichen werden. Wenn das Redoxpotenzial des Permanganat-Systems größer („positiver") ist als das des Halogen-Systems, wird das entsprechende Halogenid durch das Permanganat oxidiert, sonst findet keine Reaktion statt.

Für das Redoxpotenzial von Kaliumpermanganat-Lösung gilt allgemein:

$$E = E^0 + \frac{0{,}059}{5}\,\mathrm{V} \cdot \lg \frac{c(\mathbf{MnO_4^-}) \cdot c^8(\mathbf{H^+})}{c(\mathbf{Mn^{2+}})}$$

Da nur Kaliumpermanganat-Lösung hinzugegeben wird, kann davon ausgegangen werden, dass $c(MnO_4^-) : c(Mn^{2+}) = 1000 : 1$, damit gilt

- bei *p*H = 0:

$$E = 1{,}51 + \frac{0{,}059}{5} \text{V} \cdot \lg \frac{1000 \cdot (10^{-0})^8}{1} = 1{,}51 \text{ V} + 0{,}0118 \text{ V} \cdot 3 = 1{,}55 \text{ V}$$

- bei *p*H = 3:

$$E = 1{,}51 + \frac{0{,}059}{5} \text{V} \cdot \lg \frac{1000 \cdot (10^{-3})^8}{1} = 1{,}51 \text{ V} + 0{,}0118 \text{ V} \cdot (-21) = 1{,}26 \text{ V}$$

Die Redoxpotenziale der zwei Halogen-Systeme lauten:

$2\,Br^- \rightleftarrows Br_2 + 2\,e^-$; $E^0 = +\,1{,}07$ V

$2\,Cl^- \rightleftarrows Cl_2 + 2\,e^-$; $E^0 = +\,1{,}36$ V

Chlor bildet sich bei *p*H = 0, bei *p*H = 3 nicht. Bei *p*H = 3 bildet sich aber Brom.

A4:

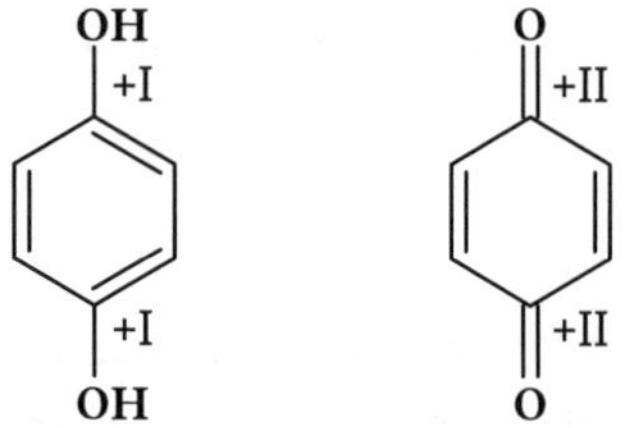

Die Oxidationzahlen der Kohlenstoff-Atome im Hydroxychinon-Molekül, an die die Hydroxy-Gruppen gebunden sind, erhöhen sich bei der Oxidation zu para-Chinon von I auf II.

A5:

Das Diagramm zeigt die *p*H-Abhängigkeit des Potenzials des Redoxpaares Hydrochinon/para-Chinon. Mit steigendem *p*H-Wert sinkt das Potenzial, bei einer *p*H-Wert-Änderung um 1 sinkt das Potenzial um den Faktor 0,059 entsprechend der Nernst-Gleichung. Bei der fotografischen Filmentwicklung auf Silberbromid-Basis wird Hydrochinon als Reduktionsmittel eingesetzt. Das Potenzial *E*(Hydrochinon/Chinon, H_3O^+) muss dann kleiner sein als das Potenzial $E(AgBr/Ag, Br^-)$. Dies ist bei einem *p*H-Wert von etwa *p*H >10,5 der Fall. Dies bedeutet, dass die Entwicklung von fotografischen Filmen im alkalischen Milieu durchgeführt werden muss.